吴语历史文献整理与研究丛书　　　　　石汝杰　盛益民 主编

# 1850年以来西儒吴语文献词汇和语法研究

林素娥 著

上海教育出版社
SHANGHAI EDUCATIONAL
PUBLISHING HOUSE

国家社会科学基金一般项目"域外吴语文献的调查和研究"
（15BYY042）结项成果

国家社会科学基金重大项目"晚明以来吴语白话文献
语法研究及数据库建设"（21&ZD301）阶段性成果

2024 上海市文创基金资助项目

# "吴语历史文献整理与研究丛书"总序

  在汉语研究的领域里,从 20 世纪后半叶开始,对近代汉语的研究成为一股潮流,其成果丰硕,赢得了学界的瞩目,但是多数研究重点还是放在官话(作为通语,其前身则是先秦以来地位稳固的文言)的历史上。相比之下,其他方言的历史研究就极为薄弱了。一方面,官话作为权威方言,其通语的身份"力压"其他方言,地位很不平等,"天然地"形成了上下、强弱的定位;另一方面,因为这一"传统"观念的巨大影响,官话以外方言的文献总量要少得多,其保存和流传都受到很大的限制。

  一部完整的汉语史,应该包括通语和方言两方面的内容。要了解通语的历史,必须同时重视方言的历史,因为全国各地丰富多彩、纷繁复杂的方言现象以及相关的历史文献,能为整个汉语历史的研究提供极为丰富的材料,能补充官话历史文献的不足,是一个取之不尽的宝藏。而这个宝藏的开发和利用,可以说才刚起步,还有很多未曾涉足的领域。

  跟其他方言区比,明清以来,以长江三角洲为中心的吴语地区是中国经济文化最发达的区域,随着社会的发展和印刷技术的不断进步,这里出版的各种图书典籍汗牛充栋,其中也包含大量有关方言资料的文献。这是以前各个历史时期所没有的现象。

  所谓吴语文献,是指用吴语写作的作品,也包括对吴语地区语言现象的记录。明清两朝以来,产生了很多相关的文献。但是,常见的现象是,在以官话为主体的作品中,夹杂着一些吴语的段落(如对白、歌谣等)。还有的是作者无意中在其作品中使用了方言的词语和语法形式。因为在那个时期,作为强势方言的官话已经崛起,其口语以及书面形式(白话文的著作,如小说、戏剧等),在多个方面对吴语地区作家的写作产生巨大的影响。所以,我们很难找到纯粹的吴语文献,即使是公认的吴语作品(如冯梦龙编的《山歌》),也难以避免官话的影响。因此,如何鉴别方言成分及其使用方式,也是值得研究的一个课题。无论如何,以上所说的这些都应该算作方言的文献,是重要的研究对象。

对方言文献及其历史的研究,包括文献学的考察和语言本体的研究,这是两个重要的侧面。因而,研究者需要熟悉文献及其作者生活的时代(如社会、名物、风俗等),也需要扎实的语言研究的基本功,把语音、词汇和语法等各个方面综合起来进行分析。同时,还需要对现代活的方言有深入的了解,把古今串联起来,这样才有助于得到比较全面可靠的结论。

最近几十年,有很多学者对吴语的文献做了搜集、整理和研究的工作,为进一步的深入研究打下了良好的基础。在这样的背景下,上海教育出版社推出"吴语历史文献整理与研究丛书",是非常及时的。顾名思义,这一丛书要汇集与吴语历史有关的研究著作,包括文献的整理和校注,也包括对方言各个侧面的本体研究等,为学界提供新鲜的研究成果。

这一丛书的构想,其启发来自我们正在做的《明清吴语词典》的修订增补工作(暂定名《近代吴语大词典》),共同主持此事的盛益民教授积极倡议,身体力行,其功劳也是不能不提的。

在此,要感谢上海教育出版社,也要感谢为此盛举出力的各位作者,并谢谢诸位读者的支持。

石汝杰

2023 年中秋

# 自　序

　　2015年我完成了对一个多世纪以来吴语句法类型的演变研究，我深感西儒吴语文献对吴语史的研究具有极其重要的价值。这些文献通篇使用地道吴语叙述故事，为从语篇功能角度考察相关语法项的特征及其演变提供了宝贵的条件，而且其中的双语词典（如英沪词典、英甬词典等）以及以各地方言为基础译成的土白《圣经》，都为进行吴语内部词汇和语法项的对比研究提供了极大的便利。

　　本书充分利用七十余种早期（指19世纪中叶至20世纪上半叶）西儒吴语文献（包括少量东洋人士编纂的上海话课本），采用专题形式开展相关词汇和语法项研究。全书共设八个主题，具体有"说"类动词、代词、否定词、使役被动标记、表定指"一＋量名"结构、短语词序、虚指性代词句和位移事件词化类型等。各专题中，结合前贤所论热点或疑点，选取代表性问题，在历史比较语言学、语言类型学等视野下考察相关词汇和语法项自19世纪中叶以来的动态演变，并探究其发展演变的相关制约因素。如：第六章以学界关注较多的上海话"量名"定指问题为导向，梳理了早期西儒上海话文献中表定指结构"一＋量名"的各种语用功能，并讨论它与"量名"定指的关系；第九章利用方言土白《圣经》对比考察了早期吴语位移事件词化类型的异同及成因。在文献梳理和研究中，尽量做到点面结合，既厘清所选词汇项和语法项在早期苏州话、上海话、宁波话、台州话、金华话、温州话等六地方言中的表现，又对文献丰富的方言点开展进一步讨论。如：第二章"说"类动词，梳理出早期南北吴语六地方言"说"类动词的词汇类型，并聚焦上海话"说"类动词的更替变迁，在点面结合的基础上讨论形成吴语"说"类动词词汇类型格局的动因。

　　书中所引西儒文献，多以罗马字、汉字、英文、法文或日文等出版。引用时,尽量保持文献原貌,为便于理解,对部分文献也做了相应处理。具体情况有:(1)仅以罗马字出版的,引用原文罗马字,并将转写出的汉字列在罗马字后,转写所用方言字,首先参照同时期或年代相近文献中的写法。如《宁波土话初学》(罗马字文献,1868)中的 keh、gyi,参照《宁波方言便览》(1910),分别转写为"葛""其"。其次参照《现代汉语方言大词典》(李荣主编)的分卷本用字,如《宁波方言词典》(汤珍珠、陈忠敏、吴新贤等 1997)、《金华方言词典》(曹志耘 1996)、《温州方言词典》(游汝杰、杨乾明 1998)等。转写不出的,则用符号"□"表示。(2)原文献用汉字、英文或罗马字出版的,一并列出。若原文献中使用了异体字,如:"徧—遍""喫—吃""躭—耽""箇—个""呌—叫""蔴—麻""螶—虹""拏—拿""煖—暖""搋—碰""搇—揿""搨—拓""盌—碗""希奇—稀奇""襍—杂""蹔—暂"等,为保持原貌,不做改动;繁体字除"個""睏""嚇""餘""椿"保留原文献写法外,其他则调整为简化字。此外,如"帐账"混用、非推荐词"希奇"等,也一仍其旧。(3)原文献用汉字、法文等出版,仅在必要时保留原文献中的法文,否则只引用原文汉字。此外,不少文献原文仅用符号"。"和"、"标句读,作为例句来分析,引用时则根据内容调整为现代标点符号;原罗马字文献用符号"·"表送气,如 T·E-TSIU(台州),本书保留该符号。(4)官话《圣经》译本和《官话指南》中"的""地""得"不分,写作"的",本书保持原文用字,未做改动。

　　《一百多年来吴语句法类型演变研究:基于西儒吴方言文献的考察》(2015)是笔者在当代语言类型学尤其是语序类型学理论框架下考察吴语句法结构类型的演变;而本书则侧重于词汇和语法项专题研究,因所用西儒文献绝大多数出版于 1850 年以后,故书名为《1850 年以来西儒吴语文献词汇和语法研究》。本书通过对文献语料的梳理和对语言事实的充分描写,旨在挖掘西儒文献语料的语言学价值,并探索吴语词汇、语法史研究的理论价值。

　　本书内容为国家社科基金一般项目结项的主要成果(2020 年结项),原计划编写 19 世纪中叶至 20 世纪初吴语常用词语对比汇编,因读音尚未完成标注等原因,此次未能收入书中。

　　书中部分内容在近几年的学术研讨会或期刊上发表过,得到与会专家、匿名审稿专家、结项评审专家等的批评指正,在此表示衷心感谢。同时,谨向游汝杰先生和钱乃荣先生表达最深切的感谢。他们深厚的学识和独到的见解,让我在学术研究上受益颇多。他们给予我无私的帮助和指导,使我在西儒吴语文献的语言学研究中不断前行,没有他们的支持和帮助,本书的完成会面临更多困难和挑战。在此向两位先生表示最诚挚的敬意和感激。

2024 年 5 月 20 日

于上海宝山

# 目　　录

# 图 目 录

# 表　目　录

# 第一章 绪 论

## 1.1 西儒吴语文献语言学研究现状

明清以降尤其是晚清,西洋传教士为了向普通民众传播基督教教义,努力习得各地方言,用方言土白翻译《圣经》,编写出版大量方言教科书、词典、语法著作,并编译了不少为传播教义服务的道德教育方言读本、童蒙读物、小说等。尽管罗常培(1933)对西洋人研究中国方音的成绩及缺点进行了评述,但直到 21 世纪,西洋传教士文献的研究价值才得以重新认识。游汝杰(2021:20—39,47—53)首次将近现代西洋传教士文献分为方言《圣经》、汉语方言学著作和通俗读物等,并全面评价这类文献的研究价值。比如,他指出:西洋传教士文献"是研究 19 世纪后半期至 20 世纪初期汉语方言自然口语的最有价值的资料","是方言史和方言学史研究不可或缺的文献"。余霭芹(1995,Yue 2004)、陈泽平(2002)、柯理思(Lamarre 2002)和庄初升、刘镇发(2002)及钱乃荣(2003a)等学者也先后分别对客家话、粤语、闽语和西儒吴语文献的语言学研究价值作出了高度评价,以之为语料开展的汉语方言史尤其是汉语南方方言史研究进入了一个全新的阶段。

21 世纪以来,西儒吴语文献得以整理,并用于吴语史研究,推动了一百多年来吴语语音史、词汇史和语法史的发展。下面以对西儒吴语文献的整理和利用为线索进行概述。

### 1.1.1 书目编纂与文献考录

编写西儒文献目录并介绍文献的基本信息,是全面开展此类文献语言学研究的基础。杨福绵(Yang 1981)和聂建民、李琦(1994)先后编纂了含部分传教士汉语方言文献的书目。游汝杰(2021:25,30,35)统计的吴语土白《圣经》译本多达 181 种、传教士汉语方言学著作 87 种、通俗读物类著作 155 种,并对各类书目进行了考录或辑录。钱乃荣(2014b)列出了 19 世纪至 20 世纪上半叶上海话文献书目:西方传教士上海方言文献 40 种、日本学者文献 12 种及其他上海话文献,并对其中 22 种传教士文献进行了逐一介绍。三木夏华(2011)也编写了包括传教士文献在内的吴语早期文献资料书目。这些书目对文献的查找、整理乃至研究都起着十分重要的指引作用。

### 1.1.2　单种文献的语言学研究

以某种重要文献为语料考察一百多年前吴语的历史面貌,是目前开展西儒吴语文献语言学研究的重要内容。

就单种西儒文献的研究来看,上海话西儒文献方面,对艾约瑟《上海方言口语语法》(1868,二版)和对由《官话指南》(初版 1881)译出的《土话指南》(1908)的研究,成果相对较多。如:胡明扬(1978)、周同春(1988)、陈忠敏(1995)、朴允河(1996)、石汝杰(1995,2011)等皆分析了《上海方言口语语法》中的上海话音系,其中石汝杰(2011)还编写了同音字表,构拟其实际发音,对比今上海话语音以观察音变。田佳佳(2004)考察了该书的语音、词类、句法等,石汝杰(1999)、钱乃荣(2006)评述了艾约瑟对吴语语言学的贡献,钱乃荣、田佳佳(2011)将该书译为中文,并作出全面评价。宫田一郎(1987)对《土话指南》所见上海话声韵母做了详尽的归纳梳理,内田庆市(1995)和石汝杰、王一萍(2011)以及大西博子(2016)则先后分别考察了《土话指南》所见语助词、入声和指示词等。

对其他上海话西儒文献开展专题研究的还有:徐奕(2010)考察了《中西译语妙法》(1899)所见 19 世纪上海话语音;姚小平(2013)对艾约瑟《上海方言词汇集》(1869)中的名物词和商业、科学、法律等专科词语做了整理和比较研究;郭红(2009)考察了《上海土音字写法》(1855)中传教士高第丕创制的方言拼音体系。

除上海话西儒文献外,宁波话、温州话、台州话等方言的西儒文献也陆续用于各地方言史研究。丁锋(2005)、王福堂(2008)先后以《宁波方言音节》(1901)卷末所附绍兴 4 000 字音为素材,探讨清末至现代绍兴方音演变的轨迹。郭红(2008)介绍了《英华仙尼华四杂字文》(1846)的作者及创作过程、基本内容及其影响。本书为第一本宁波方言英汉词汇集。郑张尚芳(1995)利用《温州方言入门》(1893)以及赵元任的调查,结合新老派记音的比较,探究了温州方音近百年的变化。刘镇发(2006)也整理了《温州方言入门》所记音系,对比今音得出温州话在过去一个世纪的元音推移。吴瑶(2022)以《圣经》温州土白译本为语料,初步考察了与语序相关的句法结构的演变。此外,阮咏梅(2015)和蔡佞(2018)也先后利用单种文献研究一百多年来台州话的音变和苏州话的介词。

综上可见,对西儒吴语单种文献的研究多集中于对常见的方言学著作进行语言学考察,如《上海方言口语语法》《土话指南》《宁波方言音节》和《温州方言入门》等,而以《圣经》土白译本和通俗读物类文献(尤其是后者)为语料进行研究的并不多。从研究内容来看,以方音和词汇研究居多,特别是音系整理及音变研究和词汇分类整理,而语法研究成果偏少。

### 1.1.3　同文异言比较研究

同文异言,指的是文章内容相同,但有不同的方言版本。如《官话指南》(初版,1881)有:沪语版《土话指南》(第二印,1908)、《沪语指南》(1896);粤语版《粤音指南》(一、二卷,1895;三、四卷,1910)、《订正粤音指南》(1930)等。同文异言,对于跨方言比较研究和通过对比观察某一方言的特征尤为重要。林素娥(2011,2015a)对比《官话指南》和《土话指南》,得出百年前上海话较同时期官话具有更强的受事话题化倾向、处所宾语前置倾向等句法特征。大西博子(2016)也通过对比两种文献中指示词的对应关系,观察上海话指示词特点。林素娥(2019c)对比此二者所见位移事件的表达结构,得出官话和上海土话位移事件词化类型的同异。张美兰(2017)对《官话指南》(六种)异文(即我们所说的"异言")进行了词汇和语法的全面比较,该书也是国内第一部同文异言跨方言对比研究专著。

目前对同文异言类文献的利用主要集中于课本类文献,如以上对《官话指南》《土话指南》的比较研究,还有两类同文异言类文献并未得到重视。其一为《圣经》方言译本。游汝杰(2002:19)指出:"《圣经》的方言译本内容完全相同,翻译事工非常谨慎严肃,因此可以逐词比较词汇、逐句比较句法。就此而言,没有别的文献材料的价值会超过《圣经》的方言译本。"又:"不仅对于研究方言历史是极宝贵的文献资料,而且也便于各地方言的比较研究。"仅林素娥(2019b、2020)利用《路加传福音书》在吴语五个方言点的方言土白译本(即:苏州话1922、上海话1913、宁波话1853、台州话1908、温州话1894),考察了早期吴语五地位移事件的词化类型特征,并讨论了吴语内部词化类型的差异。其二是各方言的双语词典。双语词典大多以英文出条,用方言对译,收录大量方言词、短语和少量小句。为方言词汇和语法比较研究提供了绝好语料。林素娥(2021c)以《宁波方言字语汇解》(1876)、《英沪词典》(1913)为平行语料,考察宁波话和上海话动词短语词序的同异。可见,同文异言为比较研究提供了最为理想的平行语料,对方言比较研究、对以比较法观察方言特征来说极为重要,有待加以更广泛的利用。

### 1.1.4　综合研究

综合利用同一地点方言的多种文献开展方言特征或系统演变的研究,成果较为丰富。下面从专题研究和系统研究两个方面进行梳理。

语音方面,研究成果最丰富。如:高云峰(1996)利用早期西儒多部文献考察了150年来中古咸山摄舒声字在上海话中的语音变迁过程。游汝杰(1998a)以《上海方言口语语法》(1868,二版)、《上海方言词汇集》(1869)、《上海方言语句集锦》(1862)、《上海方言常用短语》

(1906)等八种课本文献为语料,发现西儒将上海话入声韵分为收-k尾和收-h尾两套,上海话塞音韵尾大概在19世纪末20世纪初并入喉塞尾。姜恩枝(2011)详细考察了14本上海话西儒文献,探讨上海话一百多年来的音变,并参考斯瓦迪西(Swadesh 1971:283)100个基本词汇,整理其中10本文献中100个基本词汇。徐通锵(1991a)、胡方(2001)、袁丹(2015)等先后利用《宁波土话初学》(1868)、《宁波方言字语汇解》(1876)、《宁波方言便览》(1910)、《宁波方言音节》(1901)等早期文献考察了宁波话一百多年来的音变及其演变过程。张雪(2015)对比分析罗马字温州土白话《新约全书:四福音书和使徒行传》(1894)与温州方言韵书《温州音识字捷法》(1913),得出早期温州话音系,并比较当代吴语瓯江片六处主要语音,指出一百多年间温州方言声韵母系统变化大,而声调相对稳定。方婷(2002)整理金华土白《约翰福音》(1866)、《马可福音》(1898)的声韵系统和同音字表,探讨19世纪金华方音特点,对比今音挖掘其音变特点和规律,也整理了文白异读对照表和代词系统表。

词汇方面,学界开始关注常用词的演变研究。如:王一萍(2014)以《上海方言口语语法》(1868,二版)及《上海方言词汇集》(1869)、《法华字汇》(上海土话,1905)、《土话指南》(1908)、《中日会话集》(第十七版,丁卓,1942)等多部西儒和东洋学者文献为语料,考察了19世纪上海话"吃""打""话""讲"等常用动词用法及演变,还分析了烹饪方法、头部、手脚、身体动作、物态变化等语义类动词。汪维辉(2018)利用《宁波土话初学》(1868)、《宁波方言字语汇解》(1876)、《宁波方言音节》(1901)、《宁波方言便览》(1910)等文献探讨了宁波话指人疑问代词"谁"的消失。尽管如此,常用词演变研究目前尚处于初步探索阶段,仍有广阔的研究空间。

语法方面,以虚词的形成或封闭类词的功能演变为研究重点,同时句法结构及其演变研究也逐渐得到重视。钱乃荣(2004b)利用多部早期上海话课本类文献语料与今上海话对比,勾勒出上海方言160年间现在完成时态的消失过程。游汝杰(2006)详细描述了

19 世纪中期上海话中的后置处所词及其用法。林素娥(2015b)考察
了一百多年前宁波话连—介词"等"的用法及成因,阮咏梅(2018a)利
用台州话《马太传福音书》(1880)、《新约书》(1897)考察了台州方言
的处置式、被动式、致使式语法标记的形成等。林素娥(2018a,
2019a)探讨了上海话否定词和吴语"没有(无)"类否定词的类型及演
变。钱乃荣(2014a,2014b)、林素娥(2018b)先后研究了表定指的指
示词"箇"的发展以及对指示词系统的影响等。句法方面,林素娥
(2013)初步考察了早期上海话、宁波话和温州话文献中的"顺行结
构"及其发展,林素娥、郑幸(2014)观察到西儒宁波话文献中的"还
是"差比句,并结合方言调查对这类差比句进行了描写和探源,林素
娥(2014a、2014b)就 19 世纪以来吴语反复问句类型和"有 VP"句的
演变进行了探讨。林素娥(2015a)利用早期西儒文献考察了包括基
本词序类型、疑问句、前后置词、双及物结构、动补带受事等句法结构
的类型及其演变。阮咏梅(2018b)利用台州话土白《圣经》考察了早
期台州话的话题结构和动宾补结构。

　　系统研究是指利用文献就方言语音、词汇和语法进行全面考察。
目前主要集中于文献丰富的上海话、宁波话和台州话。如:钱乃荣
《上海语言发展史》(2003a)以《上海方言口语语法》(1853)、《上海方
言语句集锦》(1862)、《松江话词汇集》(1883)等十余部传教士文献
(包括上海方言语法著作、课本、词典、字典、《圣经》土白译本及东洋
学者编写的课本等)详细而又系统地考察了上海话一百多年来的语
音、词汇和语法的演变。正如朱晓农、朱琳(2005)所言"是至今第一
部系统而全面的方言史"。钱乃荣(2014b)以 40 种西洋传教士文献
和 12 种东洋学者文献为语料,开展上海话语音演变和语法研究特别
是在语言类型学视野下的句法研究。陆铭(2004)则利用《宁波方言字
语汇解》(1876)和《宁波方言便览》(1910),并对比今宁波话,初步探讨
了一百多年来宁波话语音、词汇和语法的演变。阮咏梅(2019b)以台
州土白《圣经》译本为语料,结合田野调查,系统研究了一百多年来台
州方言语音、词汇和语法特征的演变,该书也是台州方言演变史的第

一部力作。

此外,一些学者对西儒文献的语料性质开展了讨论。如:胡婷婷(2017)、袁丹和胡婷婷(2019)等以温州土白《马太福音》(苏慧廉,1894)和《温州话入门》①(孟国美,1893)为语料,指出这些文献语料的杂合性,并分析其成因。

### 1.1.5 小结

综上可知,以西儒文献为语料开展吴语史研究,在21世纪以来已取得显著进展,不仅推进了近代以来吴语演变研究的发展,也为后续的研究奠定了基础。不过,这方面仍存在较大的发展空间。

从文献利用来看,虽然常见的重要文献已加以利用,但一些珍稀文献的利用率不高或仍有待利用,尤其是编写或出版年代较早的文献。如上海话《油拉八国》(1849)、《上海土白入门》(1855)等和宁波话《一本书》(1851)、《幼童初晓》(1859)等大量课本类文献仍未被利用。后续仍有必要进一步搜集整理并用于研究。

从研究内容来看,当前的研究成果偏重语音史研究,既注重对某项语音特征及其演变的深入考察,也探讨整个方音系统的演变。在词汇、语法和书写形式等方面仍有较大的研究空间,尤其是词汇史中的常用词演变研究。本书拟以专题形式,加强吴语词汇史和语法史的研究。

从研究方法来看,以文献研究法为主,梳理文献语料,详尽地描写语言事实,进行历时比较研究,探究演变规律,也开始通过对多文本语料的查询、筛选和统计开展定量与定性相结合的研究,避免"传统例证法"存在的"随意引证"缺陷,"对语言现象的随机性加以'管束',只有坚持在定量分析的基础上作定性分析"(蒋绍愚1993)。

从理论视角来看,多在历史比较语言学视野下,对比早期与今方言,开展方音、词汇和语法等的演变史研究,也呈现出研究视角的多

---

① 孟国美(1893)一书,下文统作《温州方言入门》。

维化倾向。比如:在类型学框架下观察早期吴语句法结构类型特征,探讨语法功能词的语法化历程,从语言或方言接触视角观察词汇和语法演变中的替代现象等。研究角度的多样化为西儒吴语文献的语言学研究提供了更开阔的视野,能更好地实现文献的语言学研究价值。不过,目前从类型学角度就西儒方言文献开展对比研究,尤其是跨方言点或方言区以及跨语言对比研究仍十分缺乏,对西儒同文异言语料或平行语料的利用不够。课本类西儒文献以英—汉或法—汉(指汉语方言)的双语形式编排,这种编排形式便于开展跨语言比较,不过,这方面的研究仍未开始。本书拟在这方面做出尝试。

## 1.2  近代吴语历史词汇和语法研究现状

许宝华和游汝杰(1988)、游汝杰(2018)指出,研究近代上海话的主要材料大致有三种:一是吴语文学作品,大多是清末作品,最早的是明代的《六十种曲》和《山歌》等。这些作品中的方言成分几乎全是苏州话。鉴于上海方言和苏州方言在历史上的密切关系,这些材料可供参考。二是西洋传教士等外国人编纂的上海话词典、文法和课本等,但限于鸦片战争以后。三是明清时期的地方志。地方志所能反映的语言事实最丰富,包括语音、词汇、语法现象,且反映内部差异、土语分区、今上海地区权威土语的变易情况等。所以第三种材料是研究上海方言乃至北部吴语历史的极有价值的材料。石汝杰(2005,2006)将明清两代称为吴语的近代时期,下分三个时期,即:早期为明末到清初(17 世纪),中期为清中期(18 世纪),晚期为清末和民初,并指出这三个时期尤其是后两个时期,吴语文献极其丰富,有民歌、歌谣、戏剧、小说、传奇、弹词、地方志;有风俗等相关的著作、字书、笔记以及吴人的其他杂书,有《圣经》土白及外国人编写的有关吴语的研究著作、词典和教科书等,体裁多样,内容丰富。近代以来丰富的文献为开展吴语历史研究提供了条件。吴语史的研究成果丰硕,我们尝试梳理近代吴语历史词汇和语法的研究成果,并简单评述。

### 1.2.1　吴语历史词汇研究

吴语历史词汇研究大致集中于三个方面：一是编纂词典，对语音、词义、字形等进行综合性考察；二是就某部早期作品中的吴语词汇进行专项研究；三是考本字或词源，对方言词汇进行纵向的历时考证。

#### 1.2.1.1　词典编纂与历史词汇研究

词典编纂需选取词条，对其进行注音释义，考究字形和词源，甚至其在文本中的不同用法，是对词汇进行综合性的考察。因编纂目的不同，词典特征有别。反映早期吴语词汇面貌的词典主要有清代胡文英的《吴下方言考》，宫田一郎、石汝杰主编的《明清吴语词典》(2005)以及西儒撰写的词汇专著和双语词典。如：艾约瑟《上海方言词汇集》(1869)、上海基督教方言学会等编著的《英沪词典》(1901)、蒲君南的《法华新词典》(1950)和睦礼逊惠理的《宁波方言字语汇解》(1876)等。据游汝杰(2018:332)统计，西儒吴语词汇专著和词典合计24种，其数量远超过吴地学者或今人编纂的吴语历史词汇词典书籍。

《吴下方言考》，清武进胡文英撰，共十二卷。徐复、唐文(1981)指出，该书所收词均为常州、无锡、苏州之土语和俚词，吴中方言词共993条。波多野太郎与川上郁子编《吴下方言考索引》共计1 523条，黄敏(1984)指出，"总数在一千条以上则是无可怀疑的"，且胡氏所收录词条非"语本易明"的"常谈"，因此所引的每一条吴中方言俗语都是可用于汉语史比较研究、吴语词汇研究和编纂吴语历史词汇词典的宝贵资料。这也"是我国第一部释义、考源的方言词典"(徐复、唐文1981)。该书研究吴语词汇有三个特点，即注重探究词源、辨证字形和审定读音(徐复、唐文1981)。因此，该书不仅为吴语历史词汇研究提供语料，在方法上也值得借鉴。

石汝杰、宫田一郎的《明清吴语词典》(2005)从多达400余种文献中,选取词语 16 843 条,不仅"罗列明清时期文献中的吴语词语",也收录了吴语和其他方言共用的方言词以及"一些白话词语"(石汝杰、宫田一郎 2005,"前言"),收词齐全,成为目前吴语词汇乃至汉语方言词汇史研究中收词最多、篇幅规模最大的词典。周志锋(2006)评价该词典不仅"考释精当、义项完备""分项合理、义项排列得当",也注意说明有些语素的语法功能,注明方音或方言音转,是"明清吴语词汇的全景展示""明清吴语研究集大成性的、创造性的、标志性的成果"。

　　西儒词汇专著和词典为方言学习用书,词条以英文、法文出条,用上海话、宁波话等各地方言对译,用罗马字注音,不具体释义,所收录的不限于各地方言词语,还包括共同语词汇,也不限于词,还包括短语、少量单句等,在字形上,或采用方言俗字,或用训读字,或直接书写为官话词形。西儒词汇研究专著和词典数量多,词典收词量大,为开展晚清以来吴语历史词汇研究提供丰富语料,尤其是为开展早期方言词汇比较研究提供了便利条件。不过,目前对方言词汇专著和词典的利用或研究仍十分有限。仅姚小平(2013)、王一萍(2014)、姚小平和姚喜明(2016)、游汝杰(2018:332)等就《上海方言词汇集》(1869)、《宁波方言字语汇解》(1876)进行过初步研究。利用西儒词汇研究专著和词典开展吴语常用词汇研究仍大有可为。

### 1.2.1.2　词语考证或汇释

　　考证或汇释某部早期文献中的吴语词汇,也是吴语历史词汇研究的重要内容。例如:胡明扬(1981)悉数列出《山歌》和《挂枝儿》所见吴语词汇,并附上词义注释。张家茂(1981)对《三言》中苏州方言词语进行了汇释。汪寿明(1983)考证了《广韵》中的吴语词。卡萨齐(Giorgio Casacchia 1984)整理了《海上花列传》的苏州话词汇。董晓萍(1985)介绍了俗语辞书《土风录》中的吴地俗语。古屋昭弘(1986,1987)先后讨论了"明刊说唱词话 12 种"和《梅花戒宝卷》所见吴语词汇。任祖镛(1987)考察了《西游记》中的吴语词汇。许宝华、游汝杰(1988)列出上海方志中的历史词汇。凌培(1988)选释《敦煌变文集》中的吴语词汇。凌培、钱嘉猷(1989)列出《二拍》中湖州方言词语并加以释义。鲁国尧(1989)考释梳理了《南村辍耕录》中近60个元代吴语词。石汝杰(1991)考察了《笑府》中的明末吴语词汇。吉田惠、石汝杰、森贺一惠(1991)对《说文通训定声》中苏州方言词语进行了整理并释义。张惠英(1992，1993)、石汝杰(1996)、杨剑桥(1997)等先后探讨了《山歌》中的吴语词汇。王福堂(1993)考察了《梅花戒宝卷》所见绍兴方言词语。钱乃荣(1994)梳理了《肉蒲团》《绣榻野史》《浪史奇观》三书中的吴语，列出了带有江南吴语色彩的表示亲属称呼和人品称呼的名词、惯用语、成语、动词、虚词和结构等成分。游汝杰(1998b)指出明代以前的吴语文献有六种:六朝的吴声歌曲、南戏的早期作品《张协状元》和南戏复兴时期的作品元本《琵琶记》、明代地方志中的吴语材料、元明时期一些笔记和杂谈性质的著作(如陶宗仪《南村辍耕录》、张位《问奇集·各地乡音》)、明末冯梦龙所辑《山歌》和《挂枝儿》、明末毛晋编的《六十种曲》所收的戏剧作品，并考察了明成化本南戏《白兔记》中的吴语成分，包括温州方言词汇、北部吴语成分和南北吴语共有成分。徐时仪(2005)考证了《众经音义》中的吴语词，雷汉卿(2006)考释了《何典》方俗词。褚半农(2008a，2008b)对"壁脚""响觉""响咯""收成""收成结果"等吴语难词予以例释，也考察了明清文学中的吴语词。张佳文(2009)对《海上花列传》中的吴语词汇进行了释证研究。此外，波多野太郎所编《中国方志所录方言汇编》(第六篇、第七篇)对江苏、浙江各地方志中方言部分加以汇编影印，并在导言中叙述方志所录方言词汇的价值，卷末附所收方言词汇索引，便于检索，为利用方志开展吴语历史词汇研究的重要文献。

### 1.2.1.3　词源探究与用字辨证

利用文献材料和今方言互证，综合运用音韵学、训诂学、文字学知识探究方言词或语素的词源,辨析词义,辨证本字,或对方言俗字进行字源或词源的考究,对方言词汇进行纵向的历时考证。如:施文涛(1979)、钱文俊(1985)分别考察了宁波话、上海话中有音无字的方言词或语素的本字。吴连生(1998)考证了近 200 个吴语词的含义和本字。周志锋(2000)对"和(和身)""做(做头)""累""哄""掩"等吴语词的词义、用法、本字和词源进行了考辨。崔山佳(2007)考释了宁波方言词语 1 700 余条。徐时仪(2008,2009)对吴语词"撑""嘈""出趱""胡哩妈哩""等""掉枪花""富态""混腔水""强""脚""捷""捩""弄送""怕惧""轩跂刺""睨""崒""做"等进行了考释。陈源源(2009a)结合书证和现代方言考证《何典》中"易"为方言记音字,其本字为"鎰"。陈源源(2009b)以《何典》《海上花列传》为中心,参考明清时期其他方言白话小说、俗语著作、方志、笔记、字书等吴语文献,对《何典》和《海上花列传》中的方言记音字、训读字等进行详尽考释,并探究其中所涉及的语音、词义等相关问题。陈源源、张龙(2012)考察了《六书故》中宋代温州方言字,如"鮥""乌狼""鲞""朱栾""香栾""柚"等。陈源源(2013,2014a,2014b,2014c,2016a,2016b)的一系列论文重点考察了《何典》中方言字"刊""挜""畔""㷀"以及吴语"壳张""垃圾"和"咿"类字等的来源及书写形式的演变等,并提出准确识读方言字是正确训释方言词的基础,也是对方言著作进行准确校注的基础。陈源源(2017)还考证了吴语"闹忙"类词的本字。陈源源的《汉语史视角下的明清吴语方言字研究》(2018)是在汉语史视角下对明清吴语词的本字、词源及读音进行综合研究的重要成果。

## 1.2.2　吴语历史语法研究

郑伟《吴语虚词及其语法化研究》(2017)对吴语历史语法研究现状进行了综述,涉及代词系统、助词系统、介词和连词、语序类型和句法标记等五个方面,重点对虚词词源、词义语法功能的演

化等方面的研究成果进行了概述,研究较全面,其对句法方面的研
究现状只略作概述。下面拟在此基础上对相关研究成果做进一步
综述。

### 1.2.2.1　代词研究现状

结合文献和现代方言探究或考证代词(指示词、三身人称代
词、疑问代词)的词源一直是吴语历史语法研究的重点。郑伟
(2017:18—28)对代词词源研究成果进行了较全面的综述,包括吴
语指示词系统中[k-]系、[tɕ-]系、[t-]系、[h-]系、鼻音系声母的
"尔""能"等、三身人称代词、疑问代词"那哼"和"底"等的词源,兹
不赘述。此外,学界近年来开始了从类型学角度开展吴语代词系
统的研究。

钱乃荣(2003a:167—186)利用西儒上海话重要文献,对晚清以
来上海话指示词的演变轨迹进行了清晰的描述和讨论。他指出,
150年前主要指别词为"第个""伊个""箇个""第搭""箇搭",一百多
年中"第个"发展为"迭个",而今主要用"辂个",而"箇个"由远指兼定
指发展为近指兼定指,"伊个"作远指用不稳定,此外,"搭"类词有的
消失,有的改变用法。不仅如此,其研究中常利用文献中的上海话指
示词与其他语言开展对比观察的做法值得借鉴。如钱乃荣(2003a:
168)指出:"艾氏1868年记上海话近指为'第个 tiku'或'得个
tuhku',远指为'伊个'或'故个 kuku',1869年在《词汇集》里记 this
为'第、第个、得个',记 that 为'伊个、故个',记 here 为'此地、第头、
第答、第堂',记 there 为'故答、故个户堂'……"钱乃荣(2014a)利用
《土话指南》《官话指南》的同文异言语料以及《松江话词汇集》中上海
话与法语的对应,探讨了上海话指示词"箇个"从远指兼表定指的用
法发展为近指兼定指。该文为讨论吴语中性指示词"箇"的演变动向
提供了重要思路。同样,大西博子(2016)通过全面对比《土话指
南》和《官话指南》中的指示词,定性和定量研究相结合,探讨了《土
话指南》中上海话指示词"第""箇"句法语用功能的区别。林素娥

(2018b)考察了一百多年前上海话、宁波话、台州话、温州话等方言中"箇＋名词"的语用功能及"箇"的句法功能,得出"箇"从量词发展为中性指示词经历过做定语的指示词阶段,且从蕴涵共性和跨语言分布角度讨论了中性指示词"箇"存在并入有距离意义的指示词系统的趋势。综上可见,在类型学视角下,利用西儒文献,开展语言比较,可更清晰地观察到吴语指示词在语义句法和语用功能等方面的历时演变过程。不过"箇"是否对吴语指示词系统的发展也存在重要影响,如有,又是如何影响的呢? 这些问题仍未见相关讨论。

　　对吴语人称代词的共时描写和词源考证等方面的研究,成果已十分丰硕(见郑伟 2017:22—25),近年来以西儒文献为语料开展的历时研究丰富了吴语人称代词的研究。如钱乃荣(2003a:164—167)梳理西儒上海话文献得出 150 年前上海方言人称代词概貌,并对比今上海话指明其变迁。石汝杰(2015)整理了明清文献中北部吴语人称代词单复数的各种形式,按照人称和形式加以分类描写,展示了明清吴语人称代词的全貌。不过,这些研究集中于苏沪吴语,对南部吴语人称代词的历史研究仍十分缺乏。本书拟整理早期南北吴语三身人称代词单复数形式,并对人称代词及其复数标记开展历时演变探讨。

### 1.2.2.2　虚词研究现状

　　吴语虚词研究成果尤为丰富(参见郑伟 2017:28—38),体现为虚词溯源,描写其用法,探究其语法化历程。如:郑伟《吴语虚词及其语法化研究》(2017)通过文献考证和历时比较探讨吴语虚词词源和语法化历程。这本书所涉虚词有指示词"能""尔""个"等,时间表达词后缀"头""手""脚""背""尾""底"等,由趋向词"上""啊(下)""开"等发展来的动态助词,连—介词"搭""同""听""教""捉""拿""把""拨""担""驮"等,被动标记"等""拨""把""本""担",可谓吴语虚词研究的重要成果。钱乃荣(2003a:204—289;2014b:134—

166，208—253，307—332)用翔实的文献语料展示了早期上海话虚
词的面貌,如介词、语助词、动态助词、副词、叹词等,并在语言类型学
和语言接触视角下阐释了一百多年来上海话虚词的变迁。钱乃荣
(2004b，2014b)对上海话现在完成时、过去完成时、现在进行时等时
态范畴在160多年来的演变开展了深入研究。林素娥(2015a:132—
261)整理了西儒文献中南北吴语前后置词与表"在"义复合词的用法
及特点。

### 1.2.2.3 句法研究现状

近年来吴语历史句法研究日渐受到关注,这也得益于大量西儒
吴语文献。钱乃荣(2003a:294—349，2014b:333—356)利用丰富的
西儒文献语料,对上海话话题句、授受关系双宾句、双宾式带兼语句、
"拨"字句、"拿"字句、比较句、疑问句乃至句子关联形式等展开历时
研究。钱乃荣(2004a，2014b:359—377)分析了老上海话中陈述语
气和虚拟语气在句法形式上的种种对立及160多年来的演变,并从
语言接触角度作出了合理解释,同样,钱乃荣(2011a)指出上海话
SOV完成体句和SVO完成体句形成并存现象,也是语言接触的结
果。钱乃荣(2014b:91—115)还在语序类型学和语言接触理论视角
下探讨了早期上海话基本词序特征与演变。林素娥(2015a)则以基
本语序和与之具有相关性的语法参项为研究对象,从历时类型学角
度尝试考察了一百多年来吴语句法类型的演变。此外,阮咏梅
(2018b，2019b)也结合台州土白《圣经》译本文献与田野调查,对台
州话话题结构和隔开型动结式结构及其演变进行了深入研究。可
见,借助晚清以来西儒文献,结合田野调查,在语言类型学和语言接
触视角下开展吴语句法一百多年来的演变研究的确可行,也丰富了
吴语语法史研究。

### 1.2.3 小结

综上可见,吴语历史词汇和语法研究都取得了丰硕成果。词汇

史研究方面,多利用本土文献,研究成果所涉及的方言主要集中于北部吴语,尤其是苏沪吴语,仅少数为南部吴语温州话词汇,如游汝杰(1998b)、陈源源、张龙(2012);从研究方法来看,利用书证和现代方言互证,结合音韵学、训诂学、文字学理论开展吴语字词考源,或整理、汇释方言词汇,很好地展示了明清以来北部吴语的词汇面貌。但利用西儒文献开展吴语内部早期词汇尤其是常用词比较及其演变研究仍为空白。语法史研究已出现了一些具有重要价值的专著,但研究对象仍有待拓展,研究的理论视角和方法也需要进一步丰富和多元化,以便更好地揭示早期吴语语法的面貌,并探讨共时吴语语法特征形成的轨迹及规律。

# 1.3　本书所引文献介绍

　　本书主要语料来源于西儒吴语著作,包括方言学著作、《圣经》土白译本、方言杂书等,此外,还有日本学者编著的上海话和苏州话课本。这些文献虽大多在国内出版发行,但编著者为西儒和东洋学者,且大多收藏于国外,因此也可称为域外文献。本书所用文献达82 种:吴语文献合计 78 种,含东洋学者编纂的上海话文献 13 种、苏州话文献 2 种,余下 63 种为西儒编纂或翻译的吴语文献;官话文献4 种,即南京官话和北京官话文献各 2 种。

## 1.3.1　本书所引西儒文献列表

　　表 1-1 至表 1-7 逐一列示本书所引各方言点早期西儒文献。原文献仅有外文及罗马字拼写的书名时,表格中均列出其中译名或转写出中文,并附简称,后文叙述时为简便起见,用中文名或其简称。作者或译者列入一栏,在译者后添加"译"字以示区分。

　　本书所用语料主要有两个特点,一是除常见文献外,部分文献为首次用于吴语研究;二是多用"同文异言"类文献,该类文献语料有较高的一致性,可比性强,是开展方言点之间比较研究更理想的语料。

表 1-1　早期上海话文献

| 序次 | 文献名 | 作者,译者 | 出版时间 | 所用文字 |
| --- | --- | --- | --- | --- |
| 1 | 《约翰传福音书》(简称《约翰福音》) | 麦都思(W. H. Medhurst)译 | 1847 年 | 汉字 |
| 2 | 《油拉八国》 | 慕姑娘 | 1849 年 | 汉字 |
| 3 | *Phrases in the Shanghai Dialect*(《上海话短语》) | 不详 | 1850—1851 年 | 英文、汉字、罗马字 |
| 4 | *Lessons in the Shanghai dialect*(《上海话功课》) | 秦右(Benjamin Jenkins) | 1850 年 | 英文、汉字、罗马字 |
| 5 | *The Gospel of Saint John in the Chinese Language, According to the Dialect of Shanghai*(《约翰福音》) | 萨默斯(James Summer)译 | 1853 年 | 罗马字 |
| 6 | *A Grammar of Colloquial Chinese, As Exhibited in the Shanghai Dialect*(《上海方言口语语法》,简称《语法》) | 艾约瑟(Joseph Edkins) | 1853 年 | 英文、汉字、罗马字 |
| 7 | 《上海土白入门》 | 吉牧师(Cleveland Keith) | 1855 年 | 罗马字 |
| 8 | 《蒙童训》 | 吉夫人(Mrs. Caroline Phebe Tenney Keith)译 | 1857 年 | 汉字 |
| 9 | *A Collection of Phrases in the Shanghai Dialect Systematically Arranged*(《上海方言句语集锦》,简称《语句集锦》) | 麦嘉湖(John Mac Gowan) | 1862 年 | 英文、汉字、罗马字 |
| 10 | *A Vocabulary of the Shanghai Dialect*(《上海方言词汇集》) | 艾约瑟 | 1869 年 | 英文、汉字、罗马字 |

续表

| 序次 | 文献名 | 作者、译者 | 出版时间 | 所用文字 |
|---|---|---|---|---|
| 11 | First Lessons in Chinese（《中西译语妙法》） | 晏玛太（D.D.T. Yates） | 1871/1899 年 | 英文、汉字、罗马字 |
| 12 | MO-Tᴬ DZÆ̃ FŌK-IUNG SŪ（《马太传福音书》） | 范约翰（J.M.W. Farnham）译 | 1870 年 | 罗马字 |
| 13 | Leçon ou Exercices de Langue Chinoise. Dialecte de Song-kiang（《松江话词汇集》） | 应儒望（P. Rabouin） | 1883 年 | 汉字、罗马字、法文 |
| 14 | 《耶稣言行传》 | 不详 | 1887—1894 年 | 汉字 |
| 15 | 《使徒言行传》 | 不详 | 1890 年 | 汉字 |
| 16 | 《沪语便商》 | 翢嘴雅文 | 1892 年 | 汉字、日文 |
| 17 | 《地理志问答》 | 博马利亚 | 1896 年 | 汉字 |
| 18 | Petit Dictionaire Français-Chinois. Dialecte de Changhai（《法华字典》） | 贝迪莱神父（Le P. Corentin Pétillon） | 1905 年 | 法文、汉字、罗马字 |
| 19 | 《方言备终录》 | 姚准译 | 1906 年 | 汉字 |
| 20 | Lessons in the Shanghai Dialect（《上海话教程》） | 卜舫济（F.L. Hawks Pott, D.D.） | 1907 年 | 英文、汉字、罗马字 |
| 21 | T'ou-wo Tse-ne（《土话指南》） | 不详 | 1908 年 | 汉字、罗马字、法文 |
| 22 | Useful Phrases in the Shanghai Dialect with Index-Vocabulary and Other Helps（《上海话常用短语》） | 金多士（Gilbert Mcintosh） | 1908 年 | 英文、汉字、罗马字 |

续表

| 序次 | 文献名 | 作者、译者 | 出版时间 | 所用文字 |
|---|---|---|---|---|
| 23 | *Shanghai Dialect Exercises in Romanised and Character, with Key to Pronunciation and English Index*(《上海话练习》,简称《练习》) | D.H. Davis, D.D. | 1910 年 | 汉字,罗马字 |
| 24 | 《方言教理详解》 | 姚准译 | 1912 年 | 汉字 |
| 25 | *Conversational Exercises in the Shanghai Dialect*(沪语开路) | J.W. Crofoot & F. Rawlinson | 1915 年 | 英文,汉字 |
| 26 | *An English-Chinese Vocabulary of the Shanghai Dialect*(《英沪词典》) | 狄文爱德(Ada Haven Mateer),潘慎文(A.P. Parker) | 1913 年 | 英文,汉字,罗马字 |
| 27 | 《新旧约圣经》 | 不详 | 1913 年 | 汉字 |
| 28 | 《瀛沪双舌》 | 林通世 | 1914 年 | 汉字,日文 |
| 29 | 《实用上海语》 | 王廷珏 | 1919 年 | 汉字,日文 |
| 30 | *ALi-Baba et Les Quarante Voleurs (Dialect de Chang-hai)*(《阿里巴巴排逢盗记》) | 不详 | 1921 年 | 汉字 |
| 31 | *Lessons in the Shanghai Dialect, in Romanized and Character with Key to Pronunciation*(《上海话课本》,简称《课本》) | 派克(R.A. Parker) | 1923 年 | 汉字,罗马字 |
| 32 | 《活用上海语》 | 大川与朔 | 1924 年 | 汉字,日文 |
| 33 | 《纺织工场技术用上海语》(简称《纺织》) | 金堂文雄 | 1925 年 | 汉字,日文 |

续表

| 序次 | 文献名 | 作者、译者 | 出版时间 | 所用文字 |
|---|---|---|---|---|
| 34 | 《方言问答撮要》(第四版),简称《撮要》 | 姚准译 | 1926 年 | 汉字 |
| 35 | 《实用上海语》 | 喜多青磁 | 1933 年 | 汉字、日文 |
| 36 | 《鹦笑楼语汇录》 | 龟山正夫 | 1934 年 | 汉字 |
| 37 | 《中日会话集》 | 丁卓 | 1936 年 | 汉字、日文 |
| 38 | 《详注现代上海话》 | 影山巍 | 1936 年 | 汉字、日文 |
| 39 | 《实用速成上海语》 | 影山巍 | 1937 年 | 汉字、日文 |
| 40 | 《增补实用上海语》 | 王廷珏 | 1925 年 | 汉字、日文 |
| 41 | Leçons sur le Dialecte de Chang-hai.Cours Moyen (《上海方言课本》) | 蒲君南(le P.A. Bourgeois S.J.) | 1939 年 | 汉字、法文 |
| 42 | 《现代上海语》 | 影山巍 | 1940 年 | 汉字、日文 |
| 43 | Shanghai Dialect in 4 Weeks with Map of Shanghai(《四周学上海话》) | Charles ho George Foe | 1940 年 | 汉字、英文、罗马字 |
| 44 | Grammaire du Dialecte de Changhai(《上海方言语法》) | 蒲君南 | 1941 年 | 汉字、法文 |
| 45 | 《ポケット上海语》(《袖珍上海语》) | 黄在江 | 1942 年 | 汉字、日文 |
| 46 | Dictionaire Francais-Chinois, Dialecte de Shanghai(《法华新词典》) | 蒲君南 | 1950 年 | 汉字、法文 |

i 引用时标注具体卷书名,如《马太福音》(1913)《路加福音》(1913)等。

表1-2　早期宁波话文献

| 序次 | 文献名 | 作者、译者 | 出版时间 | 所用文字 |
|---|---|---|---|---|
| 1 | *IH-PENG SHÜ*，*yüong LO-MÔ Z-NGÆN, faen NYING-PO T·U-WÔ*：*kóng YÆ-SU DAO-LI*（《一本书》） | 禄赐悦理（William Armstrong Russell）译 | 1851 年 | 罗马字 |
| 2 | *Lu Hyiao-ts*（《路孝子》） | 麦嘉缔（Divie Bethune McCartee）译 | 1852 年 | 罗马字 |
| 3 | *Ih-Pe Tsiu*（《一杯酒》） | 岳腓烈（Frederick Foster Gough）译 | 1852 年 | 罗马字 |
| 4 | *AH-LAH KYIU-Cü YIÆ-SU-GO Sing-yi tsiao-shü. MO·T·Æ DJÜN FOH-ING SHÜ*（《马太传福音书》，简称《马太福音》） | 禄赐悦理、蓝显理（Henry van Vleck Rankin）等译 | 1853 年 | 罗马字 |
| 5 | *AH-LAH KYIU-Cü YIÆ-SU-GO Sing-yi tsiao-shü. IAH-EN DJÜN FOH-ING SHÜ*（《约翰传福音书》，简称《约翰福音》） | 同上 | 1853 年 | 罗马字 |
| 6 | *AH-LAH KYIU-Cü YIÆ-SU-GO Sing-yi tsiao-shü. LU-KYÜÔ DJÜN FOH-ING SHÜ*（《路加传福音书》，简称《路加福音》） | 同上 | 1853 年 | 罗马字 |
| 7 | *DI-GYIU DU. NG DA-TSIU DI-DU. PENG-KOH, PENG-SANG, PENG-FU. Sæn-foh di-du. wa-yiu Sing-kying di-du lin DI-LI VENG-TEH. DI-MING TSIAO ING-WÆN-TS-LIAH*（《地球图》） | 丁韪良（William Alexander Parsons Martin） | 1853 年 | 罗马字 |
| 8 | *IU-DONG TS·U-HYIAO*（《幼童初晓》） | 倪维思夫人（Nevius, Helen Sanford Coan）译 | 1859 年 | 罗马字 |

续表

| 序次 | 文献名 | 作者,译者 | 出版时间 | 所用文字 |
|---|---|---|---|---|
| 9 | JIH TSIH YÜIH LE《日积月累》 | 哥伯播义(Robert Henry Cobbold)译 | 1868 年 | 罗马字 |
| 10 | NYING-PO T·U-WÔ TS·U-ÔH《宁波土话初学》,简称《土话初学》 | 蓝显理 | 1868 年 | 罗马字 |
| 11 | YIAE-SU KYI-TOH-GO SING IAH SHÜ: PENG-VENG FÆN NYING-PO T·U-WÔ. FENG PIN-TANG-PIN: YIH-PIN CÜ SIANG-TE-GO TSIH-TSÔNG《阿拉救主耶稣基督个新约书》) | 岳腓烈(F. F. Gough),戴德生(James Hudson Taylor)、慕稼谷(G.E. Moule)译 | 1868 年 | 罗马字 |
| 12 | GYIU IAH SHÜ NYING-PO T·U-WÔ.《旧约书》,简称《旧约》) | 同上 | 1876/1923 年 | 罗马字 |
| 13 | An Anglo-Chinese Vocabulary of the Ningpo Dialect《宁波方言字语汇解》,简称《字语汇解》) | 睦礼逊惠理(William T. Morrison) | 1876 年 | 英文,罗马字,汉字 |
| 14 | Ningpo Colloquial Handbook《宁波方言便览》,简称《便览》) | 莫伦道夫(Paul Georg Von Mollendorff) | 1910 年 | 英文,罗马字,汉字 |

i 引用时标注单卷书名,如《马大福音》(1868)、《路加福音》(1868)等。

表 1-3 早期温州语文献

| 序次 | 文献名 | 作者,译者 | 出版时间 | 所用文字 |
|---|---|---|---|---|
| 1 | INTRODUCTION TO THE WÊNCHOW DIALECT《温州方言入门》) | 孟国美(P.H.S. Montgomery) | 1893 年 | 英文,罗马字,汉字 |

续表

| 序次 | 文献名 | 作者、译者 | 出版时间 | 所用文字 |
|---|---|---|---|---|
| 2 | NG-DÁ-KO CHÁO-CHÍ YI-SŬ CHÍ-TUH-GE SANG IAH SING SHÍ: FA ÙE-TSIU-GE T'Ù-Ò(《新约书》引其中《马太福音》,简称《马太福音》) | 苏慧廉(W.E. Soothill)译 | 1892年 | 罗马字 |
| 3 | CHAÒ-CHÍ YI-SŬ CHÍ-TUH SANG IAH SING SHÍ: Sź FUH-IANG TÀ SÁ-DU 'Æ-DJÜE FA ÙE-TSIU T'Ù-Ò(《四福音书搭搭徒行传》) | 同上 | 1894年 | 罗马字 |
| 4 | MO-'KO FUH-IANG SHI(《马可福音》) | 同上 | 1902年 | 罗马字 |

i 引用时标注单卷书名,如《马太福音》(1894)《路加福音》(1894)等。

表1-4 早期金华话文献

| 序次 | 文献名 | 作者、译者 | 出版时间 | 文献所用文字 |
|---|---|---|---|---|
| 1 | 'A-DA KYIU-CÜ Y'Æ-SU-GEH SIN-YI KYIAO SHÙ. IAH-'ÆN DJÜA FOH-ING SHÙ(《约翰传福音书》,简称《约翰福音》) | 秦贞(Horace Jenkins)译 | 1866年 | 罗马字 |
| 2 | A FIRST-READER OF THE KINHWA DIA-LECT WITH THE MANDARIN IN PARAL-LEL COLUMNS[i](《马可福音》) | 不详 | 1898年 | 罗马字 |

i 该译本为《圣经》单卷本《马可福音书》,引用时标注为《马可福音》(1898)。

**表 1-5　早期台州话文献**

| 序次 | 文献名 | 作者、译者 | 出版时间 | 所用文字 |
| --- | --- | --- | --- | --- |
| 1 | MÔ-T'A DJÜN FOH-ING SHÜ. T'·E-TSIU T'·U-WA（《马太传福音书》,简称《马太福音》） | 路惠理（W.D. Rudland）译 | 1880 年 | 罗马字 |
| 2 | NGÔ-HE KYIU-CÜ YIA-SU KYI-TOH-KEH SING-IAH SHÜ. T'·E-TSIU T'·U-WA；DI-NYI-T'AO ING《新约书》ⁱ | 同上 | 1897 年 | 罗马字 |

i 引用时标注单卷书名,如《马太福音》(1897),《路加福音》(1897)等。

**表 1-6　早期苏州话文献**

| 序次 | 文献名 | 作者、译者 | 出版时间 | 所用文字 |
| --- | --- | --- | --- | --- |
| 1 | 《路加传福音书》(简称《路加福音》) | 不详 | 1860 年 | 汉字 |
| 2 | 《福音赞美歌》 | 不详 | 1877 年 | 汉字 |
| 3 | 《新约全书略注》(第一卷)(《马太福音》)ⁱ | 戴维思（J. Wright Davis）译 | 1879 年 | 汉字 |
| 4 | MO-K'U DJÖN FOH-IN SH. SU-CHEU T'·U-BAH（《马可传福音》,简称《马可福音》） | 不详 | 1891 年 | 罗马字 |
| 5 | 《真道要理问答》 | 不详 | 1895 年 | 汉字 |
| 6 | 《天路历程和《续天路历程》 | 来恩赐（David N. Lyon）译 | 1896 年 | 汉字 |

续表

| 序次 | 文献名 | 作者,译者 | 出版时间 | 所用文字 |
|---|---|---|---|---|
| 7 | 《旧约全书》 | 不详 | 1908年 | 汉字 |
| 8 | 《新约全书》ⁱⁱ | 不详 | 1922年 | 汉字 |
| 9 | 《苏州方言〔に就いて〕》《论苏州方言》 | 坂本一郎 | 1937年 | 汉字 |
| 10 | 《新约全书》(苏白一官话词语对照例解) | 官田一郎编 | 1983年 | 汉字 |

i 该书名为《新约全书》略注第一卷,即《马太福音》,引用时标注为《马太福音》(1879)。
ii 引用时标注具体卷书名,如《马太福音》(1922)、《路加福音》(1922)等。

**表 1-7　早期官话文献**

| 序次 | 文献名 | 作者,译者 | 出版时间 | 所用文字 |
|---|---|---|---|---|
| 1 | 《华语官话语法》 | 瓦罗(Francisco Varo),姚小平等译 | 2003年 | 汉字 |
| 2 | 《马太传福音书》(单行本,南京官话) | 麦都思、施敦力(John Stronach)译 | 1856年 | 汉字 |
| 3 | 《官话指南》 | 吴启泰、郑永邦 | 1900年 | 汉字 |
| 4 | 《圣经》(官话和合本) | 狄考文(Calvin Wilson Mateer)、富善(Chauncey Goodrich)、鲍康宁(F. W. Baller)、文书田(George Owen)等译 | 1919年 | 汉字 |

### 1.3.2　数种稀见文献

对西儒吴语常见文献的介绍还可参看:游汝杰(2002，2018，2021)、钱乃荣(2014b)、王一萍(2014)、林素娥(2015a)、阮咏梅(2019b)。据笔者所知,尚无研究者于著述中引用以下数种文献,故略补介绍如下。

#### 1.3.2.1　《上海土白入门》

该书用于教中国人用罗马字阅读并拼写上海方言。开篇为两页用汉字写的《绪言》,其次是《凡例》,接着是字母表,列有大小写形式的斜体罗马字,其后用汉字标注音值。本书中,数字、印刷符号和音节示例部分,同样使用了汉字,其余则全部用罗马字拼写。书中有一张包括音节、一字土白(单音节词)、二字土白(双音节词)、三字四字土白(包括三音节词、四音节习语和数量名短语等)在内的完整列表,其后是方言实例,内容包括:省政府简介、中国的王朝、《旧约》和《新约》摘要、对《主祷文》的论述和信条(另参见伟烈亚力 2011:218)。本书引用该文献 1855 年版。图 1-1 为扉页和字母表页。

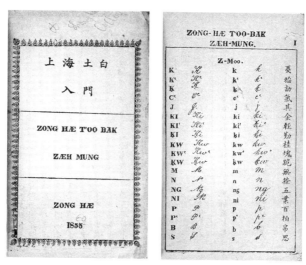

图 1-1　《上海土白入门》扉页和字母表页(HathiTrust Digital Library 藏本)

下面再以表格形式摘抄该书第 21 页上部分三字短语(见表 1-8)。

**表 1-8　《上海土白入门》三字短语举例[i]**

| Læ fæh je.来弗及 | Læ tuk je.来得及 | Yoong-ye kuk.容易个 |
|---|---|---|
| Tsoo tuk læ.做得来 | Tsoo fæh læ.做弗来 | Van-nan kuk.烦难个 |
| Tsoo fæh doong.做弗动 | Wò fæh wæn.话弗完 | Tsoo sa lau? 做啥咾 |
| Sa z-t'e? 啥事体 | Zing fæh dzāk.寻弗着 | Tiau wæ fe.鸟会飞 |

i 表中汉字由笔者转写。

如表 1-8 所示,该书所记短语多为方言日常交际用语。

#### 1.3.2.2　《上海话短语》

共 228 句上海话日常用语。分十版连载于 *North China Herald* (《北华捷报》),刊登时间 1850 年 12 月至 1851 年 9 月。按照英文和上海话两栏排,上海话栏先排汉字,再在下方列出罗马字拼音和对应的英文。下面摘录 1~20 句,摘抄时略去汉字行下方英文(见表 1-9)。

**表 1-9　《上海话短语》(1850)1~20 句**

| 序次 | 英文 | 上海话 |
|---|---|---|
| 1 | What is this? | 第个啥物事?<br>Ti kó sá meh sz? |
| 2 | What is this called? | 第个叫啥名头?<br>Ti kó kiā sá ming dur? |
| 3 | What are you doing? | 侬勒拉做啥?<br>Núng leh lá tsú sáh? |
| 4 | Come here. | 跪[i] 来(or)走来。<br>Bâ lé, (or) tsur lé. |
| 5 | Bring some fire. | 挪一个火来。<br>Ná ih kó hú lé. |
| 6 | Light a lamp and bring it. | 点一盏灯来。<br>Ti ih tsa tung lé. |

| 序次 | 英文 | 上海话 |
|---|---|---|
| 7 | Make a fire in the grate, (or stove.) | 生一个火炉。<br>Sáng ih kó hú lú. |
| 8 | Make a cup of tea and bring it. | 泡一碗茶来。<br>Pá ih wé tsó lé. |
| 9 | Do you wish black tea or green tea? | 侬要红茶呢绿茶?<br>Núng yâ húng tsó nyí lóh tzó? |
| 10 | I wish black tea. | 我要红茶。<br>Ngú yâ húng tsó. |
| 11 | Bring some milk and sugar. | 担牛奶咾冰糖来。<br>Ta niur ná loh ping dong lé. |
| 12 | I have no spoon, bring one. | 我银抄无没,担一支来。<br>Ngú niung tsâ 'm meh, ta ih tsá lé. |
| 13 | Toast some bread and bring it. | 烘两块馒头来。<br>Húng liáng kwé mén dur lé. |
| 14 | Bring some butter. | 担点牛奶油来。<br>Ta tí niur ná yeu lé. |
| 15 | I also wish some cheese. | 还要点牛奶饼。<br>Wa yâ tí niur ná ping. |
| 16 | Bring my slippers. | 担我一双拖鞋来。<br>Ta ngú ih song lé. |
| 17 | Take my boots and brush them clean. | 挪我一双靴刷刷干净。<br>Ná ngú ih song shú seh seh keun zing. |
| 18 | Use blacking and make them shine. | 担墨来刷来上亮个。<br>Ta muh lé, seh lé liáng kó. |
| 19 | Bring me a cigar. | 挪一根烟叶子来。<br>Ná ih kung yí yih tsz lé. |
| 20 | Have you any matches? | 自来火侬有否。<br>Sz lé hú núng yeu vá? |

i 从读音来看,可能应写作"跑",原文或有误。

　　由表 1-9 可见,这些语句虽先出英文,但并非对译而成,而皆为日常交际中的表达,其语言反映了当时地道上海话面貌。如:持拿义动词"担""挪"并用,且前者更常见;并列连词用"咾";祈使句中见 VVR 述补结构,见句 17 中的"刷刷干净";否定句和是非问受事名词前置为话题,分别见句 12 和句 20。虽然语料总量仅 228 句,但都十分真实自然,是十分难得的 19 世纪中叶上海话的自然语料。

### 1.3.2.3 《阿里排排逢盗记》

　　该书封面上写有法文书名,书名下方用法文注明了出版机构。左侧用汉字竖排书写中文书名:阿里排排逢盗记。扉页右侧用汉字注明出版时间,左侧为出版发行机构。书中内容全部使用汉字拼写,分段落,标点只用"。"表停顿,无其他标点,全书共 73 页。封面和扉页如图 1-2。

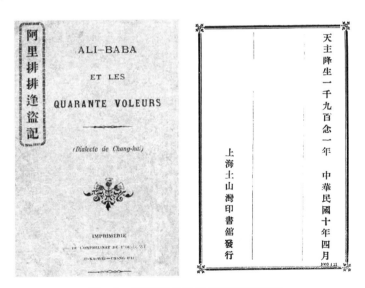

**图 1-2　《阿里排排逢盗记》封面和扉页**

　　该书很可能由法文原版译出,但译者不详。全书用地道的上海话口语叙述阿里排排与其女仆智斗四十大盗的故事,语料真实自然。如:

拉波斯国某一个乡村当中。有弟兄两家头。阿哥名头叫
卡新。兄弟名头叫阿里排排。伊拉屋里向。本来勿是有铜钿
个人家。伊拉个父亲。垃拉临终个时候。拿自伊所积蓄拉个
一眼小家当。均分拨拉伊拉两家头。等到自家个爷死之后
来。乃味弟兄陶里。大家分开墩之咾活性命。①（《阿里排排
逢盗记》1921：1）

以上为该书第一段，从下加圆点部分可看出，不管是实词，还是虚

**图 1-3　《地理志问答》封面**
**（澳大利亚国家图书馆藏本）**

词，都很好地反映了当时地道的上海话。同时它与一般的课本类文献采用词、散句或段的编排方式不同，该书故事性强，主要采用叙述语体，为从语篇角度观察句法结构或词的语用功能提供了难得的语料。

### 1.3.2.4　《地理志问答》

该书封面见图 1-3②。

据该书序言，应为小学教学用书。博马利亚将蓝栢先生所著《地理问答》、福州的《地理问答》、京都《地理初阶》等书，摘其要义成书，又从"英文新辑地理志书中所新定的里数疆界做定本"，并精细画图。全书采用问答形式。只用顿号"、"断句或停顿。如：

第一课　　论地球个形状、

问　我伲世界上人全住拉啥上、　　答　地球上、
问　考究地球个书叫啥、　　　　答　地理志、

---

① 引文中下圆点，为笔者所加。下同。

② 引自澳大利亚国家图书馆。

| 问　地球像啥、 | 答　像橘子能圆个、 |
| 问　地圆末有几个凭据、 | 答　三个凭据、 |
| 问　第一个凭据是啥、 | 答　有行船个人、一直朝前行、后首仍旧行到老地方、 |
| 问　第二个呢、 | 答　看远地方来个船、先见樯子个稍、以后越近末越高，难末看见船个全身、 |
| 问　第三个呢、 | 答　月食、实在拨地球个影遮没月面、看到月面个黑影是圆个、就可以晓得地是圆个、 |

（《地理志问答》1896：1）

全书共十章，117课。该书出现了第一人称代词复数"我伲"，否定词"无没"，并列连词"咾"，处所词"户荡""场化"和"地方"（后两者也见用作处所后置词），指示词"第""伊"，伴随介词"搭"，"拉"做表处所的动词和介词，被动介词用"拨"或"拨拉"，与格介词用"拉"和"拨"，是否问句用"VP否"。此外，动词后接"拉化"表"在内"的意思。

#### 1.3.2.5　《蒙童训》

吉牧师的夫人本姓特尼(本名：Caroline Phebe Tenney)，她用上海土白译英国儿童福音小说家 F.L. Mortimer(或译作"莫蒂母")所著英文儿童福音小说*Line Upon Line*，它也是童蒙教科书。该书扉页左右侧分别写明出版年代：耶稣降生一千八百五十七年，咸丰六年仲冬。文末有"浦东周凤翔刊印"。全书分上(共 19 章)、中(9 章)、下(11 章)三卷，分别为 35 页，26 页，26 页，该书内容叙述了《创世记》中的宗教神话故事和摩西、约书亚带领以色列人离开埃及的故事，较之同时期《圣经》土白译本语言，书中语言简洁、自然、通俗易懂，为地道的自然口语。通篇只用顿号和句号两种标点。如：

我爱拉个小囝呀、造成功天地是神、俫听得歇个者。俫心里想想看、有啥人能够造成功天地个否、人勿能够造成功个、不过

会担料作来做个多化物事、就是房子哗箱子哗、台子哗、椅子哗
啥。比方有人会做箱子、领伊到无啥料作个房子里去、关子门哗
对伊话、侬勿可以出来、等到做好子箱子末、可以出来者、第个人
勿能够空手做好一只箱子、因为无没料作哗。(《蒙童训》上卷,
1857:1)

该书虽讲述的是圣经故事,但能善用日常生活打比方,富有浓郁
的生活气息。因此无论是用词(见下点号部分)还是造句,都通俗易
懂且地道,是研究 19 世纪中叶上海话的理想材料。

### 1.3.2.6　《纺织工场技术用上海语》

该书前有桃溪应璧、宇高宁所写日文序言和作者自序,接着是用
日文写的凡例,随后是目次。全书共分七章,各章分节,节下设项,如
第二章共分五节,但其中第一节与第五节下不设项,其他各节都设
项,项的数目不一,第二节设第一至第八项,第三节设三项。共
272 页。书中内容采用沪语、英语和日语对照形式编排。收录词、短
语和句子等,皆不用标点。内容包括纺织工场所用词汇,也收入基本
的日常用词,书中收录句子也为日常表达。如:

　　开车格辰光用左手相帮开

　　关车格辰光综要齐子咯关

　　揩车末勿要关子咯揩

　　打手皮带太紧子末勿好个

　　直个纱接起头来要小点个

　　纱断脱两根以上末马上车要关起来

　　纱断脱一根辰光末马上到车后头去接好伊

　　落布个车当心拿油加好子车上揩情爽①

以上 8 句选自第六章第七节"织布车间用语"(243—244 页),句
前有数字编号,句中句末皆不用标点符号。从语言来看,尽管该书部
分实词具有专业性,日常交际中少用,但句子结构自然常用。

———————

　　①　原文作"情爽",或书写有误,应为"清爽"。

### 1.3.2.7　《天路历程》和《续天路历程》

来恩赐(David N. Lyon)译自 *The Pilgrim's Progress*(John Bunyan,
1628—1688)。《天路历程》5 卷 66 页,《续天路历程》6 卷 51 页。正文前
有用官话写的序言,全书只用汉字。全书标点符号仅用顿号。摘录如下:

　　卷一:世界上比方是个荒野、我走个时候、挴着一处地方、有
一个石洞、我立在洞里眒着睡着、做一个梦、梦见一个人、身上着
个衣裳破得极、背对之俚个房子咾立拉笃、手里拿一本书、背上
背之重担、又看见俚拿书捣开、看之书、身上发抖、眼泪流出、自
家忍弗住、就放声大哭喊咾说、我哪哼做末好呀、(1896:1)

从书中用词和表达来看,虽为译本,但语言通俗易懂,自然地道,
该书字数达 13.5 万字,为研究 19 世纪末 20 世纪初的苏州话提供了
很好的文本。

### 1.3.2.8　《一本书》

该书每半页编号,共 209 页。本书主要介绍基督教教义教理。
如第一章叙述了《创世记》第一章中的故事。

#### Di-ih tsông

　　Tôh-fah-ts-deo, JING ts'iang-zao t'in di. Keh-ko z-'eo di
m-teh siang-mao, tu z k'ong-go; ping-ts'ia læ shü-go min-teng
tu z heh-en-go. JING-go LING yüing-dong læ shü-go zông-
deo. JING wô, kwông; kwông ziu yiu-de. JING k'en kwông z
hao, ziu feng-ch'ih liang, en. JING eo kwông z nyih, eo en z
ya. Keh-ko nyih teng keh-ko ya, z di-ih nyih.

#### 第一章

　　□发之头,神创造天地。葛个时候地眒得相貌,都是空个;
并且来水个面顶都是黑暗个。神个灵运动来水个上头。神话:
"光。"光就有兑。神看光是好,就分出亮、暗。神呕光是日,呕暗
是夜。葛个日等葛个夜,是第一日。(1851:1)

上段中否定动词"眒得"、介词"来"、名词"上头""面顶"等都为地
道方言词,用指量名"葛个日"而非光杆名词回指上文"日",用话题句

"光就有兑<sub>就有了光</sub>",这些句法现象也反映了早期宁波话特点。

### 1.3.2.9 《幼童初晓》

该书为适用于童蒙的基督教教义读本。共 155 页。书前有四幅插图,插图后有目录,共 53 章,一章一主题,讲述圣经故事。书中首先讲了"人的己身""做父母的爱心""罪的起头"等,然后按照《新约圣经》中人物及其故事进行编排。如"神明个<sub>的</sub>儿子、玛利亚、约瑟等<sub>和</sub>玛利亚、看羊个<sub>的</sub>人、博士、希律王、魔鬼个<sub>的</sub>引诱、十二使徒、头一个神迹、耶稣登西门屋里、耶稣祷告文、耶稣讲到其死个<sub>的</sub>事干、那撒路"等。与上海士话《蒙童训》(1857)所述故事不同,《幼童初晓》侧重《新约圣经》中的人物故事,《蒙童训》则讲述《旧约圣经》中的故事,但二者皆为幼童学习教义用书,语言均通俗自然。本书前有插图页和扉页,见图 1-4。

图 1-4 《幼童初晓》插图页和扉页

下面以第一章"人个<sub>的</sub>已身"为例。

Keh t‘in-zông-go nyih-deo, z jü zao gyi c‘ih-læ? Jü peh gyi t‘in-nyiang c‘ih- ky‘i, yia-tao z-‘eo lôh-sæn? Yuih-liang teng sing-siu, z jü en-læ t‘in-zông, peh gyi fah-c‘ih liang-kwông peh ah-lah hao k‘en-kyin? Nyih-deo, yüih-liang, sing siu keh-sing, yiu soh-go nying we fông gyi ka lao-k‘ao, s-teh ve tih-lôh-læ? Ka do z-t‘i z nying tso-feh-læ: tsih- yiu Jing-ming we tso-go. Yiu doh ih-we Tsing-weh-go Jing-ming; t‘in, di, sæn, hæ, van-pah sô yiu-go tong-si, tu z Gyi zao-c‘ih-læ-go. Shü-kæn-zông teng long-tsong shü-kæn-zông z-t‘i, Gyi tu we kwu-djôh. Ng iao-bông sing li-deo læ-tih ts‘eng, ih-go cü-kwu dza neng-keo long-tsong z-ti kwu-djôh.

葛天上个日头,是谁造其出来? 谁拨其天亮出起,夜到时候落山? 月亮等星宿,是谁按来天上,拨其发出亮光拨阿拉好看见? 日头、月亮、星宿葛星,有啥个人会放其介牢靠,使得勿会跌落来? 介大事体是人做弗来,只有神明会做个,有独一位真活个神明,天、地、山、海,万百所有个东西,都是其造出来个。世间上等拢总世界上事体,其都会顾着。倷要防心里头来个忖,一个主顾咋能够拢总事体顾着。(1859:1)

文中无论是用词还是表达结构皆为自然口语,如"葛""日头""夜到""葛星(些儿)""介"等常用词语,"其"字复指性话题句较常见。

### 1.3.2.10　《日积月累》

据伟烈亚力(2011:189),该书由哥伯播义译成宁波方言,分两卷,分别印行于 1856 年和 1857 年。我们所采用的非首版。我们所用的版本分成两本,分别出版于 1868 年和 1869 年。每本由课文和课后提问组成。第一本设 39 章共 252 页,后附各章提问 20 页;第二册设 40 章共 238 页,后附提问和圣经中所摘出的重要经文共 26 页。全书内容来自圣经故事,为童蒙读物,故事叙述中多设问题,再引出答案。

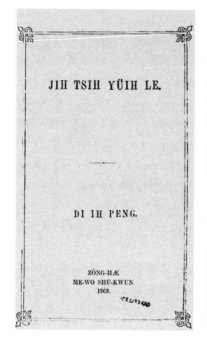

**图1-5　《日积月累》(1868)书名页和第一章首页**

　　参图 5-1 所示,左图为《日积月累》(1868)书名页,右图为第一章首页(罗马字),笔者转写如下:

### 头一章

　　倍拉值钿小人,真神造世间上,倍拉都听明过。我要问倍一样:人会造世间上弗? 葛必定勿会造个。人有嘞好做:小木师傅会做箱子,篾竹师傅会做篮。但是一个人无没料作,其会做啥西呢? 比方一个人关来空房里,弗拨其料作,呕其做一只箱子,话:"倍葛个箱子弗做好,我弗放倍出。"葛个人永生永世走弗出个。其要做一只箱子必定要板,或者皮,或者马口铁,或者别样东西。葛遭好做。只有真神造世间上,是吭告啥个料作。其只讲一句,就有兑。(看《希伯来书》,第 11:3)

由上可见,该文献语言用词地道,句子简短,结构自然。叙述中常采用问答形式,启发听者或读者思考和注意。虽阐述宗教道义,但处处用熟悉的身边事物打比方,方便儿童理解。

### 1.3.3　平行语料类文献

本书所用平行语料类文献主要为课本、词典和《圣经》土白译本类。其中课本类采用了《官话指南》和《土话指南》,关于这两种文献的详细情况可参见张美兰(2017)。下面主要对后两种略作介绍。

#### 1.3.3.1　词典类

有西儒词汇著作或词典的吴语方言点主要是上海话和宁波话,上海话该类文献多达 21 种(游汝杰 2018:332),主要有英汉和法华两大类。宁波话最重要的词典为《字语汇解》(1876),为英汉词典。这些西汉双语词典,词条以西文出条,用方言对译。因此,若比对同一西文词条的方言对译成分,可进行方言词汇和语法对比研究。本书将选取英汉上海话词典和英汉宁波话词典,开展对比研究。下面对所选取的两种词典略作介绍。

1.3.3.1.1　《英沪词典》(第 2 版)

由词典序言可知,首版发行于 1901 年。本书采用该词典第 2 版(1913)。正文前有序言和上海话音节的发音说明,词典正文共558 页,随后有数十页长的附录,记录了 1200 多条各行各业的新术语。后附上海的公司和路桥名称列表,此由 J.W. Crofoot 编写。正文部分词条以英文出条,用上海话对译。词条不限于词,还包括大量短语和不少句子。如:

> **A or an**, is expressed in Chinese by the use of different classifiers, e.g.,一个 ih kuh,一条 ih diao,一根 ih kung, etc. a man,一个人, ih kuh nyung; an orange,一只橘子, ih tsuk kyoeh ts; a chapter,一章, ih tsang; a book,一本书, ih pung su; a dollar,一块洋钱, ih khwe yang-dien; a tael of silver,一

两银子, ih liang nyung-ts; twice a month, 一个月两回, ih kuh nyoeh liang we.

　　**Abacus**, 算盘, sœn-ben; rings on an-, 算盘珠, sœn-ben-tsu; do you understand the -, 算盘侬会否, sœu-ben noong we va? To reckon on an-, 打算盘, tang sœn-ben.

由词条 a or an、abacus 来看,词条下实际列出的是与该词相关的长短不一的语块,即短语或常用的简短句子。因此,这样的双语词典不仅是词汇研究的理想材料,也可用于语法研究。

1.3.3.1.2 《字语汇解》

该书为目前所知西儒编纂的唯一的宁波方言双语词典,共 559 页。全书分为单字读音表、词典正文和全球地名的宁波话读音三大部分。下文所用语料选自词典正文,正文词条按英文单词顺序编排,每个单词后列出对应的宁波话词语或由该词构成的常用短语,因此,该词典也收录了大量的常用词汇、短语以及少量的句子。《字语汇解》常用与官话或文言中同义的词来记录方言词,并在字的右上角标符号"○",如"baby, na-hwun 嬰○孩○""give, peh 给○""price, kô-din 价○钱○"等,本书引用时遵从原书用字,同时列出原书英文和罗马字拼音。所引短语,按照英文、罗马字和原书汉字依次排列,中间用逗号隔开。若同一英文短语,宁波话有两种不同表达,一并列出,用分隔号"/"隔开。

对该词典特点的介绍可参见游汝杰(2018:332)。下面摘出 a 和 abacus 词条,与上文《英沪词典》(第 2 版)进行简单对比。如:

　　**A**, usually unexpressed; expressed by a numeral followed by its classifier, thus, *a man*, ih-go nying¹ 一個○人; *-pen*, ih-ts pih¹ 一支笔; *-book*, ih-peng shü¹ 一本书; For classifiers see *The Nyingpo Primer*《宁波土话初学》

　　**Abacus**, sön¹-bun 算盘(ih-min); *do you understand the -?* ng sön¹-bun hyiao¹-teh feh 你○算盘晓得否○?

词条 a 下列出了日常交际中常见的"一＋量名"组合,较之《英沪词典》(第 2 版)(1913),《字语汇解》似乎所列结构少,但作者指出更多表达可参见《宁波土话初学》(1868:15—18),该书在 FENG-LE Z-NGÆN(分类字眼)下列出了多达 160 个"一＋量名"组合。《字语汇解》为开展上海话和宁波话"量名"搭配比较研究提供了绝好语料。同时,词典中收录不少句子,如词条 Abacus 下皆有 do you understand the -? 上海话说成"算盘侬会否",宁波话则说"你○算盘晓得否○",表定指的"算盘"虽皆在是非问句中作话题,但上海话表达为句首的主话题,而宁波话则为主谓之间的次话题,句法位置不同,尽管由此例不能对当时上海话和宁波话的词序差异简单地作出定性判断,但无疑为我们进行数据统计提供了很好的个案。

可见,通过对比同一西文词条下的方言成分,开展方言词汇和语法比较研究,不仅是可行的,且因所收录语言成分地道,故而是开展对比研究的理想材料。

**1.3.3.2　《圣经》土白译本**

本书采用了吴语五个方言点的十种《圣经》土白译本开展研究。如:苏州话《路加传福音书》(18??)、《马太福音》(1879)、《新约圣经》(1922);上海话《约翰福音》(1847)、《马太传福音书》(1870)、《旧新约圣经》(1913);宁波话《马太传福音书》(1853)、《路加传福音书》(1853);台州话《新约书》(1897),温州话《四福音书搭使徒行传》(1894)。下面对主要的译本文献及其语言特点略作介绍。

1.3.3.2.1　苏州话《路加传福音书》(18??)

该书封面右侧竖排写中文书名:路加传福音书;全 57 页,苏州土白汉字抄本。译《路加福音》24 章。每章有序列,节前无序号,每句之间用顿号隔开。

据游汝杰(2002)、赵晓阳(2012)指出:最早的苏州话《圣经》译本是《四福音书和使徒行传》(1879,以下简称"1879 年译本"),由美国南长老会戴维思译。二位皆未提及该单行本《路加传福音书》。该书与"1879 年译本",专名翻译和方言字的书写都有所不同。如:

有无其数人拿我教门里有枒事个事体、挨顺子写拉在书朗上、就是原底子传道个人从起头亲眼看见个的、讲腊给一路个人听、我再细细个地讲究、想要挨子着次序拿逐样事写出来、告诉贵人提阿非罗要样样晓得所学个道理是有枷事个、犹太王希律个时候、有亚比亚班里个祭司叫撒加利亚、俚他个家小亚伦个子孙名叫以利沙伯、两个人腊笃在上帝门前在全是做好事体个、所做个的事在依上主个好说话、呒不没有一点差误个、但是呒不儿子、因子以利沙伯弗不生儿子、年纪亦老哉了。(《路加传福音书》1:1—7)

以上选自《路加传福音书》第一章,对比"1879年译本",其差异见表1-10。

**表1-10 两种苏州话译本的专名和词形比较**

| 词义 | 所用专名和词形 | |
|---|---|---|
| | "18??年译本"[i] | "1879年译本" |
| God | 上主、上帝 | 神 |
| 上 | 郎 | 上 |
| 全、都 | 在 | 侪 |
| 在 | 腊笃 | 拉笃 |
| 给 | 腊 | 拉 |
| 确实 | 枷事[ii] | 确实 |

i 即指单行本苏州土白《路加传福音书》。
ii 此处本字或为"介事",表示"确有其事"。

该文献中"间罕"为表近指的处所指代词,"个搭"兼指"这里""那里",还可作处所后置词,如"我个搭""到加利利个搭拿撒勒去见童女"等,"1879年译本"及之后的文献中则出现专职的远指代词"归"。该文献中人称代词复数形式为"我俚",而"1879年译本"用"我俚"和合音形式"伲"。其代词保留了更早期的形式。我们推测,该文献很可能要早于"1879年译本"。

《路加传福音书》的译文与官话和合本(1919,以下简称"官话")的表达无对应关系。如:

　　a. 上主照应我,待我好得势,叫我腊人家当中再咥不坍眼个哉。(《路加福音》1:25,18??)

　　b. 主照应我,对我实梗做,拉个日上,拨我拉人面前除脱羞耻。(苏州话,1922)

　　c. 主在眷顾我的日子,这样看待我,要把我在人间的羞耻除掉。(官话,1919)

a 为该文献的译文,对比 c 官话译文,用词和结构差异显著,而 b 为苏州土白 1922 年译文,与 c 在词语和结构上有对应关系。b 与 c 之间的对应可能反映了官话译本通行后方言译本受到过官话译本的影响,而 a 与 c 之间的不对应,则说明了 a 很可能译于官话译本通行之前,其译文并未参照过官话译本。

据吴义雄(2000)指出,19 世纪上半叶英美传教士围绕英文 God 或希腊文 Theos 的中译发生争论,即"译名之争",麦都思为代表的英国伦敦会传教士主张用"上帝"为中译名,而以裨治文为首的美国传教士则主张以"神"为译名。麦都思译上海土白《约翰福音》(1847)、南京官话《马太传福音书》(1856),两种译本中 God 皆译为"上帝",苏州土白《路加传福音书》也译"God"为上帝。尽管其是否由以麦都思为代表的英国伦敦会传教士译出,仍有待考证,但 19 世纪中叶以后苏州成为美国监理会传教的大本营,苏州土白《圣经》其他译本也由美国传教士完成。如:美国长老会戴维思、费启鸿(George F. Fitch)和美国监理会潘慎文等在 1879 年以后所译的苏州土白《圣经》中用"神"作为中译名。

基于该译本的语言特征和 God 的中译名,参照上海土白《约翰传福音书》(1847)、"南京官话译本"(1856)等,我们推测该译本的可能年代为 19 世纪 60 年代,即不会晚于"神"版苏州话《圣经》(1879)译本。因此下文引用该文献语料时标注为 1860。

1.3.3.2.2　苏州土白《新约圣经》(1922)

据游汝杰(2002)、赵晓阳(2012)指出:苏州话《新约全书》由美国圣经会于 1881 年出版,1892 年修订出版,1913 年美国圣经会在上海

出版的《新约全书》是最后一本苏州方言《圣经》译本。但我们所用的
《新约全书》扉页右侧竖排写有"耶稣降生一千九百廿一年,苏州土
白",左侧写有"中华民国十一年岁次壬戌,上海大美国圣经会",下方
有一行英文为"New Testment, Soochow Colloquial, American
Bible Society, 1922"。可见,该文献发行于 1922。其扉页后是目录
页和一张彩色地图,再是《新约》第一卷书《马太福音》。笔者暂未搜
集到 1913 年版,故将其与"1879 年译本"进行对比,两种译本在词汇
和表达结构上都有所不同。

　　节 1. 官话(1919):当希律王的时候、耶稣生在犹太的伯利
恒。有几个博士从东方来到耶路撒冷、说、那生下来作犹太人之
王的在哪里、我们在东方看见他的星、特来拜他。(《马太福音》
2:1—2)

　　他们听见王的话就去了。在东方所看见的那星、忽然在他
们前头行、直行到小孩子的地方、就在上头停住了。(《马太福
音》2:9)

　　节 2. 苏州土白(1922):希律王个时候、耶稣养拉犹太个伯
利恒、当时、有几个博士、从东方到耶路撒冷来、说、养出来做犹
太人个王、拉洛里、因为伲拉东方、看见俚个星咾来拜俚。(《马
太福音》2:1—2)

　　俚笃他们听之了王个说话、就去哉、拉东方所看见个星、拉前
头行、直行到小干小孩个上头。就停拉个哉。(《马太福音》2:9)

　　节 3. 苏州土白(1879):拉希律王个时候、耶稣养拉犹太国
伯利恒县里。喏、有几个博士、从东方到耶路撒冷来、说、养出来
做犹太人个王末、拉啥场化、因为我俚拉东方看见俚个星咾来拜
俚。(《马太福音》2:1—2)

　　博士听见王个说话咾、去哉、喏、东方看见个星、拉前头领
路、到小干场化地方个上头、就立停。(《马太福音》2:9)

以上三节均选自《马太福音》第二章,下面以表格形式,在表 1-
11 中列出三者间的区别。表中"—"表示无对应表达。

### 表1-11　官话译本(1919)与苏州土白译本(1922、1879)的比较

| 译本 | 比较项 | | | | | | | |
|------|------|------|------|------|------|------|------|------|
| | ① | ② | ③ | ④ | ⑤ | ⑥ | ⑦ | ⑧ |
| 官话 1919 | 犹太的伯利恒 | — | — | 哪里 | 就 | 在他们前头行 | 小孩子的地方 | 停住了 |
| 苏白 1922 | 犹太个伯利恒 | 当时 | — | 洛里 | 就 | 拉前头行 | 小干个上头 | 停拉个哉 |
| 苏白 1879 | 犹太国伯利恒县里 | 喏 | 末 | 啥场化 | 唠 | 拉前头领路 | 小干场化个上头 | 立停 |

短短三节经文,就可在苏州土白1922年版和1879年版中找出表1-11中的8处不同。具体可概括为五点:一是1879年版处所名词后接"里"作处所后置词,在指人NP后接"场化"表对象所处位置,如①和⑦,而1922年版和官话译本均不用。二是1879年版在NP后使用带提请注意的停顿标记"末",如③;或用"喏"提请听话人注意其后NP所指事物或对象,如②;而1922年版和官话译本也不用。三是1879年版用"唠"表承接关系,如⑤;1922年版译本与官话译本皆用副词"就"。四是代词使用的不同。1879年版用"啥+处所名词"问处所;而1922年版用"洛里",与官话同源,如④。五是表达结构不同。如⑥和⑧,1922年版与官话译本对应整齐,而1879年版则有不同。

可见,苏州土白1879年版与1922年版存在语体的不同,尽管二者皆为土白译本。前者为更接近日常口语的土白,后者虽也为口语,但表现出较前者更正式的语体特征,更符合表达庄重、严肃的宗教主题的需要。1879年版苏州土白译本"喏"的使用就是很明显的证据。陆镜光(2005)讨论汉语方言指示叹词时,列举了吴语中的"诺",指出如今崇明话、上海话、苏州话和温州话等,都用其来提示或提请听话人注意某事物。以叹词形式起指示功能,称之为指示叹词,他指出这类词在口语中出现的频率很高,在书面语里却比较难找到,只有那些口语化程度高的书面表达中才偶尔可见。

尽管如此,1922年版和1879年版所用基本词汇和结构,仍具有较高的一致性,见节1～节3所引内容中加了圆点的成分,1922年版仍反映了当时苏州话的基本面貌,可用于词汇和语法的研究。

1.3.3.2.3　上海土白《旧新约圣经》(1913)

据游汝杰(2002:104),1913年版译本是上海土白第一本《旧新约全书》译本,此前有《约翰福音》(1847年汉字译本、1853年罗马字译本)、《新约全书》(1872年罗马字译本)等。1913年版译本扉页正中竖排写"旧新约全书",右侧竖排写"耶稣降生一千九百十三年,上海土白",左侧写"中华民国二年岁次癸丑,上海大美国圣经会印行",下方有英文二行,为:"Shanghai Colloquial, American Bible Society, 1913"。全书分"旧约"和"新约"两部分,"旧约"共1 396页,"新约"共438页。下面结合一段译文来看其语言特征。如:

> 拉<sub>在</sub>希律王个时候、耶稣养拉犹太个伯利恒城里、有博士、从东方到耶路撒冷来、话、养出来个犹太人个王、拉那哩<sub>哪里</sub>、因为伲<sub>我们</sub>拉东方、看见伊个星咾来拜伊。希律王听见之<sub>了</sub>、心里勿安、合耶路撒冷也实盖。王召集祭司长咾百姓里个读书人、问伊拉基督应该养拉那哩。伊拉回头话、拉犹太伯利恒城里、因为先知写拉个话、犹太地个伯利恒呀、拉犹太县分①当中、侬<sub>你</sub>并非最小个、因为将来有一位君王从侬当中出来、牧养我个以色列百姓。难末<sub>这样</sub>希律暗暗里召之博士来、盘问伊<sub>他</sub>个星出现个时候。伊就差伊拉<sub>他们</sub>到伯利恒去、对伊拉话、㑚<sub>你们</sub>去仔细寻访小囝<sub>小孩</sub>、寻着之末、来回覆我、我也好去拜伊。博士听之王个分付咾去哉、垃拉东方所看见个星、拉前头行、直到小囝垃拉<sub>在</sub>个地方咾停拉上头。博士看见之伊个星、快活得极。(《马太福音》2:1—10)

从用词和结构来看,《圣经》译文中常可见到一些较正式语体中才出现的词和结构。如牧养、盘问、合、并非、"所"字结构,具体见下加粗线条的成分,这些成分一般不会用于普通的日常言谈交际活动

---

① "分",旧同"份","县分"今规范作"县份"。

中。这也体现了方言土白《圣经》译本类文献的语体特征。传教士为向普通民众(多为受教育程度低或不识字的底层百姓)传讲教义,得尽量使用老百姓的日常交际用语,又应表达主题和内容庄重、严肃的需要,不能完全采用通俗的口语体,这样就形成了土白《圣经》译本的语言特征,即为较正式的口语体。冯胜利(2010)指出,正式度是最基本、最原始的语体范畴,是话语的本质属性。而正式与非正式,是调节关系距离远近的语体手段。"正式"是推远距离,"非正式"是拉近距离。"推远"就用"正式严肃体","拉近"就用"亲密随意体"。传教士一方面要拉近与底层百姓的距离,用方言译经文;另一方面又要维护宗教的庄严,折中之下就形成了土白译本的语言特色。体现在选词造句上,词汇以方言基本词汇为主(如引文中加下圆点部分),为免于粗俗不用或少用俚俗成分,应表达内容的需要会采用少量的书面语词,且注意句法结构规范,为提升表达的正式度时也会采用少量的书面语表达,以"所"字结构最为常见。这些成分,在处理语料时,我们会采取分割法,即不用于方言史研究。

不过,《圣经》译本中常使用与官话同字形或写法接近的词,实则方言口语词,语料处理中不宜"分割"出去。如上海土白译本中将问处所的"哪里"写作"那哩",甚至在课本类文献中直接写作"那里"[《语句集锦》(1862:5)中罗马字记音为 a le],其中表疑问的语素"那"很可能并非本字,只是训读字,本字为"何"(许宝华、汤珍珠1988:422;钱乃荣1997:119)。

圣经土白译本中用"那哩"问处所,但在上海话课本类文献中,问处所时也可构成"那里荡·a-li daung、那里块·a-li kw'e、那里头·a-li deu"(《中西译语妙法》1899)等;还可构成"那里+数量名",用于问人和事物等,相当于"哪+数量名",如"垃垃第个当中那里一个顶好"(《语句集锦》1862:48)、"那里一样顶要紧"(《中西译语妙法》1871:38—39)。记作"吓里",可与"一个""一爿店""两把刀""三只枪子""一只船"等组合,使用十分常见。可见,上海话土白译本中"那哩",虽与官话词"哪里"表义接近,但实际上为方言土俗词。

1.3.3.2.4　宁波土白《路加传福音书》(1853)

据游汝杰(2002:106)、赵晓阳(2012)指出,该译本是第一本《圣经》方言罗马字译本。书扉页上有罗马字书名等信息:*Ah-lah kyiu-cü Yiæ-su-go sing-yi-tsiao shü*; *Lu-kyüô djün foh-ing shü*(《阿拉救主耶稣个新遗诏书:路加传福音书》),Ningpo,1853。

下面选取 1:6——1:14 共九节经文,为方便理解,先列出官话和合本(1919)经文,再列出该书罗马文,其后为笔者用汉字转写的经文。如:

1:6 他们二人、在神面前都是义人、遵行主的一切诫命礼仪、没有可指摘的。

Keh-liang-go, dziu Jing-ming kʻen-læ, tu z tsing-dzih-go nying; yiang-yiang tsiao cü-go lih-fah teng kwe-kyü tso nying, m-kao hao pʻi-bing.

蒀这两个,就神明看来,都是正直个人,样样照主个律法等<sub>和</sub>规矩做人,呒告<sub>没什么</sub>好<sub>可以</sub>批评。

1:7 只是没有孩子、因为以利沙伯不生育、两个人又年纪老迈了。

Gyi-lah m-teh ng-nô, ing-we Yi-li-sô-pah ve sang; tsæ-wô, keh-liang-go nying nyin-kyi kwʻa-lao-de.

其拉呒得<sub>没有</sub>儿囝,因为以利沙伯勿会<sub>不会</sub>生,再话,蒀两个人年纪快老兄<sub>了</sub>。

1:8 撒迦利亚按班次,在神面前供祭司的职分。

Sah-kyüô-li-üô, tsiao gyi a-pæn-go tsʻ-jü, læ Jing-ming min-zin bæn tsi-s-go z-ken.

撒迦利亚,照其挨班个次序,来<sub>在</sub>神明面前办祭司个事干。

1:9 照祭司的规矩掣签、得进主殿烧香。

I tsi-s-go kwe-kyü, tsʻiu-tsʻin tsʻiu-djôh gyi tseo-tsing Cü-go sing-din-li, kyʻi tin-hyiang.

依祭司个规矩,抽签抽着其走进主个圣殿里,去点香。

1:10 烧香的时候，众百姓在外面祷告。

Tin-hyiang z-'eo, cong pah-sing nga-deo læ-tih tao-kao.

点香时候，众百姓外头来的<sub>在</sub>祷告。

1:11 有主的使者站在香坛的右边、向他显现。

Cü-go t'in-s yin-c'ih-læ, lih-læ hyiang-en-go jing-siu-pin.

主个天使显出来，立来香案个顺手边<sub>右边</sub>。

1:12 撒迦利亚看见、就惊慌害怕。

Sah-kyüô-li-üô ih-k'en-kyin, ling-ling-dong, p'ô-ky'i-læ-de.

撒迦利亚一看见，拎拎动，怕起来兑。

1:13 天使对他说、撒迦利亚、不要害怕、因为你的祈祷已经被听见了、你的妻子以利沙伯要给你生一个儿子、你要给他起名叫约翰。

T'in-s teng gyi-wô, Sah-kyüô-li-üô, hao-vong p'ô：ing-we ng-go tao-kao yi-kying t'ing-meng -de；ng-go lao nyüing Yi-li-sô-pah we sang ng-ts gyi, ming-z hao c'ü gyi Iah-'en.

天使等<sub>对</sub>渠话："撒迦利亚，好甮<sub>别</sub>怕，因为倈<sub>你</sub>个祷告已经听明兑，倈个老孃<sub>妻子</sub>以利沙伯会生儿子其，名字好取其约翰。"

1:14 你必欢喜快乐、有许多人因他出世也必喜乐。

Ng-zi we hwun-hyi, we kw'a-weh；ping-ts'ia we-leh gyi sang-c'ih-læ, hyü-to nying yia we hwun-hwun-hyi-hyi.

倈自会欢喜，会快活；并且为勒<sub>了</sub>其他生出来，许多人也会欢欢喜喜。

以上九节经文，比较来看，宁波土白译文在词汇和表达结构上都有鲜明的方言特色。从词汇来看，该译本用词十分贴近普通百姓日常口语，如"老孃"（妻子）、"顺手边"（右边）、"事干"（事情）、"快活"（快乐）、"呒得"（动词"没有"）、"为勒"（因为）、"欢欢喜喜""拎拎动"（形容害怕的样子）等；从句法结构来看，也反映了宁波话的特色，如"外头来的祷告"（在外面祷告）、"走进主个圣殿里"（进主殿）。可见，虽为译本，但语言为宁波地道口语，是考察19世纪中叶宁波话的重要文献。

1.3.3.2.5　台州土白《新约书》(1897)

此前有路惠理译《马太福音》(1880)，台州土白 1897 年版与 1880 年版虽译者相同，但 1897 年版译本的口语体更为正式。下面选取两节经文将《圣经》官话和合本(1919)与台州土白 1880 年版和 1897 年版分列如下(所附汉字转写由笔者提供)：

官话和合本(1919)：正思念这事的时候、有主的使者向他梦中显现、说、大卫的子孙约瑟、不要怕、只管娶过你的妻子马利亚来、因她所怀的孕是从圣灵来的。(《马太福音》1:20)

台州土白(1880)：Ge kʻeo-kʻeo s-tsʻeng keh z-kön, Cü-keh tʻin-s mong-li yin-cʻih-le, teh ge kông, Da-bih-keh ʻeo-de Iah-seh, ng kʻe cʻü ng-keh nyü-kʻah Mô-li-ô ku-le, feh iao nyi-sing; ing-yü ge ziu-tʻe z bi Sing-Ling kön-dong.

渠扣扣刚刚思忖简这事干，主个天使梦里显出来，搭对渠他讲："大卫个后代约瑟，你去娶你个女客妻子玛丽亚过来，弗不要疑心，因为渠受胎是被圣灵感动。"

台州土白(1897)：Ge kʻeo-kʻeo s-tsʻeng keh z-kön, Cü-keh tʻin-s mong-cong yin-cʻih-le, teh ge kông, Da-bih-keh ʻeo-de Iah-seh, ng kʻe cʻü ng-keh tsʻi-ts Mô-li-ô ku-le, feh yüong pʻô; ing-yü ge wa-ying z bi Sing-Ling kön-dong.

渠扣扣思忖简事干，主个天使梦中显出来，搭渠讲："大卫个后代约瑟，你去娶你个妻子玛丽亚过来，弗用怕，因为渠怀孕是被圣灵感动。"

官话和合本(1919)：他将要生一个儿子、你要给他起名叫耶稣、因他要将自己的百姓从罪恶里救出来。(《马太福音》1:21)

台州土白(1880)：Ge we sang ih-ke N，ng, hao cʻü Ge ming-z YIA-SU; ing-yü Ge iao kyiu Ge pah-sing tʻeh-cʻih ge ze-ôh.

渠会生一个儿，你好要取渠名字耶稣，因为渠要救渠百姓脱出渠罪恶。

台州土白(1897)：Ge we sang ih-ke n，ng iao cʻü Ge ming-z YIA-SU；ing-yü z Ge iao kyiu Ge pah-sing tʻeh-cʻih ge-keh ze-ôh.

渠会生一个儿，你要取渠名字耶稣，因为是渠要救渠百姓脱出渠个罪恶。

台州土白1880年版与1897年版译本在表达结构上几乎一致，但用词上，前者更土俗，后者则选用与官话同词源的词汇，显得更正式。如两节经文中，"女客"与"妻子"、"梦里"与"梦中"、"受胎"与"怀孕"、"好"与"要"等。更详细的对比可参见阮咏梅(2019b)。

这类似于上海话译本中所用的与官话同源的成分，笔者暂不将此类正式成分视为官话成分，而处理为方言用于更正式场合时或受过教育的群体日常表达所用的正式语体词，它与土白译本中其他基本词汇共同构成方言词汇系统。如以上两节经文中的第三人称代词"渠"、时间副词"扣扣"、名词"事干"等。因此，1897年译本仍是研究当时台州话语言系统的重要语料。

### 1.3.3.2.6　温州土白《四福音书搭使徒行传》(1894)

胡婷婷(2017)以《马太福音》(1894)为例对该书的语料性质已进行了较全面的考察，指出其实词、短语、虚词和语序中既有借鉴官话或官话通用成分，也有非方言、非官话的外来语成分，还存在大量19世纪末地道的温州方言语料。陈洁(2014)、李新德(2015)对比苏慧廉译本(《四福音书搭使徒行传》1894)与1872年北京官话版、1892年杨格非的官话版、新国际英文本，指出温州话译本为了满足受教育程度低的民众之需，使用了大量的温州话词汇，当地人一听就懂，十分亲切。从前贤所见来看，温州土白译本与其他各地土白译本的语料情况类似，即以温州土白为基础，同时也夹杂或混合了非土白成分。对此，我们对语料的处理方式同上海土白译本、台州土白译本等，不再具体讨论。

《圣经》土白译本文献确实因本身为宗教译本的原因，其语料在词汇和表达结构上存在成分杂合问题,但各译木皆能以当时各地方言土话为基础,在对语料进行甄别的基础上,仍可用于早期方言词汇和语法的研究。游汝杰(2002:19)指出:"因为各种方言译本的内容完全相同,翻译事工非常谨慎严肃,因此可以逐词比较词汇,逐句比较句法。就此而言,没有别的文献材料的价值会超过《圣经》的方言译本。"不过,目前利用各地方言译本开展语音及其演变研究居多,而对词汇和语法研究甚少,尤其是对比研究,几乎是空白。林素娥(2015a)虽采用了吴语各地《圣经》译本语料探讨句法结构及其演变,但并未从对比角度考察吴语词汇和语法。本书将利用《圣经》吴语土白译本,对比考察早期吴语相关句法结构的内部一致性和差异。

# 1.4　理论概述和研究方法

本书利用晚清以来的西儒吴语文献(主要指苏州话、上海话、宁波话、台州话和温州话文献),开展吴语词汇和语法研究。从共时角度比较一百多年前吴语常用词汇和系列语法项,如:核心词"说"类动词、人称代词及其复数、指示词、基本否定词、使役、被动标记、表定指的"一十量名"结构、动词短语带受事的结构、复指性代词句、位移事件的词化类型等,并对这些词汇项和语法项进行历时观察。

## 1.4.1　理论概述

本书所用语言学理论主要涉及历史语言学和语言类型学。具体包括历史比较法、词汇扩散理论、语法化理论和语言类型学理论等。下面对这些理论以及在本书中的运用情况略作介绍。

### 1.4.1.1　历史比较法和词汇扩散理论

历史比较法是比较方言或亲属语言的差异以探索语言发展规律的一种方法,而比较方言或语言的空间差异、观察语言或方言的演变规律是历史比较法的基本原则,同时结合书面文献资料开展研究则更为有效(徐通锵 1991b:71, 123)。历史比较法在汉语共同语和方言语音史研究中取得了丰硕的成果(参见:王洪君 2014),也是方言词汇史研究的重要方法。本书以"说"类动词为对象,考察一百多年来吴语"说"类动词的演变。在这一研究中,我们既利用文献资料,观察早期吴语"说"类动词的空间差异,得出吴语"说"类动词经历了"讲"更替"话"的过程。

王士元(Wang 1969)提出词汇扩散理论,用来解释音变的动态过程及其机制。按照该理论,一个音变在发生时,所有符合音变条件的词是在时间推移中逐个变化的。演变初期,符合条件的单词中只有一小部分发生变化。发生变化的词有些可能是直接变为 y 的发音,有些可能一开始还有 x 和 y 两种发音。这种动摇不定的情况或许是随机的,或者是因为有语速或风格的因素,但是 x 的发音将会逐渐被 y 的优势所压倒。然后,这些成对的异读者作为语音演变的起点和终点之间的心理桥梁,输送这些词以及那些没经过异读阶段的单词走过变化的过程。词汇扩散说在历史语言学中"开辟了一个新的研究领域"(王洪君 2014:201),具有重要的理论价值,如该理论实现了音变过程的可观察,对其进行理论研究,扩大了历史语言学的研究范围,可以解释规则音变的少数例外和少数的无条件分化的音变等(王洪君 2014:201—202)。词汇扩散理论不仅在音变研究中产生了重大影响(参见:徐通锵 1991b,王洪君 2014:202—223),在语法演变中也具有重要的理论价值(Yue 1993)。本书借鉴词汇扩散理论,利用近 50 万字的西儒文献,借助统计分析,考察了一百多年来上海话"说"类动词"话"被替代及"讲"扩散的动态过程。

### 1.4.1.2 语法化理论

语法化研究,指开展新的语法范畴和语法成分的产生、形成过程的研究。一般而言,典型的语法化现象是一个词汇项或结构式在特定的语言环境中获得某种语法功能,或者一个语法化了的成分或"不太虚"的语法成分继续演变出新语法功能或成为虚化程度更高的语法成分(Hopper & Traugott 2003:xv)。语法化演变的单向性是语法化理论中最重要的假设(Givón 1975:95),即语法化的演变沿着"词汇成分＞语法成分"或"较少语法化＞较多语法化"(吴福祥

2004)方向进行。尽管对此学界仍存不同看法,但单向性假设在理论和实践上都具有重要的价值。而词汇项或结构式要成为语法化候选者,高频使用或重复是重要条件。哈斯普马特(Haspelmath 2001)指出,"一个语法化的候选者相对于其他参与竞争的候选者使用频率越高,那么它发生语法化的可能性就越大"。此外,"还需满足两个必要条件,即语义相宜性和句法环境"(Hopper & Traugott 1993),这样的词汇成分经历重新分析发展为一种新的语法形式,而后因类推的作用实现功能扩展(蒋绍愚1997,2002)。无论是汉语共同语语法史还是方言语法史研究中,语法化研究的成果已十分丰硕。比如江蓝生(2000)、蒋绍愚(2002)等先后得出"使役＞被动标记"或"给予＞允让＞被动"的演变链。江蓝生(2002)分析了时间词"时""后"语法化的句法环境和内部机制,揭示它们从时间名词发展为假设语气助词或其他标记成分的语法化全过程。邢福义(2003)探讨了"普—方—古"中"起去"及其语法化的具体过程。不仅从语法化角度考察汉语封闭类词的来源或形成过程,常用结构或句式也成为语法化研究的重要内容,如江蓝生(2005)从"VP的好"句式谈结构的语法化,且关注语法化模式与语言类型的关系。吴福祥(2003b)探讨了汉语伴随介词语法化模式与语序类型的关系等,江蓝生(2012)考察了汉语中连—介词的来源及其语法化的路径和类型。21世纪以来,学界不仅在语法化基础理论的引介和研究方面成果丰硕,也引入了构式语法、词汇化、话语标记研究、语言接触研究、主观化、语义地图等新领域和新研究(洪波、龙海平、Bernd Heine 2018)。同样,语法化理论也为汉语方言语法描写以及历时研究提供了重要的理论视角。刘丹青(2009)指出,"语法化的重要贡献之一就是搭建了语法的历时和共时之间的桥梁。语法化理论包括其重要观念——重新分析的引进,为汉语方言语法研究提供了广阔视角和新的思路,弥补了原有背景中共时和历时缺少沟通关联的局限"。吴语语法化研究,从研究对象或内容来看,主要集中于虚词或语法功能词的形成或演变过程探究。代表性专著如刘丹青《语序类型学与介词理论》(2003),从语法化角度全面考察了吴语前置词、后置词以及框式介词的来源及形成过程，郑伟(2017)结合明清以来吴语文献和现代汉语方言，考察了吴语指示词、时间表达词、趋向词、连一介词、被动标记等的语法化或其来源。以论文形式探讨吴语语法标记或功能词的成果更为丰富。如：汪如东(2012)探讨了上海话体标记"辣海"的词源和形成过程，盛益民(2014)分析了北部吴语处所后置词到复数标记的演变过程，杨凯荣(2016)探究了上海话给与义动词"拨"演变为被动标记的语法化过程，金耀华(2016)对"动词重叠式＋伊"结构中的"伊"从人称代词演变为虚拟标记的语法化过程进行了深入分析，姜淑珍(2018)和姜淑珍、池昌海(2018)分别考察了苍南吴语表路径动词的演变和吴语"园"的多功能模式及语法化路径等，袁丹(2018)梳理吴语常熟方言"介"的六种功能，结合早期书证，讨论了"介"从方式程度指示词发展为话题标记的语法化过程。本书中我们也运用语法化理论，结合历史文献，探讨了北部吴语处所后置词发展为复数标记、上海话"没有(无)"类否定词的演变、上海话"拨"字被动标记的由来等。

### 1.4.1.3　语言类型学理论

格林伯格(Greenberg 1963/1966)提出语序共性理论，开创了当代语言类型学。当代语言类型学建立语种库(language sample)，探究语种库中语言要素间的蕴涵共性，观察人类语言共性、变异及变异所受的普遍限制，并从功能、认知处理、形式和历时演变等不同角度对语言共性和差异进行合理解释。也就是说，当代语言类型学通过对语言现象进行跨语言或方言对比，发现并抽象语言要素之间的蕴涵共性，考察语言的变异及变异的限制(金立鑫 2017:2)。陆丙甫、陆致极(1984)，孙朝奋等(Sun & Givón 1985)，沈家煊(1989)，刘丹青(2003b，2005，2017)，陆丙甫、金立鑫(2015)，以及金立鑫(2017)等，对语言类型学进行了全面介绍，并用于汉语普通话、方言语法和汉语史研究，为汉语语法的共时和历时演变研究注入新的活力，同时也为类型学和普通语言学理论作出了贡献(徐烈炯、刘丹青 1998)。

本书在语言类型学视野中考察了早期吴语中相关语法现象。如

第三章中参考 Smith-Stark(1974)、Corbett(2000)、威廉·克罗夫特(2009：130)等提出的人类语言复数标记的蕴涵等级序列,探讨了北部吴语人称代词复数标记的扩散过程;观察早期吴语指示词"箇"的语义和指称功能的演变提出"箇"功能演变的蕴涵共性,并用分解式的四分表展开讨论。第四章结合一百多年来吴语否定词"没有(无)"的演变提出其发展过程中体现的蕴涵共性。第六章中表定指的"一十量名"结构也是在与英法等语言的对比中观察到这一特殊语言现象。第七章在话题理论框架下观察宁波话动词短语带受事词序类型特征以及与上海话之间的同异。本书不仅运用了当代语言类型学的基本研究方法以及重要的研究成果,也尝试运用新的类型学研究成果,如第九章中采用 Talmy(1985,1991,2000a,2000b)提出的人类语言位移事件整合类型理论(语言结构类型学)探讨了上海话、宁波话以及吴语内部位移事件词化类型的共性和差异,并进一步讨论了制约汉语位移事件词化类型演变的机制。

## 1.4.2　研究方法

本书所用研究方法主要有统计和对比。

书中所用吴语文献,大多已可进行全文检索。在此基础上,笔者尽可能全面地整理出所考察的词汇和语法项在文献中的各种用法及其在文献中的分布,进行尽可能准确的描写,同时对各种用法的分布进行统计,结合统计数据观察语法项的演变或句法结构的类型倾向。如第二章对十种上海话文献中表一般"说话"义动词"话""讲"的各种用法进行了统计分析,结合数据讨论"讲"的扩散或"话"被替代的动态过程。第九章对吴语五个方言点位移事件的各种表达结构在文本中的分布情况进行了统计,通过定量分析展示吴语内部位移事件词化类型倾向性的差异。有些语法项的考察虽在文中未进行数据统计,但笔者对它们在数十种文献中的用法进行了穷尽性观察,这为描写和定性分析提供了基础。再如第六章对上海话表定指的"一十量名"结构的考察,我们对二十种上海话文献中"一十量名"结构进行了整理,在尽可能全面观察文本的基础上开展定性探讨。

利用平行语料开展对比研究是本书研究方法的主要特点。平行语料,命题内容相同,用不同方言对译,是进行方言对比研究的绝好材料。平行语料的跨方言对比,可以避免因语体差异影响分析结果,也便于进行同异观察。如:第七章针对动词短语带受事词序的类型,利用英汉(上海话、宁波话)双语词典开展对比研究;第九章在吴语位移事件词化类型研究中使用了吴语五个方言点的土白译本《路加传福音书》开展对比研究。通过对比展示早期吴语常用词汇和语法项的同异。

## 1.5　引用及标注说明

书中例句若引自《圣经》经文,为便于理解,以下标形式将对应的官话经文列出,句后括号内标明《圣经》书卷名、具体章节和出版年代,不标注具体页码。如(见本书第二章):

苏州话:我暗里对吰笃说个,吰笃要拉亮里说出来,耳朵里听见个,要拉屋顶上讲出来。我在暗中告诉你们的,你们要在明处说出来。你们耳中所听的,要在房上宣扬出来。(《马太福音》1922,10:27)

该例引自苏州土白《新约圣经》(1922 年版)第一卷书《马太福音》第十章第 27 节经文,以下标形式列出官话译文。官话译文引自1919 年官话和合本《圣经》译本。若多个方言点土白《圣经》译本引自同卷同章节经文,则只在首次出现该经文的土白译文后列出官话译文。

例句引自课本、词典及其他通俗读物时,句后括号内标出文献名(或简称)、出版年代和具体页码。如:

宁波话:其大舌头个,恐怕话弗出来。Gyi do-zih-deo-go, kʻong-pʻô wô-feh-cʻih-lœ. His tongue is thick, I fear he will not be able to say it.(《便览》1910:85)

该例引自《便览》,用汉字、罗马字拼音和英文出版,例句中全部引用。

　　书中所引例句若无对应的官话译文和英语,为便于理解,对句中常用方言词以下标形式随文加注。如:

　　　　苏州话:上等人讲闲话<sub>说话</sub>才<sub>全</sub>细气格<sub>的</sub>。(《论苏州方言》,1937)

# 1.6　常用代号

Adv　副词　　　　　　　　D　趋向补语
L　处所　　　　　　　　　Pat　受事
Pre　前置词　　　　　　　N　名词
Pron　人称代词　　　　　　NP　名词短语
V　动词　　　　　　　　　Vt　及物动词
Vi　不及物动词　　　　　　VP　动词短语
S　小句或主语　　　　　　O　宾语
T　话题　　　　　　　　　TV　话题谓语结构
M　语义　　　　　　　　　Verb-framed　V 型框架
Satellite-framed　S 型框架　Equipollently-framed　E 型框架
NNP　数量短语　　　　　　DNP　指量短语
CNP　量名短语

SVO　主谓宾,SOV、VO、OV……参照 SVO 类推

VOR　动＋宾＋补语,VRO、VR 参照 VOR 类推

*　表示该语言单位不成立、不合语法

?　表示该语言单位合法性欠佳

·　罗马字文献中表示送气

其他未列出的代号已随文作出解释。

# 第二章 "说"类动词及其演变

张永言、汪维辉(1995)指出:"作为语言词汇的核心'常语',向来是训诂学者认为可以存而不论或者无烦深究的。然而,要探明词汇发展的轨迹,特别是从上古汉语到近代汉语词汇的基本格局的过渡,即后者逐步形成的渐变过程,则常用词的衍变递嬗更加值得我们下功夫进行探讨。"这一观点同样适用于方言词汇史的研究,即方言词汇史研究中也很有必要重视常用词的发展演变史。本章拟以表一般"说话"义动词为研究对象,探讨吴语中"说"类动词一百多年来的演变情况。

表一般"说话"义的"说"类动词是人类语言中的基本词汇成员,具有高度的稳固性,但在汉语通语中,从上古到现代经历了"归一"化过程,即"说"字取代"言、语、云、道、谓、话、讲"等其他词而成为通语中表"说话"义的主导词,而今汉语方言中"说"类词主要有"话""讲""说"(汪维辉 2003)。据《汉语方言地图集》(词汇卷,曹志耘主编2008),"说"主要分布于北方方言,"话"用于南方方言,二者形成地域上的互补分布;而"讲"则分布于长江流域及以南,如江淮官话、西南官话和南方方言。从三者的分布来看,南方方言成为"话"和"讲"共同分布或并存使用的区域。这种共存现象是不同历史时期通语或权威官话"说"类词积淀的结果。汪维辉(2003)指出,"话"为唐代通语中表"说话"义的一个常用词,宋以后其动词用法在通语中被"说"字取代,今仍保留于相对保守和古老的东南方言,如位于东南部腹地的赣语、客家话、部分闽语、南部吴语和土话。而"讲"用作一般的"说话"义则兴起相当晚,萌芽于元代,却在很短的时间内得以大面积扩散至长江流域及以南,包括吴语、徽语、湘语、粤语、闽语、客家话和平话以及西南官话、江淮官话等。不过,对其扩散过程,至今仍不清楚。而要探

讨"讲"在汉语方言中扩散的历时过程,须有丰富的方言词汇史语料。

　　吴语早期文献为这一研究提供了条件。除了明清以来丰富多样的北部吴语文献(石汝杰、宫田一郎 2005)外,自 19 世纪中叶以来传教士编著或翻译的吴语文献,不仅包括苏沪吴语,还包括浙江沿海吴语如宁波话、台州话和南部吴语温州话。早期吴语"说"类词既有用"说""讲"的,如苏州话;也有只用"话"的,如上海话;也有用"话"和"讲"的,如宁波话;还有只用"讲"的,如台州话、温州话。其中用"话"作"说"类动词的,经历了"话"被"讲"替代的过程,如早期上海话和宁波话用"话",今则用"讲"。由此可见,吴语"说"类动词及其演变实则为汉语方言"说"类动词及其演变的一个绝佳的范例,因此,若能厘清早期吴语"说"类动词的使用情况及其演变,无疑可为解释汉语"说"类动词的更替演变以及不同"说"类动词的共时分布局面的形成提供有力的线索。本章拟利用一百多年来吴语各类文献,厘清早期吴语中"说"类动词的基本情况及其演变,并讨论形成今吴语"说"类动词共时分布局面的成因。

## 2.1　早期吴语"说"类动词及其用法

　　"表现动词个性的主要是宾语"(汪维辉 2003)。吕叔湘(1999:509—510)列举了"说"的宾语有:宾语为所说的人或事物、为所说的内容、为"话"或某种性质的话、为语言或方言等。汪维辉(2003)在此基础上增加了带与事的结构类型,并用七类结构考察"说"类词的演变。分别为:不带受事的 $S_1$,受事指所说的人或事物的 $S_2$,受事指所说的内容但非直接引语的 $S_3$,受事为直接引语的 $S_4$,受事为"话"(包括"话"的同义词)或某种性质的话的 $S_5$,受事为语言、方言的 $S_6$,带与事充当补语的 $S_7$(汪文为 $S_{12}$)。邓思颖(2018)也以"说"类动词带宾语功能差异考察粤语"讲"和"话"的句法语义差异。

　　一百多年前吴语苏州话、上海话、宁波话、台州话和温州话"说"类动词有"说""话"和"讲"三个,其中苏州话用"说"和"讲",上海话只用"话",宁波话则"话""讲"共存但句法功能有别,台州话和温州话则

只用"讲"。下面根据其带宾语的功能来介绍各方言"说"类动词的
用法。

### 2.1.1　不带受事宾语的 $S_1$

"说"类词在句法上不带任何受事宾语,但可带补语或受各种修
饰成分修饰。如:

(1) a. 苏州话:我暗里对吂笃说个,吂笃要拉亮里说出来,耳朵
　　　里听见个,要拉屋顶上讲出来。<sub>我在暗中告诉你们的,你们要在明处说出来。</sub>
　　　<sub>你们耳中所听的,要在房上宣扬出来。</sub>(《马太福音》1922,10:27)

　　 b. 苏州话:难末有人领一个附鬼个瞎眼哑子来,耶稣医好之
　　　俚,使得瞎眼哑子能看能说。<sub>当下有人将一个被鬼附着、又瞎又哑的人,带到</sub>
　　　<sub>耶稣那里,耶稣就医治他,甚至那哑巴又能说话、又能看见。</sub>(同上,12:22)

　　 c. 苏州话:因为心里满之啥末,嘴里就说出来。<sub>因为心里所充满的,口</sub>
　　　<sub>里就说出来。</sub>(同上,12:34)

(2) a. 上海话:哑子咾勿会话。(《松江话词汇集》1883:48)

　　 b. 上海话:侬勿要瞎话。(同上,51)

　　 c. 上海话:我已经话拉者。I have spoken.(《中西译语妙法》
　　　1871:118)

　　 d. 上海话:勿要话开来。Don't make it public.(同上)

　　 e. 上海话:承尊驾话得好。(《松江话词汇集》1883:297)

　　 f. 上海话:比方我有勿好,侬要恧我话。For instance if I
　　　am bad, you must tell me.(《语句集锦》1862:58)

　　 g. 上海话:话是格能话,还是先小人后君子个好。(《沪语便
　　　商》1892:31)

(3) a. 宁波话:我呒哴听清通,请再话。Ngô m-neh t'ing ts'ing-
　　　t'ong, Ts'ing tsœ wô. I did not hear distinctly. Please
　　　say it again.(《便览》1910:29)

　　 b. 宁波话:其大舌头个,恐怕话弗出来。Gyi do-zih-deo-go,
　　　k'ong-p'ô wô-feh-c'ih-lœ. His tongue is thick, I fear he

will not be able to say it.（同上,85）

c. 宁波话：我单只取笑讲讲。Ngô tœn-tsih c'ü-siao kông kông. I said so only in jest.（同上,26）

（4）a. 台州话：Ing-yü ze-teh kông, feh-z ng z, z ng-he Ah-pang keh Sing-Ling tsia ng k'eo kông-keh. 因为在得讲,弗是你自,是你许阿爸个圣灵借我口讲个 因为不是你们自己说的,乃是你们父的灵在你们里头说的。（《马太福音》1880，10:20）

b. 台州话：Ngô ze ön-cong su-ze teh ng kông，ng-he ze ming-liang di-fông hao kông-c'ih. 我在暗中所在搭你讲,你许在明亮地方好讲出。我在暗中告诉你们的,你们要在明处说出来。（同上,10:27）

（5）a. 温州话：许个老老气血衰爻罢,身体软甚,翻落路里睏讲。The old man's constitution was broken and he was as tired as he could be，so much so that he laid down in the road and began to talk in his sleep.（《温州方言入门》1893:119）

b. 温州话：Só-yí va-pah gi-dà-ko só chiæ nyí-dà-ko pöé-siú-ge，ziuh iang-ke pöé-siú，iang-ke tsù；dà-ź fai chiæ gi-dà-ko-ge'æ-'ü tsù；iang-'ù gi-dà-ko koá ź fú tsù. 所以万百渠大家所叫你大家保守个,就应该保守,应该做,但是弗要照渠大家个行为做,因为渠大家讲,自弗做。凡他们所吩咐你们的,你们都要谨守、遵行。但不要效法他们的行为,因为他们能说不能行。（《马太福音》1894，23:3）

由例（1）至（5）来看,早期苏州话"讲""说"、上海话"话"、宁波话"话""讲",台州话、温州话"讲"用作一般意义的"说话"义动词,皆可不带受事。

## 2.1.2　带人或事作宾语的 $S_2$

所说内容为人或事,构成 $S_2$。也就是说,当表人或事物的 NP 作受事时,五个方言中"说"类动词构成 $S_2$ 的能力与 $S_1$ 虽大体一致,但也存在差异。这突出表现在"话""讲"并用的方言中,如宁波话"话"就不能构成 $S_2$,只有"讲"能进入 $S_2$。如:

(6) a. 苏州话:基督徒说,现在易迁个事体,弗要多说,可以讲伲个事体,想俫拉路上,也有事体碰着。(《天路历程》1896:26)

    b. 苏州话:俚个爷撒加利亚拨勒圣神感动预先说后来个事体。他父亲撒迦利亚被圣灵充满了,就预言说。(《路加福音》1860,1:67)

    c. 上海话:我千万求阁下,总勿要担第个事体话出去。(《土话指南》1908:5)

    d. 宁波话:渠阿爹撒迦利亚受勒圣灵已经足足个兑,就讲出未来事干,是介话。(《路加福音》1853,1:67)

    e. 宁波话:倍去听听,其拉来葛头讲啥事。Ng ky'i t'ing-t'ing, gyi-lah lœ-keh-deo kông soh-si. You go and listen to what they are saying over there.(《便览》1910:90)

    f. 台州话:Tao keh nyih yiu hyü-to nying we teh Ngô kông, Cü! Cü! Ngô-he ky'i feh-z k'ao Ng-keh ming-z kông vong-le z-kön? 到简日有许多人会搭你讲:"主!主!我许岂弗是靠你个名字讲未来事干?"当那日必有许多人对我说:"主啊!主啊!我们不是奉你的名传道,……奉你的名行许多异能么?"(《马太福音》1880,7:22)

    g. 温州话:Dà-ź keh-nang, sing-shī só koá keh-ch'í ż-küè ź tsúng yaó-ge, tsz-nah höé tsù-zing? 但是该能,圣书所讲该起事干是重要个,訾那好做成?若是这样,经上所说事情必须如此的话,怎么应验呢?(《马太福音》1894,26:54)

从例(6)可见,除宁波话"话"不用于 $S_2$ 外,其他方言"说"类动词构成 $S_2$ 的功能与 $S_1$ 相当。也就是说,宁波话"话""讲"功能很可能当时已分化。

### 2.1.3　带间接引语作宾语的 $S_3$

受事为所说的内容,但非直接引语,即"说"类动词带间接引语句。如：

(7) a. **苏州话**：因为约翰来，勿吃勿呷，人说佢附之鬼哉。<sub>约翰来了，</sub>也不吃，也不喝，人就说他是被鬼附着的。(《马太福音》1922，11:18)

b. **上海话**：伊话上礼拜写个哉。He says he wrote last week.(《语句集锦》1862:52)

c. **台州话**：Ing-yü Iah-'ön le, feh ky'üoh feh hæh; ge-he kông, Ge z bi kyü vu-teh-keh.因为约翰来，弗吃弗喝，渠许讲："渠是被鬼附得个。"(《马太福音》1880，11:18)

d. **温州话**：Iang-'ù Iah-yüè li, ah fú ch'ïh ah fú hah; gi-dà-ko koá, Gi yaó chú-ge.因为约翰来，也弗吃，也弗喝，渠大家讲："渠有鬼个。"(《马太福音》1894，11:18)

(8) a. **宁波话**：其话弗肯。Gyi wô feh k'eng. He says he is not willing.(《便览》1910:23)

b. **宁波话**：人家话其是有老。Nying kô wô gi z yiu lao. He is said to be rich.(同上,24)

c. **宁波话**：倷还敢话吭唝欠我蒉个铜钱吗？Ng wa ken wô m-neh ky'in ngô keh-go dong-din ma? Do you even dare to say that you do not owe me this money? （同上,42）

d. **宁波话**：其话要来，到底来弗来？Gyi wô iao lœ, tao-ti lœ feh lœ? He said he would come; but, after all, has he come? （同上,68）

　　早期吴语中，苏州话文献书面语性质的《圣经》土白译本，未见用"讲"构成 S₃ 的，只用"说"可以引介间接引语句，上海话、宁波话则只用"话"，台州话、温州话只用"讲"，形成"说""话""讲"三分格局。宁波话虽 S₁ 可用"讲""话"构成，但 S₃ 只能用"话"而不能用"讲"，与S₂ 正好相反。

## 2.1.4　带直接引语句作宾语的 S₄

　　"说"类动词后带直接引语句。如：

(9) a. 苏州话：耶稣听见之就希奇①，捹转来对跟俚个众人说：
　　　 "我对吓笃说：'就是拉以色列人当中，我勿曾捱着歇实梗
　　　 个大相信。'"耶稣听见这话，就稀奇他，转身对跟随的众人说："我告诉你们，这么大的信
　　　 心，就是在以色列中我也没有遇见过。"（《路加福音》1922，7:9）

　　 b. 上海话：耶稣听见之希奇，旋转来看之跟拉个众人话："我
　　　 对俰话：'实盖个大相信，就是拉以色列人当中，我勿曾捱
　　　 着歇。'"（《路加福音》1913，7:9）

　　 c. 宁波话：耶稣听明该些儿说话，稀奇该个人，就逆转，等该
　　　 一潮跟间个人话："我话向佲拉道：'就是来以色列百姓中
　　　 央，我也吷呐碰着介大相信个心。'"（《路加福音》1853，7:9）

　　 d. 台州话：耶稣听着簡说话，稀奇簡人，就擂转，搭跟从人
　　　 讲："我搭你讲：'替大相信个心，就是在以色列百姓中央
　　　 我未曾碰着过。'"（《路加福音》1897，7:9）

　　 e. 温州话：耶稣听着簡俫说话，稀奇起，就擂转对簡俫跟随
　　　 许多个人讲："我对你大家讲，该恁大个相信，就是以色列
　　　 百姓当中我也唔有碰着过。"（《路加福音》1894，7:9）

(10) a. 苏州话：说道："上主照应我，待我好得势，叫腊人家当中
　　　 再吷不坍眼个哉。"说："主在眷顾我的日子，这样看待我，要把我在人间的羞耻除
　　　 掉。"（《路加福音》1860，1:25）

　　 b. 上海话：话咾："主看顾我个时候，实盖待我，拨我拉人面
　　　 前除脱羞耻。"（《路加福音》1913，1:25）

　　 c. 宁波话：是介话："主照顾我个日子对我介好，要除掉我
　　　 来人个面前个惶恐。"（《路加福音》1853，1:25）

　　 d. 台州话：讲："主替样子待我，会照顾我，除爻我在人中央
　　　 个恶印象。"（《路加福音》1897，1:25）

　　 e. 温州话：讲："主眷顾我个日子里，该恁待着我，把我在人
　　　 当中个羞耻担去爻。"（《路加福音》1894，1:25）

---

① 此处保留文献中的写法，不改作推荐词形"稀奇"。下同。

　　从例(9)、例(10)可见,与 $S_3$ 一样,苏州话只用"说"或"说道"、上海话和宁波话用"话"、台州话、温州话用"讲"引进所说内容。

### 2.1.5　带"话"或某种性质的话作宾语的 $S_5$

　　以"话"或某种性质的话作受事宾语,也是"说"类动词的常见用法。如:

(11) a. 苏州话:上等人讲闲话<sub>说话</sub>才<sub>全</sub>细气格<sub>的</sub>。(《论苏州方言》,1937)

　　 b. 苏州话:个个死人就起来哉,一面坐子,一面讲话,耶稣就拿个个人交拨勒俚个娘。<sub>那死人就坐起,并且说话。耶稣便把他交给他母亲。</sub>(《路加福音》1860,7:15)

　　 c. 苏州话:倷到一个城池要攻打,先要讲平安个说话<sub>话</sub>。<sub>你临近一座城要攻打的时候,先要对城里的民宣告和睦的话。</sub>(《申命记》1908,20:10)

(12) a. 苏州话:耶稣说完之个个说话,离开之加利利,到犹太境界——约旦河归边。<sub>耶稣说完了这些话,就离开加利利,来到犹太的境界约旦河外。</sub>(《马太福音》1922,19:1)

　　 b. 苏州话:死人就坐起来并且说话,耶稣就拿俚交代拉俚个娘。<sub>那死人就坐起,并且说话。耶稣便把他交给他母亲。</sub>(《路加福音》1922,7:15)

　　 c. 苏州话:读书人咾法利赛人议论咾说:"个个说亵渎说话个,是啥人<sub>谁</sub>? 除之一位就是神,啥人能饶赦罪呢?"<sub>文士和法利赛人就议论说:"这说僭妄话的是谁? 除了神以外,谁能赦罪呢?"</sub>(同上,5:21)

(13) a. 上海话:伊个死人坐之起来咾开口话说话哉。耶稣搿伊交代拉伊个娘。(《路加福音》1913,7:15)

　　 b. 上海话:读书人咾法利赛人议论咾话:"第个话亵渎说话个,是啥人呀,除之上帝以外,啥人能够饶赦罪呢。"(同上,5:21)

　　 c. 上海话:要话老实话,话真话,勿要话蛮话。You must speak the truth, don't use violent language.(《中西译

语妙法》1871:119)

(14) a. 宁波话:葛个死人就坐起来,讲起说话来兑。耶稣把其
人交代其阿娘。(《路加福音》1853,7:15)

b. 宁波话:读书人等法利赛人议论起来,是介话:"葛来的
讲亵渎个说话是谁? 若弗是神明,谁会赦掉罪呢?"(同
上,5:21)

c. 宁波话:倮拉弗要来塘头讲说话。Ng-lah feh-iao lœ
dông-deo kông shih-wô. You must not talk here.(《便
览》1910:43)

d. 宁波话:来葛头弗好讲闲话。Lœ keh-deo feh hao kông
'œn-wô. It's not proper to gossip there.(同上,43)

(15) a. 台州话:简死人就坐起,讲说话。耶稣交代拨渠娘。
(《路加福音》1897,7:15)

b. 台州话:读书人搭法利赛人议论,讲:"简在得讲亵渎说
话是夏人? 除上帝之外,夏人能够赦罪?"(同上,5:21)

(16) a. 温州话:死人就坐起,开口讲说话。耶稣就把渠交代丐
渠母亲。(《路加福音》1894,7:15)

b. 温州话:许个人我阿不喜欢伉其讲说话。I don't like talk-
ing with the man myself.(《温州方言入门》1893:118)

c. 温州话:读书人搭法利赛人就议论起,讲:"简个讲亵渎
说话个是谁呢? 除爻上帝之外谁能够赦罪呢?"(《路加
福音》1894,5:21)

由例(11)、例(12)可见,苏州话可用"说""讲"构成 $S_5$,其他方言
皆只有一个"说"类动词进入该结构,如上海话用"话",宁波话、台州
话、温州话则用"讲"。

## 2.1.6 带语言或方言作宾语的 $S_6$

受事为某种语言或方言,这类结构在《圣经》土白译本中未见,只
有上海话、宁波话课本中见到,因此只列出课本文献中的用例。如:

（17）a. 上海话：中国话我话勿来。I can't speak Chinese.(《中
　　　　西译语妙法》1871:119)

　　　b. 上海话：但是伊勿会话大英话。But he cannot speak
　　　　English.(同上,60)

（18）a. 宁波话：讲英吉利说话。Kông Ing-kyih-li shih-wô. Say
　　　　it in English.(《便览》1910:12)

　　　b. 宁波话：蒖个人弗会讲官话。Keh-go nying feh-we kông
　　　　kwun-wô. This man cannot speak mandarin.(同上,32)

例(17)"中国话"虽前移作话题,但语义上为动词"话"的受事。
由例(17)、例(18)可见,早期上海话用"话",宁波话只用"讲",与
S₅ 所用"说"类动词的表现一致,而有别于"S₃""S₄"。

### 2.1.7　带话语接收对象作补语的 S₇

S₇ 中"说"类动词表告诉义,常带话语的接收对象作补语,用介
词介引。如:

（19）a. 苏州话：讲点山海经拨给小干五孩儿听听。(《论苏州方
　　　　言》,1937)

　　　b. 苏州话：女徒极佩服晓示个教训,请俚趁现在空拉上着,
　　　　再讲点说话拨俚笃他们听,晓示就用几件道理,一大半是
　　　　比方个说话,说拨俚笃听。(《天路历程》1896:13)

　　　c. 苏州话：有无其数人拿我教门里有枷事个事体,挨顺子
　　　　写书拉书朗,就是原底子传道个人从起头亲眼看见个,
　　　　讲腊一路个人听。有好些人提笔作书,述说在我们中间所成就的事,是照传道的人,
　　　　从起初亲眼看见、又传给我们的。(《路加福音》1860, 1:1)

　　　d. 苏州话：耶稣用比方来讲多化事体拨俚笃听,说道:"有
　　　　一个散种个人,出去散种。"他用比喻对他们讲许多道理,说:"有一个撒种的
　　　　出去撒种。"(《马太福音》1922, 13:3)

　　　e. 苏州话：耶稣说完之一切说话拨百姓听末,就进之迦百
　　　　农。耶稣对百姓讲完了这一切的话,就进了迦百农。(《路加福音》1922, 7:1)

（20）a. 上海话：耶稣话完之一切说话拉百姓听，难末进之迦百
农。（《路加福音》1913，7:1）

b. 上海话：伊件事体我勿曾听清爽，侬话拉我听听／听听
看。（《沪语便商》1892:6）

c. 上海话：啥人话拨阁下听个，简多化事体？拉伊店里有
个学生，伊个徒弟，话拉我听个。（《土话指南》1908:49）

（21）a. 宁波话：我话向倻道弗是介。Ngô wô-hyiang-ng-dao, keh
feh-z-ka. I assure you it is not so.（《便览》1910:20）

b. 宁波话：生活做好兑，倻好来话向我道。Sang-weh tso
hao-de，ng hao lœ wô-hyiang-ngô-dao. When you have
finished your work，come and tell me.（同上，40）

（22）a. 台州话：YIA-SU teh pah-sing kông-wön keh-sih shih-
wa，tseo-tsing Kô-pah-nong. 耶稣搭百姓讲完简些说
话，走进迦百农。（《路加福音》1897，7:1）

b. 台州话：Yia-su ziu yüong pi-fông shih-wa kông hyü-to
z-kön peh ge-he t'ing，z-t'ih kông：Hao t'ing，yiu ih-ke
tsæh cong-keh tseo-c'ih-k'e tsæh cong. 耶稣就用比方说
话讲许多事干拨渠许听，是替讲："好听，有一个栽种个
走出去栽种。"（《马太福音》1880，13:3）

（23）a. 温州话：耶稣搭简俫一切个话丐百姓听讲完，就走进迦
百农。（《路加福音》1894，7:1）

b. 温州话：Yí-sû ziuh yoà pí-foa koá shú-tu ż-küè k'à gi-dà-ko
t'ing.耶稣就用比方讲许多事干丐渠大家听。（《马太福
音》1894，13:3）

　　由例（19）可见，苏州话"讲""说"皆可构成与事补语句，不过，更
常见的是"讲"；上海话仍只用"话"，如例（20）；宁波话则常用"话向十
对象"结构表达，且用"道"引介要说的内容宾语；台州话、温州话只用
"讲"构成 $S_7$。

　　下面以表格形式列出早期(19 世纪或 20 世纪初)吴语"说"类动词及其用法,见表 2-1。

表 2-1　　早期吴语"说"类动词及其用法

| 用法 | 方言点 | | | | | | |
|---|---|---|---|---|---|---|---|
| | 苏州话 | | 上海话 | 宁波话 | | 台州话 | 温州话 |
| | 说 | 讲 | 话 | 讲 | 话 | 讲 | 讲 |
| $S_1$ | + | + | + | + | + | + | + |
| $S_2$ | + | + | + | + | − | + | + |
| $S_3$ | + | − | + | − | + | + | + |
| $S_4$ | + | − | + | − | + | + | + |
| $S_5$ | + | + | + | | + | + | + |
| $S_6$ | − | − | + | + | + | − | − |
| $S_7$ | + | + | + | | + | + | + |

　　由表 2-1 可知,19 世纪下半叶或 20 世纪初吴语五地方言"说"类动词大致可分为两大类:一是只有一个"说"类动词,如上海话"话",台州话、温州话"讲"。二是并存两个"说"类动词,如苏州话、宁波话,不过,两地方言所并存的"说"类动词在句法功能上有不同表现。苏州话"说""讲"除 $S_3$、$S_4$ 外,句法功能大体相当;而宁波话"讲""话"的句法功能除 $S_1$ 外已基本形成互补格局。即"讲"若要带宾语,所带宾语为名词性短语;而"话"若要带宾语,则为内容宾语,即小句作宾语。并存方式的不同,实则反映了二者在历时竞争过程中所处的阶段不同。下文将再作讨论。

## 2.2　早期上海话"讲"与"话"的竞争与更替

　　"说"类动词作为日常高频使用的基本词汇中的重要一员,受语言经济原则的制约,在语言或方言系统中若并存两个或多个表义和功能相同的"说"类词,必然会形成竞争关系,并最终需要作出抉择,这导致了"说"类动词的更替或演变。

　　19 世纪或 20 世纪初的文献表明:宁波话"讲""话"并存,且在句法功能上已基本形成互补分布格局,不过,今宁波话"话"已退出,一般只用"讲",即完成了"说"类动词的更替演变。也就是说,早期宁波话"话""讲"在句法功能上的差异应为二者竞争过程的具体表现。早期宁波话中"讲"带名词性宾语,"话"则只能带小句或动词性宾语,不带宾语时,则两者皆用。据此推测"讲"与"话"相竞的过程为:"讲"首先替代的是"话"带名词性宾语的用法,最后替代的是带小句或动词性宾语的用法。不过,对"讲"替代"话"的动态过程仍需要用大量地道的方言文献进行更详细的观察和分析来加以验证。遗憾的是,宁波话课本类文献较为有限,难以完成这一工作。不过,上海话与宁波话一样也经历了"讲"替代"话"的过程,且发生的时间晚,也有更丰富的文献语料,为我们讨论更替演变过程提供了条件。下面讨论上海话"讲"替代"话"的过程。

钱乃荣(2003a:83)列举数种早期上海话文献中用"话"表示一般的说话义,而今皆改用"讲"。王一萍(2014:47—58)进一步指出早期上海话"讲"取代"话"的过程始于20世纪初。二位的研究皆只关注了变化或更替前后的形式,未论及"话""讲"相竞或"讲"取代"话"的动态过程及其更替演变的规律。晚清以来上海话西儒文献为我们观察"讲"对"话"的更替过程提供了条件,这些文献多为上海话课本和词典,语言地道,编写或出版年代确切,且具有时间上的连续性。因此我们将以西儒文献为语料来源,探讨20世纪初以来的半个多世纪,上海话"讲"兴"话"亡的过程。

20世纪初期上海话文献中"讲"始用为上位词,历经半个多世纪的发展,在各类结构中逐渐扩散开来。如:

(24) a. 我听之<sub>了</sub>朋友实盖个<sub>这样</sub>讲,我对伊话:"伊拉是下等人做惯苦工个,所以忍得住实盖个热。"朋友话:"请侬勿要缠差,我还勿曾讲完哩。"(《上海话课本》1910:261—2)

b. 阿里排排命自伊<sub>他</sub>也坐下来,快点拿<sub>把</sub>油袋个事体清清爽爽话出来。毛及亚乃就听命讲出来,话:"……"(《阿里排排逢盗记》1921:54)

(25) a. 盖咾<sub>所以</sub>中国女人到如今,仍旧缠脚个,讲到缠脚个苦处是话

勿完拉,不过拿几样来讲讲。(《上海话课本》1910:174)

b. 但是我记得做一个梦,现在要讲出来。(同上,258)

c. 毛及亚乃讲好之第件事体后来,阿里排排心里感激来非凡,甚而至于落眼泪个。(《阿里排排逢盗记》1921:58)

d. 为之伊个面孔已经大改变,所以小翠花勿认得伊,伊倒认得小翠花个……一头走一头讲出伊拉几年前头个事体来。(《课本》1923:73)

e. 伊拉个声音也勿同,有尖来死个声气话第<sub>这</sub>样,有大来死个声音讲伊<sub>那</sub>样。(同上,147)

(26) a. 伊亦是托人领进去个,做啥咾勿担简曾先话明白之呢,勿要缠勿清。让我快点讲! 格末<sub>那么</sub>快点讲后来那能<sub>怎样</sub>? (《土话指南》1908:97)

b. 但是只讲爱国咾,勿去做一颣爱国个事体出来末,有啥用场呢。(《课本》1923:170)

c. 我邀伊格,但是伊讲伊已经吃过中饭哉。(《四周学上海话》1940:89)

(27) a. 第个说话是讲起来长拉,今朝来勿及,下二回再讲罢。(《沪语开路》1915:45)

b. 伊上海话会讲唔? 勿大会个。(《上海话课本》1910:264)

c. 勿拉<sub>在</sub>此地,拉外国,伊拉拉伊头读外国书,写外国字咾讲外国说话,拉伊头外国人请伊拉写中国字拨伊拉看咾,话几句中国话拨伊拉听。(《课本》1923:124)

(28) a. 讲笑话勿可以光火个。(《袖珍上海语》1942:141)

b. 课堂里学生子勿可以讲白话个。(同上,141)

c. 伊拉讲啥个闲话? (同上,109)

d. 闲话末要讲清楚。(同上,55)

(29) a. 老弟我讲一件可笑个事体拨<sub>给</sub>侬<sub>你</sub>听,啥可笑个事体耶? (《土话指南》1908:63)

b. 简件事体,我记得个。那能个<sub>怎样</sub>? 再讲我听听看。(同上,95)

此外,常用的四字格,在 20 世纪 50 年代也始见用"讲"。如"话长话短"说成"讲长讲短"(见《法华新字典》1950:606)。

"讲"兴起并扩散的过程,也是"话"逐渐被取代的过程,这一过程反映在"讲"和"话"在同时期同类结构中的文本分布比例上。我们统计了 20 世纪上半叶 10 种早期上海话课本,其中中文有 50 万字,语体可分为两类:一是叙述文语体,如《上海话练习》(1910)、《阿里排排逢盗记》(1921)、《上海话课本》(1923)、《鹦笑楼语录》(1935)等;二是按对话形式的文体,如《土话指南》(1908)、《上海话教程》(1907)、《纺织工厂用语》(1925)、《中日会话集》(1936)、《四周学上海话》(1940)、《袖珍上海语》(1942)等。以下统计分为五个时期,每十年选取两种文献,除第五个时期皆以对话体课本为语料外,其他四个时期各语体选一种文本。统计结果见表 2-2。

**表 2-2 20 世纪上半叶上海话课本中"话""讲"分布表**

| "说"类动词及其用法分布 | | | 语料所在的时期 | | | | |
|---|---|---|---|---|---|---|---|
| | | | 20 世纪初 | 20 世纪最初十年 | 20 世纪第二个十年 | 20 世纪30 年代 | 20 世纪40 年代 |
| $S_1$ | 话 | 语料个数 | 76 | 35 | 21 | 137 | 13 |
| | | 百分比 | 97.4% | 89.7% | 65.6% | 97.2% | 50.0% |
| | 讲 | 语料个数 | 2 | 4 | 11 | 4 | 13 |
| | | 百分比 | 2.6% | 10.3% | 34.4% | 2.8% | 50.0% |
| $S_2$ | 话 | 语料个数 | 20 | 11 | 2 | 46 | 1 |
| | | 百分比 | 90.9% | 64.7% | 22.2% | 82.1% | 25.0% |
| | 讲 | 语料个数 | 2 | 6 | 7 | 10 | 3 |
| | | 百分比 | 9.1% | 35.3% | 77.8% | 17.9% | 75.0% |
| $S_3$ | 话 | 语料个数 | 60 | 15 | 32 | 52 | 2 |
| | | 百分比 | 100.0% | 93.7% | 97.0% | 100.0% | 66.7% |
| | 讲 | 语料个数 | 0 | 1 | 1 | 0 | 1 |
| | | 百分比 | 0.0% | 6.3% | 3.0% | 0.0% | 33.3% |

| "说"类动词及其用法分布 | | | 语料所在的时期 | | | | |
|---|---|---|---|---|---|---|---|
| | | | 20 世纪初 | 20 世纪最初十年 | 20 世纪第二个十年 | 20 世纪30 年代 | 20 世纪40 年代 |
| S₄ | 话 | 语料个数 | 115 | 179 | 158 | 77 | 0 |
| | | 百分比 | 100.0% | 100.0% | 100.0% | 100.0% | 0.0% |
| | 讲 | 语料个数 | 0 | 0 | 0 | 0 | 0 |
| | | 百分比 | 0.0% | 0.0% | 0.0% | 0.0% | 0.0% |
| S₅ | 话 | 语料个数 | 7 | 10 | 9 | 18 | 0 |
| | | 百分比 | 100.0% | 100.0% | 69.2% | 94.7% | 0.0% |
| | 讲 | 语料个数 | 0 | 0 | 4 | 1 | 10 |
| | | 百分比 | 0.0% | 0.0% | 30.8% | 5.3% | 100.0% |
| S₆ | 话 | 语料个数 | 9 | 2 | 1 | 7 | 0 |
| | | 百分比 | 100.0% | 66.7% | 50.0% | 100.0% | 0.0% |
| | 讲 | 语料个数 | 0 | 1 | 1 | 0 | 4 |
| | | 百分比 | 0.0% | 33.3% | 50.0% | 0.0% | 100.0% |
| S₇ | 话 | 语料个数 | 4 | 1 | 1 | 7 | 1 |
| | | 百分比 | 36.4% | 11.1% | 14.3% | 70.0% | 33.3% |
| | 讲 | 语料个数 | 7 | 8 | 6 | 3 | 2 |
| | | 百分比 | 63.6% | 88.9% | 85.7% | 30.0% | 66.7% |

i 表中百分比精确到小数点后一位。书中其他表格百分比同此。

由表 2-2 可知,20 世纪上半叶上海话中"话"仍为主要的"说"类动词,直到 40 年代,"讲"用作表一般说话义动词在文献(两种课本)中分布总量超过"话"。

从结构分布来看,"讲"并非同时出现在各类带宾语的结构中,若以动宾结构为载体,它经历了一个逐渐扩散的过程,这一过程也是它替代"话"的过程。下面从两个方面来观察这一过程。其一是"讲"用于各结构的时间次序;其二是"话"与"讲"的分布比。

就次序来看,"讲"首先见用于 $S_1$、$S_2$ 和 $S_7$,随后是 $S_3$、$S_5$ 和 $S_6$,而 $S_4$ 结构表中统计未见。直到 20 世纪 50 年代文献中仍只用"话"带直接引语,不过,据例(30),20 世纪 80 年代语料中 $S_4$ 则只用"讲"了。如(游汝杰,2013):

(30) a. 到了上海,我搭侬讲:"侬勿应该连倷阿哥也相信。"(场景:虹口公园,中年男性,1983)

　　　b. 等到夷走仔么,老王讲:"侬皮鞋要买伐?"(说话人杨乐郎,1983)

例(30a)、例(30b)选自游汝杰(2013)所录上海话语料,其中例(30a)为采用隐蔽调查法录制的自然口语,例(30b)则为开放式自然谈话,说话人杨乐郎先生,时年 73 岁,可推算出他生于 1910 年,而在他用上海话讲故事的语料中,$S_4$ 已不用"话"而用"讲"。

就分布比例来看,"讲"在各类结构中兴起,并未出现哪一种结构一开始就彻底弃"话"用"讲",而是"话""讲"共存并用。"讲"和"话"类似自由变体,选择使用哪一个似乎具有随机性或偶然性,也可能是限于我们所比对的文献,未能观察到影响二者使用的相关因素。尽管如此,"讲"与"话"的分布比为观察"讲"的扩散速度,"讲"对"话"的更替的动态过程提供了一些有意思的线索。若将二者文本分布比的差异解释为更替的速度的话,即"讲"若大大超过同时期"话"的分布,说明更替速度越快,反之,则较慢。从表 2-2 来看,"讲"在使用较早的结构 $S_1$ 中,与"话"的分布比值较为稳定,直到 40 年代,数据表明"讲"的分布与"话"仍基本持平,即 $S_1$ 中"讲"对"话"的更替速度较为缓慢;"讲"见用于 $S_2$ 和 $S_7$,虽与 $S_1$ 同时,但这两个结构中,"讲"对"话"的更替速度较 $S_1$ 快,至 40 年代,数据表明"讲"已具有明显的优势,在 $S_2$ 中"讲"对"话"的分布比为 3∶1,$S_7$ 中则为 2∶1;"讲"虽较晚见用于结构 $S_5$、$S_6$ 中,但却呈现出更快的更替速度,至 40 年代,数据表明,"讲"基本上已实现对"话"的更替;"讲"在 $S_3$ 中出现较晚,且纵观五个时期,"讲"都只是零星分布;而 $S_4$ 中未搜集到"讲"的语料,或未见于早期文献,但 20 世纪 80 年代语料表明它已完成了更替过程。据此推测,在 20 世纪 50 年代至 80 年代甚至可能更短的时间内,"讲"在 $S_3$、$S_4$ 中快速完成了对"话"的更替。

若结合"讲"在各结构中出现的时间次序和对"话"的更替速度来看,不难发现,在"讲"替代"话"的过程中,使用"讲"做"说"类动词较早的,演变速度较平缓,而较晚的演变速度反而快。如"讲"在 $S_5$、$S_6$ 中较 $S_1$、$S_2$、$S_7$ 出现晚,但实现更替却更快更早。除此之外,在更替过程中与"说"类动词谓词结构的使用频率又有一定关系,从分布来看,$S_5$、$S_6$ 要较 $S_2$ 少用,而 $S_2$、$S_7$ 要较 $S_1$ 少用,再接着是 $S_3$ 和 $S_4$,特别是 $S_4$ 使用频率最高,故而"讲"扩散最晚,但其速度可能也较快。可以说,"讲"对"话"的更替呈现出"早变的变得慢,晚变的变得快"(王士元、沈钟伟 1991)的演变规律,且在使用频率低的结构中"讲"对"话"的更替过程较之在使用频率高的结构中先得以实现或完成。

王士元和沈钟伟(1991)从社会心理角度很好地阐释了音变中呈现出的"早变的变得慢,晚变的变得快"以及"在词语音变中使用频率低的词先变,而使用频率高的词是后变"等规律。他指出,使用频率较高的词的音系地位要较使用频率较低的词来得明确。当说话者要保持原有读音时,使用频率高的词就相对容易些,而使用频率低的词就困难些。反之,当说话者出于某些原因有意要改变原有语音时,使用频率高的词也就更有机会被改变。而"早变的变得慢,晚变的变得快",是因为先变音的词在人的心理上变为正常的、习见的之后,未变音的词则成了非正常的、少见的了,就会要求后变词也采用先变词中的音,形成对后变词的加速作用,且变化起点越后的词所受的加速作用也越强,因此其演变速度也就越快。而上海话"讲"对"话"以结构为载体的扩散过程,与以词为单位的音变过程表现出了类似规律或倾向,即"讲"虽先用于 $S_1$、$S_2$ 和 $S_7$ 结构中,最晚出现在"说"类词使用频率最高的 $S_4$ 中,但前三类结构中"讲"对"话"的替代较平缓。从 20 世纪初至中叶,"讲"在文本中的分布率逐渐增加,而"话"逐渐降低。历经近半个世纪,"讲"才发展为主要的"说"类动词。而在最晚出现但"说"类动词使用频率最高的 $S_4$ 结构中,在约三十年(20 世纪 50 年代至 80 年代)的时间里实现了替代演变;从实现完全替代演变的早晚来看,在使用频率低的结构中首先实现,如 $S_5$、$S_6$ 两类结构文本分布率最低,但最先实现更替演变;20 世纪 40 年代口语文献中已只用"讲"不用"话"了,而同时期 $S_1$、$S_2$ 和 $S_7$ 等结构中"讲"还未完全替代"话",而"说"类动词使用频率高的 $S_4$ 则还未开始演变。可见,上海话"讲"与"话"相竞演变中的规律与以词为单位的音变过程具有一致性,而其背后的社会-心理原因应该也是一样的,兹不赘述。

综上所述,上海话自 20 世纪初以来的半个多世纪中经历了"讲"在各结构中替代"话"的全过程,若以结构为单位或载体,这一过程为 $S_5$、$S_6 > S_2$、$S_7 > S_1 > S_3$、$S_4$("$>$"表示"先于")。也可以说,就上海话而言,"讲"首先代替"话"的是出现于名词宾语类结构,即 $S_5$、$S_6$、$S_2$;随后是表告诉义的结构和不带宾语的结构,即 $S_7$、$S_1$;最后才是动词和小句做宾语的结构,即 $S_3$、$S_4$。将这一替代过程视为等级序列的话,那么可以得出等级序列越靠近左端的越先被替代,越往右端的越晚被替代。可见,其更替过程体现出了较强的规律性。

由此可知,早期宁波话"话"与"讲"的句法功能差异的确为二者竞争关系的反映,只不过宁波话"讲"替代"话"的过程较上海话发生得更早。20 世纪初叶以前,上海话"讲"对"话"的更替过程还未开始,而宁波话则于 19 世纪下半叶已实现部分替代(即当受事为 NP 时,"讲"已替代了"话",且已进入不带受事和带与事补语结构的竞争阶段)。尽管两方言中"讲"对"话"更替的早晚不同,但更替的过程或阶段性是一致的。

## 2.3 今吴语"说"类动词格局的形成

从宁波话和上海话"说"类动词所经历的更替演变来看,今吴语"说"类动词的分布格局应为不同"说"类动词竞争的结果。也就是说,今南部吴语台州话、温州话用"讲"、北部吴语苏州话用"说"和

"讲",上海话、宁波话由"话"更替为"讲",是"讲"在吴语中长期扩散后形成的局面。因其扩散的速度不同,形成了只用"讲""话""讲"并用、"讲""说"并用等不同局面。那么到底是什么因素在影响着"讲"在吴语中的扩散速度? 是什么使得南部吴语较北部吴语更快或更早完成更替的过程,而北部吴语内部,浙江沿海宁波话又较上海话更快或更早,苏州话则仍停留在"讲""说"并用阶段? 而要弄清扩散速度的差异问题,我们不得不探讨为何"讲"能在吴语乃至整个南方方言扩散开来,也就是"讲"的来源。下面只讨论吴语中的情况。

### 2.3.1 "讲"的溯源

汪维辉(2003)指出:"'讲'用作一般的'说话'义不晚于元代,在元曲中可以见到一些例子,但元代尚处于萌生阶段。今天东南地区一些较古老的方言中普遍使用'讲',西南官话中像贵阳、柳州、武汉等'讲'也用得较多,它们都应该是元代以后逐步扩散开来的。"也就是说,"讲"可能是通语或权威官话对南方方言扩散的结果。若如此,那么以"讲"为通语的基础方言又是什么呢? 若为北方官话,为何不用"说"而用"讲"呢?

从文献来看,"讲"用作一般的"说话"义动词,主要在以江淮官话为基础方言创作的明清小说中高频使用。但据汪维辉(2003),《近代汉语语法资料汇编·明代卷》中所收的《元朝秘史》、刘仲璟《遇恩录》、钱谦益《牧斋初学集》、《皇明诏令》和《高皇帝御制文集》等皆未见用。即使是在带有"大量江浙话"色彩(胡竹安 1988,李永祜2008)的《水浒传》(百回本)中也不用"讲",《红楼梦》前 5 回也只用"说"。但《西游记》用例较多,"讲"与"说"之比高达 103∶197。《西游记》以江淮官话为基础方言已有不少学者进行过深入讨论。刘怀玉(1986)指出《西游记》中人物对话和对粗俗场面或粗俗人物进行描写时,皆使用了大量的淮安方言。周振鹤、游汝杰(1986:188)提出"句式难以借用","句式反映语言的结构,是语言的核心部分"等观点,并指出《西游记》和《儒林外史》中反复问句皆用"可 VP"式,现代淮安话和全椒话仍使用"可 VP"。我们检索《儒林外史》时,也注意到"讲"用作一般说话义动词较常见,共出现了 54 次,可带各类名词性宾语,也可带小句作宾语。如"打开板壁讲亮话"(第 14 回)、"讲笑话"(第 3 回)、"讲这些混话"(第 5 回)、"讲呆话"(第 22 回),而这些短语在《红楼梦》中皆只用"说"。可见,"讲"集中出现的文献表明它很可能是明代南直隶地区官话的基本词汇。曾晓渝(2013)通过考察明代南直隶军屯移民后裔语言天津话、贵州屯堡话、海南崖城军话、云南官话里所留下的历史痕迹,以及明代官话系韵书,得出明代南直隶辖区已存在江淮官话与中原官话之别。因此,更准确地说,"讲"兴起于明代苏皖地区的江淮官话,为南系官话(杨福绵 1995;鲁国尧 1985,2007)中的基本词汇。

而在以南京官话为语料的明清时期西儒文献中,表一般说话义的动词,"说""讲"共存。如:《华语官话语法》为西班牙传教士瓦罗(Francisco Varo,1627—1687)所著,1703 年于广州出版,为世界上第一本正式刊行的汉语语法书,所描写的对象为 17 世纪的南京官话。该书中文译本(瓦罗 2003)由其英译本译出。中译本中不乏表一般说话义的"讲",如:

(31) a. 讲得尽(I told him everything,我全都说了)(2003:51)

b. 我讲,是不是?——就是。(Isn't it so, what I am say-ing—it is so.按:"讲"字后面似缺一"的"。(2003:104)

c. 你直直讲(直说吧,直截了当地说)(2003:111)

d. 讲不著(He said it wrong)(2003:142)

e. 我合①他讲了,或,对他说了。(2003:39)

以上口语色彩浓厚的句子或短语,皆用"讲"作谓词。

而在语体偏书面语或较为正式的《圣经》译本中,虽言说义动词常用"道"和"说",也仍可见"讲"。如:首部官话《圣经》译本为南京官

---

① "合"即"和",二者只是写法不同。合,《华语官话语法》中读 hó,阳平。见姚小平、马又清译《华语官话语法》(瓦罗 2003:39)。

话版《马太传福音》(《新约》单行本,麦都思、施敦力合译,1856)中"讲"作一般"说话义"动词;而晚出半个多世纪的官话和合本(1919)同内容的表达则只用"说"对应。如:

(32) a. 南京官话:正讲这话的时候,有个官府来拜耶稣说道:"我的女儿刚才死……"(1856)

　　 b. 北京官话:耶稣说这话的时候,有一个管会堂的来拜他说:"我女儿刚才死了……"(1919,《马太福音》9:18)

(33) a. 南京官话:到那时候上帝自然教你怎样讲。(1856)

　　 b. 北京官话:到那时候必赐给你们当说的话。(1919,《马太福音》10:19)

(34) a. 南京官话:学生道:"有人讲你是施洗礼的约翰,有人讲你是以利亚,有人讲你是耶利米或是先知里面的一个人。"耶稣道:"只是你们讲我是什么人?"(1856)

　　 b. 北京官话:他们说:"有人说是施洗的约翰,有人说是以利亚,又有人说是耶利米,或是先知里的一位。"耶稣说:"你们说我是谁?"(1919,《马太福音》16:14—15)

　　"讲"在今方言中的分布也可以为其来源提供线索。据曹志耘(2008),"讲"作"说"类动词的北界为苏皖地区的江淮官话区以及与之紧邻的少数中原官话方言点,如江苏宿迁、安徽的亳州、利辛、五河、霍邱等,其中这些中原官话区方言点往往"说""讲"并用,而江淮官话仍只用"讲"。往南则分布于南方地区的西南官话区、徽语(孟庆惠 2005)和广大东南方言区(吴、湘、客、粤方言)等。"讲"在南直隶地区以外的分布,是它在地域上扩散的结果。

　　"讲"来自以江淮官话为基础方言的明代南直隶官话,也可以解释为何不是"说"而是"讲"在南方方言中扩散开来。汪维辉(2003)指出"说"至迟到宋代已成为核心词,且与"话"的完全名词化几乎同步,至迟到 14 世纪初,完成了取代其他"说"类词的过程。元以后,新兴的"讲"字开始与"说"形成竞争之势。而罗杰瑞(2004)曾对汉语官话方言的发展作出过如下构想:

假定华北的方言地图在 10 至 13 世纪之间曾经经历过巨大的变迁。一种新兴的官话方言在东北形成,然后往西、往南散播,把中原地带原有的老官话往南挤,而这种比较保守的官话还残存在山西的山区里,成为李荣先生所说的晋语。到了明朝初年,南系官话重振旗鼓,成为一种新兴的明代"官话"的基础方言。这种"官话"在整个明代以标准语的身份流行,而它的影响一直到清代的前、中期仍然维持不衰。现代的北京话其实是明代"官话"和来自东北的老官话的混合品。

也就是说,官话发展史上,在明朝南系官话之前有南宋时期标准语"中原地带原有的老官话"。从"说"类动词来看,中原地带原有的老官话先以"话"后以"说"为核心词,而明朝南系官话则以"讲"为核心词,"说"和"讲"的基础方言不同,因此是"讲"而非"说"随明代南系官话的影响扩散至明清以来的吴语乃至东南方言。

### 2.3.2 "讲"的扩散

"讲"作为南系官话中基本词或常用动词,主要借助文教力量对南系官话的推广而进入吴语,同时商贾往来、地方戏曲传播等也对其扩散起推动作用。由于文教对官话推广的力度或普及程度有别,商业的繁荣程度不同,"讲"扩散或更替固有"说"类词的速度也会存在地域或方言差异。

对于明清标准语的基础方言是否为江淮官话,尽管学界从语言本体和文史资料出发仍有不同看法(远藤光晓 1984,鲁国尧 1985、2007,薛凤生 1991,邓兴锋 1992,杨福绵 1995,张卫东 1991、1998、麦耘 1991,何九盈 2007:151、166,麦耘、朱晓农 2012,曾晓渝 2013、2014、2016,孙宜志 2015),但江淮官话对南系官话无疑具有重要的影响。孙宜志(2015)通过对《问奇集》的全面考察得出明代存在各地人都说、会说的共同语,这个共同语称为"官话",当时的官话只有一种,以江淮官话为基础。六角恒广(1992:ii)也指出从 1876 年(明治九年)9 月始,日本的官办汉语教育机构才将南京话教育转换成北京话教育。钱曾怡(2010:291)也持相似观点:"明代江淮官话作为明统治集团的发源地而取得重要的地位,对明清官话的影响产生重要的作用,这种作用一直延续到清代晚期。"

游汝杰(2004a:27)指出,"官话"的名称始见于明代张位《问奇集》。"官话"即官方使用的语言,最初用于官场,文人读书也须用官话。官话不仅用于官场办事交际,也用于各级学校教育。明末吴人赵宧光《寒山帚谈·拾遗》:"今不逮古当缘其情,常论印章何常不着力。趋步汉人而十不得一者,犹之南人讲经,时时系念敲打官话,即有妙意因之阻塞。"可见,当时吴语区读书人讲习经典须用官话。而读书人习得官话的主要途径即是学校教育。

就明清而言,除了州府县学的地方官学机构外,由社学、书院和学塾构成的基础教育机构主要面向童蒙。从语言习得的关键期假说角度来看,面向童蒙的基础教育机构在官话传播中自然发挥着关键作用。以社学为例,浙江社学多由地方官府兴办。"明太祖在恢复国子监及府州县学之后,发觉'乡村之民,未睹教化',乃于洪武八年(1375年)诏令地方政府督促设立社学,以15岁以下儿童为对象,聘请儒学教师,教授民间子弟。洪武十六年又下诏民间设立社学,因此浙江社学勃兴。"又:"明制社学是设在农村或城郊坊厢的初等学校,培养目标是使15岁以下的入学生童受到初等启蒙教育,并兼有向府州县学输送部分合格'儒学生员'的任务。"(上据《浙江省教育志》2004)据雍正朝《浙江通志》记载,全省社学多达410所。有意思的是,其中温州府府属县仅5个,而社学数竟有175所,为浙江十一府中社学数之最。社学教师大多由地方官绅聘请秀才担任,教师通晓经书,清初就规定教师须"文义通晓,行谊谨厚"。教师不仅自己须通晓经书,还须用官话传授教化乡间童蒙,并服务于科举考试。

官话也是商贾往来最重要的交际工具。清高敬亭《正音撮要》记载:"余尝经过江南、浙江、河南、两湖地方。一处处方言土语不同,就是他们邻府邻县的人也不通晓。唯有经过水陆大码头,那些行户、买卖人都会说官话。"钱曾怡(2010:291)指出,"早期的来华传教士和早期的西方外交人员以及商业往来大多出现在中国南方沿海,特别是鸦片战争初期,中国的开放口岸主要集中在东南沿海一带,中国的南方官话仍有极为重要的地位,这种官话与当时的江淮官话极有渊源关系"。吴语区温州虽从地理上偏安一隅,但作为历史文化名城,是南戏发源地,自唐宋以来就商业繁华,清代光绪二年(1876年)开为商埠(郑张尚芳2008:4)。同样作为沿海地区的宁波,其经济文化和对外贸易在明清时期也都远较上海发达。而这种经济文化的发展也要求更大力度地推广官话,消除方言交际所带来的隔阂。

就吴语区来看,今"话"和"讲"并存的方言主要见于上海郊区和浙北区,杭嘉湖、邵宁平原等(周振鹤、游汝杰1984),而对于浙北地区吴语来说,罗杰瑞(2004)指出杭州话具有吴语的一些特征,但基本上是一种古老的官话方言。"说"类动词也验证了这一说法。至今杭州话仍可以用"话"做"说"类动词,尽管"讲""说"皆已进入。而作为官话,因杭州在周边地区的经济文化地位,在旧嘉、湖、杭、绍、宁五府等(周振鹤、游汝杰1984)地区,明清杭州话仍具有一定的优势,从而对周边方言在"说"类动词的选择上形成"区域共同守旧"(王洪君2008)现象。

今苏州话并存"说"和"讲"为不同时期权威官话影响的结果。从文献来看,"说"是更早的层次,"讲"则于"说"之后进入该方言。明代《山歌》甚至晚清苏州话《圣经》土白译本中"说"都要较"讲"常见得多。《山歌》中"说"单独用作动词,表一般说话义,52次,"说话"作动词8次,"说道"用来引进内容宾语,出现24次,而"讲"则单用作动词1次,构成"讲道"出现1次。此外,《山歌》中还出现了"话"作动词的用法。如:

(35) a. 说山人,话山人,说着山人笑杀人。身穿着僧弗僧俗弗俗个沿落厂袖,头带子方弗方圆弗圆个进士唐巾。(《山歌·山人》,2000:103—104)

   b. 姐在衖堂<sub>小巷</sub>走一遭,吃情哥郎扯断子布裙腰。亲娘面前只说肚里痛,手心捧住弗伸腰。(《山歌·扯布裙》,

2000:9)

c. 眉来眼去未着身,外头唳要捉奸情。典当内无钱啰弗说
我搭你有,月亮里提灯空挂明。(《山歌·捉奸》,2000:13)

d. 姐儿窗下织白罗,情郎搭子我里个人打双陆。只听得我
里个人口里说道把住子门捉两个,吓得我满身冷汗手停
梭。(《山歌·打双陆》,2000:11)

e. 欲要黄帽铺里去讲讲,唳弗好戴子进渠大门。思量无些
摆布,只得那借子一顶麻布头巾。(《山歌·破鬃帽歌》,
2000:102)

f. 姐儿命硬嫁子七个夫,第七个看看唳要歪。听得算命先
生讲道:"铜盆铁帚硬对子硬方无事",阿奴只恨家公软
了无奈何。(《山歌·杀七夫》,2000:54)

从"话""说"和"讲"的并用来看,"话"应为"说"之前的层次,即宋
以前的"说"类动词层次,宋以后"中原地带的老官话"(罗杰瑞
2004),以"说"为核心词,这一官话层次自然也影响到长期处于吴地
经济文化发展中心的苏州话。而"讲"则于明清时期进入苏州话。不
过,"讲"与"说"在今苏州话中仍处于共存并用阶段,在语感上二者并
无明显的风格差异,除了一些较固定的格式外,可自由互换,也就是
说,仍未进入竞争或更替的发展阶段。

而上海话"讲"至 20 世纪初叶才兴起,与苏州话、宁波话的强劲
影响有关。20 世纪上半叶大量苏南、浙北移民进入上海,以苏州话
为代表的苏南吴语和以宁波话为代表的浙北吴语分别以强劲的文化
竞争力和经济竞争力成为上海地区的上层方言(游汝杰 2004a),与
以松江话为基础的老上海话密切接触,并对其产生了强劲影响。
"讲"对"话"的更替演变也正是这一影响的结果。由上述可知,20 世
纪以前,无论是苏州话还是宁波话,表一般"说话"义的"讲"都已成为
本方言中的常用动词,随方言接触而于 20 世纪初进入上海话并逐步
取代固有的"话"。可见,上海话中的"讲"虽非直接借自明清时期权
威官话即南系官话,但来自优势方言,即苏州话和宁波话,而这两种

方言中"讲"已从权威官话借入并已成为主要的或优势"说"类动词。

综上而言,今吴语中"讲""说"和"话"之分布格局主要为明清权威官话(南系官话)影响的结果,即通过文化教育、商贾往来等非移民方式实现官话对吴语的影响。这种方式使得文教和经济活动更发达的地区方言中"讲"扩散得更早或对"话"的更替更彻底,这一方式也有别于历史上北方移民对吴语的影响,移民方式往往使得官话对吴语的影响呈现从北往南逐渐减弱的趋势。此外,在吴语内部,原受南系官话影响较小而未用"讲"做一般"说话"义动词的方言,如上海话,因城市移民的缘故,实现了"讲"的扩散,并替代了"话"。

## 2.4 结 语

一百多年前吴语"说"类动词有"话""说"和"讲",而一百多年来吴语"说"类动词的发展即为"讲"扩散、"话"退出或被替代的过程,这一过程从句法结构本身来看,是从带名词性 NP 作宾语的结构开始,以带动词或小句为宾语的结构结束,"讲"的扩散过程表现出较强的规律性,即在使用频率低的结构中先变,在使用频率高的结构中后变,早变的变得慢,晚变的变得快,等等。这些规律反映了社会心理因素对其扩散过程的影响。

而今吴语"说"类动词分布格局的形成是"讲"在不同地域或方言点扩散速度不平衡的结果。"讲"作为南系官话核心词或基本词汇成员,随着文教力量对官话的推广和商业、戏曲文化活动的推动在吴语乃至东南方言中扩散,因推广力度或者商业的繁荣、戏曲文化活动的频繁程度等不同,形成了"讲"替代"话"的早晚或快慢。

可见,一百多年来吴语"说"类动词的演变史,不仅为我们展示了"讲"在吴语中的扩散及其相应的过程,也为考察"讲"的来源提供了证据;从方言词汇史角度,则为南系官话的基础方言是江淮官话这一说法提供了旁证。至于"讲"在今长江以南官话及其他东南方言中的扩散,也是有意思的问题,有待专文继续考察。

# 第三章　代词及其演变

吴语三身人称代词及其复数标记、指示(代)词系统等方面的研究成果已相当丰富,不仅基于田野调查的共时描写报告多,且运用历史比较法、内部构拟法和层次分析法等理论,结合早期本土文献开展的历时溯源工作也已取得了系列重要成果。不过,仍有一些基本问题值得探讨。比如苏沪吴语人称代词中的合音式、复数标记类型及其更替、指示代词"箇"的语用功能、"箇"与吴语指示词系统演变的关系等。本章拟梳理早期西儒吴语文献中的用例以尝试讨论这些问题。

## 3.1　早期吴语三身人称代词词形研究

吴语三身人称代词词形类型丰富、音变复杂、层次多,研究成果颇丰。如:游汝杰(1995)通过田野调查获取吴语一百多个方言点的人称代词,对吴语人称代词及带词头的特殊形式进行了全面的描写和分析,并对复数标记进行了分类。陈忠敏、潘悟云(1999)从吴语人称代词的层次性、音变的复杂性等角度指出吴语早期的第一人称代词为"侬"、第二人称为"汝"、第三人称为"渠",复数标记来自处所词,吴语人称代词中带词头的形式为"是＋人称代词"。陈忠敏(2016)对吴语人称代词的范式、层次及音变等进行了深入研究。这些研究在共时描写基础上,结合历史比较法和内部构拟法,对吴语人称代词的词源展开深入探讨。石汝杰(2015)则利用明清吴语文学作品描写了北部吴语人称代词的各种形式,并讨论了三身人称代词的词源。为了能更清晰地呈现晚清以来吴语人称代词的基本面貌,并讨论其历时演变,本节我们拟利用西儒文献,梳理苏州话、上海话、宁波话、台州话、金华话、温州话等吴方言点人称代词的词形,并讨论人称代词的演变。

### 3.1.1　19 世纪中叶以来吴语三身人称代词

　　下面先以表格形式逐一展示各方言文献中的三身人称代词(具体见表 3-1 至表 3-6),然后讨论各方言人称代词的词形演变。

**表 3-1　19 世纪中叶以来苏州话三身人称代词**

| 文献时间 | 单　　数 | | | 复　　数 | | |
|---|---|---|---|---|---|---|
| | 一 | 二 | 三 | 一 | 二 | 三 |
| 1860 年 | 我常用/吾少用 | 唔常用/乃少用 | 俚 | 吼俚常用/我俚较少用 | 吼笃 | 俚笃 |
| 1877 年 | 我 | 俆 | 俚 | 伍伲常用/伲较少用 | | |
| 1879 年 | 我 | 俆 | 俚 | 我俚 | 吼笃 | 俚笃 |
| 1891 年、1896 年、1908 年、1922 年 | 我 ngu | 俆 næ | 俚 li | 伲 nyi | 唔笃 ng-toh | 俚笃 li-toh |
| 1928 年 | ngow 饿音,now 怒音,少,ngh 五白音,更少 | néh 俆,nh 唔止格,少 | l'i 俚阴平 \| · né \| 俆,yi 夷音 | gnih 伲去音 | nhdoq 唔笃,néhdoq 俆笃其少 | l'idoq 俚笃 |
| 1937 年 | 我 | 耐 | 俚(俚俆) | 倪(倪搭) | 唔笃(耐笃)(唔哚) | 俚笃(俚哚) |
| 1999 年 | 我 ŋəu$^{31}$ | 耐 nE$^{31}$ | 俚 li$^{44}$ / 唔耐 n$^{55}$ nE$^{31}$ / 俚耐 li55nE1 | 伲 n̦i | 唔笃 n$^{24}$ toʔ1 | 俚笃 li$^{55}$ toʔ1 / 唔笃 n$^{55}$ toʔ1 |

以上文献汇总:
《路加福音》(1860)、《赞美诗》(1877)、《马太福音》(1879)、《马可福音》(1891)、《天路历程》(1896)、《旧约全书》(1908)、《新约全书》(1922)、《现代吴语的研究》(赵元任 1928)、《论苏州方言》(1937)、《苏州话的人称代词》(石汝杰 1999)。

　　由表 3-1 可见,苏州话三身人称代词单数形式的变化主要表现为第一、第二人称自成音节的鼻音形式被替代,其次是第一人称复数人称代词存在演变现象。

### 表 3-2　19 世纪中叶以来上海话三身人称代词

| 文献时间 | 单　数 | | | 复　数 | | |
|---|---|---|---|---|---|---|
| | 一 | 二 | 三 | 一 | 二 | 三 |
| 1850 年 | 我 | 侬 | 伊 | 伲 nie | 㑚 | 伊拉 |
| 1853 年 | ngö | nùng | i | ngö-ni | nā | i-la |
| 1853 年 | 我 ngú | 侬 nóng | 伊 í/是其 zz gí | 我你 ngú ní | 㑚 ná | 伊拉 í lá |
| 1855 年 | Ngoo | noog | ye/z ye | ngoo-nie | na | ye-la |
| 1857 年 | 我 | 侬 | 伊 | 我伲 | 㑚 | 伊拉 |
| 1879 年 | 我 ngoo | 侬 noong | 伊 e | 伲 nye | 㑚 na | 伊拉 e-la |
| 1892 年 | 我/是我 | 侬/是侬 | 伊/是伊 | 我伲 | 㑚 | 伊拉/㑉拉 |
| 1906 年 | 我/自我 | 侬/自侬 | 伊/自伊 | 伲/自伲 | 㑚/自㑚 | 伊拉 |
| 1907 年 | ngoo | noong | yi | nyi/ngoo-nyi | na | yi-la |
| 1908 年 | 我 ngoo | 侬 noong | 伊 yi | 伲 nyi | 㑚 na | 伊拉 yi-la |
| 1908 年 | 我/自我 | 侬/自侬 | 伊/自伊 | 伲/自伲 | 㑚/自㑚 | 伊拉/自伊拉 |
| 1921 年 | 我/自我 | 侬/自侬 | 伊/自伊 | 伲/自伲 | 自㑚 | 伊拉 |
| 1919 年 | 我 | 侬 | 伊 | 伲/我伲 | 㑚 | 伊拉/㑉拉 |
| 1928 年 | nguu 我，aqlaq 阿辣音,甚少 | nong 侬 | yi 夷音 | gnii 伲上音，nguu. gnii 我伲轻音 | naa 那上音 | yi·lah 夷赖轻音 |
| 1933 年 | 我/阿拉下层 | 侬 | 伊 | 我伲 | 㑚 | 伊拉 |
| 1935 年 | 我 | 侬 | 伊 | 我伲/伲 | 㑚 | 伊拉 |
| 1942 年 | 我 | 侬 | 伊 | 伲 | 㑚 | 伊拉 |
| 1997 年 | 我/阿拉 | 侬 | 伊 | 伲 | 㑚 | 伊拉 |

以上文献汇总：
《上海话功课》(1850)、《约翰福音》(1853)、《上海方言语法》(1853)、《上海土白入门》(1855)、《蒙童训》(1857)、《中西译语妙法》(1871)、《沪语便商》(1892)、《方言备终录》(1906)、《上海话教程》(1907)、《上海话常用短语》(1908)、《土话指南》(1908)、《阿里排排逢盗记》(1921)、《实用上海语》(1919)、《现代吴语的研究》(赵元任 1928)、《实用上海语》(1933)、《详注现代上海话》(1936)、《袖珍上海语》(1942)、《上海话语法》(钱乃荣 1997a)。

由表 3-2 可见，上海话三身人称代词基本形式自 19 世纪中叶以来稳中有变，其变化主要表现为：人称代词词头"是"或"自"消失，第一人称代词"阿拉"出现以及第一人称代词复数形式由"我伲"发展为"伲"等。

表3-3　19世纪中叶以来宁波话三身人称代词

| 文献时间 | 单　数 | | | 复　数 | | |
|---|---|---|---|---|---|---|
| | 一 | 二 | 三 | 一 | 二 | 三 |
| 1851 年 | ngô | ng | gi | ah-dah | ng-dah | gi-dah |
| 1853 年、1859 年、1868 年、1910 年 | ngô/ngô-noh | Ng/ng-noh | gyi/gyi-noh | ah-lah | ng-lah | gyi-lah |
| 1928 年 | ngoo 我白，ngoonoq 我白诺音 | nng 五白音，\|noq\|诺音 | ghi 其 | aqlaq 阿辣皆音 | nn-naq 唔捺皆音 | dji(q)laq 其平·入辣皆音 |
| 1995 年 | ŋo | nau/n nau | ʥi | aʔ-laʔ | n-næʔ | ʥiæʔ-læʔ |
| 1997 年 | 我 ŋo/我侬 ŋonəu | 倻 ɦŋ/侬 nəu/倻侬 ɦŋ nəu | 渠 ʥi/渠侬 ʥi nəu | 阿拉 ɐʔlɐʔ | 倻倸 ɦŋɐ̃ʔ/倸 nɐʔ | 渠拉 ʥiiʔlɐʔ |
| 2007 年 | ŋo/ŋoʔnəu 我/我侬 | ŋ(nəu)/n(ŋ)nəu 侬/尔侬 | ʥi/ʥi nəu 其/其侬 | aʔ-laʔ 阿拉 | n(ŋ)naʔ | ʥieʔlaʔ |

以上文献汇总：
《一本书》(1851)、《马太传福音书》(1853)、《幼童初晓》(1859)、《土话初学》(1868)、《新约》(1868)、《宁波方言遍览》(1910)、《现代吴语的研究》(赵元任 1928)、《吴语里的人称代词》(游汝杰 1995)、《宁波方言词典》(汤珍珠等 1997)、《宁波方言的语法》(钱萌 2007)。

由表3-3可见，宁波话自19世纪中叶以来，三身人称代词单数形式有两套，人称代词复数标记发生过音变，这一变化发生在19世纪中叶以前。

表3-4　19世纪中叶以来台州话三身人称代词

| 文献时间 | 单　数 | | | 复　数 | | |
|---|---|---|---|---|---|---|
| | 一 | 二 | 三 | 一 | 二 | 三 |
| 1880 年 | ngô | ng | ge | ngô-he | ng-he | ge-he |
| 1897 年 | ngô | ng | ge | ngô-he | ng-he | ge-he |
| 2011 年 | ŋo42 | n42 | kɦie31 | ŋo42-35 ɦie22-55 | n22-35 ɦie22-55 | kɦie31-35 ɦie55 |

以上文献汇总：
《马太福音》(1880)、《新约》(1897)、《台州路桥方言词汇》(林晓晓 2011b)。

由表 3-4 可知,台州话三身人称代词一百多年来单复数形式较稳定,只有第三身人称代词发生了音变。

**表 3-5　19 世纪中叶以来金华话三身人称代词**

| 文献时间 | 单 数 | | | 复 数 | | |
|---|---|---|---|---|---|---|
| | 一 | 二 | 三 | 一 | 二 | 三 |
| 1866 年 | a/a-nong | ng/ng-nong | geo | a-da/a-nong-da/a-tang | ng-da/ng-nong-da | geo-da |
| 1897 年 | a | nong | keh | a-liang-keh/a-nong-liang-keh | nong-liang-keh | keh-liang-keh |
| 1928 年 | nga 我 | noong 侬 | ghoq 谷 | nga liang 我良 | noong liang 侬良 | ghoq liang 谷良 |
| 1995 年 | a, a nong | nong | gɐ | a lang | nong lang/n lang | gɐʔ lang |

以上文献汇总:
《约翰福音》(1866)、《马可福音》(1897)、《现代吴语的研究》(赵元任 1928)、《吴语里的人称代词》(游汝杰 1995)。

由表 3-5 可见,金华话人称代词单复数形式一百多年来,仅复数标记发生过演变,变化发生在 19 世纪末。

**表 3-6　19 世纪末以来温州话三身人称代词**

| 文献时间 | 单 数 | | | 复 数 | | |
|---|---|---|---|---|---|---|
| | 一 | 二 | 三 | 一 | 二 | 三 |
| 1893 年、1892 年、1902 年 | ng[1] | nyi[1] | gi | ng[1]-dɑ-ko | nyi[1]-dɑ-ko | gi-dɑ-ko |
| 1928 年 | nng 五白音 | gnii 你 | ghi 其 | nnglé 五白音 来音,五白音 大文家白 | gniilé 你来音,你大文家白 | ghilé 其来音,其大文家白 |
| 1995 年 | 我 ŋ | 你 ȵi | 渠 gei | 我俫 ŋ lie | 你俫 ȵi lie | 渠俫 gei lie |

以上文献汇总:
《温州方言入门》(1893)、《马太福音》(1892)、《马可福音》(1902)、《现代吴语的研究》(赵元任 1928)、《吴语里的人称代词》(游汝杰 1995)。

由表 3-6 可见,温州话三身人称代词基本形式一百多年来并无变化,但其复数标记在 20 世纪上半叶发生过更替变迁。

### 3.1.2　三身人称代词的演变

#### 3.1.2.1　苏州话三身人称代词的演变

西儒文献中第一人称单数形式主要为"我",只有 19 世纪下半叶的《路加福音》(1860)还可见到"吾","吾"在该文献中仅出现 8 例,而"我"见用 402 例,可见前者应该只是式微形式。如:

(1) a. 天上有声音说:"乃是吾个欢喜儿子,吾顶爱乃。"<sub>有声音从云彩</sub>
里出来,说:"这是我的儿子,我所拣选的。"(《路加福音》1860,9:35)

b. 邪神离开子人勒旱地上走来走去弗能安逸,因说道弗如
到吾出来个场化去罢。污鬼离了人身,就在无水之地过来过去,寻求安歇之处;既
寻不着,便说:"我要回到我所出来的屋里去。"(同上,11:24)

c. 唔要照顾俚,费用若是多子,等吾转来拨唔。你且照应他,此外所费
用的,我回来必还你。(同上,10:35)

例(1)中"吾"皆为第一人称代词单数形式,可作主语、定语和宾
语等。

第二人称单数形式,一般用"倷"(也写作"乃"),但《路加福音》
(1860)中"唔"更常用。如:

(2) a. 拿撒勒个人耶稣呵,我搭乃吪啥交关,乃要来害我哉。吾
晓得乃是上帝称干净个人。唉!拿撒勒的耶稣,我们与你有什么相干? 你来灭
我们吗? 我知道你是谁,乃是上帝的圣者。(同上,4:34)

b. 故歇听唔个说话我就抛网。但依从你的话,我就下网。(同上,5:5)

c. 主呵,请唔离开子我去罢,我是有罪个人。主啊,离开我,我是个罪人!
(同上,5:8)

该译本中只有前五章用"乃",共 48 例,而后面的 18 章则只用
"唔",句法上可以作定语、主语和宾语等,见用 298 例。尽管对该书
的译者仍缺乏可参考的相关资料,不过,从《圣经》土白译本的严谨性
推测,"唔"应该仍是当时很常见的第二人称代词。

赵元任(1956:45)调查到苏州话第一人称代词单数形式,有三种

形式,即"我 ngow[ŋəu⁶]""怒 now[nəu⁶]""五 ngh[ŋ⁶]",其中"五"是白音,使用最少;第二人称也有"侬 néh"和"唔 nh"两种,"唔"作止格,少用。赵先生记录的"五"应该就是《路加福音》中的"吾","唔"即是《路加福音》中的"唔"。由表 3-1 中其他文献可见,"吾"于 19 世纪下半叶已成一种式微形式,而第二人称"唔"19 世纪中叶仍较活跃,句法功能也不限于止格,如例(2)。不过,19 世纪 80 年代前后逐渐少用。

人称代词复数形式,也只有第一人称有不同形式。19 世纪下半叶文献中主要用双音节形式,如"吜俚""我俚",不过单音节形式"伲"也已见用,19 世纪末至 20 世纪上半叶则只用"伲"。如:

(3) a. 城里个灰尘沾染我俚,我对子吜笃揩脱。<sub>就是你们城里的尘土沾在我</sub><sub>们的胸上,我们也当着你们擦去。</sub>(《路加福音》1860,10:11)

b. 众人稀奇,亦称赞上帝,而且嚇怕,因说:"独,吜俚今朝看见意外个事体哉。"<sub>众人都惊奇,也归荣耀与神,并且满心惧怕,说:"我们今日看见非常</sub><sub>的事了。"</sub>(同上,5:26)

c. 今朝伍伲<sub>我们</sub>要吃要用,照侬<sub>你</sub>恩典赐下共总。(《福音赞美歌》1877,第一首)

d. 我将要死哉,而且我确实晓得伲<sub>我们</sub>所住个城池,将来必要拨天火烧脱。(《天路历程》1896:1)

从文献来看,"我俚"19 世纪下半叶已不常用,更常用的是"吜俚",而后出现的常见形式是"伍伲",最后出现的是"伲",且 20 世纪"伲"成为唯一形式。从不同形式出现的次序来看,我们赞同谢自立(1988:85)、张惠英(2001:71)等的推测,即"苏州的这个'伲'很可能就是'我哩'的合音形式:前字取声,后字取韵"。石汝杰(2015)根据明清吴语文献(主要为本土文献)进一步构拟其演变途径为:我里>唔里>唔伲>伲,即"我"[ŋəu]失落元音变为[ŋ],成为"唔里";然后"里"[li]受到鼻辅音[ŋ](唔)的影响变为[n̠i],成为"唔伲",再丢失鼻音音节"唔",成为单音节的"伲"。陈忠敏、潘悟云(1999)认为苏州话[ŋəu]不太可能跟[li]合音成为[n̠i],而第一人称复数的合音过程为:

ŋ+li＞ŋi＞ni。从域外文献中"我俚""唔俚""伍伲""伲"等的相继使用来看,我们赞同石汝杰(2015)的拟测,即其音变过程更可能为:ŋəu li＞ ŋ li＞ŋ ni ＞ni。且这一音变过程主要发生在 19 世纪下半叶,19 世纪末 20 世纪初已完成。

因此,对照 19 世纪、20 世纪和今苏州话的人称代词单复数形式,可以得出:

(1) 第一、第二人称代词单数中自成音节的鼻音形式消失。如"吾"和"唔"。陈忠敏、潘悟云(1999)指出早期苏州话第一、第二人称代词单数形式为 ŋ[1] 和 n,19 世纪西儒文献中自成音节鼻音的代词也印证了他们的推测,只是这种形式在 19 世纪末 20 世纪初已基本消失。谢自立(1988:84)也指出赵元任先生所记的"五","现在根本听不到"。可见它已完全被"我"和"倷"取代。

(2) 对比今苏州话人称代词单数形式,还可发现第三人称形式在增加,从 19 世纪至 20 世纪 20 年代西儒文献中,仅"俚"用作第三人称代词,而 20 世纪 30 年代末开始出现"俚倷",今苏州话甚至还有"唔耐"。谢自立(1988)指出"第三身单数 $n^{44}$ $nɛ^{31-21}$ 是本世纪初以后的产物"。从文献来看,这两种复合词形式应该是后起的。不仅"唔耐"为后起形式,"俚倷"应该是 20 世纪三四十年代才出现的。

(3) 谢自立(1988)还指出,苏州话第三人称代词复数形式"唔笃"是"最近几年才出现的"。这种观察与文献吻合。19 世纪至 20 世纪上半叶的文献中只有"俚笃",未见"唔笃"。

### 3.1.2.2　上海话三身人称代词的演变

由表 3-2 可知,西儒文献中上海话三身人称代词单数基本形式"我、侬、伊"和复数第二人称"㑚"、第三人称"伊拉"十分稳定,人称代词的变化主要表现在:第一人称代词在 19 世纪以双音节"我俚"为基本形式,至 20 世纪上半叶开始逐渐以合音形式"伲"为基本形式,而带词头的人称代词形式自 20 世纪二三十年代开始走向式微。

---

① 　本书统用 m̩、n̩、ŋ̍标记原文献中的自成音节鼻音m̩、n̩、ŋ̍。

钱乃荣(2014b:254—258)利用《约翰福音》(1853)、《上海方言词汇集》(1869)等文献描写了上海话文献中的人称代词,并重点讨论了带词头的人称代词形式、表复数的"拉"以及第三人称复数松江话用"觞拉"等。

结合我们所整理的语料,对钱先生所注意到的问题,下面拟进一步讨论。

带词头的人称代词形式。钱乃荣(2014b:255—256)介绍了《土话指南》(1908)、《松江话词汇集》(1883)、《上海方言语法》(1941)等文献中带词头的人称代词(无"自伊拉"),得出它们与不带词头的对应形式常常任意随用,只是带词头形式的显旧一点。不过,这种旧形式在 20 世纪 50 年代以后已不用,仅郊区有的在用,读成促声的"实"。从"自"或"是"构成的带词头的形式来看,实际上三身人称代词的单复数皆可以用带词头的形式。如。

(4) a. 那能伊什介能糟蹋阁下个,自我伊就勿敢碰个,若使碰起我来味,一把揪牢之,拨伊一个勿够涨,让伊吃得苦头来响亦响勿出。(《土话指南》1908:12)

   b. 简装生活,包拨自侬生拉比别人,便宜点。(同上,27)

   c. 自伊写之一封回信,告诉伊屋里人话,勿曾留啥银子。(同上,42)

   d. 现在票子上又勿有啥伲个印,那能是自伲发拉个呢? 俩话无得俩个收号,到底票子上记拉,自我是自俩搭收拉个末,单不过有伲搭收拉个记号,勿够事个,总要有伲收别人家个印末可以,就是有俩个收号。(同上,86)

   e. 简张假票子,教伊拉立刻换一张,交代侬带转来,老爷那能晓得是自伊拉个退票呢,我伊拉荡<sup>那儿</sup>取拉个。就是前几日我到伊拉搭<sup>那儿</sup>去买物事咾找拨拉<sup>给</sup>我个。(同上,133)

例(4)皆出自《土话指南》(1908),"自我、自侬、自伊、自伲、自俩、自伊拉"等皆见使用,不过,综合各文献带词头的形式来看,"自伊拉"使用最少。上海话语法著作中,如蒲君南《上海方言语法》(1941)中唯独未记"自伊拉"形式。从课本类语料来看,如《阿里排排逢盗记》(1921)中带词头"自＋人称代词"使用频率很高,也未见用"自伊拉"形式。其具体使用频率见表3-7。

**表3-7　《阿里排排逢盗记》(1921)中人称代词用法表**

| 《阿里排排逢盗记》(1921) | 单数 | | | | | | 复数 | | | |
|---|---|---|---|---|---|---|---|---|---|---|
| | 一 | | 二 | | 三 | | 一 | | 二 | 三 |
| | 我 | 自我 | 侬 | 自侬 | 伊 | 自伊 | 伲 | 自伲 | 自倻 | 伊拉 |
| | 92 | 26 | 46 | 96 | 139 | 159 | 6 | 31 | 14 | 47 |
| 百分比 | 77.9% | 22.0% | 32.4% | 67.6% | 46.6% | 53.4% | 16.2% | 83.8% | 100.0% | 100.0% |

由表3-7所示,带词头"自"的人称代词十分常用,使用频率甚至超过不带词头的形式,只有第三人称复数"伊拉"没有出现带词头的形式。

联系今上海各郊县仍见用"自伊拉"的复数形式,如松江[zi¹³ ɦi³¹ la³¹]、金山[zəʔ¹² ɦi³¹ la³¹]、奉贤[zəʔ² ɦi²² la⁵³]、南汇[zəʔ² gəʔ² lʌ⁴⁴](见游汝杰2014:319),我们相信,早期上海话应该也用"自伊拉",只是相较其他"自＋人称代词"因使用更少,所以消退得更早更彻底。

这与音节应该也有一定关系。由"自"构成的人称代词单复数形式只有"自伊拉"为三音节形式,其他皆为双音节形式。与之类似的,第一人称复数"我伲"无"自我伲"形式,只有"自伲"形式。据此,我们认为"'自伊拉'疑是因三音节而不用'自'"(钱乃荣2014b:256)这一看法是有道理的。

从文献来看带词头形式的人称代词,其多见于20世纪二三十年代,至40年代已开始消退。如三四十年代日本学者编写的上海话课本中,已见不到带词头的形式。钱乃荣(2014b:256)指出它们在20世纪50年代以后已完全不用。也就是说,在短短三四十年间,这一形式快速走向消失。

第三人称代词复数形式"辝拉",也偶见于域外文献。如《沪语便商》(1892:22)中"伊拉、辝拉"皆为第三人称复数,王廷珏《实用上海

语》(1919)中也记载了"伊拉作兴要个。孬拉板要个"。钱乃荣
(2014b:257)提到《油拉八国》(1849)中也有第三人称代词复数"孬
拉",为更接近松江方言的代词形式。不过,使用"孬拉"的三本文献
皆为汉字,无罗马字记音,仅从其书写形式来看,与今天南汇方言第
三人称复数"[gəʔ³lʌ⁴⁴]"接近。文献中的"孬拉"极有可能记录的是
当时上海郊县方言的形式。

　　第一人称代词复数形式在上海话中也经历了合音化。19 世纪
中叶至末期双音节形式的"我俚"仍是基本形式。如《油拉八国》
(1849)、《语句集锦》(1862)、《松江话词汇集》(1883)等仅出现"我
俚",未见用"伲",19 世纪末 20 世纪初个别文献仍见"我俚"用法超
过"伲"。如《沪语便商》(1892)中"我俚"28 次,"伲"5 次。但大部分
文献中"伲"的使用远远多于"我俚"。如:《沪语开路》(1915)"我俚"
5 次,"伲"13 次;《使徒行传》(1890)"我俚"2 次,"伲"62 次;《方言备
终录》(1906)见"伲"325 次,"自伲"13 次;《土话指南》(1908)使用
"伲"135 次,"自伲"5 次;《瀛沪双舌》(1914)见"伲"5 次;《方言问答
撮要》(1926)使用 216 次"伲"。可见,合音式于 19 世纪末开始取代
双音节形式,与苏州话合音式的取胜时间相当。这种一致性,一方面
表明两者复数标记词源一样,来自"我俚"(游汝杰 1995);另一方面
也说明上海话合音式可能受到过苏州话影响。

　　人称代词"阿拉",喜多青磁《实用上海语》(1933)中注明该词用
于下层阶级。虽文献记录可能要晚于实际使用,但可以确定的是,
"阿拉"自宁波话借入应发生于 20 世纪上半叶。游汝杰(2004a,
2006,2016)指出老上海话(20 世纪 20 年代至 40 年代)阶段,随着苏
南、浙北人口的大量涌入,上海话深受苏南、浙北吴语的影响。人称
代词"阿拉"在老上海话阶段由宁波话借入。

　　上海话人称代词第一人称复数形式"阿拉"是如何取代原来的
"伲"和"我俚"的呢?作为下层使用的"阿拉"是如何实现对原有常规
形式的替代呢?20 世纪三四十年代的文献中"阿拉"主要用于自谦,如
《实用上海语》(喜多青磁 1933)、《实用速成上海语》(影山巍 1937)、

《袖珍上海语》(黄在江 1942)等文献中"阿拉"都只用作第一人称单数形式,其次是下层用来表第一人称复数。如影山巍(1937)列出第一人称代词单复数形式分别为:我(阿拉)、侬、伊;我伲(伲)、倷、伊拉,并特别说明"阿拉"来自宁波话。对话中"阿拉"用于第一人称单数。如:侬啥人？我姓王？啥地方人？阿拉是宁波人？侬住拉阿里？我住拉闸北(影山巍《实用速成上海语》1937:65—66)。

钱乃荣(2003a:133)也指出《中日会话集》(丁卓,1936)中第一人称复数虽写为"伲,我伲",但在例句中有"阿拉是宁波人"(1936:25),且注明是宁波话。蒲氏 1941 年在对人称代词的说明中提到了第一人称复数"阿拉",指出来自宁波话,"第一人称代词'我们'常听到的是'阿拉'。当时上层不说'阿拉'"(1941:50)。

从演变结果来看,今上海话中"阿拉"也仍保留了第一人称单数用法(钱乃荣 1997a;游汝杰 2014a, 2014b),不过,自谦色彩褪去。钱乃荣(2003a:133)指出,20 世纪 50 年代以后,"阿拉"已取代了"我伲"和"伲"成为第一人称复数,只在近郊农村还用"伲",使"阿拉"和"伲"一度成为判别"上海人"和"乡下人"的标志之一。我们推测,这种表自谦的语用色彩消失,为"阿拉"快速扩散提供了条件,以致最后取代原来的"我伲"和"伲"。

### 3.1.2.3　金华话、宁波话三身人称代词的演变

金华话 19 世纪中叶第二人称仍见用"尔"和"尔侬",而 19 世纪末开始只用"侬"。由此推知,更早的层次"尔"在金华话中已消退,在消退过程中还出现过同义语素叠用的"尔侬"阶段。如:

(5) a. Yiu-t'a-nyin ts'a tsiæ-s'ông Le-vi nyin wông Yæ-lu-sah-leng k'eo meng geo, Ng z la-geh? 犹太人差祭司亨利未人往耶路撒冷去问渠:"尔是哪个？"犹太人从耶路撒冷差祭司和利未人到约翰那里,问他说:"你是谁。"(《约翰福音》1866, 1:19)

b. Geo kông, A feh gyi. Ng z keh sia-kyü-nyin feh ni? Geo kông, Feh gyi. 渠讲:"我弗是""尔是稍先知人弗呢？"渠讲:"弗是。"他说:"我不是。""是那先知么？"他回答说:"不是。"(同上,1:21)

c. Mo-siæ-geh lih-li feng-fu a-da kyiang-sæn-geh nyin pih-ding iao yüong jih-deo kæ tao-lih-go. Ng-nong sæn-yi kông ni? 摩西个律法吩咐阿搭样生个人必定要用石头砍倒来个，尔侬生以讲呢？摩西在律法上所吩咐我们把这样的妇人用石头打死。你说该把他怎么样呢。（同上，8：5）

d. Ng-nong yiu yüin-nyün wör-ming-geh shüa-wor. 尔侬有永远活命个说话。你有永生之道。（同上，6：68）

e. a fen-fu nong poah-k‘i-lai ta nong-keh shuang kuei k‘e siu-si-lah. 我吩咐侬爬起来，带侬个床□去收拾啦。我吩咐你起来，拿你的褥子回家去吧!（《马可福音》1897，2：11）

　　金华土白《约翰福音》(1866)中未见"侬"单独用作第二人称代词的，只有"尔"和"尔侬"，如例（5a）至例（5d）句，而《马可福音》(1897)则只用"侬"，可见新旧更替的过程已完成。

　　19 世纪宁波话文献中存在两套单数人称代词，即"我、尔、渠"以及由它们带"侬"构成的双音节形式"我侬、尔侬、渠侬"。文献中以单音节形式更常见，而双音节形式常用于特定语境中。如：

（6）a. 耶稣看见渠拉有相信个心，就等风瘫主顾话："尔侬人，尔罪赦掉兑。"耶稣见他们的信心，就对瘫子说："你的罪赦了。"（《路加福音》1853，5：20）

b. 正好葛个时候耶稣心里大样欢喜，是介话："阿爹天地个主，我谢谢尔侬，因为尔阻住葛些儿事干弗拨聪明在行主顾明白……"正当那时，耶稣被圣灵感动就欢乐，说："父阿！天地的主，我感谢你，因为你将这些事向聪明通达人就藏起来……"（同上，10：21）

c. 我话向尔道："尔侬断弗能够走出葛头，要等到煞脚个铜钿拢总还完兑。"我告诉你，若有半文钱没有还清，你断不能从那里出来。（同上，12：59）

　　由例（6）可见，"尔侬"在句法位置上并不受限，但在例（6a）—(6c)中都带有较鲜明的强调色彩。如例（6b）"尔侬"用来回指上文的呼语"阿爹天地个主"，带有强烈的情感。这与《鄞县通志》(1951)所记"用于强调"(汤珍珠等 1997:18)的语用表现相一致。可见,双音节形式的人称代词单数形式很可能一开始就是作为三身人称代词的强调形式而存在的。

汤珍珠等(1997:18)、钱萌(2007:64)先后指出今宁波话人称代词单数有两套:"我、侬、渠"和"我侬、倍侬、渠侬",第一套较常用,第二套逐渐消失,只在宁波郊区仍用或多为老派所用,新派多用第一套。

此外,宁波话第二人称代词在一百多年中也出现过更替现象。19 世纪中叶至 20 世纪初期,只用"倍"。如:

(7) a. Ng ky·i c·ü ng-go lao-nyüing Mô-li-üô kyü-læ. 倍去娶倍个老孃玛丽亚归来。只管娶过你的妻子马利亚来。(《马太福音》1853,1:20)

b. Ng sing soh-go? 倍姓啥个?① (《土话初学》1868:24)

c. 倍是谁? Ng z jü? Who are you? (《便览》1910:2)

19 世纪中叶至 20 世纪初宁波话西儒文献中仅用 ng(写作"倍",词源为"尔")为第二人称代词,直到 20 世纪 20 年代末赵元任(1928)和娄子匡(1929),开始出现"尔"的替代形式"诺"或"偌"(即为"奴")。从读音来看,同"侬",若为"侬"的话,那么这一演变过程很可能为"尔>尔侬>侬"。也就是说,宁波话在 20 世纪以来经历了"尔>尔侬>侬"的演变或替代过程。与金华话第二人称代词的演变一致,尽管二者完成演变的时间有早晚之别,金华话这种演变开始得更早,应该始于 19 世纪末。

### 3.1.3　小结

钱乃荣(1992,1997a)指出,吴语三身代词单数的最初形式分别是"我""尔""其",它们的"主音"分别为[ŋ][n][g],但因历史音变,有些地方"我"的主音已退化为[ɦ-]或[a],用来标音的汉字也有"我"

---

① 　《土话初学》的汉字转写,引自:马之涛、屠洁群(2013、2014)。

"吾""五""阿"等多个;"尔"在不少地方已失落韵母,读成自成音节鼻
辅音,写成"嗯";"其"也在不少地方已退化为[dz]、[ɦi]或[ʔi],写成
"辝""佢""及""茄""夷""伊"等。从西儒文献来看,宁波话、金华话与
苏州话一百多年来第一、第二人称代词似乎都经历了自成音节鼻音
代词的消退或被替代的过程,由此可见,自成音节鼻音形式的确是吴
语第一、第二人称代词早期形式。

　　温州话、台州话的三身代词其基本形式并未如苏州话、金华话和
宁波话等方言一样,出现鼻音形式的消亡和新形式的更替。

## 3.2　人称代词复数标记的演变

　　前贤对吴语人称代词复数标记类型及其来源已有深入研究。如
游汝杰(1995)、戴昭铭(2000)、陈忠敏和潘悟云(1999)、盛益民
(2014)等在大规模田野调查基础上,先后从音韵和语义演变角度讨
论复数标记的类型及其来源。游汝杰(1995)指出吴语人称代词复数
表达法可分为"复数标记"(分别为边音声母后接开尾韵母如 la,和以
舌尖塞音声母 t 开头的两类)、"集合量词"(如家、班)和"部分量词"
(如"些"等),其中复数标记 l 声母和 t 声母同源,音变过程为:˟la＞
ta＞toʔ＞tʻe;˟la＞ta＞da。不过,游文并未明确复数标记的来源;
戴昭铭(2000)则指出复数标记"拉"(包括"伲""哩"等)来自数量"两
个",如天台话"拉个",其音变过程为:[ liang²¹⁴ kou⁵⁵ ] ＞ [-
liangkou]＞[-laʔkou]＞[-laʔ];而 t 声母复数标记,如"笃、特、得、搭"
等来自"等"。盛益民(2014)指出南北吴语复数标记来源类型不同,
并在张惠英(1995)、刘丹青(2003b:291)、潘悟云(2010)等基础上,
进一步指出北部吴语中"家""里""笃""搭""拉/辣"等从处所后置词
发展为复数标记的语义演变过程,而南部吴语则源于数量。这些研
究大多基于共时语料对吴语复数标记进行历时来源及其演变过程的
推测,这些推测仍有待文献加以佐证。下面拟梳理 19 世纪以来西儒
文献所见吴语复数标记的历时演变情况,也为共时的讨论提供线索。

### 3.2.1　苏沪人称代词复数标记的演变

第一人称代词合音化现象上文已有讨论,下面主要讨论苏州话、上海话中第二、第三人称复数标记。苏州话读塞音声母 t,记作"笃"或"哚"(始见于《论苏州方言》,1937),上海话读 l,记作"拉"。19 世纪至今读音和功能皆较稳定。在早期西儒文献中,苏州话"笃"、上海话"拉"可用来标记人称代词和指人名词的复数义,主要表类集义。此外,它们也可表处所。如:

(8) a. 说子就拿手勒脚拔俚笃看,学生子笃快活却还弗相信希奇得极。说了这话,就把手和脚给他看。他们惊喜得不敢信,并且希奇。(《路加福音》1860,24:40—41)

　　b. 百姓立勒个搭看官府搭众人笑耶稣说,俚能得救别人,俚若是基督,拔上帝拣选个,就可以救自家哉。兵丁笃亦是褛介说笑俚。百姓站在那里观看。官府也嘲笑他,说:"他救了别人;他若是基督,神所拣选的,可以救自己吧!"(同上,23:35)

　　c. 佫真正算得亚伯拉罕个后代,请佫进来,小干笃小孩子们可以一齐进来,大家就进去哉。(《天路历程》1896:151)

　　d. 敬虔忽然想着之咾说,有一样物事,本来要送拔女徒笃个,忘记带来,我要转去拿物事,就跑转去哉,大家立拉个搭等敬虔来,女徒咾啥拉路旁边一个树林里。(《续天路历程》1896:27)

　　e. 寻着子就快活,拿俚甩拉肩架上子归去,告诉俚个朋友乡邻笃说:"弗见个羊,已经寻着哉。"找着了,就欢欢喜喜地扛在肩上,回到家里,就请朋友邻舍来,对他们说:"我失去的羊已经找着了。"(《路加福音》1860,15:5—6)

　　f. 女徒就动身朝前去,胆怯转去之,就到一家一家乡邻笃去,请几个女人,到俚屋里,听希奇个事体。(《天路历程》1896:151)

例(8a)至例(8e)句"笃"用在指人 NP 后,表"类集义",相当于

"NP 他们"的意思,如 a 句"学生他们",d 句"女徒笃"与"女徒咾啥"对应,"咾啥"为并列列举的"咾"加上表虚指的"啥",表示列举未尽,相当于"女徒等"。可见,"NP 笃"与"NP 等/辈"表义相当,表关联性复数义。f 句接在"乡邻"后表示"乡邻的家"。

"笃"表处所时,最常见的是构成"拉笃"。"拉笃"功能多样,可充当述宾结构的谓语,也可做存在义动词谓语另带处所宾语,或者在谓词后做补语,甚至虚化为表体意义的标记。如:

(9) a. 学生子揽起眼睛来,勿看见啥人,不过耶稣一干子拉笃。他们举目不见一人,只见耶稣在那里。(《马太福音》1879,17:8)

　　b. 个个时候,若然有人对吘笃说:"喏,基督拉里此地,基督拉笃归搭,勿要相信。"那时,若有人对你们说"基督在这里"或说"基督在那里",你们不要信。(同上,24:23)

　　c. 吘笃到对过个村庄上去,进去个时候碰着个只小驴子绑勒笃个搭。你们往对面村子里去,进去的时候,必看见一匹驴驹拴在那里。(《路加福音》1860,19:30)

　　d. 就去带七个比自家还恶个鬼来,一淘进去住拉笃,个个人后首个样式,比子前头更加勿好。便去带了七个比自己更恶的鬼来,都进去住在那里。那人末后的景况比先前更不好了。(《马太福音》1879,12:45)

　　e. 陆顾造子更楼,弗先坐勒笃算算银钱,能得完结事体呢弗能?你们哪一个要盖一座楼,不先坐下算计花费,能盖成不能呢?(《路加福音》1860,14:28)

　　f. 正勒笃疑惑时候有两个人立勒个搭,衣裳有亮光得势。正在猜疑之间,忽然有两个人站在旁边,衣服放光。(同上,24:4)

早期上海话西儒文献中"拉"与苏州话"笃"功能一致,在人称代词和指人 NP 后表类集义,表示处所或构成"拉拉"用。如:

(10) a. 倷得着个银子搭和倻邻舍拉一样多否?我得着得多点。(《上海话功课》1850:542)

　　b. 倷担拉个书是我个呢邻舍拉个?是邻舍拉个。(同上,26)

　　c. 弥撒前,教友拉要念经。Mi-sè zié, kiao-yeu-la yao gnè

　　　　　kieng.(《松江话词汇集》1883：169)

　　　d. 女眷拉出门，真勿便当。(同上，144)

　　　e. 事体完毕之，担两个车子分拉给倷两个人，每人一部，不
　　　　 论客人拉有几化银子末，倷侪全勿管。(《土话指南》
　　　　 1908：74)

　　　f. 伙计拉着急之咾，就打发人来寻我。(同上，53)

(11) a. 伊拉话，明朝五更头起身。因此倷先伯父拉几家头，亦
　　　　 困到五更头起来，教车夫预备车子，跟之镳车一淘动身。
　　　　 (同上，75)

　　　b. 啥人垃拉花园里? 朋友拉个小囝。(《上海话功课》
　　　　 1850：335)

　　　c. 倻邻舍拉个儿子是去买物事否? 脚上有毛病哞勿好去。
　　　　 (同上，517)

(12) a. 倷要到啥场化去? 到邻舍拉去。(同上，231)

　　　b. 第个说话倷拉啥场化听着个? 拉邻舍拉听着个。(同
　　　　 上，434)

　　　c. 外婆拉去。(《松江话词汇集》1883：142)

(13) a. 垃拉别人场化。(《上海话功课》1850：227)

　　　b. 倻爷垃拉屋里否? 勿垃哩。(同上)

　　　c. 伊垃拉吃。(《上海话教程》1907：13)

　　今苏州话和上海话"笃""拉"用法(钱乃荣 1997b，刘丹青 2003a，
盛益民 2014)与早期文献所见一致。

### 3.2.2　宁波话人称代词复数标记的演变

　　19 世纪中叶以来宁波话三身代词的复数形式，文献中有两种读
音形式，分别为 dah 和 lah，这两种形式只是声母有别，这种差异很可
能是演变的结果，即从 dah 弱化为 lah。下文例(14)引自《一本书》
(禄赐悦理 1851)。该文献在年代上也早于其他西儒宁波话文献，很
可能是禄赐悦理于 1848 年抵甬后所编写的首批作品之一。转写为

汉字时,我们将"dah"写作"搭"。如:

(14) a. Keh ziu-z JING tsao-tsao ing-hyü poh ah-dah tsu-tsong-deo-go.葛这就是神早早应许拨阿搭祖宗头个。(《一本书》1851:14)

b. ng-dah ih zing-goh ziu læ wô hiang ngô dao, poh ngô ya hao k'i pa gi.倍搭一寻过就来话向我道,拨我也好去拜其。(同上,17)

c. Feng-fu gi-dah dza-go hao tso, dza-go m-nao tso.吩咐其搭咋个好做,咋个呒恼做。(同上,8)

(15) a. 来,阿拉好大家戏戏。Come, Let us play. Lœ, ah-lah hao dô kô si-si.(《便览》1910:5)

b. 倍拉好等一等。You may wait a little. Ng-lah hao teng-ih-teng.(同上,33)

c. 其拉是阿拉个邻舍家。They are our neighbours. Gyi-lah z ah-lah-go ling-sô-kô.(同上,25)

例(14)三身人称代词复数皆读作 dah,而在随后出版的宁波土白《圣经》译本和课本中只见到读作 -lah 的,如例(15)。若禄赐悦理所记准确的话,那么宁波话复数标记在读音形式上很可能经历过"-dah[ta?]＞-lah[la?]"的弱化演变。

从文献来看,"-dah"或"-lah"皆未见用于指人 NP 之后表类集义和处所的,即只用于三身人称代词后表复数。不过,早期宁波话中表存在义动词与处所词构成的"来东",表义和功能与苏州话"拉笃"、上海话"拉垃"接近。林素娥(2015a:242—246)根据西人文献指出早期宁波话中"来东"表"在这里"的意思,可作谓语动词、状语,做补语时单用"东",由状语和补语进一步虚化为进行体和持续体标记。"来东"罗马字记音为 læ-dong。钱乃荣(2003b)指出北部吴语中"来搭",又作"来笃、来朵、来带、来东、来拉"等,"来东"的演变过程为:"来搭＞来朵(儿化)＞来东"。从宁波话记音来看,从"搭"到"东"的音变过程为:dah[ta?]＞doh[to?]＞do＋ng(儿化)＞[toŋ],也就是说,"东"即为表处所的语素"搭"。尽管如此,但"东"表处所时在早期宁波话中不用作处所后置词。这大概与早期宁波话中活跃着的专职处所后置词"圿[ka]"有关。早期宁波话中"圿[ka]"常用于指人 NP 表处所,甚至也可用于表处所 NP 后(林素娥 2015a:190—191)。如:

(16) a. Fu-ts, ah-lah hyiao-teh Ng z dzong Jing-ming ka læ-go sin-sang。 夫子,阿拉晓得俉是从神明圿来个先生。拉比,我们知道你是由神那里来作师傅的。(《约翰福音》1853,3:2)

　　 b. Ing-we lih-fah z dzong Mo-si ka s-lôh-læ, eng-we teng tsing-dao-li z dzong Yiæ-su Kyi-toh ka læ.因为律法是从摩西圿赐落来,恩惠等真道理是从耶稣基督圿来。律法本是借着摩西传的,恩典和真理,都是由耶稣基督来的。(同上 1:17)

　　 c. Fong ze-gyi læ-tih c·ü, ng we t·ing-meng gyi sing-hy-iang, tsih-z feh hyiao-teh gyi dzong ·ah-li ka læ, tao· ah-li ka ky·i: dzong Sing-Ling ka sang-c·ih-læ-go, yia tu z ka-go.风随其来的吹,俉会听闻其声响,只是弗晓得其从阿里圿来,到阿里圿去。从圣灵圿生出来个,也都是介个。风随着意思吹,你听见风的响声,却不晓得从那里来,往那里去,凡从圣灵生的,也是如此。(同上 3:8)

　　例(16a、16b)"圿[ka]"用于指人专名后表处所,而(16c)则于处所词后起标记作用,可见其句法强制性。"圿[ka]"作为处所后置词的常用性和句法强制性表明:没有必要再有其他来源的处所后置词。我们推测这大概也是"东"表处所只存留在"来东"的组合中而不再单独用于指人 NP 后表处所的原因。

　　钱萌(2007:68)指出今宁波话三身人称代词的复数标记"lah"已发展为指人 NP 之后表类集义和表处所的标记了,"搭"也表处所。如:

(17) a. 个件事体侬莫讲拔小李(其)拉听。这件事情你不要讲给小李他们听。

　　 b. 嬭嬭(其)拉还没来啊? 阿姨她们还没来啊?

　　 c. 莫去睏其,随便小王(其)拉伐啦! 别去理他,随便小王他们怎样!

　　 d. 勿及姐姐(其)拉来盖阿嗓! 不知道姐姐她们在做什么! (钱萌

2007:68—69)

(18) a. 我昨末阿娘拉来盖。我昨天在奶奶家。

b. 我到舅舅拉补课去。我到舅舅家去补课。

c. 阿拉时待到李老师拉去趟。我们一起去趟李老师家。

d. 我小李拉来盖唱歌。我在小李家唱歌。（钱萌 2007:113）

(19) a. 我待忙勒小汪搭拿物。我刚才在小汪那里玩。

b. 侬眼东西先摆勒我搭好了。你这点东西先放在我这里好了。

c. 阿拉到我阿娘搭去坐晌。我们到我奶奶那里去坐会儿。（同上）

例(17)在指人 NP 之后表类集义,例(18)、例(19)表处所,指某人所在地,或特指某人的家。与苏州话"笃"、上海话"垃"用法更为一致,钱萌(2007)认为表类集义是第三人称代词复数"其拉"省略"其"而来。若如此,那么宁波话"拉"的演变与苏沪"殊途同归",其成因仍有待讨论。

### 3.2.3　台州话人称代词复数标记的演变

19 世纪晚期台州话域外文献中所用三身代词复数标记为"he"(罗马字拼音)。如:

(20) Ziu ts'a ge tao Pah-li-'eng k'e, teh ge-he kông, Ng-he ts-si k'e tang-t'ing keh Si-lao-keh z-kön; tang-t'ing-djôh, ziu le t'ong-pao ngô, peh ngô ah hao k'e pa Ge.就差其到伯利恒去,对其许讲:"你许仔细去打听该细佬个事干,打听着,就来通报我,拨我也好去拜其。"就差他们往伯利恒去,说:"你们去仔细寻访那小孩子,寻到了,就来报信,我也好去拜他。"(同上,2:8)

"he(许)"作人称代词复数标记,今仍用于台州路桥区方言(林晓晓,2011b)和玉环、温岭方言(黄晓东 2004,阮咏梅 2013)。

从功能来看,"he(许)"在早期域外文献中只作人称代词复数标记,未见用于名词后表复数,与金华话"-liang-keh"、温州话"大家"或"侪"一样。

至于其词源,黄晓东(2004)指出黄岩方言"[thɛ]"与温岭、玉环等方言中"海[hɐ⁵²]"(即"许",记音用字不同)同源,盛益民(2014)指出温岭话"he⁵⁵"来自表不定量的"he⁵⁵",而"[ thɐ]"在椒江方言中也用作不定量词,并推测台州话复数标记"早期可能来源于'单数+量词+人/侬'的省略"。据林晓晓邮件告知,今路桥话中"he"也仍可表不定量。如:

(21) a. □kəʔ⁵⁻²这 he 些好看。

   b. 有 he 些人。

例(21)中"he"常构成指量成分,表示"这些、那些""有些"等。

### 3.2.4 金华话人称代词复数标记的演变

19世纪中后期金华话三身代词复数标记用-da,其中第一人称还可用-tang。如:

(22) a. Ng-nong-da pa z feh-hyiao-teh, a-da pa hyiao-teh-go, ing-teh kyiu-geh dao-li kying-zong Yiu-t'a-nyin-li-go.你侬搭拜,自弗晓得,我搭拜,晓得个,因得救个道理正从犹太人来个。你们所拜的,你们不知道。我们所拜的,我们知道。因为救思是从犹太人出来的。(《约翰福音》1866,4:22)

   b. Nyin jioh-z æ-kying A,geo pih-ding we hyu A-geh shüa-wor;A-geh Yia yia we æ-sih geo,A-nong-da we tao geo næn k'eo,yi we ông geo da-kwor djü.人若爱敬我,渠必定会守我个说话,我个爷也会爱惜渠。我侬搭会到渠难去,又会亨渠大家住。人若爱我,就必遵守我的道。我父也必爱他,并且我们要到他那里去,与他同住。(同上,14:23)

   c. dor-z yiu ih-geh nyin gæ-teh ng-da cong-yiang, ng-da nyin-feh-djoh.但是有一个人企得你搭中央,你搭认弗着。但有一位站在你们中间,是你们不认识的。(同上,1:26)

   d. Yæ-su mong-djoh geo-da keng-lih, ông geo-da kông, Ng-da iao da-siæ? Geo-da ông Geo kông,Lah-pi,ng gæ la-lu? 耶稣望着渠搭跟来,亨渠搭讲:"你搭要淡

西？"渠搭亨渠讲："拉比，你企哪路？"<small>耶稣转过身来，看见他们跟着，就问他们说："你们要什么？"他们说："拉比，在哪里住？"</small>（同上，1：38）

e. Geo-da ing Geo，A-tang z Üor-pah-hen ng-seng，zong-læ mi-zeng tsör nyin nu-boh，Ng sæn kông，Fông-diao A-tang？渠搭应渠，我当是亚伯汗儿孙，从来未曾作人奴仆，你怎讲："放掉我当。"<small>他们回答说："我们是亚伯拉罕的后裔，从来没有作过谁的奴仆。你怎么说你们必得自由呢?"</small>（同上，8：33）

19 世纪末文献中则用 -liang-keh 标记复数。如：

（23）a. A-liang-keh ma-mi mong-choh-koa keh-san-keh si-kue. 我两个□未望着过箇生个事干。<small>我们还从来没有见过这样的事。</small>（《马可福音》1898，2：12）

b. Ia-su kang a-nong liang-keh tao liu-kin keh hsiang ts'uen k'e. 耶稣讲我侬两个到□近个乡村去。<small>耶稣说："我们到邻近的乡村去。"</small>（同上，1：38）

c. Nong-liang-keh in-tang huei-kai siang-sin Shin-keh tao-li. 侬两个应当悔改相信神个道理。<small>你们应该悔改信神的道理。</small>（同上，1：15）

d. Iu hao-seh nin lai siang-kie keh. Ia-su siu kao-hsuin keh-liang-keh. 有好些人来相见个，耶稣就教训渠两个。<small>有好些人来见他，耶稣就教训他们。</small>（同上，2：13）

例(23)中"两个"皆表复数义，如例(23d)"渠两个"回指上文"好些人"。

赵元任(1928)将金华话复数标记记作 liang，游汝杰(1995)记作 lang[laŋ]。从西儒文献来看，今金华方言复数标记 -lang 的演变过程应为：-liang-keh ＞ -liang ＞ lang。即来自数量组合"两个"省略量词后的音变，并非来自"侬"，与闽语 aʔlAŋ、ʔnoŋlAŋ、gilAŋ(陈忠敏、潘悟云 1999，李如龙 2001)等不同，而"侬"在早期金华话中并不表示复数，只是单数第一、第二人称代词的构词语素，构成"a-nong""ng-nong"。

一百多年来金华话人称代词复数标记的更替说明,复数标记-da/-tang与数量组合来源的复数标记属于不同层次,前者是更早的用法,后者是新兴的层次。

### 3.2.5　温州话人称代词复数标记的演变

19 世纪末 20 世纪初期温州话三身人称代词复数标记只用集合名词"大家"标记复数。如:

(24) a. 我大家两个人。ng¹-da-ko lœ¹-kai² nang. we two men. (《温州方言入门》1893:32)

b. 你大家旁搭有顶好个呒有? 呒有好个。nyi¹-da-ko boa-ta yao¹ ting¹ höe¹-ge n-nao¹? n-nao¹ höe¹-ge. Have you got any very good ones there? None good.(同上,34)

c. 其大家两个人是旧年到该里来个。gi-da-ko lœ¹-kai² nang z¹ djao²-nyie¹ töe² kih-li li-ge. They two came here last year.(同上,66)

d. 我大家大人出令罢,禁止下转□人赌铜钱,若是犯着禁,必定办罪个。ng¹-da-ko da²-zang ch'üeh ling² ba¹, chang²-tsz¹'o¹-chüe¹-le nang tü¹ dong-die; djah-z¹ va¹-djah chang², pieh-ding² ba² zai¹-ge. Our chief(or master) has issued an order forbidding the servants to gamble; if the prohibition is disregarded(the offender) ill certainly be punished.(同上,157)

e. 其大家个阿爷死爻,该日和尚走其搭去念经。gi-da-ko-ge ah-yi sz¹-goa. kih-neh whu-zie tsao¹ gi-ta k·i² nyie² chang. Their grandfather is dead and today the Buddhist priests are going there to hold a service.(同上,161)

f. 你大家间里有席呒有? 我大家间里个床沃有席个。nyi¹-da-ko ka-de yao¹ zih n-nao¹? ng¹-da-ko ka-de-ge

joa oh yao¹ zih-ge. Have you mats in your apartment?
There are mats on all the beds in our apartment.（同
上,58）

由例(24)可见,作为人称代词的"大家",虽仍可自由运用,指一
定范围内的所有人,似乎与单数人称代词构成同位组合,结构和语义
可以分解,并非单数代词的形态形式,但人称代词后加"大家",不仅
可以用于两个人,如上例中 c 句,也可以用于多数,人称代词本身也
不能兼表单数和复数,可见,"大家"是一百年前温州话人称代词复数
标记。

人称代词复数标记"大家"也见于赵元任(1928)的记录,不过,已
基本上被新兴复数标记"俫"替换,成为一种少用的形式。今温州话
中只用来源于不定量词的"俫"(游汝杰 1995, 2003:183;郑张尚芳
2008)作人称代词复数标记,而"俫"在一百年前仍只构成指代词的复
数形式。如:

(25) a. 我乡下买一个屋宅罢,我大家夏天住旁搭去,该俫细儿
　　　一定快活甚。Ng¹ shie-'o¹ ma¹ ih-kai² uh-doa¹ ba¹, ng¹-
　　　da²-ko'o²-t'ie djï² boa-ta k'i², kih-leh si-n ih ding² kw·
　　　a²-'oh zang¹. I have bought a place in the country, and
　　　when we come to live there in the summer the children
　　　are sure to be as happy as possible.(《温州方言入门》
　　　1893:176)

　　 b. 我叫你买许俫茶碗,你买来罢未? Ng¹ chiœ² nyi¹ ma¹ he¹-
　　　leh dzo-üe¹, nyi¹ ma¹-li ba¹ mi². ma¹-li ba¹. Have you
　　　bought those tea-cups I told you to buy? (同上,58)

"俫"构成"该俫""许俫"的指量结构,未见用于人称代词后表复数。
由上可知,就复数标记的功能来看,北部吴语苏州话、上海话、宁
波话复数标记的功能较丰富,而南部吴语台州话"he"、金华话
"-liang-keh"、温州话"大家""俫"皆只见于人称代词后标记复数,不
能用于名词后表复数义。

### 3.2.6　人称代词复数标记词源再议

西儒文献中复数标记的更替和音变现象可为讨论吴语人称代词复数标记的词源类型提供线索。如金华话复数标记以后起的-liang-keh代替 da 和 tang，宁波话经历了 dah 到 lah 的语音弱化过程等。

#### 3.2.6.1　金华话复数标记词源类型和层次

西儒文献中金华方言复数标记"-liang-keh"为新兴的后起形式，而"-da"为更早的复数标记，尽管它在金华市区话中已被完全取代，但金华汤溪方言复数标记"到 tə$_{52}$""də$_2$"可能音变自"-da"。曹耘（1987）指出金华汤溪话中代词复数记作"到 tə$_{52}$""də$_2$"，不仅可以表示人称代词复数，还可在指人普通名词、指人专名、亲属称谓语等后，表关联性复数义和普通复数义等。如：

（26）a. 我到［a$^{113}$tə$_{52}$］我们　　尔到 ŋ$_{11}^{113}$tə$_{52}$你们　　佢到 gɯ$^{11}$də$_2$他们

b. 哪农到 la$^{113}$nao$_4^{11}$də$_2$哪些人

别农到 bie$^{113}$nao$_4^{11}$də$_2$另外那些人

c. 小农儿到 sia$^{52}$nao-aoŋ$^{11}$də$_2$小孩儿们

青年到 ts'ei$^{24}$ȵie$^{11}$də$_2$青年们

d. 益华到 də$_2$归来未益华他们回来没有？

e. 姑到 də$_2$归去罢姑姑她们回去了。（曹耘 1987）

汤溪方言中复数标记"到 tə$_2$""də$_2$"很可能由 -da 音变而来。从表义来看，可以接在人称代词、亲属称谓语和指人专名后表示关联性复数，也用在人称代词和指人普通名词后表普通复数义。表复数的功能与上海话"拉"等相似，并不限于三身人称代词。

此外，据曹志耘（1996a："引论"19，51）、方婷（2002：39，41）记录，现代金华方言中"da"仍用来构成处所指代词："格汰 kə?da 这里""末汰 mə?da 那里"和"哪汰 la da 哪里"，甚至可以单独指代处所。如："汰这里凉些，末汰那里热些。"又："匠咱们汰这里好些。"

虽然早期文献中未能见到 da 标记其他名词的复数或用来表处所，但从汤溪话以及今市区方言中残留的相关用法推测，金华方言 a

在 -liang-keh 之前不仅用作复数标记,也可作处所词。

而 da[ta]用作复数标记和表处所的成分,是北部吴语中较常见的形式。陈忠敏、潘悟云(1999)指出"搭"是吴语中最常用的处所词,原来的形式可能是 da 或 ta,经语音弱化而促化为入声或声母流音化为 l-。在各地方言中读音有 ta、da、la、taʔ、aʔ、laʔ,苏州话中后高化为 toʔ。而结合宁波话文献来看,taʔ、toʔ 和 laʔ 之间的音变关系也是成立的。

### 3.2.6.2　苏州话、上海话、宁波话复数标记来源再议

张惠英(1995),陈忠敏、潘悟云(1999),刘丹青(2003b:291),潘悟云(2010),盛益民(2014)等指出北部吴语复数标记,如"家""里""笃""搭""拉/辣"等来自处所后置词。其中盛益民(2014)的论述最为详尽,下面重点讨论。

盛益民(2014)论证北部吴语处所后置词发展为复数标记的语义演变过程为:(方位词/泛用处所词>)"家"义处所后置词>"家"义关联标记>泛用关联标记/复数标记。即"家"义处所后置词经转喻演变为专指家中的成员(用容器转指容器中的内容),根据新义 $M_2$ 蕴含于源义 $M_1$,那么常常会发生 $M_1 > M_2$ 的语义演变规律,得出"家"义关联标记>泛用关联标记("一帮人"),而"如果泛用关联标记从指人专有名词扩展到了人称代词后,那么关联标记也就可以看成是复数标记了"。这种语义演变符合"处所主义"的语言共性。盛益民、毛浩(2018)以浦江(虞宅)人称代词的用法再次论证了从处所到泛用关联标记/复数标记的语义演变过程。

不过,该语义演变过程虽解释了从处所义到泛用关联标记/复数标记的演变过程,但未阐释泛用关联标记和复数标记语法化的具体过程,也未回答两者是同时形成还是经历过扩散过程等问题。下面拟进一步讨论复数标记的语法化过程。

Smith-Stark(1974)、Corbett(2000)指出复数标记的等级序列为:第一人称(说者)>第二人称(听者)>第三人称>亲属称谓 N>其他指人 N>高级动物 N>低级动物 N>离散的非生物 N>非离散

的非生物 N。William Croft(2009:130)扩展的生命度等级序列为:
第一/第二人称＞第三人称＞专名＞指人普通名词＞非指人有生普
通 N＞无生普通 N"。若从汉语复数标记的发展来看,也皆先标记三
身人称代词,而后沿着生命度等级扩散;或者只限于标记三身人称代
词复数。刘丹青(2009)指出:在近代汉语中,汉语名词和代词的复数
范畴随着"们"(及其早期形式"伟、弥、懑"等)的广泛使用,在人称代
词上已逐渐发展为强制性的成分,至于指称名词时,只在指人名词上
形成尚不严格的复数义,但数范畴尚未稳定。复数范畴如此,而现代
汉语方言中正发展出的双数范畴义"俩",也是如此。"我俩、你俩、他
俩"中"俩"已发展为双数词缀,而在名词后尚未发展至独自表双数的
程度。从一百多年前吴语复数标记来看,台州话"he"、金华话"两
个"、温州话"大家""佲"作复数标记时,首先标记的是三身人称代词,
而非指人专有名词,由此可知,代词和名词的数范畴首先形成于三身
人称代词后,而非名词后。这从语法化角度也可以得到合理解释。
高频使用是语法化的条件之一,三身代词较之名词,使用频率更高,
与代词组合中的表量成分更易于发生语法化;同时,人称代词复数在
人类语言中其实也常表关联性复数。如 we 常意味着"说话人和一
些其他人",即使是现代汉语人称代词复数,仍可表真性复数和连类
复数两种。吕叔湘、江蓝生(1985:62)指出"我们或是(a)我$_1$＋
我$_2$＋……或是(b)我＋别人。第一种意义只有在多人署名的文件内
可以遇见;通常说话的时候,指"我和多少个跟我同在一起的人"。你
们和他们也有这种分别:对许多人说你们,指点许多人说他们,是
(a)义,对一个人说你们,指点一个人说他们,是(b)义"。也正是人称
代词复数中所包含着的关联性复数义,使得它能够扩散至专名或亲
属称谓语后,表"N 等"或"与 N 相关的人群",或进一步扩散至其他
指人 N 之后表真性或普通复数义。

　　北部吴语苏州话、上海话西儒文献中"笃""拉"标记复数时,用于
第二、第三人称代词、指人专名、亲属称谓语以及指人普通名词等后,
标记复数的功能与现代汉语"们"相似,主要表关联性复数义即类集

义,相当于"N 他们/等等"的意思。如例(8)、例(10),其标记功能和表义符合复数标记的等级序列。也就是说,"笃""拉"很可能是从标记人称代词第二、第三人称再扩散至名词后。而并非由指人专名扩散至人称代词而后再发展为复数标记的。

据此,我们推测从处所词发展为人称代词复数标记的语法化过程为:

"人称代词+处所指示词"的同位结构,高频使用,表示"我/你/他这儿/那儿",在语境中因语义表达可由语境补充而常省略指示语素,形成"人称代词+处所语素"的结构,该结构中"处所语素"表人称代词所指对象的位置,或特定的某个场所,如"家",但其空间位置取决于限定它的人称代词,这也使得处所语素义虚化,语义重心也随之左倾,即由以处所为中心的结构发展为以人称为中心,表示所在位置的对象,即"我/你/他以及跟我/你/他同在一起的人"或特指"家人"的意思,获得类集义或关联性复数义。这一转变的机制即为转喻。这样,处所语素发展为语法标记词。在此基础上,该标记词功能沿着生命度等级序列不断扩散。其演变过程可构拟如下:

人称代词+处所指示词>人称代词+处所语素(弱化、重新分析)>人称代词+复数标记>NP$_{指人}$+复数标记

若词源为"搭",那么演变的过程为:

人称代词+鞐搭[ta] ——→ 人称代词+搭[taʔ] ——→ 人称代词+搭
　　　　　　　　脱落　　　　　　表所在或"家"义　　　重新
　　　　　　　　指示语素　　　　　　　　　　　　　　　分析

[toʔ]/拉[laʔ] ——→>NP$_{指人}$+笃/拉
表集群义　　　　　集群义
　扩散

据此,从早期文献来看,北部吴语复数标记的语义演变过程为:表所在或特指某人的家>表某人所属群体或家人。

西儒苏州话文献可为这一演变过程提供佐证。19 世纪中叶苏州话土白《圣经》译本中表处所的"个搭"常用于指人 NP 和代词甚至地名后。如:

(27) a. 个时候马利亚已经有喜哉,住勒个搭有喜个日脚满哉。

他们在那里的时候,马利亚的产期到了。(《路加福音》1860,2:6)

b. 因为客人个搭呒不空个场化。因为客店里没有地方。(同上,2:7)

c. 管猪个人看见个件事体走到城里乡下众人个搭告诉众

人。放猪的看见这事就逃跑了,去告诉城里和乡下的人。(同上,8:34)

d. 差加伯列领子上帝个命到加利利个搭拿撒勒去见童女。

天使加百列奉神的差遣,往加利利的一座城去,这城名叫拿撒勒。到一个童女那里。(同上,

1:26,27)

e. 上主个娘到我个搭来我勒打陆里得着个件事呢。我主的母到

我这里来,这是从那里得的呢。(同上,1:43)

f. 上帝说道:"我打发先晓得个人搭差人到俚笃个搭去。"

神说:"我要差遣先知和使徒到他们那里去。"(同上,11:49)

g. 个时候吾笃说道:"吓俚勒唔个搭吃物事……"那时,你们要说:

"我们在你面前吃过……"(同上,13:26)

h. 耶稣说:"上帝国个兴旺弗显出来个,人家弗可以说勒俚

间罕,勒俚个搭,因为上帝个国,是勒吓笃个当中。"耶稣回

答说:"神的国来到不是眼所能见的。人也不得说:'看哪,在这里!看哪,在那里!'因为神的国就

在你们心里。"(同上,17:21)

(28) a. 俚个本事搭和俚个爷差弗多,倷到俚个搭,就可以脱脱脱

掉重担,极其爽快。(《天路历程》1896:5)

b. 我觉着极奇怪,从前弗曾捱着个个事体,所以弗得弗不得

不立之咾看,看个时候,有三位荣耀个人,贴近我搭。(同

上,18)

c. 要末同仔王老爷到俚搭去,让俚哚自家说,耐你说阿对对

不对?(《海上花列传》34回)

d. 朱淑人道:"我问耐公阳里来哚陆里? 耐屋里有几花多少

人? 我阿好到耐搭来?"(同上,19回)

e. 琪官寻思半日,答道:"倪两家头困来里,本底子也勿要

紧。故歇比勿得先起头,有点间架哉。要末还是耐到倪

　　搭去哝哝罢,不过怠慢点。"素兰道:"耐搭去最好哉,耐
　　末再要客气。"(同上,52 回)

f. 素兰道:"耐想该搭大观楼,前头后底几花房子,就剩我
　　搭个大姐来里,阴气煞个,怕得来,困也生来困勿着。正
　　要想到耐搭梨花院落来末,倒刚刚耐两家头来喊哉。谢
　　谢耐,陪我一夜天,明朝就勿要紧哉。"(同上,52 回)

　　19 世纪 60 年代"个搭"用作处所指代词,且高频出现在指人名
词或人称代词后表所指位置,也可用于地名后,地名后的"个搭"表义
虚化,起标记作用。而 19 世纪末 20 世纪初,文献中人称代词后表处
所大多直接用"搭",显然由"个搭"脱落指示语素"个"而来。当表处
所的"人称代词+搭"后接其他处所 NP 时,"人称代词+搭"由同位
结构分析为领属结构,"人称代词+搭"重新分析为领属语,充当领属
语的"人称代词+搭"可有两解,可解释为处所,也可解读为复数。如
例(28f)。尽管复数标记的形成远早于 20 世纪初,但其形成的句法
环境并未完全消失,所以仍可从文献中观察到这一演变过程。

　　综上所述,依据宁波话文献,复数标记"拉"由"搭"音变而来;金
华话文献则表明"搭"与表复数的"两个"属于不同层次,"搭"源于表
处所的成分。因此据西儒文献,我们认同北部吴语复数标记来自处
所后置词"搭",其语法化的句法环境应该是人称代词而非指人专名
和处所词的组合,即在人称代词后首先实现从处所成分重新分析为
表类集义的标记成分,再扩散至指人 NP 后表集群义。与北部吴语
复数标记相对稳定不同的是,南部吴语中数量成分演变为复数标记
并取代原来的形式更为常见。

### 3.2.7　小结

　　从西儒文献来看,一百多年来北部吴语苏州话、上海话复数标记
功能稳定,宁波话复数标记的音变则进一步验证了北部吴语复数标
记可能有同一来源,即来自处所词"搭"。其语法化的句法环境是人
称代词与处所指示词的组合,随着指示成分的脱落,处所成分的弱

化,在转喻机制作用下,重新分析为表集群义的标记成分。

　　南部吴语如金华话、温州话的复数标记在一百多年中皆发生了更替现象,即用后起的数量来源的标记替代早期形式,未发生替代的台州话本就用的是数量型的标记。南部吴语与北部吴语复数标记存在来源类型差异与一百多年来的演变有关。

　　而南北吴语复数标记的变或不变似乎与复数标记本身的功能也有关系,北部吴语来自处所词的复数标记功能活跃,表义丰富,被替代的可能性小,而南部吴语复数标记一般只用于人称代词后,也容易被新兴的复数标记替换。

## 3.3　早期吴语中性指示词"箇"

　　k-系指示(代)词广泛分布于汉语南方方言(如徽语、吴语、湘语、赣语、客家话、粤语等),写作"箇""嗰""個"等(李荣等 2002,许宝华、宫田一郎 1999,汪化云 2008),由量词"个"演变而来(吕叔湘 1944,柳士镇 1992,曹广顺 1995,梁银峰 2015)。文献中写作"箇""个""故""葛"等,保留原文献写法,若原文献仅有罗马字拼音,则转写作"箇",仅宁波话参照同时期汉字文献转写作"葛"。

　　本小节主要梳理 19 世纪中叶至 20 世纪初西儒吴语文献中的"箇＋NP"结构及"箇"的语用功能,探讨吴语中性指示词"箇"的形成。

　　指示词一般具有"直指、回指、篇章直指、认同指"等语用功能(Himmelmann 1996,方梅 2002),而指示词在"认同指"用法的基础上进一步虚化为定冠词,如北京话指示词"这"已演变出定冠词的功能(方梅 2002,陈玉洁 2010)。而吴语、粤语等南方方言中"量词整体具有类似于定冠词的作用",特别是通用量词"个","已进一步虚化为专用的定冠词"(刘丹青 2002b)。量词"个"也是吴语中性指示词的来源。如苏州话、上海话中的"舸"、崇明话"葛"等在距离范畴上是中性的,它们一般只用来表示中性语境中所限定对象的有定性,这些读音形式接近的"中性指示词"(刘丹青、刘海燕 2005,陈玉洁 2007)或定指示词源于量词"个"(钱乃荣 1997a:106—110, 2014a, 2014b)。不过,目前来看,对于量词"个"演变为定冠词、定指示词的过程,仍有待进一步探讨。如量词"个"发展为定冠词,虽与北京话、英语中"指示词＞定冠词"的语法化来源各异,但其语法化过程是否有相似性呢?"个"从量词发展为中性指示词,前者(北京话)直接限定核心名词,而后者(英语)则必须借助量词来连接核心名词,这种句法上的差异又是如何实现的呢?

### 3.3.1　指示词"箇"的语用功能

　　19 世纪中叶至 20 世纪初期,吴方言如上海话、宁波话、台州话、金华话、温州话中有一类读音接近而直接修饰核心名词或名词性短语的指示词,这些词虽源于量词"个",但已不具有量词的分类意义和个体量词的计量特征,已虚化为其他词类成分。刘丹青(2009)指出指示词是"主要功能为直指,也可用作回指的词类成分"。那么从"箇＋NP"在语篇中的话语功能来看,"箇"符合指示词的特征。因此,我们处理为指示词"箇",不过,在语料中,它的功能比指示词更丰富。从句法分布来看,"箇＋NP"的使用相对较为自由,可以出现在主语或话题位置,也可以出现在宾语位置。下面按方言点逐一列举。

　　上海话中直接修饰名词的指示词,罗马字记音为 ká。如:

(29) a. Ká-ka nyâng lê, tsó tí-ka liäng-kwōng ka köⁿ tséng. Kyō tsüng nyâng siāng-síng ká liäng-kwōng.箇个人来,作第个亮光个见证,叫众人相信箇亮光。这人来,为要作见证,就是为光作见证,叫众人因他可以信。(《约翰福音》1853,1:7)

　　 b. Lě-la ká wö-da mě, sż wě-mīng-ka, ärh-tsì tí-ka wě-mīng ka mě, sż ss̓-kā-lòng nyâng ka liäng-kwōng ya.勒拉箇话头末,是活命个,而且第个活命个末,是世界浪人个亮光也。生命在他里头,这生命就是人的光。(同上,1:4)

　　 c. Nyïng-tsĭ I ka nyâng mě, siâ-sż siâng-síng I-ka mîng-da ka nyâng, sż I pě I-la ká k'ön-pîng lǒ, tsó Zâng-ká ârh-ts̓.迎

接伊个人末,就是相信伊个名搭个人,是伊拨伊拉箇权柄咾,作神个儿子。凡接待他的,就是信他名的人,他就赐给他们权柄,做神的儿女。(同上,1:12)

由例(29a)、例(29b)来看,"箇亮光""箇话搭"(即"这道")在语篇中皆用作回指,与上文的"亮光""话搭"相照应,而例(29c)"权柄"虽不见于上文或语境,是首次出现在言谈中,不过,从神与人的关系来看,这种"权柄"具有特殊性,存在于双方共享的知识中,对"听者"而言是旧信息。"箇"在文中起着认同指的作用。

宁波话中读作 keh(《便览》中记作"葛",罗马字《圣经》土白译本也转写为"葛")。如:

(30) a. 来葛屋东边避风实在和暖。At the east side of the house it is sheltered from the wind, and is quite warm. Lœ keh ôh tong-pin bi-fong jih-dzœ o-nön.(《便览》1910:75)

b. Hyüong-di, ngô næn-kæn sia-peh ng-lah, feh-z sing lih-fah, z gyiu lih-fah, ng-lah ih-hyiang sô yiu-go. Keh gyiu lih-fah z ng-lah su-djông sô t'ing-meng-go dao-li.兄弟,我难间写拨俉拉,弗是新律法,是旧律法,俉拉一向所有个。葛旧律法是俉拉素常所听闻个道理。亲爱的弟兄啊,我写给你们的,不是一条新命令,乃是你们从起初所受的旧命名,这旧命令就是你们所听见的道。(《约翰一书》2:7,见《新约》1868)

c. Ziah-yiu nying væn-ze, læ t'in-Vu u-sen ah-lah yiu ih-go pao-kô cü-kwu, ziu-z keh tsing-dzih-go Yiæ-su.若有人犯罪,拉天父坞埤阿拉有一个保个主顾,就是葛正直个耶稣。若有人犯罪,在父那里我们有一位中保,就是那又者耶稣基督。(同上,2:1)

d. Keh pin-tso tsiu-go shü, tsong-kwun ih-zông: feh hyiao-teh gyi 'ah-li læ-go……葛变作酒个水,总管一尝,弗晓得其阿里来个……管筵席的尝了那水变的酒,并不知道是哪里来的……(《约翰福音》1853,2:9)

例(30a)"葛屋"所指实体应存在于言谈现场或言谈中所述事件

的当前情景之中，"葛"宣布所指之物的身份的特定性，虽是首次出现，但言谈双方都能确定所指的具体对象；例（30b）"葛旧律法"与上文"旧律法"相照应，"葛"修饰名词性短语起回指之用；例（30c）、例（30d）则出现在受形容词或关系从句修饰的名词性短语之前，这些NP 所指的对象在上文已提供了足够的已知信息，其语境信息已使所指对象十分明确，"葛"在这些 NP 之前起助指的作用。

金华话中读作 keh。如：

（31）a. Keh di-fông tsô ting ǎ. Kwu-ts nyin tu zör-lôh, da-ioh ng-tsia kwông-kying nyin. 箇地方草挺野，故此人都坐落，大约五千光景人。原来那地方的草多，众人就坐下，数目约有五千。（《约翰福音》1866，6：10）

b. Geo-da yi meng geo kông, Ng-teh la-ge ni? Ng z Yi-li-yia feh ni? Geo kông，A feh gyi. Ng z keh sia-kyü-nyin feh ni? Geo kông，Feh gyi. 渠搭又问渠讲："尔是哪箇呢？尔是伊利亚弗呢？"渠讲："阿弗渠，尔是箇先知人弗呢？"渠讲："弗渠。"他们又问他说："这样，你是谁呢？""是以利亚吗？"他说："我不是。""是那先知吗？"他回答说："不是。"（同上，1：21）

c. Geo be ding-ze, ziu-teh keh liang-kwông li shiæ-ga-shông, Nyin hwæn-hyi heh, kwör-shü liang-kwông, ing-teh geo tsör-geh ang-we ôh-go. 渠被定罪，就是箇亮光来世界上，人欢喜黑，赶出亮光，因得渠做箇行为恶个。光来到世间，世人因自己的行为是恶的，不爱光倒爱黑暗。（同上，3：19）

d. Keh tsör dör kwor nyin ông Geo kông, Kyü, lôh-li, a-geh ng mi-s. 箇做大官人亨渠讲："主，落来，我个儿未死。"那大臣说："先生，求你趁着我的孩子还没有死就下去。"（同上，4：49）

例（31a）中"箇地方"所指对象照应上文所述事件发生的场所，而例（31b）、例（31c）中"箇先知人""箇亮光"所指皆为言谈双方所共享的对象，例（31d）"个"则用在受限定的名词前，协助表达该对象的确定性。

台州话中读 keh。台州话"箇＋NP"结构是 19 世纪文献中使用最普遍的,也可以说在台州话中"箇"的基本用法就是直接修饰名词,而无须借助量词。如:

(32) a. Keh s-s Ge cü-ts tseo-le, teh Ge kông, ng ziah-z Zông-ti-keh N, hao ao keh zih-deo pin tso ky'üoh-zih. 箇试试渠主子走来,对渠讲:"尔若是上帝个儿,好呕箇石头变作吃食。" 那试探人的进前来对他说:"你若是神的儿子,可以吩咐这些石头变成食物。"(《马太福音》1880,4:3)

b. Keh leh-fæh-li ziu-zih-diao ting siao-keh, ziah yiu nying væn-djôh ge, wæ iao kao bih-nying k·e væn-djôh, keh nying ze t'in-koh iao sön ge z ting siao. 箇律法里就是条顶小个,若有人犯着渠,还要教别人去犯着,箇人在天国要算渠是顶小。所以,无论何人废掉这诫命中最小的一条,又教训人这样做,他在天国要称为最小的。(同上,5:19)

c. Keh yia-ts'ao, kying-nying wæ ze-teh, t'in-nyiang ziu tön ze ho-lu-li, Zông-ti ah we keh-t'ih tang-pæn ge. 箇野草,今日还在得存在,天亮就掼在火炉里,上帝也会格替打扮渠。你们这小信的人哪,野地的草,今天还在,明天就丢在炉里,神还给他这样的妆饰。(同上,6:30)

d. Ng-keh ngæn ziah feh hao, mön-sing z heh-ön. Ng-keh kwông ziah-z heh, keh heh z heh-teh mang! 尔个眼若弗好,满身是黑暗,尔个光若是黑,箇黑是何得猛。你的眼睛若昏花,全身就黑暗。你里头的光若黑暗了,那黑暗是何等大呢!(同上,6:23)

由例(32)来看,台州话"箇＋NP"所指对象可以是存在于当前的,如例(32a)"箇石头";例(32a)中"箇"还可以用在受关系小句修饰的核心名词短语之前,"格试试其主子(那试探他的人)","箇"做助指用;"箇"也可用来指上文出现过的对象,如例(32b)"箇人",官话中用第三人称代词回指,台州话则用"箇人",很显然,它不是指某个具体对象,而只是用来回指上文的"有人犯着其";而例(32b)"箇律法"

用作认同指,指共享背景中的特定对象即"摩西律法","箇"作定冠词;例(32c)"野草"为表类指的名词,"箇"起类指示词的作用;例(32d)"箇黑"虽然具有回指的作用,但同时它还起着将用作谓词的形容词"黑"名词化的作用,即用作名词化标记。

由例(32)看来,台州话名词前"箇"功能较上海话、宁波话、金华话等方言更为丰富,也不限于指示词的直指、回指等基本功能,已发展为定冠词、类指标记和名词化标记等。这与台州话文献中"箇+NP"组合的强势或高频使用一致。

温州话中读 kaih。如:

(33) a. Kaih ie mœ¹ shie¹, ng¹ chʻïh fu¹ li.箇烟猛显,我喫弗来。This tobacco is so strong, I can't smoke it.(《温州方言入门》1893:236)

   b. Tai Iah-saih koá, Chʻï-sang, tà Mai-mai, kʻoà Gi mú-tsʻang, döe töè Í-djaih kʻeh, shoh boa-ta, dzih-töè ńg fang-fû nyi: iang-ʻû Shï-lieh ziuh whai zang kaih Mai-mai, è dji-mieh Gi.对约瑟讲:"起身,带姆姆,伉渠母亲,逃到埃及去,宿旁搭,直到我吩咐你,因为希律就会寻箇姆姆,要除灭渠。"说:"起来!带着小孩子同他母亲逃往埃及,住在那里,等我吩咐你,因为希律必寻找小孩子,要除灭他。"(《马太福音》1892,2:13)

   c. Dà-ź Ng̊ tai nyi-dà-ko koá, jï-nang shao-tsʻi, djah fú-ż̊ù ka-yang yüe-kù, ziù-ź chiæ gi vá-djah ka-yang; jï-nang pó kaih shao-goa-ge tsʻi chʻaó-li, ah-ź vá-djah ka-yang.但是我对你大家讲:"何人休妻,若弗是为奸淫缘故,就是叫其犯着奸淫,何人把箇休交个妻讨来,也是犯着奸淫。"只是我告诉你们:凡休妻的,若不是为淫乱的缘故,就是叫她作淫妇了。人若娶这被休的妇人,也是犯奸淫了。(同上,5:32)

   d. Kaih Iah-yüè chah luh-du möe-ge I-zie, iae-bû-de chi bi-ge tà.箇约翰著骆驼毛个衣裳,腰部里系皮个带。这约翰身穿骆驼毛的衣服,腰束皮带。(同上,3:3—4)

　　温州话"箇"(kaih)只能用在名词或名词性短语前。与近指示词"keh"在读音、句法功能和表义上区别开来,近指示词只能构成"指量名"结构使用,表示所指对象与说话人距离较近的空间意义。而从例(33)来看,温州话语篇中"箇",可直指,如例(33a)"箇烟",也可回指,如例(33b)"箇姆姆",或用在名词的其他修饰成分之前,如例(33c)出现在由 VP 充当的限定成分前,起助指作用,而例(33d)"箇"还可用来限定指人专名,"箇约翰",虽然有关"约翰"的信息上文已出现,但作为专名,是首次出现,是话语中的新信息,不过,对读者或听者而言它是双方所共享的信息,"个"似乎起着认同指的作用,不过,指人专名具有个体唯一性,"个"加在"约翰"前,在唯一的所指对象前起限定作用(Himmelmann 1996),已发展为定冠词。

　　以上各吴方言中"箇＋NP"中的"箇"不仅具有指示词的各种语用功能,在句法上,"箇"在文献中还可单独充当主语或话题。如:

(34) 上海话:箇是容易个,我总替阁下办到。(《土话指南》1908:6)

(35) 宁波话:a. 蒽是弗是? Is it so or not? Keh z feh z? (《便览》1910:7)

　　b. 蒽是吃弗得个。These are not good to eat. Keh z ky·üoh-feh-teh go.(同上,6)

　　c. 蒽倵阿里得着个? Where did you get that. Keh ng ah-li teh-dzoh go.(同上,3)

(36) 台州话:Wæ-yiu jong t·in yiu sing-hyiang z-t·ih kông, Keh-z ngô su e-keh N, Ngô ting dzih-din-keh.还有从天有声音是替讲,箇是我所爱个儿,我顶值钿个。从天上有声音说:"这是我的爱子,我所喜悦的。"(《马太福音》1880,3:17)

(37) 金华话:Keh ziu-teh A sör kông-go, Yiu ih-geh nyin eo-yü A li-go, pi A wa tseng-kwe-teh, ing-teh sia-yü A yiu-go.箇就是我所讲个,有一个人后于我来个,比我还珍贵得,因得先于我有个。这就是我曾说,有一位在我以后

来,反成了在我以前的,因他本来在我以前。(《约翰福音》1866，1:30)
　　（38）温州话：a. Kaih höe¹-ts'z². 箇好眦。This is pretty.(《温州
　　　　　　　　方言入门》1893:227)

　　　　　　　b. Kaih fu¹ iœ²-chang¹. 箇弗要紧。This is not
　　　　　　　　important.(同上)

　　　　　　　c. Kaih pi¹ he¹-kai² wha höe¹-le.箇比许个还好侎。
　　　　　　　　This is still better than that.(同上,229)

　　各方言中"箇"可单独充当主语或话题,温州话"箇"还可充当比较主体,如例(38c)。由"箇"所代替的对象,用来指上下文或言谈语境中已出现过的对象,皆表有定性或确指性,这种特征与主语或话题倾向于表有定或已知的语用属性是一致的。

　　从"箇＋NP"在语篇中的功能来看,一百多年前上海话、宁波话、金华话、台州话和温州话等方言中"箇"实际上已用作指示词,"箇＋NP"结构可在句中充当主语或话题、动词或介词的宾语等。"箇"不仅具有指示词的基本功能,还具有定冠词和类指示词的功用。也正因为"箇"的这些句法、语用特征,我们认为不宜将它再认定为量词"个"的特殊用法而已,而应该直接分析为作定语的指示词更为妥当。

### 3.3.2　定冠词和中性指示词的来源

　　刘丹青(2002a)指出英语和北京话遵循着"指示词～定冠词～类指标记"的语法化路径,而在量词功能发达的南方方言中,如吴语、粤语等,则遵循着"量词～定冠词～类指标记"的演变路径。如苏州话基本个体量词"个"[kə?⁵]发展为定冠词和类指标记。而由上文可知,早期吴语中源于量词"个"的指示词"箇"也确实具有定冠词和类指标记的功能。因此,从词源上看,确实南方方言量词演变为类指标记具有类型特征,但从语法化过程来看,它与英语、北京话指示词演变为类指标记仍是一致的。

　　"个"用作指示词,吕叔湘、江蓝生(1985)认为始见于六朝时期的南方口语,唐以前仅两例。如:

（39）a. 真成个镜特相宜。(《庾子山集》27)

　　　b. 个人讳底? (《北齐书》33,徐之才)

曹广顺(1994)、冯春田(2000)、王健(2007)等皆论证了"个"自晚唐五代至明清小说中用作指示词多见于南方方言。陈玉洁(2010:239)也指出汉语史中定指意义的"个",既可以加在名词之前,也可以独立使用,多用于回指或语境能提供的有定,没有发现表示远近区别的距离意义,更没有发现与指示词对立使用的情况,"个"类似于量词发达型语言或方言中量词的用法。

而明清吴语中"个"也常直接用在名词前,起着直指、回指、定指等语用功能,句法位置也较自由,以明清吴语文献为例。如:

（40）a. 热天过子不觉哎立秋,姐儿来个红罗帐里做风流。一双白腿扛来郎肩上,就像横塘人掮藕上苏州。(《山歌·立秋》,2000:27)

　　　b. 郎爱子姐哩姐弗爱个郎,单相思几时得成双。(《山歌·一边爱》,2000:32)

　　　c. 当初只指望山上造楼楼上造塔塔上参梯升天同到老,如今个山迸楼摊塔倒梯横便罢休。(《山歌·哭》,2000:35)

　　　d. 个刘穷拜堂有啥法术个,两个老娘家才不拉渠拜杀哉。(《缀白裘》3集3卷)

　　　e. 郎有心,姐有心,屋少人多难近子个身。胸前头个镜子心里照,黄昏头团子夜头盛。(《山歌·有心》,2000:19)

由例(40)来看,明清吴语中"个"很显然也早脱离了量词的语义特征,并非量词的定指用法,已用作指示词。可直指,如例(40a)"个红罗帐",例(40b)、例(40c)则用来回指,例(40d)在专名前表定指,而例(40e)"个身"虽首次出现,但它指的是上文的"郎、姐"的身体,靠着上下文的概念建立关联,"个"用作定冠词。

可见,晚清以来西儒文献中"个"或"箇"的指示词、定冠词用法直接沿自明清吴语,尽管明清吴语文献主要反映的是北部吴语中"箇"的使用情况。

因此,从明清吴语和晚清吴语"箇"的语用功能和句法组合来看,我们认为"箇"已脱离了量词的定指用法,已发展为指示词和定冠词。

量词"个"发展出指示词用法,与量名定指的用法(游汝杰 1982,石汝杰、刘丹青 1985,刘丹青 1999,石汝杰 1999,潘悟云、陶寰 1999,王健 2007,陈玉洁 2010)直接相关。南方方言中量名定指用法为通用量词发展为表示距离中性的指示词"个"提供了句法环境,而"个"的高频使用为它发展为指示词提供了条件。陈玉洁(2010:241)指出"个"演变为中性指示词的过程是:

量名结构表有定─────────────→中性指示词─────→距离指示词
有语境支持,NP 中仅余一个独立量词表有定 NP↗

这种演变既具有合适的句法环境,也具有语义相宜性,我们认为这一推测十分合理。不过,苏州话、上海话等吴语中来源于量词"个"的中性指示词"辝"并不能直接与名词组合,而必须借助量词,因此,从量名组合"个＋NP"演变为"箇＋量＋名"(即"个"为中性指示词)组合应该仍存在中间环节。根据明清和晚清吴语文献中"箇＋NP"组合的语用功能,我们认为这个中间环节就是"箇(指示词)＋NP"阶段。

这样,我们推测量词"个"、指示词、中性指示词和定冠词的语法化过程可以描写为:

个(量词表定指)＋NP ──重新分析──→箇(指示词)＋NP ──重新分析──→箇(定冠词)＋NP
类推↓(量名结构)
箇(中性指示词)＋量＋NP

从句法组合来看,"个"在量名结构表定指的句法环境中从量词发展为指示词,其表层结构并无改变,变化的是"个"与核心名词之间的修饰关系,"个"从对名词起分类、计量且兼表定指意义的量词发展为表定指的起修饰作用的指示词。

"箇"从指示词发展为定冠词的情况也类似。Diessel(1999)指

出,定冠词来源于具备回指功能、作定语的指示词。"个"在明清以来
的吴语中皆为直接修饰名词的指示词,即为作定语的指示词,同时
"个"也具有回指、认同指等语用功能。这些语用功能本身就蕴含着
所指对象的有定性,因此,在定指义的基础上,其句法功能进一步发
展,成为可修饰表类指的 NP 或专名,进而发展为定冠词,如上文例
(32b)台州话中"箇律法"和例(33d)温州话"箇约翰"。这也符合人
类语言从作定语的指示词演变为定冠词的共性规律(Diessel 1999)。

　　而作定语的指示词"箇"与核心名词的组合受到量名组合句法规
则的类推,要求在"箇(指示词)＋NP"之间插入量词。至于为何必须
插入量词,而不与北京话等一样直接使用"指示词(这、那)＋NP"组
合,这恐怕还得从"量词优先型"(刘丹青 2002b)的语言类型特征找
原因,正因为量词功能发达及句法上的强制性,在量名组合的类推下
"箇"从修饰名词的指示词演变成与近指示词、远指示词具有相同句
法功能的中性指示词。

　　早期吴语中修饰名词的指示词"箇"往往与中性指示词"箇"在文
献中共存。它们同音同形,只是其句法功能有别,这类指示词一般须
与量词组合入句,且不具备代替作用。如上海话"箇"、宁波话"葛"、
金华话、台州话"箇"等,在具体语境中可表近指或远指。如:

(41)上海话:箇张上味,五千铜钱;第张上味,一千铜钱;箇张是零
头。这是五十吊一整张;这是十吊一张的;这是零的。(《土话指南》1908:121)

　　例(41)"箇张""第张"与"箇张"所指皆在眼前,"箇张"与"第张"
构成距离远近区别,而第三者仍用"箇"来指示,这并不意味着它表示
不远不近或中指,而只是表示它所限定的对象对于听者来说很显然
是唯一的、可辨识的对象,"箇"通过当前所指来表对象的有定性。

(42)宁波话:a. 我看葛个是雄个,葛个是雌个。I think this one is
a male and that one a female. Ngô k'en keh-go z
young-go, keh-go z ts'-go.(《便览》1910:60)

　　b. 葛个人比葛个人年纪大点。This man is older
than that man. Keh-go nying pi keh-go nying

nyin-kyi do-tin.(同上,141)

    c. 葛一个等葛一个各样个。This is different from that. Keh ih-go teng keh ih-go koh-yiang-go.(同上,9)

    d. 俉看是塘匹马个气力大,还是葛匹马气力大呢? Do you think that this horse has the greater strength, or has that one? Ng k'en z dông p'ih-mô-go ky'ih-lih do, wa-z keh-p'ih mô-go ky'ih-lih do ni? （同上,100)

由例(42)来看,"葛"是宁波话兼指形式,常用来指示言谈现场中的两个或多个同类事物或对象,可表近指和远指,如例(42a)、例(42b)、例(42c)等。尽管宁波话中"塘"可用来表近指,似乎与"葛"形成距离范畴上的对立,即"葛"主要用来表远指,如例(42d)。不过,文献中"塘"的使用频率远远低于"葛",用"葛"兼表近指和远指的现象十分普遍。

金华话和台州话中"箇"与上海话、宁波话一样,可兼表近指和远指。如:

(43) 金华话:a. Ông ma boh-kön-nyin kông, Keh-seh tong-siæ dör-tseo, fiæ tsör A Yia-geh oh tông tsör sang-i-geh oh.亨卖白鸽人讲,箇些东西拖走,勿要作我爷个屋当作生意个屋。又对卖鸽子的说:"把这些东西拿去! 不要将我父的殿当作买卖的地方。"(《约翰福音》1866,2:16)

    b. Iah-æn yia zæ Æ-nong ang tsing-li gyin Sah-leng, ing-teh keh-geh di-fông shü tör, nyin tu li hyü tsing-li.约翰也在哀嫩行浸礼近撒冷,因得箇个地方水多,人都来受浸礼。约翰在靠近撒冷的哀嫩隔也施洗,因为那里水多,众人都去受洗。（同上,3:23)

(44) 台州话:a. Ng-he sin k'e zing Zông-ti-keh koh, teh Ge kong-nyi, keh-sih meh-z tu we kô-ts'eo peh

ng.你搭先求上帝个国，搭其公义，箇些物事都会加凑拨你。<small>你们要先求他的国，和他的义。这些东西都要加给你们了。</small>（《马太福音》1880，6：33）

b. Keh z-'eo ma Yia-su keh Yiu-da，mông-djôh Ge ze ding-gao，ziu ao-hwe，do keh sæn-zih-kw'e nying-ts k'e wæn keh-sih tsi-s-deo tsiang-lao.箇时候卖耶稣个犹大，望着其罪定告，就懊悔，抡箇三十块银子去还个些祭祀头长老。<small>这时候，卖耶稣的犹大看见耶稣已经定了罪，就后悔，把那三十块钱拿回来给祭祀长和长老。</small>（同上，27：3）

从例(41)至例(44)来看，早期吴语各方言中皆存在一个"所指距离并不确定，可以与近指对应表远指，而与远指对应则表近指"的兼指示词(刘丹青1999，石汝杰1999)，这个兼指示词实际上在指示距离上是中性的，"其距离意义是由语境赋予的"(陈玉洁2010：83)。也正如此，它可以在语境中临时获得近指或远指义。如上海话"箇"、宁波话"葛"、金华话和台州话"箇"等，句法上都须与量词组合才能入句，它们与作定语的指示词同音同形，皆源于量词"个"，而中性指示词用法则直接来自作定语的指示词"个"。

### 3.3.3　作定语的指示词与中性指示词的蕴涵关系

从吴语中作定语的指示词和中性指示词的分布来看，存在一种蕴涵关系：若该方言使用中性指示词，那么也使用过作定语的指示词。这条蕴涵共性的逻辑蕴涵式是：中性指示词⊃作定语的指示词。这种蕴涵关系用四分表表达为四种类型：

| 类型 | 作定语的指示词 | 中性指示词 | 语言 |
| --- | --- | --- | --- |
| (一) | + | + | 吴语 |
| (二) | + | — | 英语，北京话、傣语等 |
| (三) | — | + | 无 |
| (四) | — | — | 湘语、粤语等 |

由这条蕴涵共性可以预测有三种类型在方言或跨语言中存在。即类型一、类型二、类型四。只有类型三为两种劣势结构并存,所以在语言中不可能出现。

下面我们来看这三种可能的类型。

类型一,如吴语中的"箇",既可以用作做定语的指示词,也已经发展为中性指示词。

类型二,十分普遍。如英语"this""that"和北京话"这""那"等可以直接限定名词,用作定语的指示词,但它们并没有发展为中性指示词。在汉藏语系语言中,基本上皆属于这种类型。

壮语指示词常与量词组合,但有些地方在一定格式里指示词也能修饰名词。如(王均等 1984:65):

$$\text{No}^6 \quad \text{nei}^4 \quad \text{no}^6 \quad \text{ma}^2$$

　　　肉　　这　　肉　　什么?

　　这是什么肉?

傣语指示词 ni?$^8$(这)、nan$^4$(那)、nan$^6$(那,较远)＋kun$^2$(人)等,皆可以直接修饰名词,但并不用作中性指示词(王均等 1984:260)。

仫佬语指示词 na:i$^6$(这)、ka$^6$(那)可作名词或量词的修饰语,黎语指示词 nei$^2$(这)、hau$^2$(那,中指)、ma$^2$(那,远指)可以在名词后面起修饰作用(王均等 1984:462,709),但它们皆没有发展出中性指示词。

类型四,如湘语、粤语中指示词必须与量名组合,不能直接修饰名词,而由通用量词"只"或"个"构成的表定指的量名结构中,通用量词并没有发展为专职的作定语的指示词,在这些方言中也没有出现中性指示词。如:

(45) a. 只细格唧蛮懂事,唔要大人管。这/那个小孩很懂事,不要家长管。

　　　b. 你看到只牛冇? 你看见那头牛了吗?

　　　c. 你听到只话冇? 你听到那句话了吗?

　　　d. 做好事要跟只雷锋一样个好。做好事,要跟雷锋一样的好。

例(45)为湘语邵东话中"只"的定指和类指用法,例(45a)至例(45c)中"只"可与指人名词、普通事物名词以及表言语的名词组合,所指示对象为言谈双方都已知的，"只"兼表定指，而例(45d)，"只"用在专名"雷锋"前面，句法上也以出现为常，"只"具有定冠词的功能，但它仍只是与其他量词一样具有类冠词的功能，并不是真正的定冠词。另外，"只"的组合面较广，但并没有完全虚化，有些名词不能用"只"而只限与专用个体量词搭配，"只"更不能脱离名词单独起指代作用，所以"只"并没有用作专职的做定语的指示词。而湘语中也没有出现类似吴语中的中性指示词，只有表距离范畴意义的指示词。

因此，由以上三种可能的类型来看，吴语[＋作定语的指示词][＋中性指示词]虽然具有和谐性，但它实际上仍是一种较特殊的类型，也就是说，从分布上来看，[－中性指示词]的语言或方言要远远超过[＋中性指示词]，[＋中性指示词]的语言或方言实际上是指示词系统中一种并不经济的类型。因为，凡是可以用中性指示词来表达的语用功能，该语言或方言系统中其他的指示词也可以执行这些功能，且中性指示词的距离意义还是模糊的。

正是[＋中性指示词]的非优势性，所以吴语中中性指示词也朝着并入具有距离范畴的指示词系统发展。19 世纪文献中上海话"箇"一般用作中性指示词(钱乃荣 2014a，称为定指指示词)，而今天新派多用来自"箇"的"搿[gəʔ¹²]"作近指代词(许宝华、汤珍珠 1988：419)，金华话中也发展为近指示词"格[kəʔ⁴⁴]"，与远指示词"末[məʔ¹²]"相对应(曹志耘 1996a：引论 19)，而宁波话中则发展为与近指示词"荡"相对的远指示词"该[kiɿʔ⁵]"(汤珍珠、陈忠敏等 1997："引论"18)。当然，这个并入的过程并不完全，也不平衡。所以在有些方言中仍存在中性指示词的用法和并入后的用法共存的现象，如上海话"搿"仍具有中性指示词的作用，同时也用作近指示词，而温州话中"箇[kai⁷]"则仍用作近指"居"和远指"许"之外的"特指"(郑张尚芳 2008：234)。具体我们将在下一小节讨论。

陈玉洁(2010：240—241，2011)指出，没有距离区别意义的中性指示词一旦可以与其他距离意义的指示词对立使用，就临时或固定地拥有了距离意义，可加入距离指示系统中，甚至可以排挤掉原来距离指示系统中的近指或远指指示词。我们根据蕴涵逻辑式和吴语中性指示词的发展,进一步验证了该说法的合理性。

### 3.3.4　小结

明清以来,吴语"箇＋NP"结构中的"箇"具有直指、回指、定指和类指等语用功能,"箇"所限定的 NP 结构也不限于主语或话题位置,因此"箇＋NP"中的"箇"已从量词的定指用法发展为做定语的指示词。吴语中"个"从量词发展为定冠词或类指示词也经历了指示词阶段,与英语、北京话等在定冠词或类指示词等的来源上虽不同,但过程具有一致性,而吴语中性指示词由量词发展而来,应该也经历了"箇＋NP"阶段,在量名组合的类推下,"箇＋量＋NP"的组合形成,而"个"也就演变成了与近指示词或远指示词具有相同句法特征的中性指示词。

从蕴涵共性和跨语言分布来看,[＋中性指示词]在语言中并非优势类型,所以吴语中性指示词也并入有距离指示意义的指示词系统,或发展为近指示词,如上海话"辂"、金华话"个"等;或发展为远指示词,如宁波话"葛";而并入的过程仍未彻底完成,在吴语内部也存在不平衡性。吴语"箇"的演变与指示词系统之间的关系将在下一节进一步讨论。

## 3.4　早期吴语指示(代)词"箇"与指示词系统的演变

吴语指示(代)词"箇"在距离范畴上,既可以是中性的,即只用来表示中性语境中所限定对象的有定性,被称为"中性指示词"(石汝杰1999,刘丹青、刘海燕 2005,陈玉洁 2010, 2011)或定指示词(刘丹青1999,钱乃荣 1997a:106—110, 2014a, 2014b)。我们暂不区分中性指示词和定指示词的说法。"箇"也可以表近指(潘悟云、陶寰 1999:38—39,赵日新 1999,许宝华、宫田一郎 1999:378,伍云姬 2000,陈敏燕、孙宜志、陈昌仪 2003:501—504,卢笑予 2018),还可以表远指

(张双庆 1999,潘悟云、陶寰 1999:40,项梦冰 1999:201,李荣、熊正辉、张振兴 2002:4850)。而指示(代)词"箇"在汉语方言中表距离义时的多样性或复杂性是历时演变的结果。汪化云(2008)基于跨方言指示代词"箇"的分布认为"'中性指示代词、近指代词、远指代词'等各类指示代词'箇'应该都是来自定指指示'箇'的词义分化和演变"。不过,目前从方言语法史角度开展指示代词"箇"演变研究的不多。竹越美奈子(2005)、张洪年(2006)等先后利用 19 世纪和 20 世纪西儒编纂的早期粤语教学材料,得出:粤语远指代词"嗰"([ko³⁵]阴上调)来自量词"个"(读阴去调[kɔ³³]);且粤语远指代词"嗰"今又有二读,一读阴上[kɔ³⁵],一读阴平[kɔ⁵⁵],后者表示一种强烈的对比,表示更远的一个"那个"或另外一个,区别于表远指的"那个"(张双庆 1999)。张洪年指出,这是一种新起的二分法,与 Cowles(1920)书中早期粤语"嗰处"[ko²]和[ko³]的分别一样。分化的原因是"语言中常常有实际的需要,为了进一步突出远近指称的对比,于是又出现新的变调现象"。钱乃荣(2014b:259—271)利用传教士文献得出上海话指示词系统的特点以及"箇"表距离义的变迁。"上海话中'定指'用法显然比'近远指'更重要、更占优势","更注重的是'定指'和'另指'或'特指'的对立"。"'箇个'原表远指兼定指,20 世纪 70 年代年轻人开始用作近指,并有取代'迭个'的趋势,'箇'声母浊化改写为'辢',表近指兼定指"。早期上海话中存在定指示词"箇",它与有距离区分义的二分指示词虽并存,但它在实际表达中"更重要、更占优势"。这一优势指示词也可用于对举语境中,获得距离义,先与表近指的"第"对举,表远指兼定指,最后替代近指示词"第"或"迭",发展为近指,并通过音变来巩固这一新身份,读为"辢"。同时,表定指的"箇"仍活跃于今上海话中。

　　可见,方言中指示代词"个"的演变不仅会影响到整个指示词系统,而其演变本身很可能也受制于指示词系统,即方言指示词系统中其他成员的影响。也正如此,才形成了方言中指示代词"个"表义的多样性。不过,目前看来,对于"个"的演变及与指示词系统之间的关系,仍有待从方言语法史角度进行研究。

本小节拟考察 19 世纪下半叶苏州话、台州话、宁波话、金华话、温州话和上海话等方言中指示(代)词"箇"的用法及与指示词系统的关系,并结合 20 世纪以来指示词系统的演变,尝试讨论它与指示词系统演变之间的相互影响。

### 3.4.1　指示(代)词"箇"与指示词系统的类型

指示(代)词"箇"活跃于早期吴语,除温州话外,它在苏州话、上海话、宁波话、台州话、金华话等吴方言中作基本形指示(代)词,派生能力强,可构成各类非基本形指代词。由它构成的非基本形指代词往往也是文献中高频使用的指示代词,钱乃荣(2014a,2014b)指出早期上海话中"箇"用作"优势的、重要的"指示词,同样在早期苏州话(1860,1879,1896)、台州话(1880,1897)、宁波话(1853,1868)、金华话(1866,1898)等方言中也皆如此,从语用功能来看,不管是直指还是回指,常用"箇"系指示词,与同时期同内容官话文献中"这"和"那"对应,似乎兼指近和远,实际上并不区分距离义,在指示词系统中作定指示词,或称为中性指示词。对举时与别指、旁指形式构成对指,这也表明,"箇"作中性指示词之用,而非距离指示词兼用作中性指示词。

不过,19 世纪吴语内部"箇"在指示词系统中的"重要性"存在较显著的方言差异。根据它在指示词系统中的地位和功能表现,主要有四种类型:(1)除了个别非基本形指示词由距离指示词构成外,"箇"是方言指示词系统中唯一的基本形指示词,以早期台州话为代表;(2)"箇"虽与其他带有距离义的指示词共存,但它更为常用且派生能力远较带距离义指示词强,是指示词系统中主要的基本形指示词,以早期宁波话、金华话为代表;(3)"箇"与带距离义的远近指示词都常用,因表义的需要而选择"箇"或远近指示词,以上海话、苏州话为代表;(4)"箇"的派生能力弱,只限于指代个体,非基本指示词由距离指示词构成,温州话属于此类。下面对这四类逐一介绍。

### 3.4.1.1　以"箇"为唯一的基本形指示(代)词

19 世纪台州话中"箇"作为唯一的基本形指示(代)词,表定指,派生能力强,可构成各类非基本形指示词,所构成的非基本指示词也不带距离义。除"箇"系指示词以外,另存在区分距离远近的表处所的指示代词,不过,带距离义的指示语素并不具有派生能力。

台州话《圣经》译本中"箇"常接限定名词,"箇"也可单独作"是"字句主语。如:

(46) a. Yiu-sih gyi-kæn-keh nying tʻing-djôh, z-tʻih kông, Keh Nying ze-teh ao Yi-li-ô. 有些待间个人听着,是替讲:"箇人在搭呕以利亚。" 站在那里的人,有的听见就说:"这个人呼叫以利亚呢!"(《马太福音》1880,27:47)

　　b. Hyi-leh s-gao, yiu Cü-keh tʻin-s…yin-cʻih-le, teh Iah-seh kông, Nang-kyʻi-le, ta keh Si-lao teh Ge m, tao Yi-seh-lih di-fông kʻe… 希律死爻,有主个天使…显出来,搭约瑟讲:"停起来,带箇小人搭渠母到以色列地方去…" 希律死了以后,有主的使者……向约瑟梦中显现,说:"起来!带着小孩子和他母亲往以色列地去……"(同上,2:19—20)

　　c. Ziu jü-de siang-liang, peh keh nying-ts kʻe ma siao-yiao-keh din, hao ön-tsông. 就聚队商量,拨箇银子去买烧窑个田,好安葬。 他们商议,就用那银钱买了窑户的一块田,为要埋葬外乡人。(同上,27:7)

　　d. Keh-tsʻiah Hyi-leh s-ʻô ao keh pôh-ʻôh-keh nying le, ts-si bön-meng ge, keh sing zao z-ʻeo yin-cʻih-le. 该节希律私下呕箇博学个人来,仔细盘问佢,箇星呣时候显出来。 当下希律暗暗地召了博士来,细问那星是什么时候出现的?(同上,2:7)

　　e. Pah-tsong…z-tʻih kông, Keh lao-zih z Zông-ti-keh N. 百总……是替讲:"箇老实是上帝个儿。" 百夫长……说:"这真是神的儿子了!"(同上,27:54)

就文献来看,早期台州话《圣经》译本文献中"箇＋N"结构指示个体时,可用于直指和回指,分别如例(46a、46b)、例(46c、46d),且不论是直指还是回指之用,皆只用"箇"。其中作直指用时,虽大多对应官话近指示词"这",如例(46a),但也可直接对应光杆名词,如例(46b),这表明,"箇＋N"直指时,所指对象即在言谈现场,其距离义并不重要或无须明确,"箇"用于表对象的确指,即用作定指示(代)词,与官话近指代词"这"表义有别。"箇＋N"也是用于回指的唯一形式,这也表明,"个"的指示作用在于表确指,而非指代对象的距离。

　　"个"也用来构成表数量、时间、方式或程度的指示代词。如:

(47) a. Tsong-toh we-teh ge-he，kông，Keh liang-ke，iao ngô fông nô ih-ke peh ng-he? 总督回答渠许,讲:"箇两个,要我放哪一个拨尔许?"巡抚对众人说:"这两个人,你们要我释放哪一个给你们呢?"(同上,27:21)

b. ngô teh ng kông，Ziu-z keh-sih zih-deo，Zông-ti ah neng-keo peh ge tso Ô-pah-læh-hön-keh ts-seng. 我搭尔讲:"就是箇些石头,上帝也能够拨渠作亚伯拉罕个子孙。"我告诉你们:"神能从这些石头中给亚伯拉罕兴起子孙来。"(同上,3:9)

c. Keh-sih nu-boh tseo-c'ih lu-zông k'e... 箇些奴仆走出路上去……那些仆人就出去到大路上……(同上,22:10)

d. Ge-he teh Ge kông，Pih iao djü-mih keh-pæn ôh-nying，bu-dao-yün shü peh bih-ke cong-din-nying，tao ko-ts joh z-'eo we do-c'ih peh ge keh. 渠许搭渠讲:"必要除灭箇班恶人,葡萄园赊拨别个种田人,到果子熟时候会抲出拨渠个。"他们说:"要下毒手除灭那些恶人,将葡萄园另租给那按着时候交果子的园户。"(同上,21:41)

(48) a. Dæn-z keh-sih z-kön tu z-t'ih tso-fæh，hao ing-nyin sin-ts-nying shü-li shih-wa. Keh-ts'iah meng-du tu li-k'e Ge dao-gao. 但是个些事干都是替做法,好应验先知人书里说话。箇绔门徒都离开渠逃爻。但这一切的事成就了,为要应验先知

书上的话.当下,门徒都离开他逃走了。（同上,26：56）

b. keh-ts'iah tsah-væh ge, z-t'ih kông... 箇绰責罰渠，是替讲：……就在那时候责备他们说。（同上,11：20）

c. Ngô e-lin keh-pæn nying, ing-yü teh Ngô jü-de yi-kying sæn-nyih gao, keh-ts'iang m-kao hao ky'üoh, ngô ah feh iao peh ge-he k'ong-du k'e, kyüong-p'ô lu-zông m-lih.我爱怜箇班人，因为搭我聚队已经三日爻，箇腔吥爻好吃，我也弗要拨渠许空肚去,恐怕路上吥力。我怜悯这众人，因为他们同我在这里已经三天,也没有吃的了。我不愿意叫他们饿着回去,恐怕在路上困乏。（同上,15：32）

d. YIA-SU teh ge-he kông keh shih-wa z-'eo, yiu ih-ke kwön le pa Ge, kông, Ngô-keh nô keh-ts'iang te s-gao. tsih-yiu Ng le, yüong siu en ge, ge we weh.耶穌搭门徒讲箇说话时候,有一个官来拜佢,讲："我个囝箇腔□死爻。只有尔来,用手按渠,渠会活。"耶稣说这话的时候,有一个管会堂的来拜他说:"我女儿刚才死了,求你去按手在他身上,他就必活了。"（同上,9：18）

(49) a. Ng-he tæn k'e e-sih e-sih ng-he cü-ts, yiu zah-m pao-ing? Ziu-z siu-din-liang-keh, ge ky'I feh-z keh-t'ih tso? 尔许单去爱惜爱惜尔许主子,有什么报应?就是收钿粮个,渠岂弗是箇替做?你们若单爱那爱爱你们的人,有什么赏赐呢?就是税吏不也是这样行吗?（同上,5：46）

b. NG-he tso hao z-kön, tön feh iao dih-di ze bih-nying min-zin peh ge mông, ziah-z keh-t'ih, ng-he T'in-Vu su-ze feh neng-keo teh-djôh song-s.尔许做好事干,断弗要抵地在别人面前拨渠望,若是箇替,尔许天父所在弗能够得着赏赐。你们要小心,不可将善事行在人的面前,故意叫他们看见;若是这样,就不能得你们天父的赏赐了。（同上,6：1）

c. Ziah-z tæn tsiao-tsih z-keh hyüong-di, yiu zah-m kah-nga hao? Siu-din-liang-keh, ky'i feh-z t'ih tso? 若是单招接自

个兄弟,有什么格外好? 收钿粮个,岂弗是替做? <sub>你们若单请你</sub>
<sub>弟兄的安,比人有什么长处呢? 就是外邦人不也是这样行吗?</sub>（同上,5:47)

(50) a. Ngô lao-zih teh ng kông，keh-t'ih do siang-sing-keh
sing ze Yi-seh-lih pah-sing cong-yiang Ngô wæ m-yiu
p'ong-djôh-ku.我老实搭尔讲,箇替大相信个心在以色
列百姓中央我还未有碰着过。<sub>我实在告诉你们:这么大的信心,就是在以</sub>
<sub>色列中,我也没有遇见过。</sub>（同上,8:10)

b. Keh-pæn nying môñg-djôh tu hyi-gyi；ziu ts'ing-tsæn
Zông-ti，ing-yü Ge yiu t'ih do gyün-ping s-peh nying.箇班
人望着都稀奇,就称赞上帝,因为渠有替大权柄赐拨人。
<sub>众人看见都惊奇,就归荣耀与神。因为他将这样的权柄赐给人。</sub>（同上,9:8）

(51) a. YIA-SU jong keh su-ze k'e，môñg-djôh ih-ke nying.......耶
稣从箇所在去,望着一个人……<sub>耶稣从那里往前走,看见一个人……</sub>（同
上,9:9）

b. Ing-yü ge-he feh siang-sing，Ge ze keh su-ze feh tso to-
siao gyi-z.因为渠许弗相信,渠在箇所在弗做多少奇事。
<sub>耶稣因为他们不信,就在那里不多行异能了。</sub>（同上,13:58）

例(47)至例(51)表明,19 世纪下半叶台州话中"箇"十分活跃,
用于表数量、时间、方式、程度、处所等,所限定的成分并不需要明确
距离,只表定指。"箇"的用法可参见阮咏梅(2019b:200—203)。

当"箇"用于对举时,与别指形式对指。如:

(52) Ziah yiu nying ze keh zing-li pih-næn ng-he，iao dao tao
bih-zing li.若有人在箇城里逼难尔许,要逃到别城里。<sub>有人在</sub>
<sub>这城逼迫你们,就逃到那城去。</sub>（同上,10:23）

19 世纪下半叶台州话虽可用"箇所在"表处所,不带距离义。不
过,另存在专职的表处所的指示词,用"以边"或省略处所语素"边"单
用"以"表近指,用"间边/面"或省略为"间"表远指。如:

(53) a. ...ziu hao kyiao keh tu sæn jong I-pin yi tao kæn-min，
ge beh we yi-ku k'e，ping-ts'ia m-yiu ih-yiang z ng-he

tso-feh-tao. ……就好叫簡堵山从以边移到间面，渠必
会移过去，并且咙有一样是尔许做弗到。……就是对这座山说："你
从这边挪到那边"，它也必挪去！并且你们没有一件不能做的事了。（同上，17:20）

b. Ge… yüong ao-deo do sing-hyiang, jong t'in-'ô I-pin
zing-deo ih-dzih tao kæn-pin zing-deo, k'e jü-zih s-fông
t'iao-shün-keh nying.渠……用号头大声响，从天下以边
尽头一直到间边尽头，去聚集四方挑选个人。他要差遣使者，用
号筒的大声，将他的选民从四方，从天这边到天那边，都招聚了来。（同上，24:31）

c. Cün-k'e ts-'eo, Cü-keh t'in-s mong-cong yin-c'ih-le, teh
Iah-seh kông, Nang-ky'i-le, ta keh Si-lao teh Ge m dao
tao yi-gyih k'e, ze kæn-min djü… 转去之后，主个天使
梦中现出来，搭约瑟讲："起来，带簡细佬搭渠母逃到埃
及去，在间面住……"他们去后，有主的使者向约瑟梦中显现，说："起来！带着小
孩子同他母亲逃往埃及，住在那里……"（同上，2:13）

d. Keh z-'eo ziah yiu nying teh ng-he kông, Kyi-toh ze-I;
'ôh-tsia Ze kæn; feh iao siang-sing ge.簡时候若有人搭
尔许讲"基督在以"，或者"在间"，弗要相信渠。那时，若有人对
你们说"基督在这里"，或说"基督在那里"，你们不要信。（同上，24:23）

e. Yi mông-djôh yiu nying gyi-kæn m-kao tso, ziu teh ge
kông, Ng-he tsa-sang tsing-nyih gyi-I m-kao tso? 又望着
有人徛间咙告做，就搭渠讲："尔许咋生整日徛以咙告
做。"看见还有人站在那里，就问他们说："你们为什么整天在这里闲站呢？"（同上，20:6）

f. ziu teh ge kông, Bong-yiu, ng tao I le, tsa-sang feh
tsiah 'o c'ü-ts'ing keh do-I? Ge m-kao kông.就搭渠讲：
"朋友，尔到以来，咋生弗著婚娶亲个大衣？"渠咙告讲。
就对他说："朋友，你到这里来，怎么不穿礼服呢？"那人无言可答。（同上，22:12）

从例(53)可见，I-pin(或 I)和 kæn-pin/min(或 kæn)分别为表处
所的近指和远指代词。不过，I 和 kæn 并不用于表个体、时间、方
式等。

由上可知,19 世纪台州话指示词系统中虽共存着表定指的"箇"与表距离义的远近指示词,但表距离义的远近指"以""间"只用于表处所,无派生能力,为非基本形指示词,基本形指示代词只有"箇"。

**3.4.1.2　以"箇"为主要的基本形指示(代)词**

与只用"箇"作基本形指示词的情况不同,19 世纪下半叶宁波话(《便览》中写作"葛")和金华话以"箇"为主要的基本形指示词,派生能力强,不过,同时也并存着距离指示词,在需要强调距离时,宁波话用"箇"(或"葛")与近指示词"塘"、金华话用"箇"与远指示词"拱""末"构成二分式对举。

3.4.1.2.1　早期宁波话"葛"和近指示词"塘"

19 世纪下半叶宁波话"葛"(采用文献中的写法,即"箇")表定指,十分活跃。不仅具有指别功能,也具有称代作用。可独用,也可构成"指量/数量 NP"表个体和数量,构成"葛上""葛遭"表时间,同源形式"介"表方式和程度等。不过,表处所时已获得距离义,"葛"与处所语素构成表远指的处所指示词。如。

(54) a. Keh z hao-go.葛是好个。(《土话初学》1868:24)

　　　b. Keh z m-su.葛是呒数。(同上)

　　　c. Keh z m-tso.葛是呒做<sub>不同</sub>。(同上)

　　　d. Keh z soh-si? 葛是啥西<sub>什么</sub>?(同上)

(55) a. Keh iao tso-ko.葛要做过。(同上)

　　　b. Keh hoa sön-su.葛好算数。(同上)

　　　c. Keh jih-dzæ z-ka.葛实在是介<sub>这样</sub>。(同上)

(56) a. Ing-e di-gyiu z yün-go, keh-lah keh-go ing yia-z yün-go.因为地球是圆个,葛勒<sub>所以</sub>葛个影也是圆个。(同上,33)

　　　b. ziu-z læ zian-nga fông ih-kwang tʻih-diao pi oh wa kao, hao ying keh-go din-kyʻi lôh-læ.从墙外放一梗铁条比屋还高,好引葛个电气落来。(同上,36)

　　　c. Gyi yiu-ho nyin-su kôh-tao-cʻü kyʻi djün dao-li. Keh-go dao-li teng gyi z-tʻi, tu læ leng-nyü-li sia-lôh-tih.其有

伙年数各到处去传道理。葛个道理等渠事体,都来论语
里写落的*着*。(同上,38)

(57) a. 'Æ! ngô tsong z be keh ih-pe tsiu sô 'æ.嗳! 我终是被
葛一杯酒所害①。(《一杯酒》1852:11)

　　b. keh ih-kyü, ah-lah tong-kæ sing-li kyi-leh-lao.葛一句,
阿拉当该心里记勒*得*牢。(同上,12)

(58) a. 好先做葛个,后头做葛个。Do this first, afterwards the
other. Hao sin tso keh-go, 'eo deo tso keh-go.(《便览》
1910:11)

　　b. 我看葛个是雄个,葛个是雌个。I think this one is a
male and that one a female. Ngô k'en keh-go z young-
go, keh-go z ts'-go.(同上,60)

　　例(54)至例(55)"葛"独用时,可作主语和话题,但不作宾语;可
限定量名,如例(56),或限定"一+量名",如例(57),表确定的人或
物,"葛个"也可表示某一类事物,如例(56b、56c),正因为"葛"只表
确指,不带距离义,所以在言谈现场或双方共享背景知识中若存在两
个确指而无须区分距离远近的对象时,可以皆用"葛个"表达。如例
(58),说话人可以通过肢体语言的辅助作用来区分具体的所指对象。

　　"葛"也可构成时间指示词"葛上""葛遭""葛个时候"和"介时
候",同源形式"介"也表程度和方式。如:

(59) a. Yiæ-su teng Pe-teh wô, Ng-go tao iao siu-tsing tao-k'
oh-li. T'eo-p'ô ngô iao nying teng ngô c'ih-lih, keh-
zông ziu hao gyiu-gyiu T'in-Vu,Gyi we ts'a ts'in-væn t'
in-s læ pông-dzu Ngô. Keh-go shih-wô wô hao-de, ziu
pô siu en-en tang-sông-go cü-kwu, tông-z i gyi
hao. Keh-tsao ah-lah Cü meng-meng keh-pæn læ k'o
gyi cü-kwu.耶稣等彼得话,倷个刀要收进刀壳里。偷怕

---

① 《一杯酒》的语料转写,引自:祁嘉耀(2018)。

<sub>如果</sub>我要人等<sub>为</sub>我出力，葛上<sub>现在</sub>就好求求天父。其会差千万天使来帮助我。葛个说话话好兑<sub>了</sub>，就把手按按打伤个主顾，当时医其好。葛遭<sub>现在</sub>阿拉主问问葛班来搭<sub>捉拿</sub>其主顾。(《幼童初晓》1859：98)

b. Keh-go shih-wô, keh-zông vong kông-de. 葛个说话，葛上<sub>现在</sub>脌讲兑①。(《路孝子》1852：6)

c. 倷葛遭要做啥西？What are you going to do now? Ng keh-tsao iao tso soh-si? (《便览》1910：9)

d. Pe-teh keh-tsao feh-ken zo-læ keh-deo, ziu tseo-cʻih meng-nga. 彼得葛遭弗敢坐来葛头，就走出门外。(《幼童初晓》1859：102)

(60) a. Keh-go z-ʻeo tsih-yiu Üô-tông zi ih-go nying læ-tong, m-nying hao teng gyi tso-de. 葛个时候只有亚当自一个人来东<sub>在这里</sub>，吥人好等渠做队<sub>作伴</sub>。(《幼童初晓》1859：30)

b. Keh-z we-be Jing-ming-go feng-fu, væn ih-go do-do ze-ming. keh-go z-ʻeo sing ziu pin-leh Wa-de, feh æ-kying Jing-ming. 葛是违背神明个吩咐，犯一个大大罪名。葛个时候心就变勒坏兑，弗爱敬神明。(同上，34)

c. Zông-veng-go kwe-kyü ka z-ʻeo tsoh-kyʻi-læ-go. 上坟个规矩介时候作起来个。(同上，37)

d. ʻEo-Hen-dziao kʻæ-koh Yiæ-su lôh-væn 221 nyin, yiu liang-go wông-ti, 44 nyin. ka z-ʻeo yiu sæn koh-sang, Hen, Ngwe, Ngwu, dô-kô tang-tsiang. 后汉朝开国耶稣落凡<sub>下凡</sub>221年，有两个皇帝，44年。介<sub>那</sub>时候有三国生，汉、魏、吴大家<sub>一起</sub>打仗。(同上，38)

(61) a. Dza-we ka dzi? 咋会介迟？(《土话初学》1868：24)

b. Tsæ m-yiu ka hao. 再吥有介好。(同上，26)

---

① 《路小子》语料的转写，引自：祁嘉耀(2018)。

  c. Ng iao Ngô ka tso, ngô ziu we tso.你要我介做，我就
   会做。(《幼童初晓》1859:37)

表时间、程度或方式的"葛"类指示代词同样不区分距离义。
不过，"葛"所构成的处所指示词已获得远指义。如：

(62) a. Kyih-mih yia-tao yiu ih-go Kyiu-cü sang-c'ih-læ. Ng
   hao tao Pah-li-'eng ky'i, keh-deo we k'en-kyin gyi mô-
   zao-li kw'eng-kæn.吉密 今日 夜到 夜晚 有一个救主生出来，
   我好到伯利恒去，葛头会看见其马槽里睏间 躺着。(《幼
   童初晓》1859:43)

  b. Tsiao keh-deo hyiang-fông, ts'ing nying-k'ah læ, iao
   do shü peh gyi gyiang-gyiang kyiah.照葛头乡风，请人
   家来，要抇 拿水拔渠 渌渌 洗脚。(同上,60)

(63) a. Dông deo læ, Keh-deo ky'i.荡头来，葛头去。(《土话初
   学》1868:25)

  b. 塘边阔，葛边狭。This side is wide, and that side is
   narrow. Dông-pin kw'eh, keh-pin 'eh.(《便览》1910:43)

  c. 塘头个说话，比葛头个说话好讲。The language here is
   easier to speak than the language there. Dông-deo go
   shih-wô, pi keh-deo shih-wô hao kông.(同上,44)

  d. 塘面平，葛面凸出。This side is level, that side is con-
   cave. Dông-min bing, keh-min deh-c'ih.(同上,86)

(64) a. 俉拉葛头个规矩，比阿拉塘头好。Your customs there
   are better than ours here. Ng-lah keh-deo go kwe-kyü,
   pi ah-lah dông-deo hao.(同上,44)

  b. 塘头个田稻比阿拉葛头个迟点。The crops are later
   here than over with us. Dông-deo go din-dao, pin ah-
   lah keh-deo dzi-tin.(同上,88)

  c. 俉拉葛头年成好弗？Is it a good year with you? Ng-lah
   keh-deo nyin-dzing hao feh?（同上,43)

d. 昨日落拉一阵大雨把我隔开来河葛边。Yesterday
there came a great rain, which cut me off on that side
of the river. Zô-nyih loh-leh ih-dzing do-yü, pô ngô
kah-k'œ lœ'o keh-pin.(同上,88)

(65) a. 塘头按东。Put it down here. Dông-deo en-tong.(同上,1)

b. 吭恼再到塘头来。Don't come here again. M-nao tsœ
tao dông-deo lœ.(同上,1)

c. 俉葛星家伙好放来塘头。These tools of yours you may
put here. Ng keh-sing kô-ho, hao fông lœ dông-
deo.(同上,43)

d. 塘头生意吭唡俉个讨价还价个。In our business we
have not two prices. Dông-deo sang-i, m-neh soh-go
t'ao-kô, wœn-kô go.(同上,131)

e. 塘头个木匠,吭唡好手艺。The carpenters of this place
are not skillful. Dông-deo go moh-ziang, m-neh hao
siu-nyi.(同上,43)

　　由例(62)至例(65)可知,19 世纪下半叶至 20 世纪初宁波话中
"葛头/边"无论是独用还是用在其他名词或代词之后表处所,只表远
指,与表近指的处所词"塘头/边/面"(今宁波话写作"荡")构成远近
对指,例(65)"塘头"为表处所的近指代词。

　　表近指的基本形指示词"塘"除了构成处所指示词,对举时还可
独用作主语和构成表个体的名词或名词短语。如:

(66) a. 塘是正面,葛是反面。This is the right side, and that
the wrong. Dông z tsing-min, keh z fœn-min.(《便览》
1910:87)

b. 俉勿要指点塘个,话葛个。Do not address this one
when you are speaking of that one. Ng feh iao ts-tin
dông-go, wô keh-go.(同上,63)

c. 塘只脚骨疯气痛,葛只脚骨生疮。I have rheumatism in

this leg, and on that one there is a boil. Dông-tsah kyi-
ah-kweh fong-ky'i t'ong, keh-tsah kyiah-kweh sang-
ts'ông.(同上,101)

d. 塘个货等葛个货相仿。These goods are as good as
those. Dông-go ho, teng keh-go ho siang-fông.(同上,138)

e. 塘玻璃瓶里个水好倒来葛把壶里。The water in this
bottle you may pour into that pitcher. Dông pi-li-bing-
li-go shü, hao tao lœ keh pô wu-li.(同上,78)

例(66)皆为对举语境,"塘"与"葛"构成近远对指。也就是说,除
了由"塘"构成表处所的指代词不受语境限制,其他只用于非中性
语境。

可见,20 世纪初宁波话"葛"构成处所指代词获得远指义,与表
近指的处所指代词对指,已发展为表定指兼远指的指示词。

3.4.1.2.2　早期金华话"箇"和远指示词"拱""末"

19 世纪下半叶金华话指示词"箇[keʔ]"用作定指,为早期文献
中最常见的指示词,可构成表个体、数量、时间、处所等非基本形指示
代词。同时,"箇"也已进入距离指示词系统,用作近指示词。

"箇"限定量名结构指个体,在直接和回指时表确定的对象。如:

(67) a. Shü-nyin-ts'ông Geo kông, Kyü, tsing Ng young keh-
geh shü ioh-teh A. ioh- teh A fiæ k'eo-sao, sæn-teh li
diao-shü.孺女子亨渠讲:"主,请你用箇个水舀得我,要
得我勿口燥,省得来吊水。"妇人说:"先生,请把这水赐给我,叫我不渴,也不
用来这么远打水。"(《约翰福音》1866,4:15)

b. Ziang Mo-siæ zæ kw'ông-ia di-fông dör-jông-k'eo keh-
keng jör, nyin-geh Ng yia pih-ding dör-jông-k'eo.像摩
西在旷野地方扲上去箇根蛇,人个儿也必定扲上去。摩西
在旷野怎样举蛇,人子也必照样被举起来。(同上,3:14)

c. Kwör-diæ ziu djüa-k'æ keh kyü shüa-wor, keh-geh ôh-
sæn feh s, dor-kyiæ Yæ-su feh-teh 'ông geo kông Geo

feh s.哥弟就传开箇句说话,箇个学生弗死,但是耶稣弗得亨渠讲,渠弗死。<small>于是这话传在弟兄中间,说那门徒不死,其实耶稣不是说他不死。</small>(同上,21:23)

d. Yæ-su ʿông geo-da kông, I tsʿa A nyin-geh ts-I, tsör neo-kying Geo-geh z-kër;keh-geh ziu-teh A-geh kʿeo-liang.耶稣亨渠搭讲:"依差我人个旨意,做端正渠个事干,箇个就得我个口粮。"<small>耶稣说:"我的食物就是遵行差我来者的旨意,做成他的工。"</small>(同上,4:34)

e. Keh ziu-teh A sör kông-go, Yiu ih-geh nyin eo-yü A li-go pi A wa tseng-kwe-seh, ing-teh sia-yü A yiu-go.箇就是我所讲个,有一个人后于我来个,比我还珍贵些,因为先于我有个。<small>这就是我曾说"有一位在我以后来,反成了在我以前的,因他本来在我以前"。</small>(同上,1:30)

例(67)"箇"构成指量名用来指示言谈现场和虽不在现场但共存于言谈双方共享背景知识中,如例(67a、67b),尽管直指时常与官话近指示词对应,但也可对应官话中光杆名词,如例(67b)"箇根蛇"官话本仅译为"蛇",而从所指对象来看,"蛇"并非无定对象,而是听众(即以色列人)皆明确的对象"摩西举起来的那条铜蛇",据此可知,金华话"箇"指示个体时,其核心作用也是表确指。而例(67c)"箇"用于回指,指上文所提到的对象,与官话"这、那"对应,这也表明它并不带距离义。例(67d)"箇个"作主语,例(67e)"箇"还可独用,具有代替作用。

对举时"箇"与别指形式构成对指。如:

(68) Kyiang-sæn keh-kyü zoh-wor z ing-djoh-go kông:Keh-geh nyin hwör, bia-geh nyin hyu.箇样生箇句俗话是应着个讲:"箇个人下,别个人收。"<small>俗语说"那人撒种,这人收割"。</small>(同上,4:37)

表数量时声母浊化为[geʔ]。如:

(69) a. ʿÔng ma boh-kön-nyin kông, Keh-seh tong-siæ dör-tseo;fiæ tsör A Yia-geh oh tông tsör sang-i-geh oh.亨

卖白鸽人讲:"箇些东西挖走,勿要作我爷个屋当作生意个屋。" <sub>又对卖鸽子的说:"把这些东西拿去! 不要将我父的殿当作买卖的地方。"</sub>(同上,2:16)

b. Geh-seh ts'a-lih-go tu z Fah-li-sæ nyin. 箇些差来个都是法利赛人。 <sub>那些人是法利赛人差来的。</sub>(同上,1:24)

c. Geh-seh z-kër zæ Iah-dæn wör-a, Pah-da-ni, Iah-'æn 'ang-tsing-li-geh di-fông. 箇些事干在约旦河外,伯大尼,约翰行浸礼个地方。 <sub>这是在约旦河外伯大尼,约翰施洗的地方作的见证。</sub>(同上,1:28)

例(69)表数量,既可以说"keh-seh",也可以说"geh-seh",geh很可能是 keh 声母浊化的结果。

表时间时,除"箇个时间"外,还可读为 koh[koʔ]。如:

(70) a. Keh-geh z-tsia yiu-t'a-nyin pah-sah tsia kw'a-tao. 箇个时间犹太人罢杀节快到。 <sub>那时犹太人的逾越节近了。</sub>(同上,6:4)

b. Ing-teh ng yi-kying yiu ng-geh djông-fu, koh-lôh sör yiu-geh feh-teh ng-geh djông-fu; kwu-ts ng kông-geh shüa-wor kying-go. 因得尔已经有五个丈夫,箇□所有个弗得尔个丈夫,故之尔讲个说话真个。 <sub>你已经有五个丈夫,你现在有的,并不是你的丈夫,你这话是真的。</sub>(同上,4:18)

19 世纪金华方言文献中表性状、方式的指示词读作 kyiang 或kyiang-sæn。如:

(71) a. Zæ A-geh Yia ga-li yiu hao-seh djü-geh oh; jioh-z feh kyiang, A sia 'ông ng-da kông-go; koh-lôh A k'eo we-teh ng-da I-ba di-fông. 在我个爷家里有好些住个屋,若是弗样,我先亨尔搭讲个,箇□我去为得尔搭预备地方。 <sub>在我父的家里有许多住处,若是没有,我就早已告诉你们了。我去原是为你们预备地方去。</sub>(同上,14:2)

b. Ng-da pih-ding we hyiao-teh 'A-nong ziu-teh gyi, ping-tsia feh-teh 'A-zi tsör cü-i iao kyiang tsör-go 尔搭必定会晓得

我侬就是渠,并且弗是我自做主意要样做个。<small>必知道我是基督,并且知道我没有一件事是凭着自己做的。</small>(同上,8:28)

c. Ng kyiang-sæn tsör, yüong da-lih jing-tsih tsör a-da mong ni? 尔样生作,用淡里神迹做阿搭望呢?<small>你既做这些事,还显什么神迹给我们看呢?</small>(同上,2:18)

例(71)"kyiang"表示如此的意思,很可能是"箇样"的合音形式,从表义来看,也不区分距离义。

尽管早期金华话中"箇"系指示词不区分距离远近,且在文献中高频使用,但并非以中性指示词"箇"为唯一的基本形指示词。19 世纪金华话中,表个体、时间、处所等时,并存着远指代词。如:

(72) a. Gong-geh jin-li Sah-mor-li-üor-geh nyin, ing-teh shü-nyin-ts kông... 拱个城里撒玛利亚个人,因得孀女人子讲……<small>那城里有好些撒马利亚人信了耶稣,因为那妇人作见证说:……</small>(《约翰福音》1866,4:39)

b. Gong-geh di-fông yiu hao-seh siang-sing Geo. 拱个地方有好些相信渠。<small>在那里信耶稣的人就多了。</small>(同上,10:42)

c. Ing-teh yiu ih-geh z-jin t'ia-s lôh-vör tao gong-geh gyi deo, dong gong-geh shü... 因得有一个时辰天使落凡到拱个池头,动拱个水……<small>因为有天使按时下池子搅动那水,水动之后……</small>(同上,5:4)

d. Meh-geh di-fông yiu ky·i-min kyi-teh mör-mör-geh ts'u... 末个地方有器皿积得满满个醋……<small>有一个器皿盛满了醋,放在那里……</small>(同上,19:29)

(73) Kwu-ts yia hyiao-teh gong-geh z-tsia, ziu-teh Yæ-su kông, Ng-geh ng wör-boh, keh-geh z-tsia. Geo-zi ·ông geo tong-kwor-nyin, tu siang-sing. 故之爷晓得拱个时间,就是耶稣讲:"尔个儿活罢。"箇个时间,渠自亨其通家人,都相信。<small>他便知道这正是耶稣对他说"你儿子活了"的时候,他自己和全家就都信了。</small>(同上,4:53)

　　例(72)中"拱"构成个体指示代词"拱个",表远指,表处所和事物,例(72c)对应的官话译文虽未用远指代词,但从上文来看,"池子"和"水"皆距离说话人(说话人为瘫痪三十八年的"瘫子",希望能进入远处的池子得到医治)较远,例(72d)"末个"也表远指,构成"末个地方"表处所,例(73)"拱个"与时间词组合,即为耶稣行神迹救活那人儿子的时候,表远指,而"箇个时间"意在指当下或这时,为近指。

　　而"箇"构成处所指示代词"箇安"则只能表近指,如例(74a),与远指代词"那安"形成二分式,如例(74b),表近指时"箇"也常省略,如例(74c、74d)。

(74) a. Kwu-ts Mor-li-üor... 'ông Geo kông, Kyü, jioh-z Ng zæ-teh keh 'æn, 'A-geh kwör-diæ feh s-loh. 故之马利亚……亨渠讲:"主,若是尔在得箇安,我个哥弟弗死了。" 马利亚……说:"主啊,你若早在这里,我兄弟必不死。"(《约翰福音》1866,11:32)

b. Kwu-ts ih-teng Yiu-t'a nyin hyiao-teh Geo zæ-nah-'æn, geo-da li feh kyih-teh we-teh yæ-su... 故之一等犹太人晓得渠在那安,渠搭来弗只得为得耶稣…… 有许多犹太人知道耶稣在那里就来了,不但是为耶稣的缘故……(同上,12:9)

c. kwu-ts Mor-da 'ông Yæ-su kông, Kyü, jioh-z Ng zæ-'æn, 'A-geh kwör-diæ feh s-lih. 故之马大亨耶稣讲:"主,若是尔在安,我个哥弟弗死嚛。" 马大对耶稣说:"主啊,你若早在这里,我兄弟必不死。"(同上,11:21)

d. 'Æn-deo yiu ih-geh siao-wörn, yiu ng-geh dör-mah ping, liang-geh sia-nü. 安头有一个小王,有五个大麦饼,两个小鱼。 在这里有一个孩童,带着五个大麦饼、两条鱼。(同上,6:9)

　　从例(74c)来看,表近指的"安"应由"箇安"省去近指示词"箇"而来,由处所语素承载近指义,不过,"安"也可能起初是由"安头"这一处所词省略"头"而来,如例(74d)。对其词源,郑伊红(2019)推测它可能是由表处所的语素"岸"演化而来,不过,这一过程仍缺少文献支持,其词源仍有待考证。

据此可知,尽管早期金华话中不表距离义的"箇"系指示词派生能力强,功能活跃,但"箇"已兼作近指示词,与远指示词"拱""末"构成二分式。

早期宁波话和金华话定指示词"箇"为方言主要基本形指示词,同时"箇"也已进入距离指示系统,宁波话中"箇"表远指与表近指的"塘"构成二分式,金华话中"箇"则表近指与表远指的"拱""末"构成二分式。

### 3.4.1.3 "箇"与近指示词、远指示词同为基本形指示词

19 世纪下半叶上海话和苏州话定指示词"箇"与表远近距离的二分指示词并存共用,即"箇"与二分式距离指示词同为基本形指示词,尽管如此,"箇"较距离指示词在文献中更为常见,若无须强调距离,就用定指示词"箇"系指示词,且"箇"系指示词也可兼作距离指示词。

3.4.1.3.1    早期上海话"箇"与近指示词、远指示词

19 世纪上海话"第"表近指、"伊"表远指,由它们可派生出表个体、数量、处所等非基本形指示代词,同时也活跃着定指示词"箇","箇"的派生能力与距离指示词同,且在语篇中,"箇"系指示代词更为活跃。

钱乃荣(2014a,2014b:258—280)指出 19 世纪上海话基本形指别词为"第",表近指,有时用作专指。分别如例(75a、75b)。

(75) a. 第个是我个。(《语句集锦》1862:1)

　　　 b. 箇只庙十分大,大极。拉箇搭<sub>这里</sub>个庙当中,第只算顶大。

　　　　　 官话:这个庙很大,大的很。在这儿算是第一个大庙。(《土话指南》1908:6)

"第"构成"第歇"表时间。如:

(76) a. 若使第歇,把把急急学,学精明之,包得定后首请教侬个勿少。(《松江话词汇集》1883:317)

　　　 b. 菊花,也拉第歇时候分种<sub>分开种植</sub>。(同上,1883:269)(以上见钱乃荣 2014b:259—261)

"伊"为表远指的基本形指别词。如:

(77) a. 伊个价钱做勿到。(《语句集锦》1862:25)

　　　b. 伊个物事卖拉<sub>给</sub>我。(《沪语便商》1892:3)

　　　c. 伊星茶碗揫<sub>拿</sub>去烫一烫,再拿清水过一溥。(同上,12)

　　　d. 侬揫地封信送到伊家人家去,倘使(伊个人)(本人)勿列列拉,拿信摆拉伊头。(同上,15)

　　　e. 第个人比伊个人年纪大点。(《语句集锦》1862:45)

　　　f. 伊本书是先生个,第本书是我个。(蒲君南 1941:8)(以上见钱乃荣 2014b:269—270)

以上"伊"指示个体、数量、处所等。

不过,据钱乃荣(2014b:270)指出,在成篇叙述类的文献中"伊"虽可以出现在对举语境中表远指,但不单独用来指别个体。只有构成处所指示词"伊头""伊面""伊搭"等时,可单独用作远指。可见,"伊"与"第"虽然皆为带距离义的指示词,但两者功能不平衡。

钱乃荣(2014b:261, 265)还指出"箇个"在 19 世纪中叶被记作远指示词,但它一直是上海话中的定指示词。可以指个体、时间等。如:

(78) a. 箇个挞皮,又合之四个挞皮,到庄上去相打……箇辰光,汛地官听见者,话咾抢钱庄。<sub>官话:那个无赖子,又约了四个无赖子,到银号里去打架去了……这个工夫儿汛官听见说了,听说是抢钱庄。</sub>(《土话指南》1908:21)

　　　b. 钱串故歇跌落仔点哉。(《语句集锦》1862:111)

　　　c. 侬箇脚攀谈,勿对。(《土话指南》1908:65)

例(78a)"箇个"表定指,其所指出现在上文中,"箇辰光"则回指上文事件发生的时点,表定指。例(78b)"故歇""箇脚"指事件发生的当前,表定指。

"箇"表定指,可独用。如:

(79) a. 箇秃是伊稳当个生意勿做,瞎想发财。<sub>官话:这都是他故着稳当买卖不做,妄想发财。</sub>(《土话指南》1908:58)

　　　b. 还有一样学打稿子,箇呀非五六年勿成功。(《松江话词汇集》1883:296)

独用的"箇"为"顺上指示"(钱乃荣 2014b:268),即表回指,也为定指用法。"箇"和表距离义的指示词"第、伊"共存,"箇"的原型用法是表定指,不过,在对举语境中,也可与"第"构成对指,特别是在成篇叙述类文献中,甚至只用"箇"与"第"构成对举。如:

(80) a. 修行人听见,耶稣招徒弟,行洗礼,比之约翰又多。但是耶稣自家勿行洗礼,不过徒弟行拉。耶稣晓得故个事体,各户堂传开个。(《约翰福音》1847,4:1—3)

　　b. 强盗话:"自侬还能彀稍须记得一眼路径否? 我若使也拿手巾遮没之自侬个两只眼睛,我也攒之自侬走,自侬恐怕能彀领我到箇个地方去,我也一定勿要白烦劳自侬个。"(《阿里排排逢盗记》1921:35)

　　c. 然后毛及亚乃从新又话:"东家呀,自侬当第个是好人。自伊既然是好人昧,为啥身边带之快口咾到人家吃饭呢,请东家仔细看看看,第个人是箇个油客人否? 是箇个强盗头否?"(同上,74)

　　d. 第个物事是我呢①个,个个物事,是是那②个。(《松江话词汇集》1883:2)

　　e. 老古套话,第个种物事,故个收物事。俗语说,那人撒种,这人收割。(《约翰福音》1847,4:37)

　　f. 若使打听拉个勿着实。自伲瞎相信伊个说话。箇是必定要遭飞来之祸个。(《阿里排排逢盗记》1921:31)

　　g. 附近有一块田,是耶哥伯前头分拨伊儿子约瑟弗个田。勒拉故搭有耶哥伯个井。故辰光耶稣跑路奢跎,贴妥午时,坐勒拉井上。于是到了撒玛利亚的一座城,名叫叙加,靠近雅各给他儿子约瑟的那块地。在那里有雅各井。耶稣因走路困乏,就坐在井旁。那时约有午正。(《约翰福音》1847,4:5—6)

① "我呢"即人称代词"我伲"。
② "是那"即人称代词强调式"是俉"。

例(80)皆出自成篇叙述类文献,《约翰福音》(1847)、《阿里排排逢盗记》(1921)等文献中,指示词只有"第"和"箇"(或写作"故"),"第"表近指或当前指,而"箇"则表定指兼远指,表个体、时间、处所等。

19世纪下半叶上海话表方式、程度指示词用"实盖","实"与表强调的人称代词词头"自"同源,"盖"是"介"或"个"的异读(钱乃荣2014b:276—277)。

可见,19世纪下半叶上海话"箇"与距离指示词系统并存,但因其功能强大或更为重要,已开始并入距离指示词系统,兼表远指。

### 3.4.1.3.2　早期苏州话"箇"与近指示词、远指示词

19世纪60年代的苏州话文献《路加传福音书》直接记作"个","个"用于指示时,表定指,为苏州话中功能活跃的指示词。由"个"构成非基本指示代词,"个个"作个体指示词,若须对举,用另指或别指形式构成对指,还构成表时间的"故歇"、表处所的"个搭"、表方式和程度的"择个""襟介""杂梗"等。如:

(81) a. 耶稣说:"我告诉吓笃个个人转去上帝称俚算义个……"我告诉你们:"这人回家去,比那人倒算为义了……"(《路加福音》1860,18:14)

b. 俚走进上帝个宫拿所摆设个饼拿来吃哉,再拨勒跟个人吃,但是个个饼独有祭司可以吃得。他怎么进了神的殿,拿陈设饼吃,又给跟从的人吃,这饼除了祭司以外,别人都不可吃。(同上,6:4)

c. 个个小干吓渐渐能大起来,精神健旺,住勒野里……那孩子渐渐长大,心灵强健,住在旷野,……(同上,1:80)

d. 耶稣责备俚说:"乃弗要开口,出去罢"。鬼就让个个人跌勒众人当中,出去哉,个个人亦呒不啥伤害。耶稣责备他说:"不要作声,从这人身上出来吧!"鬼把那人撺倒在众人中间,就出来了,却也没有害他。(同上,4:35)

e. 因为个些物事,才是世界上人所求个,而且天父晓得吓笃要用个个物事个哟。这都是外邦人所求的,你们必须用这些东西,你们的父是

知道的。（同上，12:30）

　　例(81)"个个"指个体，该个体为言谈双方所确定，或存在于言谈现场，用于直指，如例(81a)，无须明确距离的远近，或出现于上文，如例(81b、81c、81d)用于回指，其作用也并非区分距离，而旨在表确指或已知对象，"个个"还用于指称一类事物，如例(81e)，"个个"也不区分距离远近。句法上，"个"不能直接限定名词，也不能单独充当句子成分，只能构成指量(名)用。

　　表确指的"个"指个体，在对举语境中，与别指构成对指。如：

(82) 一个下底人弗能服事两个主人，或者讨厌子个个，欢喜子别个，或者敬重子个个，看轻子别个，吜笃弗能服事上帝，再服事银钱个。一个仆人不能事奉两个主，不是恶这个爱那个，就是重这个轻那个，你们不能又事奉神，又事奉玛门。（同上，16:13）

　　"个个"与"别个"对指，官话中虽用"这、那"照应，但两两之间表义有别。前者对指只是表示两个有区别的有定对象，由确定的一个个体到确定的另一个体，而"这、那"除了表确指义之外，还带有距离义。

(83) a. 众百姓搭收钱粮个官，从前受约翰个洗礼，故歇听个句说话就称赞上帝个事体。众百姓和税吏，既受过约翰的洗，听见这话，就以神为义。（同上，7:29）

　　b. 有子世界到故歇，所有杀先晓得个人出血个罪，将来才要归到个个世代个人个。使创世以来，所流众先知血的罪，都要问在这世代的人身上。（同上，11:50）

(84) a. 有个利未人到个搭，上前看看亦一径过去哉。又有一个利未人，来到这地方，看见他，也照样从那边过去了。（同上，10:32）

　　b. 百姓立勒个搭看官府搭众人笑耶稣说："俚能得救别人，俚若是基督，拨上帝拣选个，就可以救自家哉。"百姓站在那里观看。官府也嗤笑他说："他救了别人，他若是基督，神所拣选的，可以救自己吧。"（同上，23:35）

　　c. 希律王搭兵丁开耶稣个心，拿五色个衣裳拨俚着子，再打发俚到彼拉多个搭去。<small>希律和他的兵丁就藐视耶稣,戏弄他,给他穿上华丽衣服,把他送回彼拉多那里去。</small>(同上,23:11)

  d. 上主个娘到我个搭来,我陆里得着个件事呢。<small>我主的母到我这里来,这是从那里得的呢。</small>(同上,1:43)

  e. 到子第六个月,天差加百列,领子上帝个命到加利利个搭拿撒勒去见童女。<small>到了第六个月,天使加百列奉神的差遣,往加利利的一座城去,这城名叫拿撒勒。</small>(同上,1:26)

  例(83)"故歇"表时间,其中"故"即"个",从音韵上来看,虽"故"读模韵而非歌韵,但胡明扬(1981)指出明代《山歌》《桂枝儿》中"歌戈模"同韵部,即读作(ə)u,可见,时间指代词"故歇"中"故"读同模韵只是保留了更早时期读音。作为时间指示代词的"故歇"也见于早期上海话文献,而上海话中"箇"有多种读音,其中一读为[ku]。如钱乃荣(1998,2003a)指出《土话指南》(1908)中量词(或写作"個")、定指示词、结构助词、语气词用法及虚音节用法等读[kʌ],指别词和连词用法写作"箇"读[ku],表示程度、方式时,写作"什介",读[zeʔkɑ],"个末"用法,写作"格",读作[kʌʔ],又写作"箇",读作[ku],读音虽不同,但语素"个"只有一个,其中"箇[ku]"为重读时的读音。文献也支持这一说法。就苏州话"故歇"来看,"故"作为构词语素,不轻读,在句法上也不能省略"故"单独用"歇"指代时间,而表处所指代词"个搭"则可省略"个"在指人 NP 或人称代词、处所名词后用作处所后置词(刘丹青 2003a:207—208,林素娥 2020a),这大概也是"个"构成时间指示词读"故"的原因。

  例(84)"个"与处所语素"搭"构成处所指代词,"个搭"不区分距离义,可单用,如例84a、例84b,也常后接于指人名词、代词甚至地点名词后。如例(84c—84e)。

  19 世纪下半叶苏州话中表性状、方式和程度的指代词,写作"择个""褯介""杂梗"等。如:

(85)a. 我告诉唔笃就勒以色烈百姓当中我呒不看见择个相信个人。<small>我告诉你们,这么大的信心,就是在以色列中我也没有遇见过。</small>(《路加福

音》1860，7:9)

b. 野草今朝勒个搭，明朝丢勒火炉里去哉，上帝尚且襟介显焕俚，何况吥笃有小信个人呢。你们这小信的人哪，野地里的草，今天还在，明天就丢在炉里，神还给他这样的妆饰，何况你们呢。(同上，12:28)

c. 耶稣个爷娘希奇得极，俚个娘说："我个儿子啥勒择个待我？"他父母看见就很希奇。他母亲对他说："我儿，为甚么向我们这样行呢？"(同上，2:48)

d. 主阿！弗要襟介辛苦到我屋里来。主阿，不要劳动，因你到我舍下，我不敢当！(同上，7:6)

e. 多化大祭司搭子读书人啥长老，也杂梗弄笋俚啥说："俚已经救过别人，倒勿能够救自家。"祭司长和文士并长老也这样戏弄他，说："他救了别人，不能救自己。"(《马太福音》1879，27:42)

f. 彼拉多就对俚说："众人做见证，拿杂梗多化事体告倷个状，倷岂勿听见吓？"彼拉多就对他说："他们作见证告你这么多的事，你没有听见吗？"(同上，27:13)

其中"个""介"同源，陆德明《释文》："介，字又作个。"《集韵》："箇，《说文》'竹枚也'，或作个、介，通作個。"钱乃荣(1998)、徐波(2004)先后指出吴语中带有指示义的"介"与"个"同源。用"介"表示"这么(程度)"的方言有常熟、上海、嘉兴、绍兴、宁波等(赵元任1956:99)。"择个"中"择"与"杂梗"中"杂"同音，今皆读[zəʔ²³]，"襟介"中"襟"与"杂"音韵地位同，也为异体字，这三个字很可能为同源语素。而代词前加词头在北部吴语中相当普遍，今写作"实"，潘悟云、陶寰(1999)指出许多方言中指代词前往往加"是"，促化以后与"实"同音。赵元任(1956:99)记作"zeq"(贼，"zeqghánq 贼梗，zánq盛"为"贼梗"的紧缩形式)，今苏州话写作"实"。"杂梗"中"梗"，谢自立(1988)指出可能由"介"转来，其依据是"介"在中古的口语里已经有"样子"的意思。刘丹青(2001c)也指出苏州话"实梗"音韵上与吴江的"实介"阴阳对转，大概是儿化形式。

由上可见，19 世纪苏州话中"个"为具有很强派生能力的基本形指示词，构成各类非基本形指示词系统。不过，早期苏州话也并存着带距离义的指示词,分别为表近指的"间"和表远指的"归",而当"箇"
与距离指示词并举时,可兼表近指和远指。如:

(86) a. 马利亚说:"主个使女勒间罕,情愿依乃个说话,天差就
回转哉。"马利亚说,我是主的使女,情愿照你的话成就在我身上。天使就离开她去了。
(《路加福音》1860,1:38)

b. 忽然有多化天兵,同之归个天使,赞美神咾说……忽然有一
大队天兵,同那天使赞美神说……(同上,2:13)

c. 因为像曤睒,从天间边发光亮到天归边,人个儿子来个
日脚,也实梗个。因为人子在他降临的日子,好像闪电,从天这边一闪,直照到天那
边。(同上,17:24)

d. 因为做工个人,应该有工食个,勿要从个家搬到归家。因
为工人得工价,是应当的。不要从这家搬到那家。(同上,10:7)

e. 弗独是褙介,唔勒我个当中,有深个大河隔住,要想间罕
到唔个搭是弗能个,从个搭渡到我间罕来,也弗能个。不
但这样,并且在你我之间,有深渊限定,以致人要从这边过到你们那边,是不能的,要从那边过到我
们这边,也是不能的。(同上,16:26)

"间"做近指示词与"箇"兼表近指和远指,也见于明代文献,胡明
扬(1981)在《山歌》中发现,三百五十多年前苏州话"箇"兼表近指和
远指,如下例(87a、87b);表处所时,则与表近指的"间边"构成对举,
还可表远指,如下例(87c、87d):

(87) a. 姐儿听得子箇句话。(表示"这,那")

b. 定要搭箇起龌龊丫头地上缠。(表义同上)

c. 间边拽拽箇边拖。

d. 间边有画弗知箇边个字。

明清以来"间""归"分别用作近指和远指示词,更多例证可参见
石汝杰、宫田一郎(2005:301—302,238—239)。可见,19世纪下半
叶西儒文献所见苏州话指示词"箇"和近指词"间"的用法与本土文献
用法相似。

由上可知,19世纪下半叶苏州话与上海话指示词系统接近,即

表定指的"箇"系指示词与远近指示词共存,且前者功能更为活跃,但"箇"的功能仍存在差异,苏州话"箇"为定指兼作近指和远指示词,而上海话则一般只兼作远指示词。

### 3.4.1.4  以近指示词、远指示词为基本形指示词

19 世纪末温州话表距离范畴义的指示词"该"和"许"派生功能强,可构成表个体、数量、时间、程度、方式和处所的指代词。如:

(88) a. 该个你喜欢弗喜欢? Kih-kaih nyi¹ shï-hüe fu¹ shï¹-hüe? do you like this?(《温州方言入门》1893:42)

b. 许个重。He¹-kai² djoa¹. That is heavy.(同上,79)

c. 该个屋宕比许个屋宕好多。Kih-kaih uh-doa¹ pi¹ he¹-kai² uh-doa¹ höe¹ tu. This house is a great deal better than that one.(同上,38)

(89) a. 该侪相像。Kih-leh sie²-dzie¹. These are alike.(同上,189)

b. 把许侪席担床里摊起。Po¹ he¹-le zih tso¹ joa-de t'a-chï¹. Take those mats and spread them on the beds.(同上,53)

(90) a. nang-ka² 能界、kih-nang-ka²、该能界 now(同上,209)

b. Hé-nang-ka shú-tu nang whai tieh-töé, pí-ts'z̩ sung-küe, pí-ts'z̩àng.许能界,有许多人会跌倒,彼此陷害,彼此恨。(《马太福音》1894,24:10)

(91) a. 外转是何乜人能吵? Wha²-chüe¹ z¹ ga-nyie nang nang⁽ʰ⁾ ts'oa¹? Who are making such a noise outside?(《温州方言入门》1893:119)

b. 我大家该里吭有该能大个生意。Ng¹-da-ko kih-li n-nao¹ kih-nang⁽ʰ⁾ du²-ge sœ-i². We have no such business here.(同上,38)

c. Yi-sū whai-töh Gi koá, Nyí yiè-zé ts'í shü Ng, iang-'ŭ ih-ts'ieh-ge döè-lí, n̄g-dà-ko iang-toa keh-nang tsù-zing.耶稣回答佢讲:"你现在且许我,因为一切个道理,我大家应当该能做成。"耶稣回答说:"你暂且许我,因为我们理当这样尽诸般的

义。"(《马太福音》1892,3:15)

    d. 你该能个本事好,□的讲咓冇出头么? nyi¹ kih-nang^{(h)}-
      ge pang¹-z² höe¹, nœ²-tih koa¹ n-nao¹ ch‘üeh-diu moa?
      such an able man as you will surely not remain in ob-
      scurity all his life! (《温州方言入门》1893:152)

    e. 许能小。he¹-nang^{(h)} sɑi¹. as small as that.(同上,33)

(92) a. 该里骡驴儿有咓冇? Kih-li lu ‘a^{(h)}-n yao¹ n-nao¹? Are
      there any mules or donkeys here? （同上,43)

    b. 有几倈人是旁搭? Yao¹ ke¹-le nang z¹ boa-ta? How
      many people are there there? （同上,34)

    c. 我大家该里咓冇该能大个生意。Ng¹-da-ko kih-li n-
      nao¹ kih-nang^{(h)} du²-ge sœ-i². We have no such business
      here.(同上,38)

    d. 你大家旁搭有顶好个咓冇? Nyi¹-da-ko boa-ta yao¹
      ting¹ höe¹-ge n-nao¹? Have you got any very good ones
      there? （同上,34)

    由例(88)至例(92)可见,19世纪末温州话中表近指和远指的指
示词"该""许"可以构成各类非基本形指代词,形成二分式,只有表处
所时,用"该里"与"旁搭"构成近指和远指的区分,如例(92)。

    "箇"读作 kaih,与"该个 kih-kaih"中量词"个"同音,文献中常构
成"箇+N"组合,可用于直指、回指、助指等,句法上还可单独作主
语。如:

(93) a. 箇文书着写楷书行书草字沃用不着,墨又着浓。Kaih
      vang-shï djah si¹ k‘a¹-shï; ‘œ-shï ts‘öe¹-z² oh yoa²-fu¹-
      djah. maih yih djah nyoa. This dispatch must be written in
      round characters; neither running hand nor grass
      characters will do, and the ink must be thick.(同上,161)

    b. 你快倈把箇水倒镬里煖一煖。Nyi¹ kw‘a²-le po¹ kaih
      shï¹ töe²‘oh-de nang¹-ih-nang¹. Be quick and pour this

water into the pan and warm it.(同上,71)

c. 簡柜里个柜格拔不出。Kaih djü²-de-ge djü²-kah boh-fu¹ ch'üeh. The drawer in this wardrobe(or chest of drawers) won't come(pull) out.(同上,172)

(94) a. 你想簡铜钱银弗是其吞落爻? 是谁人呢? Nyi¹ sie¹, kaih dong-die-nyang fu¹ z¹ gi t'ö-loh-goa, z¹ jĭ nang ne? Just think, if it was not he who absorbed(pocketed) the money, who could it have been? （同上,131）

b. Shĭ-lieh zíuh sz-'ó chiæ poh-ź li, tsing-sì bö-màng gi-dà-ko kaih sing yiè-ch'üeh-ge z-'aò.希律就私下叫博士来,仔细盘问其大家簡星显出个时候。当下希律暗暗地召了博士来,细问那星是什么时候出现的。(《马太福音》1892,2:7)

c. 干簡呒有良心个事干。Küe² kaih n-nao¹ lie-sang-ge z²-küe² na mie¹ va¹ foh-ge. You will hardly escape a breach of the laws if you pursue this unprincipled affair.(《温州方言入门》1893:157)

d. 簡支笔是无用个。Kaih tsi pieh z¹ vu-yoa²-ge. This pen is of no use.(同上,223)

(95) a. 令祖爷好否? 令尊翁好否? 簡是请佢个阿爷、佢个阿伯个安。Ling² tsû¹-yi höe¹ fu¹, ling² tsö-ung höe¹ fu¹, kaih z¹ ts'ing¹ ge-ge ah-yi yi-ye ah-pah-ge üe. Is the honored grandfather well? Is the honored respected one well? Are enquiried after the grandfather or father of the person addressed.(同上,127)

b. 簡呒处做。Kaih n-ch'ï² tsu². This can't be done.(同上,223)

c. 簡好毗。Kaih höe¹-ts'z². This is pretty.(同上,223)

d. 簡比许个还好侪。Kaih pi¹ he¹-kai² wha höe¹-le. This is still better than that.(同上,229)

"箇"不仅读音与"该个"中"个"一致,且作直指用时表近指,如例(93a、93b、93c),其读音和表义皆表明"箇"应为近指示词"该"与量词"个"组合省略近指示词"该"的结果,从文献角度验证了游汝杰(1981,2003:174)和潘悟云、陶寰(1999)及郑张尚芳(2008:234)等对温州话量词变读入声起近指代词之用的推测。不过,从文献来看,只有最常用的量词"个"变读入声表近指,未出现其他量词变读入声表近指的现象,且"箇+N"不仅可表直指,也可用来照应上文某一对象或者言谈双方共享知识中的某一确指对象,如例(94a、94b),还可用于受关系从句修饰的名词性短语前,如例(94c),"箇"起助指之用,甚至还能找到"箇"后带量名的结构,如例(94d)。这些表明变读入声"箇"已具有定指示词的功能。郑张尚芳(2008:234)指出温州话"个 kai⁷"与 ki⁷、hi³ 并列时常表特指,是远近指系统外的成分。一百多年前文献中"箇"的用法也支持这一说法。

"箇"的另一常见用法是作主语。如例(95),作主语时也可与表远指的"许个"对举,如例(95d)。

尽管早期温州话"箇"已从量词发展为定指示词,但仍只用于指示个体,几乎不具有派生能力,只能由带距离义的指示词构成指数量、时间、方式程度等的非基本指示词;句法上仍保留量词的特点,即只构成"量名"组合或者独用作主语、宾语等。可见,早期温州话仍只以远近指示词为基本形派生出其他非基本形指示词。

根据上文对文献的梳理,我们将 19 世纪下半叶吴语中"箇"系指示词系统整理为表 3-8。

表 3-8　19 世纪下半叶吴语"箇"系指示词系统

| 指示词 | 方　言　点 | | | | | |
|---|---|---|---|---|---|---|
| | 台州话 | 宁波话 | 金华话 | 上海话 | 苏州话 | 温州话 |
| 基本形 | 箇 | 葛 | 箇 | 箇 | 箇 | |
| | | 塘(对举)—葛 | 箇—拱 | 第一伊/箇 | 间/箇—归/箇 | 该一许 |

| 指示词 | 方　言　点 | | | | | |
|---|---|---|---|---|---|---|
| | 台州话 | 宁波话 | 金华话 | 上海话 | 苏州话 | 温州话 |
| 个体 | 箇 | 塘(对举)—葛个 | 箇—拱/末个 | 第—伊/箇 | 间/箇—归/箇个 | 该个/箇—许个 |
| 时间 | 箇绰/抢 | 葛上/遭 | 箇—拱个时候 | 第—箇歇/辰光 | 故歇 | 该—许能界 |
| 方式/程度 | (箇)替 | 介 | 样/样生 | 实盖 | 择个/褋介/杂梗 | (该)能—许能 |
| 处所 | 以边—间边 | 塘头—葛头 | (箇)安(头)—那安 | 第—伊/箇头 | 间罕—个搭个搭—归搭 | 该里—旁宕 |
| 备注:<br>表中基本形分为两行,中性指示词"箇"做基本形指示词单独列为一行,"箇"兼用的情况与距离义指示词做基本形指示词为一行。"/"表示斜杠前后成分功能相当;"( )"表示括号内成分可以省略,或者表出现在特定语境。 | | | | | | |

由表 3-8 可见,19 世纪下半叶吴语各方言中定指指示词"箇",在除温州话以外的其他吴方言中常用作基本形指示词,或作为唯一的基本形指示(代)词存在,或为主要的或优势的基本形指示(代)词活跃在方言指示词系统中,且已进入距离指示系统,或作近指示词,如金华话,或作远指示词,如宁波话、上海话,或同时兼作近指和远指,如苏州话。

### 3.4.2　指示(代)词系统的演变

从 19 世纪下半叶的文献来看,中性指示词"箇"因指示距离的需要,与距离指示词对举可获得远指或近指义,如上海话"箇"在语篇中较远指示词"伊"更为常见,获得与近指示词"第"对指的远指义,宁波话"葛"因"塘"的存在也获得了远指义,苏州话"个"也与"间""归"构成对举,兼表远指和近指。可见,中性指示词"箇"作为基本形指示词不仅功能强大,且它也影响了距离指示词系统的发展。陈玉洁(2010:240—241, 2011)指出"没有距离区别意义的中性指示词一旦可以与其他距离意义的指示词对立使用,就临时或固定地拥有了距离意义,加入距离指示词系统中,甚至可以排挤掉原来距离指示词系统中的近指或远指指示词"。钱乃荣(2014a)也指出吴语中"箇个"表远指和近指是由定指示词发展而来。上文我们从蕴涵共性角度讨论了指示词系统中保留定指示词或中性指示词并不经济,中性指示词在吴语中朝着并入具有距离范畴的指示词系统发展。而对于"箇"的并入,学界已有不少讨论,但对这一并入的过程及其制约因素仍不清楚,尤其是对"并入"以外的演变,如对分化现象(潘悟云、陶寰 1999,汪化云 2008)的研究仍只停留于推测,并未结合历史文献做出探讨。

下面拟以 20 世纪以来吴语指示词系统的演变为对象,进一步观察"箇"的演变及其与距离指示词系统之间的关系。

20 世纪以来吴语指示词系统的演变大体可分为三种类型,即:稳定或较为稳定型,如温州话、苏州话、上海话和金华话;合并型,从二分式合并为一分式,如宁波话;分化型,从一分式分化为二分式,如台州话。下面分别讨论。

### 3.4.2.1 稳定或较为稳定型

#### 3.4.2.1.1 20 世纪以来温州话指示词系统

游汝杰(2003:184—186)对今温州话指示代词进行了详细描写,认为其与 19 世纪末文献所见指示代词系统基本一致。即以"该""许"构成近指—远指二分式指示代词系统,"箇"的语义和句法功能也与 19 世纪末类似,只是今温州话中所有的量词皆可变读入声用作指示代词,每一个此类指示代词都只能与一定的名词搭配,而其量词在 19 世纪末文献中只有"个"有这一用法,其原因可能是文献记载的不完全,也可能是演变的结果。尽管如此,一百多年来温州话指示词系统一直以距离指示词为基本形构成二分式系统。

#### 3.4.2.1.2 20 世纪以来苏州话指示词系统

20 世纪以来的文献中,苏州话"个"系指示词的使用仍十分活跃。如:

(96) a. 门徒看见之,就动气咾说:"为啥实梗糜贵。因为个个香油,可以卖大价钱,周济穷人。"耶稣晓得之,就对俚笃说:"吓笃为啥难为个个女眷,因为俚对我做个,是一样好事体。"<small>门徒看见就很不喜悦,说:"何用这样的枉费呢!这香膏可以卖许多钱,周济穷人。"耶稣看出他们的意思,就说:"为什么难为这女人呢?她在我身上做的是一件美事。</small>(《马太福音》1922,26:6—10)

b. 有一条河,从埃田流出来,滋润个个园,又从个搭分之四条。第一条叫比逊,环绕哈腓拉个四面,个搭地方,出金子个,个搭地方个金子,是好个,又出哼喥躐咾碧玉。<small>有河从伊甸流出来滋润那园子,从那里分为四道:第一道名叫比逊,就是环绕哈菲拉全地的。在那里有金子,并且那地的金子是好的,在那里又有珍珠和红玛瑙。</small>(《创世记》1908,2:10—12)

c. 耶和华对俚说,有两国个百姓,拉傏胎里咾,有两族个人,将要从傏胎里出来。个族要比归族强咾,大个要服事小个。<small>耶和华对她说:"两国在你腹内,两族要从你身上出来,这族必强于那族,将来大的要服侍小的。"</small>(《创世记》1908,25:23)

d. 铸四个金环,装拉四只脚上,个面两个环,归面两个环。<small>也要铸四个金环,安在柜的四脚上,这边两环,那边两环。</small>(《出埃及记》1908,25:12)

e. 阿金道:"我格的大先生吓,我劝傏勤去格好,如果去仔,碰勿着俚末哪哼? 就算俚一寻就着,俚倒忘记脱仔倪哉,勿搭傏要好,阿要弄得勿尴勿尬介? 况且现在间搭生意来得格兴旺,傏甩脱仔勒到格搭去末,阿可惜嗄?"(《九尾狐》44 回)

例(96a、96b)分别用于直指和回指,例(96c、96d)中"个"与"归"对举,"个"表近指,例(96e)写作"格",与"间"对举,表远指。

除"故歇"表时间外,"个个辰光"也常用来表时间,"实梗"指代性状、方式、程度等。如:

(97) a. 耶和华有啥烦难个事体吤,拉定当个时候,我要回到傏场化来,到之个个辰光,撒拉要养一个儿子。<small>耶和华岂有难成的</small>

事吗？到了日期,明年这时候,我必回到你这里,撒拉必生一个儿子。(《创世记》
1908,18:14)

　　b. 故歇冤枉奴,赶奴出去,奴格物事,仍旧要带仔勒走。
(《九尾狐》10 回)

(98) a. 众人希奇咾说,拉以色列人当中,从勿曾看见歇实梗个
事体。众人都希奇说:"在以色列中,从来没有见过这样的事。"(《马太福音》
1922,9:33)

　　b. 宝玉道:"勿实梗讲格,'麻油拌青菜,各人心爱',奴随便
哪哼,一定要寻着仔俚。难末奴心死得来。"(《九尾狐》
44 回)

　　赵元任(1928)、坂本一郎(1937)先后记录了苏州话指示词系统
由表近指的"哀"、表远指的"归"和表泛指或兼指的"该"构成,今苏州
话指示词系统(谢自立 1988,石汝杰 1999,汪平 2011)维持了 20 世
纪二三十年代以来的格局。

　　对于苏州话距离指示词"该""归"和"个"的词源,谢自立
(1988)根据"该""归"和"斛"(即由"个"声母浊化而来)的读音进行
了推测。谢先生指出,"该""归"声母同,韵母中的主要元音相同,
声调同,差别只在于是否中间嵌入了一个[u]介音,就是各自的另
一个平行形式"哀""畏"同样也都只是转换成零声母。彼此内部这
种语音上的一致性看来不会是偶然的巧合。相比之下,"斛"在语音
方面跟它们就缺少这种内部一致性。这种表义和读音上的差异,表
明"斛"跟"该""归"不属于同一个系统,有可能是晚起的。这一推测
也可以找到历史文献依据。学界对表泛指或兼指的"斛"来自量词
"个"的语法化和音变已达成共识,而表近指的"该",据胡明扬
(1981)指出明末"间"大概就读[kɛ],即现代苏州话的"该"。从"间"
自明清以来皆表近指来看,如例(87c、87d),"间"为"该"是可信的。
远指示词写作"归"约见于 19 世纪下半叶文献,不过,清中期的"沈氏
四种"(指沈起凤的《报恩缘》《才人福》《文星榜》《伏虎韬》)中使用了
与"归"音近的指示词"贵",据《苏州方言同音字表》(1892:11)"贵"

"归"皆读[kuɛ],调类有别,表义也有所不同,"归"专表远指,而"贵"不仅可表近指,如例(99),也可表远指,如例(100)。如(转引自石汝杰、宫田一郎 2005:241):

(99) a. 放屁！好端端个人,啥了忽然寻起死路来？象是要赖我贵头亲事嗄。(《伏虎韬》16 出)

　　 b. 老阿爹,拿贵两勾公差,劝子转去。(《伏虎韬》23 出)

　　 c. 但是吾瓨小老妈嘿死哉,大老妈是弗曾死,就拿得来顶子贵个缺嘿是哉。(《伏虎韬》16 出)

　　 d. 贵出事体,糊涂得势拉里哉,丫头瓨,且抬新人后厅歇歇,让我盘问清爽子勒再请出轿。(《才人福》32 出)

　　 e. 塌杀,塌杀！好时好日,说贵样钝话。(《伏虎韬》16 出)

(100) a. 咦,里向吹打,象是结亲哉,等我去抢子贵只狮子介。
　　　　(《报恩缘》27 出)

　　 b. 是吾既然知书达礼,难道勿晓得古来贵星堂客,有奔司马文君见机,招董祀蔡文姬。(《报恩缘》3 出)

　　 c. 贵歇误子差使,是弗要责备我联元哉。(《才人福》32 出)

　　"贵"与"归"表义和读音的不同,或许可以从演变角度解释,因"贵"与"间"对举的需要,"贵"发展为仅表远指义的指示词。这一推论的依据是,文献中近指示词"间"远较"贵"更为常用,要与"间"形成对指,"贵"就只能保留表远指的语义,同时声调也由去声变读平声,与近指示词同调。当然这一过程仍有待从文献上加以论证。

　　20 世纪的文献中,距离指示词"该""归"也为苏州话基本形指示词,可构成各类非基本形指示代词(石汝杰 1999,汪平 2011)。而由"个"发展而来的"搿",据汪平(2011:294)指出,"搿"可以跟"哀"(即"该")搭配,也可以跟"弯"(即"归")搭配。跟"哀"搭配时,它近似远指,跟"弯"搭配时,它近似近指。但这只用于比较随便的场合。在需要向对方强调一远一近时,还是用"哀、弯"为好。可见,"搿"的主要功能仍是表中性指(石汝杰 1999)或泛指(谢自立 1988,汪平 2011),

尽管它可以兼指远近。

由上可见,自 19 世纪下半叶至今,苏州话指示词系统的基本格局并未发生调整或变动,即中性指示词"箇"和距离义指示词"间""归"同为基本形指示词,构成各类非基本指示代词,中性指示词"箇"可兼作远近指示词。

### 3.4.2.1.3　20 世纪以来上海话指示词系统

20 世纪以来,上海话指示词系统的演变,主要表现在"箇"从定指兼远指,发展为定指兼近指。如(宫田一郎等 1984):

| 人、物 | 迭个(老) | 伊个(老) |
|---|---|---|
| | 箇个(新) | 埃个(新) |
| 方　所 | 迭搭(老) | 伊面(老) |
| | 箇搭(新) | 埃面、箇面(新) |

许宝华、汤珍珠(1988:419)和钱乃荣(1997a:110)、游汝杰(2013:323)也先后指出今上海话中"迭"[diɪʔ¹²]和"搿"[gəʔ¹²]是近指代词,"搿"为后起形式,新派多用,"迭"多为老派所用,中年以下不用。钱乃荣(2014a)指出现今上海话指人指物,单指时,通常用定指"搿个",对指时"搿个"用作近指,"埃个"用作另指,非对指时,平时很少用上"伊个"(老派)或"埃个"(新派)。由此可见,就新派而言,上海话"箇"系指示词与 19 世纪下半叶的文献一样,在非对举语境中最常用,且已替代近指示词,发展为定指示词兼近指示词,可与"埃"形成对举,使得上海话指示词系统内部成员经历了重大调整,不过,其指示词系统仍维持了定指和距离二分式的并存格局,因此,从这一角度来说,上海话指示词系统仍可视为较稳定型。

### 3.4.2.1.4　20 世纪以来金华话指示词系统

19 世纪末以来金华话基本形指示词为近指示词"箇"和远指示词"末",由它们构成指示词系统。如:

(101) a. Chao keh-kü shü-ua iu Ioh-han sai toa-keh huang-di ang tsin-li chué huei-kai-keh tsin-li si sai-min teh-neng keo shié. Iu-tʻa sʻié ti hen Ja-lu-sah-len keh nin

ch‘uh ké tao Ioh-han meh-li tu kiao min si-keh sai-oh sai Ioh-tan hoa sheo keh-keh tsin-li.照简句说话有约翰在大个荒地行浸礼传悔改个浸礼,使罪名得能够赦。犹太全地和耶路撒冷个人出去到约翰末里都招认自个罪恶在约旦河受渠个浸礼。照这话有约翰在旷野施浸传悔改的浸礼使罪得赦。犹太全地和耶路撒冷的人出去到约翰那里都承认自己的罪恶在约旦河受他的浸。(《马可福音》1898,1:4—5)

b. A si teh-uei keh-kié si-kué lai keh.我是特为简件事干来个。我是特为这事来的。(同上,1:39)

c. Sié-chü eo meh-keh nin ch‘eo lah ih-sai fong... 邪鬼呕末个人抽了一在风……邪鬼叫那人抽了一阵风大声喊着就出来了。(同上,1:26)

d. Meh-keh si eo Ia-su s‘ong kua-li-li keh Na-sah-leh lai sai Ioh-tan hoa-li sheo-lah Ioh-hon-keh tsin-li.末个时候耶稣从加利利个拿撒勒来,在约旦河里受勒约翰个浸礼。那时候耶稣从加利利的拿撒勒来在约旦河里受了约翰的浸。(同上,1:9)

e. Keh sai meh-li kai-lah si-shih nih sheo mo-chü keh shü- shü hen ia- sheo t‘ong kai i iu t‘ié sï lai fuh sï keh.渠在末里住拉四十日受魔鬼个试试和野兽同住亦有天使来服侍渠。他在那里住了四十日受撒旦的试探和野兽同住并且有天使服侍他。(同上,1:13)

f. Ya-su mong-choh keh-liang-keh keh-iang siang-sin keh siu tui san t‘a-fong-sieh-keh nin kang, sié-kan nong keh sai shié-lah.耶稣望着渠两个简样相信个心对生瘫痪□个人讲,小干侬个罪赦拉。耶稣见他们的信心,就对瘫子说:"小子,你的罪赦了。"(同上,2:5)

g. Keh-keh nin san-iang uei-kong keh-san sié-fen-keh shü-ua ni.简个人怎样会讲简生生分个说话呢? 这个人怎么说这样僭妄的话呢?(同上,2:7)

从例(101)可见,19 世纪末"箇"用作近指示词,远指示词读为meh,转写作"末",此时文献中"末"派生能力较 19 世纪 60 年代更强,可表远指的个体、时间、处所等,只有表方式时仍只用"箇",如例(101f、101g)。

由"箇""末"构成的近远指二分式指示词系统自 19 世纪末一直沿用至今。据赵元任(1956:98—100)、曹志耘(1996a),分析基本形指示词系统如下:

|  | 个体 | 数量 | 处所 | 方法/程度 |
|---|---|---|---|---|
| geq | -geq(葛葛) |  |  | -sang(葛生) |
| meq | -geq(末葛) |  | -lii(末里) |  |
| 格 kə? | -个 kə? | -些 | -里 li/-汏 da | -生 sa/-亨 haŋ |
| 末 mə? | -个 kə? | -些 | -里 li/-汏 da | -生 sa/-亨 haŋ |

可见,20 世纪以来金华话指示词系统形成了较整齐的距离二分式,"箇"系指示词发展为专职的近指示词,与远指示词"末"构成对立。较之 19 世纪,不同的是远指示词"拱"在金华市区方言中已消退,"末"则演变为主要的甚至唯一的远指示词,不过,"拱"并未完全消失,仍保留在农村地区,曹志耘(1996a:244)指出罗店等地说"gong²¹²",郑伊红(2019)也指出如今市区只用"末",而金华西部地区农村的远指示词有"讷""拱",且以"讷"为主。

较之苏州话、上海话的"箇"系仍为中性指示词,同时兼用为带距离义指示词,金华话"箇"系指示词已发展为专职的近指示词。

### 3.4.2.2　合并型

19 世纪下半叶宁波话指示词系统,除了处所指代词外,以定指示词"葛"为基本形指示词,不过,在对举语境中,仍保留了近指代词"塘"与"葛"对指的用法。据赵元任,20 世纪 20 年代宁波话"塘"(或写作"荡")与"葛"仍可在表个体和处所时,构成近指和远指的对举,如(赵元任 1956:98, 99):

| | 这个 | 这里 | 这样(程度) | 这样(方法) |
|---|---|---|---|---|
| 近指 | dhònggiqghoq 荡《\|谷 | 荡头 | 介 | 格莫格、格相貌 |
| 远指 | giqghoq《\|谷 | giqté《\|推音,<br>《\|面,《\|头 | | |

汤珍珠、陈忠敏、吴新贤(1996:"引论"19)指出宁波话"荡""该"分别表示近指与远指。如:

(102) a. 荡头忒热,到该面去寻风凉。这儿太热,到那儿去乘凉。

　　　b. 荡件衣裳料作呒没该厢一件好。这件衣服的料子没那件好。

可见,至今"荡"仍可构成表处所和个体的近指代词,与表远指的"该"对指。不过,陆铭(2004:30)考察《便览》(1910)时发现"塘"作为基本形指示词的功能有限,且表近指时也常用"葛",并指出"今天的宁波话里,用作近指的'塘'及其复合形式已经不说了"。钱萌(2007)也指出今宁波话中仍以"葛"为定指示词,且是基本形指示词,可以表达个体、方式、情态、程度等,不过,除了表处所时用"塘"表近指,如"塘底/面/头/边/内"等,"葛面"则表远指。"塘"表个体用法只见于老派,新派正用"葛"取代。笔者搜集了3万多字的口语语料(发音人年龄段为20~30岁),"该"作指示词多达520例,构成表处所、个体、时间、方式等指示代词,而未见一例"荡"作指示词的。可见,今宁波话新派中近指示词"塘"(或"荡")的用法正被"葛"(或作"该")替代,即"葛"的功能在扩散,故潘悟云、陶寰(1999)认为今宁波话指示词属于一分式。胡方(2018)指出宁波话指示词看似近指"塘"(即"荡")、远指"该"(即"葛")二分,但事实上"塘"在形式和功能上受到限制,"该"实为不区分远近的中性指示词。他还推测"该"是首先出现的指示词,远近区别则为后起。不过,从文献来看,尽管表近指的"塘"与一百多年前"荡"功能表现接近,即在远近对举的语境中表近指,但一百多年前句法功能较现在更强。如上文例(21a)"塘"(即"荡")可单用为代词,而今宁波话已不能这样用了,可见"荡"的句法功能在削弱而非发展。再联系新派宁波话指示词的使用情况,我们推测宁波话指示词应处于合并过程中,而非分化过程中。即区分远近在先,而后才合并于中性指示词。

　　宁波话指示词系统合并于"葛"系指示词,不仅发生于表处所、个体等的指示代词,表方式的指示代词也发生了合并。汤珍珠、陈忠敏、吴新贤等(1996:"引论"19)就指出,宁波话中表方式时也可区分远近,用"介……既……"表示"这样"或"那样";例(102)和例(103)。

　　(103) a. 介也勿依心相,既也勿依心相,到底要咋相貌。这样也不称心,那样也不称心,到底要怎样!

　　　　　b. 一晌要介,一晌要既。一会儿要这样,一会儿要那样。

　　不过,宁波话也有不分近指和远指的情况。如:

　　(104) a. 该样也勿要吃,该样也勿要吃,交关难弄。这个也不吃,那个也不吃,很难伺候。

　　　　　b. 格貌勿对,格貌也勿对,勿晓得要咋弄弄好。这样做不对,那样做也不对,不知该怎么做好。

　　由例(105)来看,表方式时合并于"该"系指示词。

　　从文献和今方言(新派)语料来看,19世纪中叶以来宁波话指示词系统在走向合并。宁波话中定指示词可以兼表近指和远指,甚至在对举语境中也只用"葛",功能强大,使得原系统中表近指的"塘"系指示词逐渐失去表个体和处所的功能,形成从二分系统合并为一分式的强烈趋势,尽管这一合并过程并不彻底。

### 3.4.2.3　分化型

　　中性指示词"箇"应距离表达的需要,通过声韵调的改变分化出近指示词和远指示词,主要以台州话为代表。

　　19世纪台州话文献中除处所指示词外,皆只用"箇"构成各派生指示词,在距离范畴上是一分式。不过,赵元任(1956:98—100)记录台州(黄岩)方言指示词为二分式。具体如下:

| 个体 | 处所 | 方式程度 | 时间 |
|---|---|---|---|
| 近指:甲该(gaqgé) | 甲搭、甲堂你 | 甲体 gaqtii | 腔、甲腔 |
| 远指:解该(gaagé) | 解地 | | |

　　可见,台州话在 20 世纪二三十年代,"箇"读同"甲",做近指示词,且在表个体和处所时出现表远指的"解"系指示代词。

　　赵先生未提及指示词"以",有一种可能是"以"作为指示词不常用,即使是表处所,也不如来自"箇"的"甲搭"类常用。卢笑予(2017,2018)先后介绍了台州地区临海方言指示词系统以及指示词"以"在吴语区的分布和演变。就临海方言来看,指示词有"葛[kəʔ⁵]""箇[kɛ⁵¹]"和"以[i⁵¹]"。这三个指示词所表距离义分别是:近指、远指、更近指。不过,在句法上,前两者表现一致,如它们可以构成对举,可以做主语、与名词短语组合充当论元性成分等,"以"不具备这些功能,它只能构成表处所和时间的指示词。阮咏梅(2019a)则进一步指出"以"(写作"已")在南台片,可构成处所指示词"已垯/底",但与时间语素构成时间指示词的能力远不及与处所语素的组合,仅有"已昶"独例,此外"已"还能独立充当处所介词宾语,并能作为指示词与量词组合。尽管"以"作指示词在台州地区的句法功能上仍存在差异,但皆表明它是台州地区方言指示词系统中的残留形式。正如卢笑予(2017)所指出的,"以"源自 tɕ- 类近指词,在吴语区这类近指词的分布区域自西南山区向东部沿海及北部平原地带逐渐缩小,指示功能在绝大部分地区逐渐被 k- 组取代。金龙(2022)进一步指出,"椒江话的'以'也正在退出个体指示,这一点很明显地出现在了新老派的使用中。新派在日常交流中尚在使用'以+方所'的方所指示结构,但对'以+量词'等个体指示结构使用明显较少",今台州地区方言中,基本形指示词为:定指词兼近指词"箇"和远指词"解"构成的指示词系统。

　　而对于"箇"与"解"之间的演变关系,戴昭铭(2003,2006:112)认为吴语天台方言近指的"嗰[køʔ⁵]"与远指的"解"[ka³²⁵]是一对明显的语音交替形式。从共时状态来看,近指和远指的表示,确实是由韵母和声调的差异造成的。汪化云(2008)则认为"在不能找到其他来源的情况下,应该将二者看作是定指词'箇'的分化"。卢笑予(2017)也认为临海方言中 k-组兼表远近情况,极有可能源于系统内指示词的再度分化,分化的办法就是韵母交替。除阮咏梅(2019a)指出台州片近远指形式除韵母舌位对立外,声调上也有"近指为入声,远指非入声"(曹志耘 2008)的区别。近指和远指由量词"个"语法化而来。其过程为:

$$量词 \rightarrow 中性指 \rightarrow 近指词[kə\text{ʔ}^0]$$
$$(ke) \quad (keh) \searrow 远指词[ka^{42}]$$

可见,学界一般认为"解"来自定指示词"箇"的分化,即"箇"从不具距离义的定指示词或中性指示词,因表达的实际需要和突出远近指称的对比,通过变韵变调方式分化出远指示词。而"箇"自身则做定指示词且兼表近指,构成二分式指示词系统。

那么"解[ka]"是否来自 19 世纪下半叶的"间"呢？从表义来看,二者皆表远指,是否由"间"功能扩散,即从构成处所指代词进一步演变为可构成表个体、数量、时间、方式或程度等指代词的基本形指示词呢？从语法化角度来看,是存在这种可能性。不过,从与"间"对应的近指示词"以"的衰落来看,作为远指示词的"间"反而发展为功能活跃的基本形指示词,这是有困难的。通常而言,远近指示词在使用频率和语篇中的功能上是很不平衡的,徐丹(1988)指出,普通话中"这""那"在使用频率上悬殊,"这"位于常用词第 10 位,而"那"位于第 182 位。陶红印(Tao 1999)也指出语篇用更偏重"这",方梅(2002)进一步论述了指示词"这"与"那"在语用功能或虚化上的不对称现象。而词语语法化的一个重要条件是高频使用,既然较远指示词"间"更高频使用的近指示词"以"都已走向消失,使用频率低的"间"要发展为基本形指示词,其困难是可想而知的。

因此,我们也认为台州话形成远近二分的指示词系统,是定指示词"箇"分化的结果。正如潘悟云、陶寰(1999)所指出的,溧阳话、台州话等远近指很可能曾经合流于"个个",后来通过元音的分化把远近指重新区分开来。从文献来看,这一分化过程是较晚近的事,可能发生于 20 世纪初期。

综上所述,一百多年来吴语指示词系统的演变实际上即为"箇"

系指示词的演变,若"箇"系指示词的功能不变,那么指示词系统稳定,如温州话和苏州话;若有所变化,或引起指示词系统内部成员的调整,如上海话、金华话"箇"系发展为近指示词,或引起指示词系统的变化,如宁波话"葛"有进一步挤掉近指示词的趋势,形成不区分距离范畴的一分式指示词系统,台州话"箇"则分化出距离指示词,指示词系统从一分式发展为二分式,由此看来,"箇"系指示词的功能演变成为指示词系统演变的核心因素,这也说明它对于吴语指示词系统的重要性。

而"箇"系指示词在演变中也表现出某些共同倾向,比如上海话新派、宁波话新派中"箇"系皆获得近指的语义功能,并替代方言系统中原有的近指示词"第""塘",金华话"箇"发展为专职的近指示词;同时,"箇"系指示词的演变又受到该方言距离义指示词的制约,若距离义指示词派生能力强、功能活跃,且以二分式存在,"箇"系指示词的功能稳定,如温州话、苏州话皆存在派生能力强的近指和远指示词,故"箇"系指示词的基本功能一百多年中并未发生演变;在距离义指示词无派生能力的方言中,"箇"系则应表达距离的需要分化出近指和远指示词,如台州话;在虽有距离义指示词,但在"箇"系指示词功能更为活跃的上海话、宁波话中,"箇"系发展出近指示词的语义功能并替代原来表近指的指示词,或在原为中性兼近指示词的方言中发展为专职的近指示词,与专职的远指示词构成二分式,如金华话。由此可知,就吴语来看,一百多年来其指示词系统的演变就是"箇"系指示词与距离义指示词相互作用的结果。

### 3.4.3　小结

从 19 世纪吴语文献来看,一百多年前吴语中"箇"主要用于表定指或中性指,在大多数吴语方言中用作基本形指示词,有较强的派生能力,可构成各类非基本形指示(代)词。不过,它在指示词系统中的作用存在类型差异。根据"箇"的功能,可将吴语指示词系统大致分为四类,分别为:只以距离指示词为基本形的系统,如温州话;以"箇"

为唯一基本形的指示词系统,如台州话;以"箇"为主要基本形的指示
词系统,如宁波话和金华话;"箇"和距离义指示词同作基本形的指示
词系统,如上海话和苏州话。

　　而从 20 世纪各方言指示词系统的演变来看,"箇"系指示词的功
能演变是吴语指示词系统发展的核心内容。"箇"系变,则系统变,如
上海话、宁波话、金华话、台州话;"箇"系不变,则系统不变,如温州
话、苏州话等。而在变与不变之中,又表现出较强的规律性,就演变
而言,"箇"在上海话、宁波话和金华话中皆获得表近指的语义功能,
或取代原系统中近指示词,如前两个方言;或发展为专职近指示词。
且从变化的制约因素来看,"箇"之所以在这些方言中发生功能变化,
与方言指示词系统中带距离义指示词与"箇"系指示词功能不平衡不
无关联,如上海话虽有远近指示词,且为基本形指示词,但"箇"的使
用更为活跃,宁波话"葛"的功能表现较之"塘"优势更显著,反之,若
"箇"派生能力弱,或者与距离指示词功能相当,则"箇"系未发生演
变,如温州话和苏州话。

　　从地域来看,19 世纪以来位于浙江沿海的宁波话和台州话指示
词系统变化最大,前者因"葛"系指示词语义功能的发展和对近指示
词的替代,发展为一分式,后者则因表达距离义的需要,"箇"系分化
出近指和远指示词,成为二分式。较之沿海吴语两个方言点而言,南
部吴语温州话指示词系统一百多年来最为稳固,也是吴语中"箇"在
指示词系统中功能最弱的方言。而苏沪吴语和位于浙江中部的金华
话虽然"箇"系指示词皆用作基本形指示词,不过,金华话"箇"系已演
变为专职的近指示词,而苏沪吴语"箇"则仍用为中性指示词兼作距
离义指示词。由此可见,一百多年来吴语指示词系统演变存在显著
的地域差异。

# 第四章　否定词及其演变

　　游汝杰(2005a)根据语法功能将吴语否定词分为三类,即:否定动词或形容词的"不"类否定词、否定存在的"没有(无)"类,用于否定未然体的动作或动词的"没有(未)"类。这一分类考虑到了表否定的动词与副词的同源关系,如"没有(无)"类既用作否定动词,也用作否定副词,便于从历时角度考察由动词到副词的语法化过程,同时,析出"没有(未)"类,突出了吴语基本否定词的特色。因此,本章拟采用游汝杰(2005a)的分类,考察上海话三类基本否定词的演变情况,然后重点考察吴语中小类最丰富的"没有(无)"类否定词自 19 世纪中叶以来的演变。

## 4.1　早期上海话基本否定词及其演变

　　上海话基本否定词的类型及演变一直是上海话否定词研究的重要对象。许宝华、汤珍珠(1988:451—452)和游汝杰(2013:367—369)指出上海话基本否定词有:勿[vəʔ¹²]、呒没[ɦm¹³⁻²² məʔ¹²⁻⁴]、勿曾[vəʔ¹²⁻¹ zən¹³⁻²³]、未[mi¹³]等,其中"勿"在句法上不常用来单独回答,"呒没"可单独用作否定回答,"勿曾"在市区新派中已不用,老派使用频率已趋低,"呒没"已经取代"勿曾","未"则一般用于句末,表示前文述及的事件远未发生。刘丹青(2002b)通过 7 万字的口语语料的穷尽性分析,也指出上海话否定词"勿"和"呒没"在回答问题时的独用差异,且存在否定词"呒没"兼作已然体否定副词,基本取代了老上海话的"勿曾",从而区别于其他北部吴语的现象。钱乃荣(2003a:190—192)利用传教士文献从历时演变角度,指出一百多年来上海话否定词的兴衰更替现象,如否定词"呒"的单用独立性消失,变成构词的否定语素,"呒没"发展为否定动词和否定副词,取代"呒得"和"勿曾"。综合前贤研究来看,上海话基本否定词词形在减少,相应类型也在合并,如否定词"没有(无)"类吞并了"没有(未)"类。上海话基本否定词在一百多年中发生了较显著的演变,但对其演变的过程及动因仍需探讨。本节拟结合分布统计,展示上海话基本否定词的类型及句法功能的演变历程,并探讨其演变的动因。

### 4.1.1　基本否定词类型及用法

我们参照游汝杰(2005a)对吴语否定词的分类,梳理 19 世纪西儒上海话文献中的基本否定词(见表 4-1),以展示一百多年前上海话基本否定词的面貌。

表 4-1　19 世纪上海话否定词类型表

| 文献时间 | 否定词类型 | | | |
|---|---|---|---|---|
| | "不"类否定词 | "没有(无)"类否定词 | | "没有(未)"类 |
| | ＋动词或形容词 | ＋名词 | ＋动词(否定已然) | ＋动词(否定未然体动词) |
| 1847 年 | 勿/弗 | 唔/唔没/唔末 | | 勿曾/弗曾/未曾 |
| 1849 年 | 勿/弗 | 无没/无末 | | 勿曾 |
| 1850—1851 年 | 勿 feh | 无没 m meh | | 勿曾 feh zung |
| 1853 年 | 勿 veh/唔 m | 无 m/唔/无没 m méh | | 勿曾 Veh zung |
| 1857 年 | 勿/弗 | 无/无没/无得/无末 | | 勿曾 |
| 1862 年 | 勿 veh | 呒末 m meh/呒得 m tuh/呒 m | | 勿曾 veh zung |
| 1883 年 | 勿 veh | 无 m/没 mé/无得 m-te/无拨 m-pé/无没 m-mé | | 勿曾 Vé-zeng |
| 1890 年 | 勿 | 呒没 m méh | | 勿曾 |

所涉文献及符号说明:
《油拉八国》(1849)、《约翰福音》(1847)、《上海话短语》(1850—1851)、《语法》(1853)、《蒙童训》(1857)、《语句集锦》(1862)、《松江话词汇集》(1883)、《使徒言行传》(1890)等。表中读音为原文罗马字拼音,汉字也为原文所用,"没有(无)"类中自成音节的鼻音 m 有多种书写形式,如"无""唔""无""呒""呒"等,文献中用字不同,实则为同一词,有时同一文献中出现多种写法。如艾约瑟《语法》(1853)"唔坐处 no place to sit down""唔啥好处 no benefit in it""更加无用 much more useless"等,其对应的读音皆为自成音节鼻音 m。

　　由表 4-1 可见,19 世纪上海话基本否定词有:"不"类否定词有"勿""弗"和"唔";"没有(无)"类大多为双音节形式,只用作否定性动词,后接名词性宾语,不用作否定副词,否定行为动作客观已然用"勿曾";早期上海话中否定已然和否定未然皆用"勿曾"或"弗曾"。下面逐一介绍 19 世纪上海话基本否定词的类型及句法特征。

### 4.1.2　"勿""弗"与"唔"

　　早期上海话"不"类否定词,主要为"勿","弗"为"勿"浊化前的形式,两者词源相同(潘悟云 2002,钱乃荣 2003a)。尽管学界对其词源为"不"(潘悟云 2002,"不尤韵")还是"弗"(梅祖麟 2013,"分勿切"的"弗")仍有不同看法。一百五十多年前上海话文献中"勿""弗"并存,且以前者为主,说明"弗"到"勿"的演变基本完成。在句法上两者功能并无差异。如:

(1) a. 世界上勿认得伊拉,伊到本地,本地人勿接伊。世界却不认识他,他到自己的地方来,自己的人倒不接待他。(《约翰福音》1847,1:11)

　　b. 亮光照亮暗洞里,但是暗洞里个勿识个拉。光照在黑暗里,黑暗却不接受光。(同上,1:5)

　　c. 约翰勿是亮光,是亮光个干证拉。他不是那光,乃是要为光作见证。(同上,1:8)

　　d. 撒酒个一尝,勿晓得那里①来个。管筵席的尝了那水变的酒,并不知道是那里来的。(同上,2:9)

　　e. 吾勿敢忒伊解拉。我给他解鞋带,也不配。(同上,1:27)

　　f. 垃垃水里出来,看勿出远个。(《油拉八国》1849:29)

　　g. 打也打伊勿过,话也话伊勿过。Cannot conquer him by beating, nor by using the tongue.(《语法》1853:122)

　　h. 勿落雨,百姓要苦恼。If it does not rain, the people must suffer.(同上,128)

---

① 即今"哪里"。

（2）a. 但是耶稣认得人，所以弗靠第个，而且人个心肠弗必要告
诉耶稣，耶稣晓得个拉。因为他知道万人。也用不着谁见证人怎样，因他知道人
心里所存的。（《约翰福音》1847，2:24—25）

b. 耶稣用第个比方，弗懂得伊个说话啥意思拉。耶稣将这比喻告诉
他们，但他们不明白所说的是什么意思。（同上，10:6）

c. 百工技艺末，弗大好个。（《油拉八国》1849:69）

d. 我勿晓得。Ngu feh hid tuh. I do not know.(《上海话短
语》1851)

（3）a. 寒热有勿有？ Hōn nyih yeu veh yeu? Have you fever?
（《语句集锦》1862:117）

b. 因为我个道理俇心里勿有个。你们并没有他的道存在心里。（《约翰
福音》1847，5:38）

c. 实盖个茶叶勿有消场。Seh-kay kuh dzō yih veh yeu
sëau dzang. you cannot find a market for such tea.(《语
句集锦》1862:25)

d. 教书个本事勿有。The ability to instruct，he does not
possess.(《语法》1853:167)

e. 晓得伊拉所告個，不过辩论伊拉个律法，勿有应该死咾应
该缚个罪。便查知他被告是因他们律法的辩论，并没有什么该死该绑的罪名。（《使
徒言行传》1890，23:29）

f. 神实盖做子末，合埃及国秃为子蟲蝇哗坏者，不过以色列
人屋里末勿有。（《蒙童训》中卷，1857:10）

（4）a. 现银子我身边勿带请俇上垃帐上。Ye nying ts ngoo
sung pen veh ta，ts'ing núng song leh tsang long. I have
not brought ready money with me，will you put it down
to my account.(《语句集锦》1862:31)

b. 伊个小姐到第间房子里，勿听见鸟个声气，伊走近之鸟
笼，看见鸟是死拉哉，就哭咾喊起来，苦恼得极，像死之了
朋友能样。（《练习》1910:21）

（5）a. 眼睛勿看见<sub>看不见</sub>。（《松江话词汇集》1883:34）

　　　b. 有云捧伊，伊拉勿看见。<sub>有一朵云彩把他接去，便看不见他了。</sub>（《使徒言行传》1890，1:9）

　　　c. 一同走个，立定之咾开口勿出，只听见声气咾勿看见人。扫罗从地上起来，张开眼睛，勿能够看见啥，伊拉牵之伊个手咾领进大马色。三日勿看见，也勿吃也勿呷。<sub>同行的人站在那里，说不出话来，听见声音，却看不见人。扫罗从地上起来，睁开眼睛，竟不能看见什么。有人拉他的手，领他进了大马色。三日不能看见，也不吃，也不喝。</sub>（同上，9:7—9）

（6）a. 甲：我看看侬气色，面黄体瘦，眼窝落潭，恐怕勿是单单喫口酒，还喫口大烟是否？

　　　　乙：勿，个是无得瘾头个，因为尝怕其喫成功，所以情愿到第块来做生活，守本分，离开一淘老朋友。（《松江话词汇集》1883:98）

　　　b. 天主堂造咾修，是神父本分否？勿，教友也有本分个。（《撮要》1926:75）

　　　c. 公审判个时候，耶稣单单赏罚人个灵魂否。勿，肉身也要赏罚个。（《撮要》1926:39）

　　　d. 肉身拉拉天堂上，要到啥地方去，要费脱啥工夫否？勿，一歇就到。（《撮要》1926:55）

　　　e. 甲：两嘴唇红来，身体热呢啥？乙：勿也。（《松江话词汇集》1883:35）

　　从文献来看，早期上海话"勿"可用来否定主观意愿、惯常行为、属性、心理行为、助动词等，如例（1a）至例（1e）句，可否定动作结果的可能性，如例（1f）至例（1g）等，也可单独用于从句中，与主句构成条件假设关系，如例 1h 句。例（2a）至例（2c）"弗"用法与"勿"一样，可否定主观意愿、助动词和心理动词，也可否定性状。两者只是读音和书写形式不同而已。

　　19 世纪文献中"勿"表义和用法上有较鲜明的特色。"勿"常构成"V 勿 V"的正反问形式，而这种形式中的动词也常可以是"有"，如例(3a),同时,"勿"也常在各类文献中用来否定领有动词"有"如例(3b)至例(3f)。刘丹青(2002b)指出在今上海话自然口语语料中也见用"有勿有"正反问形式,但"更像是'有'的形态性变化",因为"勿有"在今上海话中已不成一个单位。而从文献来看,一百多年前上海话文献中"勿有"仍为常见的谓词组合,所以"有勿有"仍是动词"有"构成的正反问形式,而非"有"的形态性变化。"勿"还可以用来否定客观已然动作,如例(4a)"身边勿带"表示在说话时间点之前该动作未发生,对应的英文翻译采用现在完成时表达。例(5)"勿看见"表示"看不见"的意思,在课本类和《圣经》土白文献中皆用"勿"来否定非自主动词"看见"。例(6a)中"勿"用在否定性答句中,用来回答问句所提到的行为事件。例(6a)至例(6d)句中"勿"具有否定叹词的作用,单独回答问题,例 6e 句"勿"则与语气词共现。

　　"唔"否定现状,只见于艾约瑟《语法》(1853:19)的记载。如,"唔要紧 m yau kiun, not important"为惯用组合,从词汇化来看,"唔"可看作构词语素。这类似于今温州话表示"不"的"m、n",游汝杰(2004b)指出温州话有"m²(否定词)＋hə³(好)mə³(不好)""n(否定词)＋iɛ⁵tøiŋ³ 要紧(不要紧)"。今温州话否定词"m、n"只用于某些固定词组、合音词或俗语中,不再能产。这种自成音节的鼻音语素属于较古老的层次。从艾约瑟的记载来看,一百多年前上海话"不"类否定词也在固定短语或词中保留了这一古老的层次。

### 4.1.3　"呒"与"呒没/末/得/拨"

　　"没有"类否定词"呒"偶作否定动词,但主要用在固定词组或俗语中,"呒"已为构词语素。构成复合词式的"没有(无)"类否定词。如:"呒没 m méh""呒得 m-te"和"呒拨 m-pé"等。一百多年前,它们皆只作否定动词,不用作否定已然的副词。如:

(7) a. 大生意呒本钱啥做勿起,只得做做小生意。*Too sang-e m pung de lau tsoo veh che, tseh tuh tsoo tsoo sēau sang-e*. When one cannot do a large business from want of

capital, he must do a small trade.(《语句集锦》1862:122)

 b. 口说无凭。k'eu söh m bing. Words without foundation.
  (《语法》1853:79)

 c. 有口无心。yeu k'eu m sing. Speaking without thinking。
  Mere words.(同上,79)

 d. 唔头唔脑。M deu m nau. without order.(同上,80)

 e. 呒忧呒虑。M yeu m lü. Having no grief or care.(同上,157)

 f. 呒形呒踪。M yung m tsóng. There is no trace of him.
  (同上)

 g. 呒啥事体。M sá' zz' t'í. It is nothing.(同上)

(8) a. 无没啥比伊好个者。(《油拉八国》1849:32)

 b. 第块有个修道堂,办得第塔,亚爱伦无末。(《油拉八国》
  1849:30)

 c. 低之着头,故口气就唔末哉。(《约翰福音》1847:80)

 d. 唔没道末,一样物事勿有拉。(同上,1)

 e. 书要比第个板子再好呒末买处。Su yau pe te kuh pan tz
  tsay hau, m meh ma ts'u. You cannot buy a book with
  better type than this.(《语句集锦》1862:113)

 f. 约瑟走到子末,多化阿哥担伊着拉个衣裳,一齐剥子下
  来,担约瑟电拉陷坑里,陷坑里倒无没水个。(《蒙童训》
  上卷,1857:20)

 g. 摩西意勿过离开苦恼个亲族,独是勿能勿避脱王帝个动
  气,路上末无啥物事吃哞,无末骡子骑,又无啥相帮人。
  (《蒙童训》中卷,1857:5)

(9) a. 中国盆盥上个山水咾花卉呒得英国能个细腻。Tsúng
  kōh pung way long kuh san sz lau hwō hway m tuh
  ying-kōh nung kuh se nie. The landscapes and flowering
  on the Chinese plates and basins are not so fine as the
  English.(《语句集锦》1862:99)

b. 第个人呒得啥好吃局。Te kuh niung m tuh sa hau ch'uh jōh. This man has not good food.(同上,10)

c. 再好末无得。Tsai h'ao mé m-te.(《松江话词汇集》1883:17)

d. 有呢无得？Yeu gni m-te? (同上,2)

e. 亚伯拉罕虽阁个户荡,无得啥房子个,不过担皮来做拉个帐篷可以拿来拿去个。(《蒙童训》上卷,1857:10)

(10) 铜钱有末？弗曾。无得。无没。一眼无拨。Dong-dié yeu-mé? Vé zeng. M-te, m-mé. I-ngè m-pé. Avez-vous des sapèques (vos sapèques)? (《松江话词汇集》1883:29)

例(7a)"呒"仍用作句法上的否定动词,而例(7b)至例(7f)"呒"构成成语或固定词组,例(7g)中"呒啥"构成跨层常见组合,在文献中高频使用;例(8)"呒没"在文献中记作"无没""无末""唔末""唔没"等不同形式,都作否定动词,后带名词性成分充当被领有对象;或者以该对象充当话题时,"无末""唔末"单独充当谓语,如例(8b)至例(8c)句;例(9)"呒得"用来表不及比,或带名词性宾语,或单独充当谓语,也可与"有"构成正反问句。例(10)出现在《松江话词汇集》中,"无拨"与"无得"一样,可作否定回答。刘丹青(2005a)指出否定词在强化弱化过程中常因语流音变而使词形复杂,北部吴语苏州话"呒拨"、昆山话"嗯得"、上海话"呒没"等,实际上皆为早期文献中的"无得"。早期上海话文献中并存"呒拨""呒得""呒没"三种,作否定动词。其中"呒拨"少见,可能借自苏州话。一百多年前苏州话《圣经》土白译本中"没有"类否定动词记作"无不"[m pəʔ](《马可福音》1891),与上海话文献中"呒拨"同音。"呒没""呒得"在文献中皆较常用,两者功能完全一致,只用作动词,从句法功能和表义的一致来看,很可能为同源词。

### 4.1.4　"勿曾""弗曾"与"未曾"

早期上海话"呒没"类否定词不作否定副词,因此,否定客观已然、状态变化与主观未然皆用"勿曾"及其变体形式"弗曾"或"未曾"。如：

(11) a. 非立勿曾招来个辰光，侬勒拉无花果树底下，吾已经看
见侬个。腓力还没有招呼你，你在无花果树底下，我就看见你了。(《约翰福音》
1847，1:48)

b. 亚伯拉罕个后代，弗曾做个歇人家个奴才。我们是亚伯拉罕的后
裔，从来没有作过谁的奴仆。(同上，8:33)

c. 向来弗曾靠我个名头咾求歇啥，第歇那求啥末，就到手
个。向来你们没有奉我的名求什么，如今你们求就必得着。(同上，16:24)

d. 事体未曾成功个前头，我先告诉俫。到之事体成功之后
来，俫可以信我是圣人拉。如今事情还没有成就，我要先告诉你们，叫你们到
事情成就的时候，可以信我是基督。(同上，13:19)

e. 还垃垃衙门里哩，勿曾发放哩。Wan lehleh nga-mung
le le，veh zung feh fong le. He is still in prison，he has
not yet been let go.(《语句集锦》1862:187)

f. 第个鸡蛋勿曾熟还要煤。Te kuh kie dan veh zung zōh，
wan yau seh. These eggs are not boiles enough，boil
them a little more.(同上，38)

g. 法度审判个事体半巴多还勿曾换脱个里。(《油拉八国》
1849:24)

h. 伊个人去过勿曾去过？Ye kuh niung che koo veh zung
che koo? Has that man gone or not? (《语句集锦》
1862:52)

i. 来年个馆地定当末？勿曾定当。Lai-gné-ke koé-di ting-
taong mé? Vé-zeng ting-taong.(《松江话词汇集》1883:76)

j. 弗晓得伊拉饭用呢弗曾用？Vé hiao-te I-la vè yong gni
vé-zeng yong.(同上，22)

k. 龛子里向，圣布摆拉末？勿曾。K'é-tse li-hiang，seng-
pou pa-la-mé? Vé zeng.(同上，166)

由例(11)可见，早期上海话"勿曾"相当于官话中否定副词"没

有",可否定曾然、已然等。不仅可用于否定陈述句,也可构成"VP(呢)勿曾 VP"式的正反问句,"勿曾"还可以单独构成否定回答。

由上可知,19 世纪上海话基本否定词主要为否定现状和主观意愿的"勿"类、否定存在的"呒没""呒得"类以及否定已然、曾然的"勿曾"类,三类的次类存在是"弗"和"得"的音变造成的,内部之间并无句法功能的差异。从类型格局的特征来看,最显著的是否定存在类仍只用作动词,还未发展出否定副词的功能。

### 4.1.5　否定词的演变

相比今上海话否定词的基本类型及其功能来看,上海话否定词在一百多年中的演变特征有:"勿"类否定词读音更为统一,"唔"和"弗"皆被"勿"完全取代;"没有(无)"从动词语法化为副词,替代"勿曾"类,导致上海话否定词类型格局简化,三类变成两类,同时也使得原来"跨界"进入"没有"的"勿"退出,使得否定词的句法功能分工更明确。

#### 4.1.5.1　"唔""弗"消失与"勿"功能专一化

19 世纪中叶艾约瑟记录的"唔要紧"成为上海话鼻音类否定词最后的痕迹,同时期或直至 20 世纪文献中皆说成"勿要紧 ·Veh iau-kyung"(《练习》1910:265),不再用鼻音类否定词。

"弗"在 20 世纪初的文献中仍偶见使用,且同一文献中一般为"勿""弗"并用。不过,"弗"使用频率很低,且已不见"弗曾"组合。如《练习》(1910)中,"勿"出现 741 次,而"弗"仅 3 例。进入 20 世纪二三十年代,"弗"不再用。从文献来看,"弗"这个早期读音形式,于 19 世纪末 20 世纪初期已基本完成读音形式的演变,读成"勿"。

从句法功能来看,"勿"的用法在专一化。首先,用来否定存在或领有的"勿有"逐渐被"呒没"取代。20 世纪二三十年代文献中,"勿有"虽仍较为常见,但"无没"更活跃。如:

(12) a. 话到上海个吃局,中国个,外国个,无没一样勿有。(《鹦

笑楼语录》1934:86)

b. 要甚有甚,叫无没一样勿有。(同上,87)

20 世纪 30 年代后期开始,文献中"勿有"基本消失,如《中日会话集》(1936)、《详注现代上海话》(1936)、《四周学上海话》(1940)等课本中皆已不用"勿有"。

不过,"有勿有"的正反问结构仍保留在老派口语中,只是不如"有哦"常用。"勿有"和"有勿有"的不平衡发展,使得今上海话"有勿有"似乎更宜看作"有"的形态化形式(刘丹青 2002a),尽管 19 世纪下半叶文献中"有勿有"仍为句法组合。

其次,"呒没"的发展也使得"勿"的句法功能更加专一化。如上文例(4)"身边勿带"得说成"呒没带"。其叹词用法也已消失,一般只能说成"勿是"或"勿 V"。如例(6)各句不能再单独用"勿"作否定回答。

### 4.1.5.2　"呒没"的发展

"呒没"在 20 世纪上半叶继续巩固其否定动词的用法,否定存在可带宾语,也可单独构成否定答句,同时,它已发展为成熟的否定副词,在与"勿曾"的共存相竞中胜出。

#### 4.1.5.2.1　动词"呒没"替代"呒"

19 世纪下半叶最常见的组合是"无啥 m-sa"和"无啥人 m-sa gnen",20 世纪初(《练习》,1910)已开始"无啥""无没啥"皆用。如"若然再无没啥吃末,要死者"(1910:250),出现了 3 处,不过,"无啥"仍更常见,出现了 29 处。《上海话语法》(蒲君南,1941:84)中提及"无啥",同时也介绍了"无没啥 m-meh sa"和"无没人 m-meh gnen"。可见,"无没"用作动词已取代了单音节形式的"无","无没啥"替代"无啥"是它在动词内部功能扩散的表现。

#### 4.1.5.2.2　副词"呒没"的发展

进入 20 世纪初,"呒没"副词用法形成,并于 20 世纪上半叶逐渐取代否定客观和主观已然的"勿曾",使得上海话实现了基本否定词的类型演变。如:

(13) a. 吪没读过歇。(《袖珍上海语》1942:65)

    b. 伊昨日无没来。(《详注现代上海话》1936:25)

    c. 侬伞带否？我吪没带。(《瀛沪双舌》1930,第27课)

    d. 吪没买票个买票啊,查票来者。(《实用速成上海语》1937:59—60)

    e. 趁天吪没暗咧,就快眼走罢。(《瀛沪双舌》1930,第27课)

从文献来看,"吪没"用作表曾然、主客观已然的否定副词,主要出现在20世纪30年代,此前仅用"勿曾"否定客观和主观已然。

"吪没"用作否定副词,与"勿曾"经历过共存相竞的阶段。20世纪三四十年代文献中否定副词"吪没"具有对"勿曾"的强劲冲击力,多数文献中"吪没"的分布远超过"勿曾",大有取代之势,但这个过程并不那么彻底,个别文献中"勿曾"仍较为顽强地作最后抗争,具体如表4-2。

表4-2　20世纪上半叶上海话"吪没""勿曾"分布表

| 文献 | 吪没 | 勿曾 |
|---|---|---|
| 《上海话练习》1910 | 0(0.0%) | 51(100.0%) |
| 《上海话课本》1923 | 0(0.0%) | 39(100.0%) |
| 《活用上海语》1924 | 0(0.0%) | 4(100.0%) |
| 《增补实用上海语》1925 | 10(33.3%) | 20(66.7%) |
| 《瀛沪双舌》1930 | 4(100.0%) | 0(0.0%) |
| 《详注现代上海话》1936 | 11(91.7%) | 1(8.3%) |
| 《中日会话集》1936 | 30(93.8%) | 2(6.2%) |
| 《实用速成上海话》1937 | 28(100.0%) | 0(0.0%) |
| 《四周学上海话》1940 | 3(100.0%) | 0(0.0%) |
| 《上海话语法》1941 | 0(0.0%) | 9(100.0%) |
| 《袖珍上海语》1942 | 21(70.0%) | 9(30.0%) |

　　由表 4-2 可见,1925 年以前的四种文献中"勿曾"占绝对优势,进入 20 世纪 30 年代,"呒没"在同一文献中的分布皆超过"勿曾",仅个别文献例外,如《上海话语法》(1941)仍只出现了"勿曾"。

　　这种竞争一直延续到 20 世纪 80 年代,已然否定词"勿曾"仍用于老派(许宝华、汤珍珠 1988:452),不过,新派上海话中"呒没"已经取代了"勿曾"。

　　那么 20 世纪三四十年代"呒没"否定副词如何形成? 为何又能够取代上海话中十分稳固的否定副词"勿曾"?

　　副词"呒没"来自其动词用法的语法化。"呒没"在 20 世纪只用作否定动词,后接被领有对象。不过,在话语中该对象因为话题化常前置或承上文省略,构成"(NP+)呒没"结构,当该结构出现在连动结构中时,形成"(NP+)呒没+VP"结构。该结构中处于前项位置上的"呒没",一方面因 NP 的前置而紧邻后项 VP,另一方面因被领有对象前移或话题化,与谓词"呒没"关系松散,使得"呒没"的领有义在结构中淡化,领有动词的动词性削弱,"领有"中所蕴涵的"已然义"得以凸显。在这种结构即"呒没 VP"和语义条件下,"呒没"经重新分析演变为 VP 的修饰成分,即否定副词,如例(14):

　　(14) a. 大英法兰西照会都有个,中国照会无没,到十六铺去好否?(《增补实用上海语》1925:22)

　　　　b. 私事人人有个,公事有个有,有个作兴无没,总归地<sub>这</sub>两样。(《鹦笑楼语录》1934:28)

　　　　c. 饭也无没吃,饿肚皮,像孔夫子能在陈绝粮。(同上,5)

　　　　d. 所以非但新闻纸无没看,连书也勿曾看歇一张。(同上,15)

　　例(14a、14b)中 NP 前置,与谓词"呒没"构成话题—说明关系,而例(14c)"无没 V"结构中,"无没"可分析为动词,表示"无没饭吃"的意思,也可分析为副词,理解为"饭没有吃","无没"出现动词、副词两解,处于重新分析中,这种重新分析导致"无没"形成表已然的副词用法。例(14d)"无没"与"勿曾"相互呼应,"无没"为表已然否定的副词。

4.1.5.2.3　"呒没"的其他用法

"呒没"发展为否定副词,不仅可以否定曾然、已然类动作,也可以否定情态。如:

(15) a. 地套物事人家屋里常庄有个,也叫盆景,好个也要值几十块,能百块个也有,无没一定个。(《鹦笑楼语录》1935:54)

　　 b. 分家勿分家,无没一定。(同上,51)

　　 c. 现在个天气忽冷忽热,实在无没一定。(《详注现代上海话》1936:51)

例(15)"无没一定"表示说话人对事件发生的不确定性认识。

"呒没"也可以用来构成否定性答句。如:

(16) a. 表停才,侬忘记脱旋一旋链否? 呒没,今早晨旋歇过才。(《瀛沪双舌》1930,21课)

　　 b. (丙)侬本地话无没学过否?

　　　 (丁)无没,官话未学过三年者,我想请侬介绍一位,本地话先生好否?(《增补实用上海语》1925,"问答"第29课)

例(16)"呒没"用作否定回答。这种用法在今上海话中更为常见。许宝华、汤珍珠(1988:453)指出"在青少年中流行用'呒没'回答是非问句"。刘丹青(2002b)也指出"呒没"单独成句在北部吴语区是较新的现象,且语料表明,不限于青少年。而从例(16)来看,这种用法实则不新,一百年前课本中就依稀可见,它的兴起应是否定动词"呒没"语法化的结果。如:

(17) a. 公审判后来,炼狱有否? 无没者。(《撮要》1926:41)

　　 b. 地堂里有啥冷热否? 无没,勿冷勿热。(同上,17)

例(17)中"无没"用来回答谓词"有"构成的是非问句,"无没"为否定动词,但当是非问突破"有"字谓语句时,"无没"仍用作否定答句,"无没"中的领有或存在意义淡化,否定义保留,其动词性削弱,可重新分析为应答否定词。这种用法直接来自否定动词的语法化,而并不需要经历否定副词阶段,这从两者使用的年代上也可佐证,用作否定应答要早于副词用法。

　　至于"无没"应答否定词功能在今上海新派话中的发展,应该还受到普通话的影响,但这种影响只是推动了应答否定词"无没"的更广泛使用,与其形成并无直接关系。

　　4.1.5.2.4　副词"呒没"发展原因

　　为何"呒没"在 20 世纪三四十年代发展为副词后能以迅猛之势取代旧形式"勿曾"呢?结合文献,我们尝试做一些推测。

　　"呒没""勿曾"皆用于否定曾然、客观已然和主观已然,文献中20 世纪三四十年代两者在功能上并存相竞,这种分布为我们推测"呒没"取代"勿曾"的过程提供了线索。

表 4-3　20 世纪上半叶上海话"呒没""勿曾"功能分布表

| 文献 | 呒没 | | | 勿曾 | | |
|---|---|---|---|---|---|---|
| | 曾然 | 客观已然 | 主观已然 | 曾然 | 客观已然 | 主观已然 |
| 《增补实用上海语》1925 | 1(12.5%) | 6(75.0%) | 1(12.5%) | 2(10.5%) | 7(36.9%) | 10(52.6%) |
| 《瀛沪双舌》1930 | 0(0.0%) | 3(75.0%) | 1(25.0%) | 0(0.0%) | 0(0.0%) | 0(0.0%) |
| 《中日会话集》1936 | 2(6.6%) | 14(46.7%) | 14(46.7%) | 0(0.0%) | 2(100.0%) | 0(0.0%) |
| 《四周学上海话》1940 | 0(0.0%) | 2(100.0%) | 0(0.0%) | 0(0.0%) | 0(0.0%) | 0(0.0%) |
| 《袖珍上海语》1942 | 7(35.0%) | 4(20.0%) | 9(45.0%) | 3(30.0%) | 0(0.0%) | 7(70.0%) |

　　由表 4-3"呒没"的语义功能来看,副词"呒没"先否定的是客观已然,如《四周学上海话》(1940)中用作否定副词时只有客观已然的用例,而《增补实用上海语》(1925)、《瀛沪双舌》(1930)中"呒没"否定动作客观已然皆已占 75.0%,而至《中日会话集》(1936)、《袖珍上海语》(1942)中"呒没"用于曾然、主观已然和客观已然的比例相当。这种分布表明"呒没"用作否定副词主要用来否定客观

已然,然后扩散至主观已然和曾然。与之对应的是"勿曾"的消退,先发生在否定客观已然上,至 20 世纪 40 年代的两种课本中"勿曾"主要用来表曾然和主观已然,"呒没"在否定客观已然上已基本取代"勿曾"。

"呒没"取代"勿曾"的过程与其语法化的过程相一致。即"呒没"从否定领有或存在的动词演变为否定已然行为的副词,因它与客观已然义自然关联,所以先演变为否定客观已然行为的副词,后扩散至主观已然和曾然。据此我们推测"呒没"取代"勿曾"得益于语义上的优势,这是替代发生的内因。

至于外因,应该是受到普通话否定副词类型的推动。钱乃荣(1992:943)指出,像旧松江府地域的上海、松江新派都用"呒没",只有老派才用"勿曾",而且越来越少。新派受文教系统的影响普遍要大于老派,用"呒没"对应普通话"没有","呒没"就更为常用了。

综上所述,我们认为"呒没"取代"勿曾"是"呒没"语法化的结果,同时也受到普通话的间接推动作用。

### 4.1.6 小结

近代西儒文献为我们提供了一百多年来上海话基本否定词的类型及演变。一百多年前,上海话"不"类否定词仍残存"唔"类,"弗"为"勿"的早期读音形式,而"勿"的句法功能较今上海话更为活跃。但随着"呒没"由动词发展为副词,不仅"勿"的使用范围缩小,"勿曾"也处于被替代中,"呒没"替代"勿曾"的过程也体现了其否定功能的发展过程,即从否定客观已然扩散至否定主观已然和未然,这是上海话基本否定词"呒没""勿曾"类走向合一的内因,尽管可能也受普通话"没有"对这个合一过程的影响。

总的来看,上海话基本否定词在一百多年中类型减少,主要是因为"呒没"的发展。

# 4.2　早期吴语"没有(无)"类否定词的类型及演变

　　游汝杰(2005a)指出,吴语"没有(无)"类否定词的小类最丰富,可分为五小类:(1)自成音节鼻音 m、n;(2)自成音节鼻音 m+"没"məʔ[8](如上海话);(3)自成音节鼻音 m+"不"pəʔ[7](如苏州话);(4)自成音节鼻音 m+"得"təʔ[7](如常州话);(5)自成音节鼻音 n+"有"nau[3](如温州话),等等。这五个小类实际代表了该类否定词在吴语中的五个不同历史层次,其中(1)最古老,而(2)—(5)产生的时期孰先孰后难以判定,且其中(2)、(3)、(5)皆为叠床架屋式否定词,即前后两个语素都是表否定的。共时丰富的类型是历时演变或积淀的结果,由§4.1可知,上海话基本否定词中"没有(无)"类在一百多年来发生过较显著的演变,因此本节拟集中介绍"没有(无)"类否定词在 19 世纪苏州话、金华话、台州话、宁波话、温州话等中的情况,并进一步讨论它在吴语中的演变情况。

## 4.2.1　"没有(无)"类否定词的类型

　　19 世纪下半叶西儒文献中"没有(无)"类否定词主要有七种,分别为:(1)自成音节鼻音 m,记作"呒",一百多年前在吴语各方言中大多只用作否定性构词语素,除金华方言以外;(2)"呒不",苏州话否定动词,不作否定副词,也偶见于 19 世纪上海话文献;(3)"呒得",19 世纪上海话文献中只用作否定动词,不过,19 世纪宁波话、金华话中仍保留了否定副词用法;(4)"m-neh",记作"呒嘞",宁波话否定动词和副词;(5)"m-meh",记作"呒没",见于上海话,用作否定动词,偶见于金华话;(6)"m-yiu",记作"呒有",台州话否定动词,未见用作否定副词;(7)"n-nao",记作"唔冇",温州话否定动词和副词。具体见表 4-4。

表 4-4　19 世纪下半叶吴语"没有(无)"类否定词的类型

| 没有(无) | 苏州话 | 宁波话 | 金华话 | 台州话 | 温州话 |
|---|---|---|---|---|---|
| 动词 | 呒/无<br>呒不 | m | m<br>m-meh 呒末 | m<br>呒有 m-yiu | n |
| 动词/副词 | | 呒得 m-teh<br>呒嬲 m-neh | 呒得 m-teh | | 唔冇 n-nao |

下面逐一介绍这七个否定词在文献中的使用情况。

**4.2.1.1　"呒"**

一百多年前苏州话、台州话、宁波话、温州话等方言中,"呒"已经从句法组合中退出,在具有半能产的词法词阶段,正由词发展为构词语素,构成述宾结构的词汇词。只有金华话中,"呒"用作动词带名词宾语,组合自由。

(18)苏州话:a. 耶稣个道理是完完全全,像一件无毛病个新衣裳。(《马太福音》1879,第 9 章)

b. 俚笃顶小个顶无用个物事,学生子勿可以拿去,个个恶人勿能得着耶稣道理个好处。(同上,第 10 章)

c. 耶稣说:"学生子无罪个,因为人日日肚里饿,所以一定要日日吃物事。"(同上,第 12 章)

d. m-nyen nô sin-pu læ pu gyiu i-djông. 无人拿新布来补旧衣裳。没有人把新布缝在旧衣服上。(《马可福音》1891,2:21)

(19)台州话:a. m-ze-keh nying ng fe ding ge ze.无罪个人你弗定其罪。就不将无罪的当作有罪的了。(《马太福音》1880,12:7)

b. tsing-ziang m-nying kwön-keh yiang.正像无人管个羊。如同羊没有牧人一般。(同上,9:36)

c. dæn-z sing-li m-keng,peh-ku z dzæn-z.但是心里无根,不过是暂时。只因心里没有根,不过是暂时的。(同上,13:21)

d. ngô ah feh iao peh ge-he k'ong-du k'e, kyüong-p'ô

lu-zông m-lih. 我也弗拨渠许空肚去,恐怕路上无

力。我不愿意叫他们饿着回去,恐怕在路上困乏。(同上,15:32)

e. Nying ziah-z ts-tin tsi-dænvæh-tsiu, z m-iao-
kying. 你若是指点祭坛罚咒,是无要紧。凡指着坛起

誓的,这算不得甚么。(同上,23:18)

(20) 宁波话:a. Keh z m-yüong. 葛是呒用。(《土话初学》1868:24)

b. m-deo-m-jü. 呒头呒绪(同上:21)

c. Keh z m-fah. 葛是呒法(同上,24)

d. Keh z m-tso. 葛是呒做(同上)

e. Keh z m-su. 葛说呒数(同上)

(21) 温州话:a. Kaih n-ch'ï² tsu². 简呒处做。this can't be
done.(《温州方言入门》1893:286)

b. He¹-kai²-n-foh. 许个呒法。that can't be helped.(同
上,287)

c. n-ch'ï²-koa¹. 呒处讲。remark, beyond(同上)

d. N-pang². 呒□。not able to.(同上)

(22) 金华话:a. Kyü, Ng m diao shü kwor-kwör。主,尔呒吊水
家伙。先生没有打水的器具。(《约翰福音》1866,4:11)

b. 'A m-djông-fu. 我呒丈夫。我没有丈夫。(同上,4:17)

c. Jioh-z ng-da feh c'eh nyin-geh Ng-geh nyüoh,
feh c'eh Geo-geh hyüeh, ng-nong-da sin-deo
ziu m wör-ming. 若是尔搭弗吃人个儿个血,弗
吃渠个肉,尔侬搭心头就呒活命。你们若不吃人子的肉,

不喝人子的血,就没有生命在你们里面。(同上,6:53)

据例(18)至例(22),"呒"在各方言文献中大多与单音节名词组
合,这些组合也大都表现出习语性,即一般不能拆分,也很少能插入
别的成分,具有词汇化的倾向,不过从组合面来看,"呒"构成的词汇
词仍较能产。只有金华话"呒"较自由地用来否定双音节名词,其仍
是该方言中否定存在或领有的基本形式。

"呒"作动词,否定存在,用作谓词,只见于台州话和金华话,其他方言未见谓词用法。

（23）台州话：a. ziu-z leh-kyih ze-teh kʻoh ge n，feh kʻeng tʻing kyʻün，ing- yü ge n m-gao.就是拉结在得哭渠儿,勿肯听劝,因为渠儿呒告。是拉结哭他儿女,不肯受安慰,因为他们都不在了。(《马太福音》1880，2：18)

b. Teng tao tʻin-di tu m-gao，keh leh-fæh ih-tin ih-wah，ah feh neng-keo fi-gao.等到天地都呒告,箇律法一点一画,也弗能够废告。就是到天地都废去了,律法的一点一画也不能废去。（同上 5：18）

（24）金华话：Tsiu m-boh，Yæ-su-geh nyiang ʻông Geo kông，Geo-geh tsiu m-boh.酒呒罢,耶稣个娘亨其讲:"渠个酒呒罢。"酒用尽了,耶稣的母亲对他说:"他们没有酒了。"(《约翰福音》1866，2：3)

例(23)至(24)中台州话、金华话"呒"皆可以用作谓词,后接表完结的体助词,这种用法在其他方言中皆已消失。

从"呒"在吴语中否定名词不受音节形式限制到否定单音节名词,且出现词汇化倾向,体现了"呒"在吴语中的演变历程,即从句法词到词法词再到构词语素;而在方言内部其功能上的差异也反映了演变的不平衡性。一百多年前"呒"在金华话中仍为句法层面的否定动词,其次是台州话,而在吴语其他各方言中其基本上已经进入词法词阶段,成为具有较强能产性的构词语素。

### 4.2.1.2　"呒不"

"呒不"除偶见于19世纪下半叶上海话文献外,主要见于苏州话,罗马字音记作"m-peh",文献中汉字写作"呒不"。"呒不"为一百多年前苏州话西儒文献中最常用的否定动词,未见副词用法。如:

（25）苏州话：a. 两个人腊笃上帝门前在是做好事体个,所做个事在依上主个好说话,呒不一点差误个,但是呒不儿子,因为以利沙伯弗生儿子年纪亦老哉。

（《路加福音》1860，1：6—7）

b. 让吙俚勒上主门前诚心做好事体,服事俚毫吙
不啥怕惧个。(同上,1:75)

c. dziu iu to-hwo nyen dzi-long-lœ, i-chǔ men-dzien
ia m-peh k'ong-di. Ya-su meh kông dao-li peh li-
toh t'in.就有多化人集拢来,一处门前也吙不空
地。耶稣末讲道理拔俚哚听。就有许多人聚集,甚至进门前都
没有空地;耶稣就对他们讲道。(《马可福音》1891,2:2)

d. Nyih-deu ch'eh-lœ ih-so, dziu kön-k'u-tsœ, in-
wœ m-peh ken.日头出来一晒,就干枯哉,因为
吙不根。日头出来一晒,因为没有根,就枯干了。(同上,4:6)

e. Ya-su hyao-teh-ts li-toh keh i-s lao tœ li-toh
sheh:ng-toh wœ-sha wœ-ts m-peh pin lao nyi-
len nyi? 耶稣晓得仔俚哚个意思唠搭俚哚说:
你哚为啥为仔吙不饼唠议论呢? 耶稣看出来就说:你们为
什么因为没有饼就议论呢? (同上,8:17)

由例(25)可见,19 世纪下半叶苏州话文献中"吙不"是一个高频
使用的否定动词。"吙不"也写作"无拨",如苏州人韩邦庆《海上花列
传》中写作"无拨"(石汝杰、宫田一郎 2005)。上海话仅见§4.1.3 中
所举例(10),这很可能是借用自苏州话,也并未在上海话扩散开来。

**4.2.1.3　"吙得"**

"吙得"用作否定词,可见于上海话,如§4.1.3 中所举例(9),也
见于宁波话和金华话。如:

(26)宁波话:a. Væn-pah feh tsiao-jing gyi Ng-ts cü-kwu,z m-teh
gyi Ah-tia.万百弗召认其儿子主顾,是吙得其阿
爷。凡不认子的,就没有父。(《约翰一书》1868,2:23)

b. Wa-yiu m-teh? 还有吙得? (《土话初学》1868)

c. Væn ky'üoh-ko ma? Wa m-teh ky'üoh-go.饭吃
过吗? 还吙得吃个。(同上)

d. Væn-veh tu z Gyi zao-c'ih-læ-go,z zao-c'ih-læ-go tong-si，yia m-teh ih-yiang feh-z Gyi zao-go.万物都是其造出来个,是造出来个东西,也吭得一样弗是其造个。<sub></sub>万物都是藉着他造的,凡被造的,没有一样不是藉着他造的。(《约翰一书》1868，1:1—3)

e. Væn-pah væn-ze-go cü-kwu z m-teh kʻen-kyin Gyi，yia feh sih-teh Gyi.万百犯罪个主顾是吭得看见其,也弗识得其。凡犯罪的,是未曾看见他,也未曾认识他。(同上,3:6)

f. Ing-we ngô m-teh tseo kʻong-deo lu，m-teh tso kʻong-deo kong-fu.因为我吭得走空头路,吭得做空头工夫。我没有空跑,也没有徒劳。(《腓立比书》1868，2:16)

(27) 金华话:a. Ng-nong sör s-tehʻa-geh nyin，ʻA m-teh shih-diao kʻeo.尔侬所赐给我个人,我吭得失掉去。你所赐给我的人,我没有有失落一个。(《约翰福音》1866，18:9)

b. Ziu kʻeo tseo-teh jüa-jông，keh yia m-teh kwʻor-djoh.就去走到船上,简夜吭得搭着。上了船,那一夜并没有打着什么。(同上,21:3)

由例(26)、例(27)来看,"吭得"在早期上海话中只见到用作否定动词的,副词用法未见,而宁波话"吭得"则既可以作动词,也见副词用法,金华话"吭得"也用作副词。可见,"吭得"在早期吴语中存在句法功能上的不平衡性。

**4.2.1.4 "吭呦"**

"吭呦",罗马字记音为 m-neh,"呦"为汉字版原文献中的用字。它是一百多年前宁波话中最常用的"没有(无)"类否定词,用作动词和副词。如:

(28) a. Dæn-z Ang-sing m-neh kwông.但是恒星吭呦光。(《地球图》1853:3)①

———————

① 《地球图》的汉字转写,引自:徐春伟、王彦恺(2022)。

b. Ing-we tso ze-nying-go kiu-chü, pih-ding zi m-neh ze. 因为做罪人个救主,必定自呒啘罪。(《一本书》1851:26)

c. Dzong m-neh k'en-kyin. 从呒啘看见。(《土话初学》1868)

d. Di-gyiu ih-pun z nyih-eo sa-djôh-go, ih-pun m-neh sa-djôh-go, pun-pin en-en-go z yia-tao. 地球一半是日头晒着个,一半呒啘晒着个,半天暗暗个是夜到。(同上)

一百多年前宁波话"呒啘"为最常见的"没有(无)"类否定词,其次是"呒得"。

### 4.2.1.5　"呒没"

"呒没"在一百多年前上海话中已十分常见,不过,19 世纪只用作否定动词。如 4.1.3 中例(8),"呒没"也偶见于金华方言《圣经》译本。如:

(29) 金华话:Ng-da yiu c'eh-geh tong-siæ ma? Geo-da ing Geo, m-meh。你搭有吃个东西吗? 渠搭应渠:"呒没。"你们有吃的没有?"他们回答说:"没有!"(《约翰福音》1866, 21:5)

例(29)中金华方言"呒没"否定答句,用作否定动词。

### 4.2.1.6　"呒有"

见于台州话和宁波话,主要用作否定动词。如:

(30) 台州话:a. M-yiu ih-ke nying neng-keo voh-z liang-ke cü-nying-kô. 呒有一个人能够服事两个主人家。一个人不能事奉两个主。(《马太福音》1880, 6:24)

b. Dæn-z Nying-keh N m-yiu su-ze hao djü. 但是人个儿呒有所在好住。人子却没有枕头的地方。(同上,8:20)

c. Tse m-yiu zah-m dziao-deo peh ge môngg. 再呒有什么兆头拨渠望。再没有神迹给他们看。(同上,12:39)

d. Keh-t'ih do siang-sing-keh sing ze Yi-seh-lih pah-sing cong-yiang Ngô wæ m-yiu p'ong-djôh-ku. 简替大相信个心在以色列百姓中央我

还呒有碰着过。这么大的信心,就是在以色列中,我也没有遇见过。
(同上,8:10)

(31) 宁波话:a. Jing-ming z m-yiu ih-yiang feh neng-keo. 神明
是呒有一样弗能够。(《路加福音》1868,1:37)

b. M-yiu bih-go lih-fah do-jü keh-liang yiang. 呒
有别个律法大于蒐两样。再没有比这两条诫命更大的了。
(《马可福音》1868,12:31)

c. Keh z næn-teh-go, Tsæ m-yiu ka hao. 蒐是难
得个,再呒有介好。(《土话初学》1868:25)

d. Dzong m-yiu nying k'en-kyin Jing-ming ko. 从
呒有人看见神明过。从来没有人看见神。(《约翰福音》
1868,1:18)

以上"m-yiu"主要作动词,例(30d)表明台州话中已用作副词。

### 4.2.1.7 "唔有"

只见于温州话,可作否定动词和副词。如:

(32) a. Dà-ż n-naó k'oà gì dong-voa, dzih-töè gi sæ diu ih-kaì
N-tsź. 但是唔有佣渠同房,直到渠生头一个儿子。只是没有
和她同房,等她生了儿子。(《马太福音》1892,1:25)

b. Iang-'ù n-tsż n-náo-goa. 因为儿子唔有爻。因为他们(儿女)不在
了。(同上,2:18)

c. Keh-nang-ge sie-sàng, ziù-ź Yí-seh-lieh pah-sìng toa-
chung, Ng ah n-naó ts'ź-djah -kù. 该能个相信,就是以
色列百姓当中,我也唔有眙着过。这么大的信心,就是在以色列中,我也
没有遇见过。(同上,8:10)

从以上七种否定词的句法功能来看,19世纪"没有(无)"类否定
词的特点有:

(1) 大多只用作动词,如各方言中"呒"、苏州话"呒不"、上海话
"呒得""呒没"、宁波话、台州话"呒有"等,否定副词的功能由"勿曾"
"弗曾""未曾"或其合音词充当;仅宁波话"m-teh""m-neh"和温州话

"n-nao"可用作否定副词,即便如此,其副词功能也不尽同,如宁波话"m-teh""m-neh"可以否定曾然、已然和未然,而温州话"ɯ-nao"则只能否定已然。具体见下表 4-5。

表 4-5　早期吴语否定词"没有(无)"的句法功能[i]

| 方言点 | 否定动词 | 否定已然 | 否定未然 |
|---|---|---|---|
| 上海话、苏州话、台州话 | ＋ | 勿曾 | 勿曾 |
| 宁波话 | ＋ | ＋ | ＋ |
| 温州话 | ＋ | ＋ | 未 |
| 金华话 | ＋ | 未曾 | 未 |

　　i 表中"＋"表示"没有(无)"具有该功能。

　　(2)各方言中并存共用多个"没有(无)"类否定词。如:苏州话"朆""朆不",上海话"朆得""朆没""朆不",宁波话"朆得""朆嗰",台州话"朆""朆有",金华话"朆""朆没",等等,各方言中最常用的形式一般只有一个。如苏州话"朆不"、上海话"朆没"等。

### 4.2.2　"没有(无)"类否定词的历时关系

　　游汝杰(2004b,2005b)在对比闽粤方言否定词之后得出吴语"没有(无)"类否定词最古老的层次是自成音节鼻音 m、n,次古老的层次是"nau³",即"n(否定词)＋jao(有)"的合音词。而其中自成音节的鼻音类否定词即来自"无"(潘悟云 2002),这为学界共识,不过,对于同一方言中共存的多个否定词,它们之间的历史关系,如上海话"朆没""朆得"、宁波话"朆嗰""朆得"等的来源,讨论甚少。仅刘丹青(2005a)指出苏州话"朆拨"是由"朆得"后字声母顺同化为双唇音而来,上海话"朆没"也由"朆得"后字声母整个同化为双唇鼻音而来。文献依据是近代文献和老上海话中出现过"无得",不过,并未详细讨论。下面拟结合 19 世纪下半叶吴语文献讨论"朆得"与其他双音节"没有(无)"类否定词的历时关系。

　　从西儒文献来看,除温州话、台州话以外,"朆得"在上海、宁波和金华等方言中皆见使用。也就是说,只有在使用"呒+有"类的否定动词类方言中不使用"呒得"。在使用"呒得"类的方言中,皆存在声母双唇化或鼻音化类的否定词,即分别为"m-peh""m-meh""m-neh"等,这三类否定词很可能是"呒得"历时音变的结果。

19 世纪下半叶至 20 世纪文献中,"呒得"逐渐少用,而鼻音声母类否定词使用频率逐渐增高。以宁波话"呒得"与"呒嗯"为例,具体见表 4-6。

表 4-6　早期宁波话"呒得""呒嗯""呒有"的分布

| | 《约翰一书》《腓立比书》1868[i] | 《土话初学》1868 | 《便览》1910 |
|---|---|---|---|
| 呒得 m-teh | 10 | 11 | 1 |
| 呒嗯 m-neh | 6 | 8 | 32 |
| 呒有 m-yiu | 1 | 5 | 2 |

i 见《新约》(1868)。

19 世纪中叶至 20 世纪上半叶,宁波话"没有(无)"类否定词有"呒得""呒嗯""呒有"等,其中 m-teh 与 m-neh 句法功能一致,用作否定动词和否定副词,两者只是读音、使用频率有别。从使用频率来看,19 世纪中叶文献中 m-teh 的使用频率高于 m-neh,20 世纪 m-teh 几近消失,仅残留个别,主要用 m-neh 来否定,同时,m-yiu 也进入宁波话,特别是在《圣经》土白译本中 m-yiu 使用较常见。如《创世记》(1923)[①]中最常见的"没有(无)"类否定词为 m-yiu,m-neh 少见,应是译本受到官话影响的结果。

从宁波话 m-teh 与 m-neh 的兴替来看,我们推测两者实为同一词,即 m-neh 由 m-teh 音变而来,由舌尖塞音因 m 同化为鼻音 n,所以"呒嗯"是"呒得"在宁波话中的后起形式。而在今宁波话中 m-neh 进一步演变为 m-meh,因 n 完全顺同化为 m,今读为 $m^{44}$-mɐʔ$^{12}$,甚至合音为[miɪʔ$^5$]。由此推测,宁波话"没有(无)"类否定词词源为"无

---

① 见《旧约》(1923)第一卷。

得"。从文献来看，其音变过程为：

无得＞呒嗰＞呒没＞没

m teɿ＞m-neh＞ ˋm-meh＞m-mɐʔ＞miɿʔ

宁波话"无得"的演变过程为讨论上海话、金华话中"呒没"的来源提供了线索。与宁波话一样，这些方言中的"呒没"也来自"无得"的音变。与宁波话相似的是，19 世纪上海话、金华话文献仍见用"无得"，只是不及宁波话"无得"常见。19 世纪文献中"无得"已为残留形式，其消亡速度较宁波话"无得"更快，上海话后起形式"呒没"发展为主要的否定词，金华话因"呒"仍是基本否定词，所以"呒没"的发展受到限制。

苏州话"呒不"应该也来自"无得"，《山歌》中"没有（无）"类否定词只有"无得"，如"卖草纸个说：'无得'"（胡明扬 1981），而从其他北部吴语上海话、宁波话、金华话等方言来看，"呒不"很可能也是"无得"音变的结果，只是从"呒得"音变来的"呒不"在 19 世纪下半叶已完全替代了其旧有形式。

至此，我们认为 19 世纪吴语"没有（无）"类否定词主要可分为三类："无"类、"无得"类、"n-nau"类，这三类实际上又可以分为两个层次：一是"无"类；二是"无得"（北部吴语）、"n-nau"（南部吴语）类，而"无得"类则可能是由近代汉语借入的，是北部吴语在近代共同语的接触影响下输入的外源成分，而南部吴语温州话因偏安一隅则仍自成一类。19 世纪下半叶开始，随着北方官话对北部吴语的影响增强，"呒有"开始在某些吴方言点中得以长足发展，如台州话、宁波话等。

### 4.2.3 "没有（无）"类否定词的演变

19 世纪吴语"没有（无）"类否定词大多用作否定动词，或用作否定副词。作副词时，大多限于否定已然或曾然，除宁波话 m-neh 外皆不能否定未然，那么自 19 世纪至今，吴语"没有（无）"类否定词在句法功能上有什么变化？这种变化的动因是什么？

吴语各方言"没有（无）"类否定词的发展不平衡，这种不平衡性为考察其发展过程提供了线索。下面结合文献展开讨论。

19 世纪宁波话 m-teh 或 m-neh 可以否定曾然、已然和未然，用作否定副词。如：

（33） ah-lah ziah wô m-neh væn-ze-ko, keh z sön Gyi shih-hwông, ping-ts'ia Gyi-go dao-li feh-læ ah-lah sing li-hyiang.阿拉若话呒嘞犯罪过，葛是算其说谎，并且其个道理弗来阿拉心里向。我们若说自己没有犯过罪，便是以神为说谎的，他的道也不在我们心里了。（《约翰一书》1868，1:10，否定曾然）

（34） a. Væn-pah dzæ-ü Gyi-go feh-we væn-ze; væn-pah væn-ze-go cü-kwu z m-teh k'en-kyin Gyi, yia feh sih-teh Gyi.万百住于其个弗会犯罪，万百犯罪个主顾是呒得看见其，也弗晓得其。凡住在他里面的，就不犯罪。凡犯罪的，是未曾看见他，也未曾认识他。（同上，3:6）

b. ing-we nying, ziah feh æ-sih gyi sô k'en-kyin-go hyüong-di, dza neng-keo æ-kying m-neh k'en-kyin-go Jing-ming? 因为人，若弗爱惜其所看见个兄弟，咋能够爱敬呒嘞看见个神明？不爱他所看见的弟兄，就不能爱没有看见的神。（同上，4:20，否定已然）

（35） a. Keh-go z-'eo Iah-'en wa m-teh ky'ih-lôh lao-kæn.葛个时候约翰还呒得挈落牢监。那时约翰还没有下在监里。（《约翰福音》1853，3:24）

b. Ng teng ngô yiu soh-go siang-ken? Ngô-go z-'eo wa m-neh tao-de.倍等我有啥个相干？我个时候还呒嘞到兑。我与你有甚么相干？我的时候还没有到。（同上，2:4）

c. Fi-lih feh-zing eo ng zin-deo, ng wa læ vu-hwô-ko jü-'ô, Ngô yi-kying k'en-kyin ng ko-de.腓力弗曾呕我前头，倍还来无花果树下，我已经看见倍过兑。腓力还没有招呼你，你在无花果树底下，我就看见你了。（同上，1:48，否定未然）

从例(33)至例(35)来看，19 世纪“呒得”或“呒嘞”用作否定副词十分活跃,虽然"弗曾"仍偶用于否定未然,如例(35c)句,不过,"弗曾"已不多见,且主要出现在《圣经》宁波土白译本中,如《约翰一书》和《腓立比书》(1868,1例)、《约翰福音》(1853,1例)、《土话初学》中新约摘要部分(1868,1例)、《便览》中《圣经》经文选译部分(1910,5例),而在课本类文献中已不见踪迹,这与《圣经》土白译本的语言要求更正式、典雅有关。据此可知,19世纪下半叶至20世纪初宁波话"呒得"类否定词已完成了对"弗曾"的替代,今宁波话"弗曾"已完全消失,只用"呒没"来否定。

上海话"呒没"替代"勿曾"的过程晚于宁波话。19世纪上海话否定曾然、已然和未然的副词只能用"勿曾",至20世纪二三十年代,"呒没"发展为否定副词,开始替代"勿曾"的否定功能。具体见§4.1.5。至20世纪40年代,"勿曾"明显呈现弱势,"呒没"成为主要的否定副词,而今上海话新派中只用"呒没",可见,"勿曾"也已被"呒没"替代。

19世纪下半叶台州话"没有(无)"类否定词为m和m-yiu,主要用作动词,而否定副词功能由"勿曾"的合音词vong充当。如:

(36) a. Ngô lao-zih teh ng kông, Yiu hyü-to sin-ts-nying teh tsing-dzih nying iao-siang mông ng-he su mông-djôh-keh, vong mông-djôh-ku; iao-siang tʻing ng-he su tʻing-djôh-keh, vong tʻing-djôh-ku.我老实搭你讲,有许多先知人搭正直人要想望尔许所望着个,未曾望着过,要想听你许所听着个,未曾听着过。我实在告诉你们;从前有许多先知和义人要看你们所看的,却没有看见;要听你们所听的,却没有听见。(《马太福音》1880,13:17)

b. Feh iao tsiao ge yiang: ing-yü vong meng ge tʻao zin-deo, ng-he su iao-keh meh-z, ng-keh Ah-pang yi-kying hyiao-teh-gao.弗要照渠样,因为未曾问渠讨前头,尔许所要个物事,尔个阿爸已经晓得爻。你们不可效法他们,因为你们没有祈求以先,你们所需用的,你们的父早已知道了。(同上,6:8)

c. Ge m Mô-li-ô yi-kying hyü peh Iah-seh, wæ-vong tso-
ts'ing，bi Sing-Ling kön-dong ziu-t'e.渠母玛利亚已经
许配约瑟，还未做亲，被圣灵感动受胎。他母亲玛利亚已经许配了
约瑟，还没有迎娶。(《马太福音》1897，1∶18)

例(36)否定副词 vong 功能活跃，可以否定曾然、已然和未然等。
不过据丁健(2011)，今台州话中否定词 m 既可以用作动词，也是最
常见的否定副词，而"勿曾"合音式仍用来否定未然，如(丁健 2011)：

(37) a. 昨夜佢开嗷，我呒开。昨晚他去了，我没去。

b. 感冒还呒好，衣衫勿要脱嗷。感冒还没好，衣服别脱。

c. 佢还勿曾来，你等记起。他还没来，你先等一会儿。

由例(37)可见，"呒"在今台州市区话中为基本否定副词，可否定
已然和未然，而"勿曾"也仍可否定未然。若联系文献来看，可以说，
"呒"的副词功能的发展导致"勿曾"的使用范围缩小，是"呒"在逐渐
替代"勿曾"，只是这一过程还未结束。

丁健(2011)指出今台州市区话中"呒"可以直接否定领有或存
在，而不用"呒有"组合。如此看来，早期台州话《圣经》译本中高频使
用的"呒有"，很可能为官话借词，用来表达较正式的语体。

从文献来看，台州话"没有(无)"类否定词的发展与上海话比较
一致，即随着"呒"发展为否定副词，逐渐排挤或替代"勿曾"的功能，
发展为基本否定副词。

19 世纪金华话中"没有(无)"类否定词 m 和 m-meh 皆为动词，
其否定副词由 mi(未)和 mi-zeng(未曾)充当，这种格局沿用至今，即
"没有(无)"类否定词并没有发展出否定副词的功能。如：

(38) a. Mi-zeng yiu nyin shin-jông t'ia-kwör, kyih-teh nyin-
geh Ng seo-teh zæ t'ia-shông-go, zong t'ia-shông
kông-lôh-lih.未曾有人升上天过,只得人个儿□得在天
上个,从天上降落来。除了从天降下仍旧在天的人子,没有人升过天。(《约
翰福音》1866,3∶13)

b. Yi ts'a 'A-geh Yia, via we 'A tsör tæ-kyng. Ng-da mi

t'ing-djoh Geo-geh shin-ky'i, mi mong-djoh Geo-geh
yüong-mao.亦差我个爷,也为我做对证。尔搭未听着
渠个声气,未望着渠个容貌。差我来的父也为我作过见证。你们从来没有
听见他的声音,也没有看见他的形象。(同上,5:37)

c. Yæ-su 'ông geo kông, Shü-nyin-ts, Ng 'ông 'A da
siang-kër, 'A z-jin mi-seng-tao.耶稣哼渠讲:"儒女子,
尔亨我大相干,我时辰未曾到。"耶稣说:"母亲,我与你有什么相干?我
的时候还没有到。"(同上,2:4)

由例(38)可见,19 世纪金华方言只能用"未"和"未曾"否定曾
然、已然和未然。否定词词形和句法功能的格局一直保持至今,其
"没有(无)"类否定词并未发展为否定副词。

19 世纪温州话"没有(无)"类否定词 n-nao 可用作否定副词,不
过,只能否定已然,否定未然时用"未"。如:

(39) a. 该五六年我伉你吮冇碰着过,你个胡须沃白爻罢。Kih
ng$^1$ liuh nyie ng$^1$ k'oa$^2$ nyi$^1$ n-nao$^1$ p'ung-djah-ku$^2$, nyi$^1$-
ge whu-shï oh bah-goa-ba$^1$ 'ao. In these five or six
years that you and I have not met, your beard has
turned quite white.(《温州方言入门》1893:95)

b. 渠是屋里做何也? 渠吮冇是屋里。Gi z$^1$ uh-de tsu$^2$ ga-
nyie? Gi n-nao$^1$ z$^1$ uh-de. what is he doing at home? He
is not at home.(同上,39)

c. 我疑心其吮冇听着。ng$^1$ n-sang gi n-nao$^1$ t'ing-djah. I
suspect he did not hear.(同上,143)

(40) a. Iang-'ü mi djao yi-zie, nyí-dà-ko só è yoà-ge, nyí-ge Vû
yí-chang shá-tih-bá.因为未求以前,你大家所要用个,你
个父已经晓得罢。因为你们没有祈求以先,你们所需用的,你们的父早已知道。
(《马太福音》1892,6:8)

b. 其行来罢未? 其未走来。Gi 'œ-li ba$^1$ mi$^2$? gi mi$^2$ tsao$^1$-li. Is
he come? He is not come.(《温州方言入门》1893:34)

c. 你眦着罢未？眦着罢。nyi¹ ts⁺z²-djah ba¹ mi²? ts⁺z²-djah ba¹. Have you seen it or not? I have seen it.(同上,46)

由例(39)、例(40)可见,19世纪末温州话"吭有"主要用来否定曾然和已然,而"未"则用来否定未然,还可构成反复问句。这种格局沿用至今。

一百多年中"没有(无)"类否定词未发生功能演变的还有苏州话中的"吭不",19世纪文献中苏州话"吭不"只作否定动词,今苏州话中仍只作动词,否定副词由"勿曾"充当(汪平2011:344—345)。

对比19世纪文献和今吴语各方言中"没有(无)"类否定词的用法可观察到它们发展的不平衡性。金华话、温州话和苏州话中"没有(无)"类否定词在一百多年中功能并未发生显著演变,宁波话、上海话、台州话因"没有(无)"类否定词从动词发展为副词,导致原来的否定副词的功能消退甚至被完全替代,这三地在替代的速度上存在明显的差异,其中宁波话中发生的替代应于一百年前已基本完成,上海话则于20世纪中叶基本完成,而台州话则至今仍处于替代的进程中,"勿曾"仍保留了部分功能。若将否定副词分为否定已然(包括曾然)、未然,可列出"没有(无)"类与"没有(未)"类否定词的基本格局:

| 方言 | 动词 | 否定已然 | 否定未然 |
| --- | --- | --- | --- |
| 苏州话 | 吭不 | 勿曾 | 勿曾 |
| 上海话 | 吭没 | 吭没 | 吭没 |
| 宁波话 | 吭没 | 吭没 | 吭没 |
| 台州话 | 吭 | 吭 | 吭/勿曾 |
| 金华话 | 吭 | 未/未曾 | 未/未曾 |
| 温州话 | 吭有 | 吭有 | 未 |

在这种不平衡的发展中,可以看到这两类否定词历时演变中所体现的蕴涵性:

(1)"没有(无)"类否定词若能否定未然,那么一定可以否定已然。用四分表表达如下。

| 蕴涵性 1： | 否定已然 | 否定未然 | 方言 |
|---|---|---|---|
| | ＋ | ＋ | 上海话、宁波话、台州话 |
| 没有(无) | ＋ | － | 温州话 |
| | － | － | 苏州话、金华话 |
| | － | ＋ | 无 |

(2) 若"没有(未)"类可以否定已然，那么一定可以否定未然。用四分表表达如下：

| 蕴涵性 2： | 否定已然 | 否定未然 | 方言 |
|---|---|---|---|
| | ＋ | ＋ | 苏州话、金华话 |
| 没有(未) | － | ＋ | 温州话、台州话 |
| | － | － | 上海话、宁波话 |
| | ＋ | － | 无 |

这种分布和蕴涵性其实反映了"没有(无)"类否定词的演变历程，即先发展出否定已然的功能，再扩散至否定未然，如上海话"呒没"，这个过程也可能因"没有(未)"类否定词的阻止，而止于否定已然，如温州话"呒有"。相反，对于"没有(未)"类否定词来说，否定未然是与其具有语义自然关联的用法，因此，在被替代的过程中，最自然的用法成为最后消退的阵地，如台州话"勿曾"。

据此，我们推测，更早历史时期吴语否定词应以"没有(无)"类作动词，而"没有(未)"类作副词。

### 4.2.4  小结

19 世纪吴语"没有(无)"类否定词虽种类多样，但实际类型可分为 m、m-teh 和 n-nao 三种，其中自成音节鼻音分布全境，m-teh 主要分布于北部吴语，且音变出不同形式，而 n-nao 则只见于南部吴语温州话。

19 世纪吴语"没有(无)"类否定词主要用作动词，在一百多年中,上海话、台州话等发展为副词,并取代"勿曾",宁波话这一替代演变应于一百多年前基本完成,金华话、苏州话、温州话该类否定词在一百多年中未发生演变。

吴语"没有(无)"类否定词的演变及与"没有(未)"类间的替代关系,体现了否定词演变中不同语义类别之间的蕴涵关系。

# 4.3　结　语

由§4.1早期上海话基本否定词和§4.2早期吴语"没有(无)"类否定词自19世纪以来的演变可见,吴语中真正的否定副词为"勿"和"未",即"不"类和"没有(未)"类,而"没有(无)"类否定词为动词。一百多年来吴语否定词的演变史其实也是"没有(无)"类的演变史,也就是"没有(无)"从动词发展出副词用法,成为否定已然类副词,替代原来的"勿曾",而这一替代演变主要发生在北部吴语苏州话、上海话、宁波话和南部吴语台州话中,金华话和温州话否定词用法较为稳定。游汝杰(2018:27,40)指出,台州地区若从语音特点来看,可属北部;而从否定词的演变来看,台州话也与北部吴语各方言点相近,与金华话和温州话不同。

语言或方言中否定词的词形和语义分配方式是体现其语法特征的一个重要方面,具有类型学价值(邢福义1995;游汝杰2004b,2005a;刘丹青2005a)。北中部的否定词声母不同,普通否定为[p-/f-],有无否定为[m-],如普通话中存在否定和普通否定分别用"没"和"不"否定,而华南(闽、粤、客等)方言中两类同为[m-]或其他鼻辅音(桥本万太郎2008[1985];张敏2002;刘丹青2005a)。张敏(2002)从动态(历时)类型学方面提出了"存在—否定演化圈",指出存在否定词用法演化出一般否定词用法,以"词汇扩散"为窗口,在南方方言中可以看到这种演变的过程。一百多年来吴语否定词词形和语义分配的演变深受官话影响,与官话否定词系统更相近,而与其他南方汉语方言不同,并未出现"存在—否定演化圈"的演变。

# 第五章 使役、被动标记

使役是指"动词表使令、致使、容许、任凭等意义",这类动词构成兼语句式"NP₁＋使役动词＋NP₂＋VP₂"(江蓝生2000)。其中"NP₁",为致使者或致事,指某人或某事(可以是一个事件或状态),它发起或者控制行动,一般具有施事者功能。NP₂为被致使者或役事,VP₂为表结果行为或状态的底层实义动词(Dixon 2000:30—31,2012:239—293,张赪2014)。桥本万太郎(1988)指出北方汉语使役标记表被动,南方则用给予动词表被动。江蓝生(2000)认为前者属于唐代以来的历史层次,后者属于上古的历史层次。不过,就给予动词来说,虽然北京话也用作使役,但属于个别用法,而南方官话则为常见用法(李炜2002)。王琳、李炜(2013)进一步指出,琉球官话课本和南方方言中给予动词不表令致类使役,而只表容任类使役和被动标记,北方方言则用同一个标记表示令致、容任、被动,南北方言在使役范畴的表达上存在类型差异。可见,学界对南北汉语在被动标记的词源选择上的差异有共同的认识。但为何南方汉语使役动词未像北方汉语一样发展为被动介词?南方给予动词在语义演变和句法操作上更适合被动化的表现是什么?这些问题不仅对讨论南北方言被动介词词源差异的原因有帮助,也可以帮助我们重新审视使役或给予动词被动化的具体过程。本章拟先梳理西儒文献所见19世纪吴语各方言中使役、被动标记的词源类型,然后以上海话为例,探讨给予义动词用作被动标记的来源,并讨论为何吴语中被动介词只选择给予义动词源类被动标记。

## 5.1 早期吴语使役、被动标记

使役义动词和给予义动词是汉语共同语中被动标记的两种来源

(太田辰夫 1958;蒋绍愚 1994，1999a;江蓝生 2000;蒋绍愚、曹广顺
2005:379)。吴语中既有使役义动词，也有给予义动词，且早期文献
中同一方言点的使役义动词大多并存多个，但只有给予义动词演变
为被动标记。下面我们将梳理 19 世纪吴语(苏州话、宁波话、台州
话、金华话和温州话等)文献中使役义动词和给予义动词以及被动标
记用法。

### 5.1.1　苏州话使役、被动标记

19 世纪下半叶苏州话文献中使役动词有"让""叫""拨"，也偶见
"教"，《圣经》土白译本中也用正式语体的"使""使得"。下面主要介
绍前四个使役动词的用法。

#### 5.1.1.1　"让""叫""教"

苏州话文献中"让"作使役义动词，可表使令、致使、允许和任凭
等义，表容许义时，既可以表自愿容许，也可表非自愿容许。如：

(1) a. 日头将要落山，门徒到耶稣场化来说："请俆散开众人，让
　　俚笃到周围乡下咾乡镇上去，过夜咾寻吃局，因为伲拉此
　　地荒野里。"日头快要平西，十二个门徒对他说："请叫众人散开，他们好往四面乡村里去
　　借宿找吃的，因为我们这里是野地。"(《路加福音》1860，9:12)

　　 b. 马大为之供给个事体多，心里踸乱，到耶稣面前说："主
　　呀，我个姊妹让我一干子办事，俆勿管呀，求俆吩咐俚相
　　帮我。"马大伺候的事多,心里忙乱,就进前来说:"主啊,我的妹子留下我一个人伺候,你不在意
　　吗? 请吩咐她来帮助我。"(同上,10:40)

(2) a. 依靠我上帝发子好心让朝晨个日光勒天上照着我俚。因我
　　们神怜悯的心肠,叫清晨的日光从高天临到我们。(同上,1:78)

　　 b. 就来到约旦个四方传悔罪改过个洗礼，让人人能得赦罪。
　　他就来到约旦河一带地方,宣讲悔改的洗礼,使罪得赦。(同上,3:3)

(3) a. 耶稣叫小干呒来，说道："让小干呒来见我，弗要禁住俚，
　　因为得着上帝国个正是裸介个人哟。"耶稣却叫他们来,说:"让小孩子
　　到我这里来,不要禁止他们,因为在神国的正是这样的人。"(同上,18:16)

　　b. 对耶稣说:"主呀,让我先转去,安葬我个爷。"耶人说:"主,容我先
回去埋葬我的父亲。"(同上,9:59)

　　c. 若是主人家晓得,几更天有贼来,就必定儆醒,勿让贼掘
壁洞进来,个个是吥笃晓得个。家主若知道贼甚么时候来,就必儆醒,不容贼
挖透房屋,这是你们所知道的。(同上,12:39)

(4) a. 若然有人告倷个状,要想拿倷里面个衣裳,让俚连外面个
一淘拿去。有人打你这边的脸,连那边的脸也由他打。有人夺你的外衣,连里衣也由他拿
去。(同上,6:29)

　　b. 耶稣对俚说:"让死人去葬俚笃个死人,倷来跟从我。"耶稣
说:"任凭死人埋葬他们的死人。你只管去传扬神国的道。"(同上,9:60)

　　例(1)中致事为具有高生命度的代词和指人名词,"让"表使令
义,役事对 VP 具有操控性。例(2)中致事由小句构成的事件充当,
"让"表致使义,役事对 VP 不具有操控性,VP 表示状态和结果行为。
例(3)中"让"表允许或容许义,例(4)表任凭义。"让"表允许义时大
多为自愿容许,多出现在肯定句中,如例(3a、3b),也可表非自愿容
许,如例(3c)。

　　叫喊义动词"叫"在 19 世纪下半叶苏州话中也用作致使动词,不
过,一般表使令和致使,不表容许义、任凭义。如:

(5) a. 照子著圣书个预言,到定当个日脚日子,必定再到世界上
来,叫死人全复活,而且叫天下历代个犯人,死个咾活个,
全立拉在俚面前受审判。(《马太福音》1879,序言)

　　b. 来跟我,我要叫吥笃去捉人。来,跟从我!我要叫你们得人如得鱼一样。
(同上,4:19)

　　c. 倷若然是神个儿子,叫个个石头变做饼。你若是神的儿子,可以吩咐
这块石头变成食物。(同上,4:3)

　　d. 耶稣对学生子笃说:"可以叫众人排开子坐下来,每一排
五十个人。"耶稣对门徒说:"叫他们一排一排地坐下,每排大约五十个人。"(《路加福
音》1860,9:14)

　　e. 耶和华分付摩西说,倷进去告诉埃及王法老,叫俚让以色

列子孙出俚个地方。耶和华晓谕摩西说:"你进去对埃及王法老说'要容以色列人出他的地。'"(《出埃及记》1908,6:10,11)

(6) a. 上主照应我,待我好得势,叫腊人家当中再呒不坍眼个哉。主在眷顾我的日子,这样看待我,要把我在人间的羞耻除掉。(《路加福音》1860,1:25)

b. 难末差自家独养儿子耶稣到世界上来做人,受苦、受难、死拉十字架上,替人赎罪,叫人靠诧俚个功劳,免脱地狱永远个刑罚,得着天堂永远个福气。(《马太福音》1879,序言)

c. 耶和华对摩西说:"傃告诉亚伦说:'挐傃个杖,打地上个墢尘,叫俚变虱,拉埃及个全地。'"耶和华吩咐摩西说:"你对亚伦说:'伸出你的杖击打地上的尘土,使尘土在埃及遍地变作虱子。'"(《出埃及记》1908,8:16)

d. 我要叫埃及人心里刚硬咾追呕笃,我为之法老咾,俚个军兵搭之兵车咾马兵上得着荣耀。我要使埃及人的心刚硬,他们就跟着下去。我要在法老和他的全军、车辆、马兵上得荣耀。(同上,14:17)

文献中"叫"作表命令、吩咐、要求等强度高的使役动词,如例(5a)至例(5f),也用来表中强度使役,如例(6a)至例(6d),不过,未见用于表容许或允让,如例(5f)同时用了"叫""让",前者表要求,后者表容许。

"教"用作使役动词只是偶见,如例(7),表致使和容许义,如例(7a、7b)。

(7) a. 一个拿印印记号拉俚额角上,又拿做凭据个票子拨俚,上面盖一颗印,教俚走路个时候常常看。(《天路历程》1896,卷一,12)

b. 耶稣教学生子眠着咾歇息,不过暂时让俚笃眠着半个时辰,或者一个时辰,难末叫俚笃醒转来。(《马太福音》1879:26)

### 5.1.1.2 "拨"

给予义动词"拨"可表致使、容许义,同时也是唯一的被动标记。如:

(8) a. 独是要拨听笃晓得，人个儿子拉世界上有饶赦罪孽个权柄。但要叫你们知道，人子在地上有赦罪的权柄。(《马太福音》1879，9:6)

b. 倷周济个时候，右手做个，勿要拨左手晓得。你施舍的时候，不要叫左手知道右手所做的。(同上，6:3)

c. 耶和华心里说，我必勿再为之人咾拨地受咒。耶和华……就心里说："我不再因人的缘故咒诅地。"(《创世记》1908，8:21)

d. 当日，亚伯拉罕照之神个吩咐，搿俚个儿子以实马利，搭之俚屋里个男人，或是养拉屋里个，或是用银子买个，全拨俚笃受割礼。正当那日，亚伯拉罕遵着神的命，给他的儿子以实玛利和家里的一切男子，无论是在家里生的，是用银子买的，都行了割礼。(同上，17:23)

(9) a. 所以耶稣吩咐个个人拨祭司看俚个身体咾医好个人应该献个礼物。耶稣对他说："你切不可告诉人，只要去把身体给祭司察看，献上摩西所吩咐的礼物，对众人作证据。"(《马太福音》1879，8:4)

b. 当时，有几个读书人，搭子法利赛人，回答说："先生，要倷做凭据拨我俚看。"当时，有几个文士和法利赛人对耶稣说："夫子，我们愿意你显个神迹给我们看。"(同上，12:38)

c. 说到倷个神像，倷勿论拉啥人场化搜着末，就勿拨俚活，拉伲众弟兄面搜寻，看洛里一样是倷个物事，倷自家搿去。因为雅各勿晓得是拉结偷个。至于你的神像，你在谁那里搜出来，就不容谁存活，当着我们的众弟兄你认一认，在我这里有什么东西是你的，就拿去。原来雅各不知道拉结偷了那些神像。(《创世记》1908，31:32)

(10) a. 听笃为子我个名字拨别人逼迫，说说听笃各样恶，听笃有福气个。人若因我逼迫你们，捏造各样坏话毁谤你们，你们就有福了。(《马太福音》1879，5:11)

b. 新官人要拨别人拉众人当中捉俚出去，拉个日上，俚笃要禁食。新郎要离开他们，那时候他们就要禁食。(同上，9:15)

c. 有人领一个哑子来，俚拨鬼附个。有人将鬼所附的一个哑巴带到耶稣跟前来。(同上，12:22)

d. 听笃将要为子我咾拨别人解到总督咾王个面前去，使听笃对俚笃唗外邦人做见证。<small>并且你们要为我的缘故,被送到诸侯君王面前,对他们和外邦人作见证。</small>(同上,10:18)

例(8)"拨"表致使义,例(9)表容许义,若表自愿容许义时,仍带有给予义,如例(9a、9b),若表非自愿容许时,则给予义褪去,如例(9c)。同时"拨"也是早期苏州话中唯一的被动标记,如例(10a—10d)都用作表被动的介词。

从西儒文献来看,苏州话中使役动词虽有多个,"让"最常见,而"拨"虽可表使役,但基本功能是作给予义动词和被动标记。也就是说,发展出被动标记的给予义动词虽具有表使役的用法,但它不是主要的使役动词,苏州话有专职的使役动词。

### 5.1.2 宁波话使役、被动标记

19世纪宁波话文献中致使动词有"呕""随""让"和"拨",其中最常见的是"拨","拨"为给予义动词,同时也是致使动词和被动标记。《圣经》土白译本中也常使用用书面语性质的"使得"。

#### 5.1.2.1 "呕""随""让"

宁波话中"呕"本为叫喊义动词,只用作表使令义的使役动词。如:

(11) a. Mô-da, we-leh kong-ing z-ken to, sing-væn-tsi-tsao, tseo-long-læ, z-ka wô, Cü, ngô tsi-me 'eo ngô ih-go nying bæn kong-ing, ng tao feh kwun-tsiang? ng hao eo gyi læ pông-pông ngô.马大,为勒供应事干多,心烦几槽,走拢来,是介话:"主,我姊妹呕我一个人办供应,悟倒弗管账?悟好呕其来帮帮我。"<small>马大伺候的事多,心里忙乱,就进前来说:"主啊,我的妹子留下我一个人伺候,你不在意吗?请吩咐她来帮助我。"</small>(《路加福音》1853,10:40)

b. Mo-kwe teng gyi wô, Ng ziah z Jing-ming-go Ng-ts, hao eo keh-kwe zah-deo pin-leh mun-deo.魔鬼等其话,悟若是神明个儿子,好呕葛块石头变勒馒头。<small>魔鬼对他说:"你</small>

*若是神的儿子,可以吩咐这块石头变成食物。"*（同上,4:3）

c. Ngô-noh læ, feh-z eo tsing-dzih-go nying we-sing-cün-i, z eo væn-ze-go nying we-sing-cün-i. 我倈来,弗是呕正直个人回心转意,是呕犯罪个人回心转意。*我来本不是召义人悔改,乃是召罪人悔改。*（同上,5:32）

d. 呕小人来！Call the children. Eo siao-nying læ.（《便览》1910:3）

表随从义的"随"用作表任凭义的使役动词,表放任负面事件的发生而不加阻止的意思。如：

（12）a. 有人想告倍状,要倍里头个衣裳连外头个也随其挖去。If a man thinks to accuse you, wanting your inside coat, let him take the outside one also. Yiu nying siang kao ng zông, iao ng li deo go i-zông, lin nga-deo-go yia ze gyi do-kyˈi.（《便览》1910:76）

b. 随倍多少好挖。Take as many as you please. Ze ng to-siao hao do.（同上,27）

"让"表容许义。如：

（13）a. Nyiang ngô do shü peh ng gyiang-gyiang kyiah, do mun-deo peh ng kyˈüoh, ˈeo-deo tseo-lu kˈo-yi-go. 让我挖水拔倍溻溻脚,挖馒头拔倍吃,后头走路可以个。（《日积月累》第一本,1868:30）

b. 应该让先生来前头走,倍拉来后头跟东。You should allow the teacher to go before, and you follow after. Ing-kœ nyiang sin-sang læ zin-deo tseo, ng-lah lœ ˈeo-deo keng-tong.（《便览》1910:76）

"让"在早期宁波话各类文献（课本、《圣经》土白译本以及儿童读物等）中只是偶见,在近 40 万字语料中仅见例(13a、13b)。

### 5.1.2.2　"拨"

尽管早期宁波话文献中可见以上使役动词,不过,给予义动词

"拨"用作使役动词最常见。"拨"可表使令、致使、允让、任凭等
义。如：

(14) a. Nyih-deo tang-ts'ia z-'eo, jih-nyi-go meng-du tseo-long-
　　　　 læ, teng Yiæ-su wô, Hao peh keh ih-dziao nying sæn-
　　　　 k'æ, tao kôh-hyiang kôh-ts'eng ky'i deo-soh, zing
　　　　 ky'üoh-zih ky'i, ing-we ah-lah dông-deo læ-tong z ih-t'
　　　　 ah kwông-iæ di-fông.日头打斜时候，十二个门徒走拢
　　　　 来，等耶稣话："好拨蔼一潮人散开，到各乡各村去投宿，
　　　　 寻吃食去。因为阿拉荡头来东是一塌旷野地方。"天将晚的
　　　　 时候，门徒进前来说："这是野地，时候已经过了，请叫众人散开，他们好往村子里去，自己买吃的。"
　　　　 (《路加福音》1853，9:12)

　　 b. Yiu gyün-ping cü-kwu, dzong gyi zo-we ka cô-lôh-læ,
　　　　 ti-vi cü-kwu, peh gyi sing-zông-ky'i.有权柄主顾，从其
　　　　 座位介捉下来；低微主顾，拨其升上去。他叫有权柄的失位，叫卑贱
　　　　 的升高。(同上，1:52)

　　 c. Ng yiu za-bæn ka feh? hao peh ngô dzæn liang dong-din.倭
　　　　 有柴爿锯弗？好拨我赚两铜钿。(《路孝子》1852:1)

(15) a. t'eo-p'o s-meo k'eng shih-wô, peh ngô do tao oh-li ky'i.偷
　　　　 怕师母肯说话，拨我扺到屋里去。多亏师母愿意开口，让我拿到家里去。
　　　　 (同上)

　　 b. Yiæ-su eo gyi-lah long-læ, z-ka wô, Peh keh-sing na-
　　　　 hwun tao ngô u-dông læ, vong tsu-djü gyi-lah: ing-we
　　　　 læ Jing-koh-li-go, tsing z keh-cong-ka nying.耶稣呕其
　　　　 拉拢来，是介话："拨蔼些儿奶花到我坞荡来，甮阻住其
　　　　 拉。因为来神国里个，正是蔼种介人。"耶稣却叫他们来，说："让小孩
　　　　 子到我这里来，不要禁止他们，因为在神国的正是这样的人。"(《路加福音》1853，
　　　　 18:16)

　　 c. 若有人要倭个里头衣裳，打将等倭吃官司连外头衣裳也
　　　　 好拨其扺去。Ziah yiu nying iao ng-go li-deo i-zông,

tang-tsiang teng ng ky'üoh kwun-s，lin nga-deo i-zông
yia hao peh gyi do-leh-ky'i. And if any man will sue
thee at the law，and take away the coat，let him have
thy cloak also.(《便览》1910:184)

(16) a. 要小心顾着小人，勿要拨其跌。Take good care of the
baby，and do not let him fall down. Iao siao-sing kwu-
dzoh siao-nying，feh-iao peh gyi tih.(同上,64)

b. Keh-leh Yiæ-su kao meng-du tao-kao-go shih wô，ziu z
"m-nao peh ngô ziu mi-'ôh".该勒耶稣教门徒祷告个说
话，就是"呒恼拨我受迷惑。"耶稣就对他们说:"你们要祷告,免得入了迷惑。"
(《路加福音》1853,22:40)

(17) a. 兵丁也戏弄其走来提醋拨其喝话。And the soldiers
also mocked him，coming to him，and offering him
vinegar. Ping-ting yia hyi-long Gyi，tseo-lœ，di ts'u
peh Gyi hah wô.(同上,23:36)

b. 先生，倷有啥个生活拨我做弗？Have you any work for
me. Sir? Sin-sang，ng yiu soh-go sang-weh peh-ngô
tso feh?(《便览》1910:27)

c. 依点四日药拨其吃吃。Give him a little quinine. I tin
s-nyih yiah peh gyi ky'üoh-ky'üoh.(同上,23)

例(14a)"拨"用于使令,只是偶见,例(14b、14c)"拨"表致使,例
(15a)至例(15c)表容许,例(16a、16b)则表非自愿容许,用于否定句
中,例(17)"拨"兼表给予和允让,指某一物质转移至"拨"的宾语,即
与事或被给予的对象,而该对象是 VP 的施事,被转移的物质则为
VP 的受事,构成"NP＋拨＋A(gent)＋VP",这一结构的意义是句
子主语将 NP 转移至 A,使得 A 可以通过 VP 这一动作对 NP 实施
某种行为,那在句子主语允许或容许的情况下,A 才能对"NP"实施
VP。因此句中"拨"兼表给予和允让。

"拨"也是一百多年前宁波话中唯一的被动标记。如:

（18）a. 我个时鸣表拨人家偷起兑。My watch is stolen. Ngô-go z-ming piao peh nying-kô t'eo-ky'i de.(《便览》1910:20)

b. Din-ky'i læ yün-go u-dông, ve tang-djôh-go. Ziah-z sin-din teng hyiang-le bing-zi-go, keh z ting gying-de; k'ong-p'ô iao peh gyi tang-djôh.电气来云个坞荡，绘打着个。若是闪电等响雷并时个，莴是顶近兑，恐怕要拨渠打着。(《土话初学》1868:36)

c. Si-pin yiu ih-go fah-ts hao pao-wu oh ve peh le tang.西边有一个法子好保护屋儱拨雷打。（同上,36）

### 5.1.3 台州话使役、被动标记

以 1880 年版台州方言《马太福音》为语料，除了"呕"偶用作使令义动词外，如例（19），"拨"几乎是台州话唯一的使役动词。如例（20）至例（22）。

（19）Keh s-s Ge cü-ts tseo-le, teh Ge kông, ng ziah-z Zông-ti-keh N, hao ao keh zih-deo pin tso ky'üoh-zih.简试试渠主子走来，对渠讲："尔若是上帝个儿，好呕简石头变作吃食。"那试探人的进前来，对他说："你若是神的儿子，可以吩咐这些石头变成食物。"(《马太福音》1880，4:3)

（20）a. Ge dziang-fu Iah-seh z hao-nying, feh iao ming-ming peh ge tao-me, su-I iao s-'ô t'e-hweng.渠丈夫约瑟是好人，弗要明明拨渠倒霉，所以要私下退婚。地丈夫约瑟是个义人，不愿意明明地羞辱她，想要暗暗地把她休了。（同上,1:19）

b. Djü ze ih-ke zing-li, kyiao Nô-sæh-leh. ziu peh sin-ts-nying su kông shih-wa yiu ing-nyin, z-t'ih kông, Nying we ts'ing-hwu Ge z Nô-sæh-leh nying.住在一个城里，叫拿撒勒。就拨先知人所讲说话有应验，是替讲："人会称呼渠是拿撒勒人。"到了一座城，名叫拿撒勒，就住在那里。这是要应验先知所说："他将称为拿撒勒人的话了。"（同上,2:23）

c. Zông-ti ah neng-keo peh ge tso Ô-pah-læh-hön-keh ts-seng.上帝也能够拨渠做亚伯拉罕个子孙。神能从这些石头中给亚伯拉罕兴起子孙来。（同上，3:9）

d. Ngô we peh ng-he kʻe kʻô nying.我会拨尔许去搭人。叫你们得人如得鱼。（同上，4:19）

e. Ah feh-hyü ts-tin z-keh deo væh-tsiu，ing-yü ih-keng deo-fæh peh ge bah，peh ge heh，ng tu tso-feh-tao.也弗许指点自个头发誓，因为一根头发拨渠白，拨渠黑，尔都做弗到。又不可指着你的头起誓，因为你不能使一根头发变黑变白了。（同上，5:36）

(21) a. Keh-tsʻiah Yia-su bi Sing-Ling ta tao hông-ia di-fông，hao peh mo-kyü s-s Ge.葛节耶稣被圣灵带到荒野地方，好拨魔鬼试试渠。当时，耶稣被圣灵引到旷野，受魔鬼的试探。（同上，4:1）

b. Ng-he ts-si kʻe tang-tʻing keh Si-lao-keh z-kön，tang-tʻing-djôh，ziu le tʻong-pao ngô，peh ngô ah hao kʻe pa Ge.尔许仔细去打听箇细佬个事干，打听着，就来通报我，拨我也好去拜渠。你们去仔细寻访那小孩子，寻到了，就来报信，我也好去拜他。（同上，2:8）

c. Yi yiu ih-ke meng-du teh Ge kông，Cü，peh ngô sin cün-kʻe，ma-tsông ngô ah-pang. Yia-su teh ge kông，Keng Ngô le，peh s-nying ma-tsông ge s-nying.又有一个门徒搭渠讲："主，拨我先转去，埋葬我阿爸。"耶稣搭渠讲："跟我来，拨死人埋葬渠死人。"又有一个门徒对耶稣说："主啊，容我先回去埋葬我的父亲。"耶稣说："任凭死人埋葬他们的死人，你跟从我吧!"（同上，8:21—22）

d. Lin nga-min I-zông ah hao peh ge do-kʻe.连外面衣裳也好拨渠扥去。连外衣也由他拿去。（同上，5:40）

e. ʻEo-deo z yiang-yiang vu-yüong，tsih hao tao ze nga-min，peh nying dæh-gao.后头是样样无用，只好倒在外

面,拨人□告。<sub>以后无用,不过丢在外面,被人践踏了。</sub>（同上,5:13）

（22）a. Feh iao peh ngô-he tseo-tsing mi-'ôh.弗要拨我许走进
　　　　迷惑。<sub>不叫我们遇见试探。</sub>（同上,6:13）

　　　b. feh iao peh nying môngc'ih-le, tsih iao peh ng heh-
　　　　dong-dong ze-teh Ah-pang hao môngdjôh.弗要拨人望
　　　　出来,只要拨人黑洞洞在得阿爸好望着。<sub>不叫人看出你禁食来,只</sub>
　　　　<sub>叫你暗中的父看见。</sub>（同上,6:18）

　　　c. Dæn-z ng 'ang hao-z, jing-siu su tso, feh iao peh tsi-siu
　　　　hyao-teh.但是尔行好事,顺手所做,弗要拨借手晓得。<sub>你</sub>
　　　　<sub>施舍的时候,不要让左手知道右手所做的。</sub>（同上,6:3）

例（20）"拨"表致使,例（21）"拨"表容许、任凭,例（22）则用于否
定句,表非自愿容许。可见,给予义动词"拨"用作使役动词表义丰
富。《马太福音》（1880）土白译本中被动标记借用了官话的"被",
"拨"未见作被动标记,但阮咏梅（2019b:290）指出,"拨"在其他译本
文献中以及今台州地区方言中可作处置和被动标记。

### 5.1.4　金华话使役、被动标记

19 世纪下半叶金华话《圣经》土白译本中使役动词主要有"呕"
"等",由给予义语素"得"构成的"约得"以及 19 世纪末的"让"等,被
动标记只见到"得"。

#### 5.1.4.1　"呕""等"

喊叫义动词"呕"表致使和容许使役。如:

（23）a. Sie chu eo meh-keh nin ch'eo lah ih-sai fong.邪鬼呕未个人
　　　　抽拉一在风。<sub>邪鬼叫那人抽了一阵疯。</sub>（《马可福音》1899,1:26）

　　　b. Iao k'e eo tsi-si mong nong keh shin-shang.要去呕祭司
　　　　望侬个身上。<sub>要去叫祭司察看你的身体。</sub>（同上,1:44）

例（23a）"呕"表致使,指施事通过某种行为事件使得兼语出现某
种行为,（23b）"呕"表容许使役。

"等"作使役动词,只能表容许。如:

(24) a. Kwu-ts ng-da jioh-z zeng 'A, geh-seh nyin teng geo-da
k'eo. 故仔尔搭若是寻我,简些人等渠搭去。<small>你们若找我,就让这</small>
<small>些人去吧!</small>（同上,18:8）

b. Yia æ Ng, tong-tong Geo-zi tsör-go we hyiæ-c'üeh teng
Geo mong. 爷爱儿,通通渠自做个会显出等渠望。<small>父爱子,将自</small>
<small>己所做的一切事指给他看。</small>（同上,5:20）

### 5.1.4.2 "约""得""约得"

"约""得"和复合词"约得"皆可作使役动词,其中"得"也是给予
义动词。如:

(25) a. Ping-tsia tsiang-læ we hyiæ-c'üeh dör-jü keh-geh z-kër,
ioh ng-da hao yi-k'eo. 并且将来会显出大于简个事干,约
尔搭好希奇。<small>还要将比这更大的事指给他看,叫你们希奇。</small>（同上,5:20）

b. Geo tor-nyia la-æn k'eo, ioh 'a-da zeng-feh-doh Geo. 渠
到□那安去,约我搭寻弗着渠。<small>这人要往哪里去,叫我们找不着呢?</small>
（同上,7:35）

"约"只能作使役致使动词。如例(25a、25b)。

"得"表给予义,文献中后接构成述补结构。如:

(26) a. Jioh-z ng hyiao-teh Jing-geh eng-s, 'ông ng kông-go, Ioh-
shü-teh 'A c'eh-go, keh-teh la-geh, ng pih-ding for-djüa
iao gyiu-geh, Geo ziu we ioh wör-shü-teh ng. 若是尔晓得
神个恩赐,亨尔讲个,舀水得我吃个,简是哪个,尔必定
反转要求个,其就会舀活水得尔。<small>你若知道神的恩赐和对你说"给我水</small>
<small>喝"的是谁,你必早求他,他也必早给了你活水。</small>（同上,4:10）

b. Ziu nyia-liang nyin-ts-geh mun-deo, feng-teh geo-da,
koh-nyin yia m-kyi-ngēn. 就廿两银子个馒头,分得渠
搭,各人也吮几眼。<small>就是二十两银子的饼,叫他们各人吃一点,也是不够的。</small>（同
上,6:7）

c. Kyü, kyiæ-djông yüong keh-geh mun-deo s-teh 'a-da. 主,经
常用简个馒头赐得我搭。<small>主啊,常将这粮赐给我们。</small>（同上,6:34）

"得"也偶见用作致使义动词,不过,更常见的是"约得"表致使。如:

(27) a. Hao-teh 'a-da k'eo we-pao ts'a 'a-da li-geh nyin.好得我搭去回报差我搭来个人。叫我们好回覆差我们来的人。(同上,1:22)

b. Tao-teh la-lu ma-seh mun-deo, hao ioh-teh geh-seh nyin c'eh ni? 到得哪里买些馒头,好约得简些人吃呢?我们从哪里买饼叫这些人吃呢?(同上,6:5)

c. 'A-nong tseo-tsô 'ông ng-da kông, ioh-teh z-kër gying-kong ts-'eo, ng-da hao siang-sing 'A gyi.我侬早□亨尔搭讲,约得事干成功之后,尔搭好相信我渠。我要先告诉你们,叫你们到事情成就的时候,可以信我是基督。(同上,13:19)

d. Geo neng-keo k'æ-k'æ a-hwör nyin-geh a-tsing, ky'i feh neng-keo ioh-teh keh-geh yin feh s ma? 渠能够开开眼瞎人简眼睛,岂弗能够约得简个人弗死吗?他既然开了瞎子的眼睛,岂不能叫这人不死吗?(同上,11:37)

e. Jioh-z 'A tsör-go, ng-da zæ-jüa feh siang-sing 'A, ing-kæ siang-sing keh-geh z-kër, ioh-teh ng-da we hyiao-teh yi siang-sing, Yia zæ-ü 'A, 'A zæ-ü Geo.若是我做个,尔搭虽然弗相信我,应该相信简个事干,约得尔搭会晓得又相信,爷在于我,我在于渠。我若行了,你们纵然不信我,也当信这些事,叫你们又知道又明白:父在我里面,我也在父里面。(同上,10:38)

f. Keh-geh bing fe-we s-go, z we-teh Jing-geh yüong-wor, ioh-teh Jing-geh Ng we-teh keh-geh hao teh-djoh yüong-wor.简个病弗会死个,是为得神个荣华,约得神个儿为得简个好得着荣华。这病不至于死,乃是为神的荣耀,叫神的儿子因此得荣耀。(同上,11:4)

g. Ioh-teh cong-nyin kying-djong Ng, ziang kying-djong Ng yia-geh sæn.约得众人敬重尔,像敬重爷个生。叫人都尊敬子如同尊敬父一样。(同上,5:23)

例(27b—27g)"约得"皆作致使使役动词。

不过,"约得"未见用作被动标记,尽管文献中被动标记借用了官话 be(被),但仍能见到"得"作被动标记。如:

(28) Ng teh kyü-mi-keh-go, la-geh nang-sër li sor Ng ni? 你得鬼迷个个,哪个打算来杀你呢?你是被鬼附着了！谁想要杀你?（同上,7:20)

可见,金华话被动标记也是来自给予义动词,而非使役动词。

不过,19 世纪末文献中可见"让"作被动标记。如:

(29) Iu nin ta-choh hao-seh san pin keh, niang chu fu-choh keh tao Ia-su keh li lai.有人带着好些生病个,让鬼附着个到耶稣箇里来。有人带着一切患病的被鬼附的到耶稣这里来。（《马可福音》1899,1:32)

"让"作被动标记是借自官话？还是从使役动词演变而来？因用例少,以上只列出,不做讨论。

曹志耘(1997)指出,金华城里仍有两个被动标记,即"得""让",而汤溪话则用"等""约"。如:

(30) a. 等渠个碗打打破。那个碗被我打破了。

　　 b. 约渠好些钞票用得落去。被他花掉了好多钱。

不过,汤溪话"约"作动词用时可表:1)拿,取:约个碗来;2)给,给予:渠约我一块糖;3)让,容许,听任:弗要约渠去(别让他去)。可见,尽管早期文献只见到"约"表使役而未见用作给予义动词,但从"约"可与表给与义"得"构成复合词以及今仍可作给与义动词来看,今金华话中表被动的"约",也可能属于给予义动词源类被动标记。

### 5.1.5　温州话使役、被动标记

19 世纪末温州话文献中除借自官话的使役动词"使得"外,"叫"可以表使令和致使,如例(31),不过,高频使用的是给予义动词"丐"用作使役动词,"丐"也是唯一的被动标记。如例(32)、例(33)。

(31) a. Yi-sû taì gi-dà-ko koá, Whù-shi-ge k'ah, sang-loa wha

k‘oà gi-dà-ko sie-bö ź-ta, ie nang-kaò chiæ gi-dà-ko chàng-zih moa? 耶稣对渠大家讲："喝喜个客,新郎还伉渠大家相伴在搭,怎能够叫渠大家禁食吗?"耶稣对他们说,新郎和陪伴之人同在的时候,岂能叫陪伴之人禁食呢?(《路加福音》1894,5:34)

b. Gi whaì chiæ shǔ-tu Yí-seh-lieh-ge nang kwai-vuh Chi gi-dà-ko-ge Ziè-tì. 渠会叫许多以色列个人归复主渠大家个上帝。他要使许多以色列人回转,归于主他们的神。(同上,1:16)

c. Chiæ nǵ-dà-ko ih-sæ ih-sì, zé Chi mié-zie, yoà sìng-zié tà kung-ǹ-foà-tá-dù vuh-ż Gi. 叫我大家一生一世,在主面前,用圣洁和公义放搭大服事渠。就可以终身在他面前,坦然无惧地用圣洁、公义事奉他。(同上,1:75)

(32) a. Tsíng sà-k‘e chùng-nang, k‘à gi-dà-ko töè döè dö-ch‘üe-ge shie-tsö k‘ì dzà-shoh, zang ch‘ïh; iang-‘ǔ nǵ-dà-ko tsʻ́ź-dìż k‘oà-i-ge dì-foa. 请散开众人,丐渠大家到团圈个乡村去借宿,寻吃。因为我大家此地是旷野个地方。请叫众人散开,他们好往四面乡村里去借宿找吃的,因为我们这里是野地。(同上,9:12)

b. Chi, nǵ-ge tsʻ́-maì k‘à ng duh-ż bà-ż, Nyí fú küé-tsiè moa? Höé chiæ gi tsaó-li poa-zù nǵ. 主,我个姊妹丐我独自办事,你弗管账么? 好叫渠走来帮助我。主啊,我的妹子留下我一个人伺候,你不在意么? 请吩咐他来帮助我。(同上,10:40)

c. 丐人讨厌。k‘a² nang t‘öe-ie². To provoke people's dislike.(《温州方言入门》1893:151)

d. 你布施个时候,勿丐左支手晓得右支手所做个。你施舍的时候,不要叫左手知道右手所作的。(《马太福音》1894,6:3)

(33) a. Nyí ngá-de-ge tsʻì, k‘à ng tsó- ch‘üeh-goa, nyí ż-ge ngá wha-yaó tùng-lie ź-tí? 你眼里个刺,丐我捉出爻,容我去掉你眼中的刺呢。(同上,7:4)

b. Liu-sang, fai k‘à nang koá, dà-ź tsaó-k‘i, pó ź k‘à tsì-sz tsʻż. 留心,弗丐人讲,但是走去,把自丐祭司盼。你切不可告诉

人，只要去把身体给祭司察看。（同上，8：4）

c. Chi e yoà gi, he-kai nang ji-siu whai k'a gi li.主要用渠，许个人随手会丐渠来。主要用他.那人必立时让你们牵来。（同上，21：3）

d. Yi-sû taì gi koá, k'à sź nang tsoà ż-ge sź-nang; nyí k'ì djüe Ziè-tì-ge kwaih.耶稣对渠讲："丐死人葬自个死人，你去传上帝个国。"耶稣说："任凭死人埋葬他们的死人,你只管去传扬神国的道。"（《路加福音》1894，9：60）

e. 要把泞个衣裳妆燥，着摊晒着个屋宕丐日头晒晒燥罢。if you want to dry damp clothes, you should spread them out in a sunny place for the sun to shine on them. E² po¹ nyang²-ge I-zie choa söe², djah t'a sa²-djah-ge uh-doa k'a² nyieh-diu sa².（《温州方言入门》1893：136）

(34) a. Shĭ-lieh ts'ż-djah ż-chí k'à poh-ż shì-lùng, ting foh-nù ch'í.希律眦着自己丐博士戏弄，顶发怒起。希律见自己被博士愚弄,就大大发怒。（《马太福音》1892，2：16）

b. Hé nang-ka, Yi-sû k'à Sing-Ling ling-töé k'oà-í-de, ziú mû-chü-ge sź-t'ò.许能界，耶稣丐圣灵领到旷野里，受魔鬼个试探。当时耶稣被圣灵引到旷野,受魔鬼的试探。（同上，4：1）

c. Fai ń-lö bieh-nang, mié-teh k'à bieh-nang ń-lò.弗要议论别人，免得丐别人议论。你们不要论断人,免得你们被论断。（同上，7：1）

d. Dàng-loh ts'ì-bùng-de ziù-ź t'ing-djah tsaó-k'ì-ge z-'aò k'à chang-sì-ge sang-ko, ze-pöé, kw'à-'oh tsi-goa, ziuh n-naó döe-zing.遁落刺蓬里就是听着走去个时候丐今世个心挂，财宝，快乐挤爻，就唔有稻成。那落在荆棘里的,就是人听了道,走开以后,被今生的思虑、钱财、宴乐挤住了,便结不出成熟的子粒来。（《路加福音》1894，8：14）

例(32a、32b)"丐"用作使令义使役动词，例(32c)为致使义使役动词，例(33a)—例(33e)则为容许义使役动词，例(34a)—例(34d)

"丐"用为被动标记。

"丐"为温州话给予义动词,也用为介词,引介与格。如:

(35) a. 许张纸丐我眰。He¹-tsie tsi¹ k'a²(c) ng¹ ts'z². Show me
　　　　that sheet of paper.(《温州方言入门》1893:51)

　　　b. 到搭下半日其走转,讲:"屋宕寻弗着。"我晓得其讲谎
　　　　话,所以铜钱弗肯丐其。töe²-da 'o¹-pö² neh gi tsao¹-
　　　　chüe¹, koa¹ uh-doa¹ zang-fu¹-djah. ng¹ sha¹-tih gi
　　　　koa¹ hoa¹-'o², so¹- yi¹ dong-die fu¹ k'ang¹ k'a² gi. But he
　　　　came back in the afternoon and said that he had not
　　　　been able to find the place. I knew that he was not tell-
　　　　ing the truth, and so I would not give him any
　　　　money.(同上,175)

　　　c. 许本书担来丐我。He¹-pang¹ shï¹ tso¹-li k'a² ng¹. Bring
　　　　that volume here to me.(同上,51)

　　　d. 府县丐道爷个文书,就叫详文阿叫禀。Fû¹ yüe²k'a² döe¹-yi-
　　　　ge vang-shï ziu² chiœ¹ zie-vang ah chiœ² ping¹. the official
　　　　documents which the Prefect or Magistrate addresses
　　　　to the Taot'ai are zie-vang and ping¹.(同上,181)

　　　e. 我铜钱借丐人,是把我个铜钱担丐别人用。Ng¹ dong-
　　　　die tsi² k'a² nang, z¹ po¹ ng¹-ge dong-die tso¹ k'a² bieh
　　　　nang yoa². The expression dong-die tsi² k'a² nang
　　　　means that I am letting another have my money for his
　　　　use.(同上,79)

例(35)"丐"可以作动词,如例(35a)至例(35d),也可充当引介与
事的介词,在动后作补语,如例(35e)。

此外,"丐"还可引介受益者、言谈对象和工具等。如:

(36) a. 该个面盂里个水腌脏个,了滞个换来,丐我洗面。Kih-
　　　　kaih mie²-'ü-de-ge shï¹ öe-tsöe-ge, liœ-dzi²-ge wha² li,
　　　　k'a² ng¹ si¹ mie². The water in this basin is dirty,

change it and bring some clean water instead to wash my face.(同上,71)

b. 请你丐我讲。ts'ing nyi¹ k'a² koa¹ng¹. Be so good as to tell me.(同上,46)

c. 屋宕丐油髹起。Uh-doa k'a² yao yao² ch'ï¹. to paint a house.(同上,244)

d. 我间里挂□墙里许张画,我该日丐新个纸裱一层添。
Ng¹ ka-de ko² ping¹-zie-de he¹-tsie ‘o², ng¹ kih neh k'a² sang-ge tsi¹ piœ¹ ih zang t'ie. I pasted a fresh piece of paper today under(or at the back of) that scroll that hangs on the wall of my room.(同上,161)

除"丐"用作使役动词外,19 世纪文献中表给予义的"赐"可用作使役动词。如:

(37) a. Dû¹-whai-ge, sż gi-dà-ko höé mû-ż ch'ïh-poá;fû²-choh-ge, sż gi-dà-ko k'ung-siú tsaó-k'ì.肚饿个,赐其大家好物事吃饱,富足个,赐其大家空手转去。叫饥饿的得饱美食,叫富足的空手回去。(《路加福音》1894,1:53)

b. Whai sż-k'à ńg-dà-ko t'öh-goa dziuh-dieh-ge siú-de.会赐丐我大家脱爻仇敌个手里。叫我们既从仇敌手中被救出来。(同上,1:74)

c. Hé-kaì z-‘aò Yi-sû i-höé shǔ-tu yaó bìng-t'ùng, tsìng-‘aò, tà yaó oh-chǔ-ge nang, yih sż-k'à shǔ-tu hah-ngá-ge whai ts'ż-djah.许个时候耶稣医好许多有病痛、症候和有恶鬼个人,亦赐丐许多瞎眼个会眙着。正当那时候,耶稣治好了许多有疾病的,受灾患的,被恶鬼附着的,又开思叫好些瞎子能看见。(同上,7:21)

"赐"本来表"恩赐"的意思,不过,19 世纪末温州话《圣经》土白译本中也可表给予义,同时也用作致使义使役。如例(36a)"赐其大家好物事吃饱"中"赐"可理解为"给",也可理解为致使义动词,而例(36a)"赐其大家空手转去"中"赐"则只能理解为致使义动词,而例

(36b、36c)"赐"与"丐"还构成复合词形式用作致使义动词。"赐"用作使役动词不见于吴语其他方言中,不过,却见于近代早期闽南话文献。曹茜蕾、贝罗贝(2007)注意到近代早期闽南话中表"恩赐"义的"赐"也已发展为致使义动词。如:

（38）a. 汝赐我有关心念经。你赐我以虔诚的心读经。

　　　b. 汝赐我不要只世上假欢喜。你使我不再追求世上虚杠的事。

　　　c. 我今求汝,汝赐与我神魂清洁。我现在求你使我灵魂洁净。（曹茜蕾、贝罗贝 2007）

　　例(38a)为给予义动词,例(38b、38c)皆为中强度使役动词。他们同时也注意到无论是闽南话早期文献还是当代文献中,"赐"作致使动词很少见,但经过论证,他们认为"赐"从给予义动词发展为致使动词完全合乎情理。类似例子还有汉代"遗"(Peyraube 1988:144—147, Ushijima 1964)、柬埔寨语中"给予"动词(只用来表示给予地位较低下的人,Bisang 1992)等也发展为致使动词。可见,"赐"作致使动词"并非任意的,也不是传教士杜撰出来的"。最后他们还特别指出,表给予义的"赐"发展为致使动词是令人感兴趣的语法化现象。

　　从 19 世纪吴语中给予义动词"拨""得""丐"皆可作致使义动词来看,给予义动词演变为致使义动词十分常见,"赐"从表恩赐义动词发展为给予义动词之后,再演变为使役动词也就不奇怪了。

### 5.1.6　小结

　　从 19 世纪西儒文献来看,苏州话、宁波话、台州话、金华话和温州话中使役动词有多个来源,可分为两大类:一类即为非给予义动词源类,如"叫""呕""教""让""等"等;一类即为给予义动词用作使役动词,如苏州话、台州话、宁波话"拨"、金华话"得"、温州话"丐"等。皆可以用来表使役、容许,而 19 世纪吴语中被动标记则大多来自给予义动词类,只有金华话"让"于 19 世纪末偶见用为被动标记,因文献缺乏,暂无法讨论"让"用作被动标记的成因。

　　而在由非给予义动词源类使役动词中,除了苏州话"让"、金华话

"等"可以表容许使役外,其他大多只表指令和致使,也就是说,大多为高、中强度使役动词,较之低强度使役动词,其虚化程度低,那么这是否为该类使役动词未发展为被动标记的原因呢?对于吴语被动标记选择给予义动词源类,而非使役动词源类,我们将在§5.2中进一步讨论。

## 5.2　早期上海话使役、被动标记

汉语中使役动词可演变为被动标记,给予义动词也可经使役动词阶段演变为被动介词(Hashimoto 1988、徐丹 1992,Newman 1993),在句法上要经历主语省略和受事前移的操作过程(江蓝生 2000,蒋绍愚 2003)。不过,使役动词有使役强度的差异,可分为命令(高强度使役)、致使(中强度使役)和容任或允让(低强度使役)(冯春田 2000,刘永根 2000)。其中只有容任或允让类可演变为被动标记(洪波、赵茗 2005,王琳、李炜 2013),因此其被动化的语义演变过程实际为"(给予>)容任或允让>被动",而张丽丽(2006)进一步指出其语义演变过程为"使令/允让>非自愿允让>被动",句法结构上施事并非省略,而是先转为"非自愿允让者"后,发展为受事,就形成了被动结构。朴乡兰(2011)认同"受事非前移、主语非省略"的说法,但指出它们是反身致使句发展的结果,即表致使的单句或复句中出现了三个论元,其中使动者和动词的宾语之间具有反身关系(NP$_1$和NP$_3$为同一对象,或有领属关系,或有其他密切关系),因使动者受影响的方面得到强化,导致NP$_1$的使动者的意味抽象化,于是被动者的角色得以凸显,NP$_3$可以省略,经过重新分析,就形成被动句。可见,对于使役动词或给予动词被动化的语义演变和句法操作过程学界仍存在不同看法。

上海话或吴语"拨"一直是前贤在讨论给予义动词演变为被动介词时的用例之一,大多认为其演变过程为"给予>致使>被动"(徐丹 1992,蒋绍愚 2003)或者"给予>允让>被动"(刘丹青 2003a),但就其被动化的过程展开详细讨论的不多。如杨凯荣(2016)结合早期语料《海上花列传》得出上海话"拨"通过不许可(否定使役)从给予义演变为被动，与官话"给"、粤语"畀"经使役义的演变过程有别。可见，因对"拨"的被动化过程缺乏具体讨论，所以对其形成仍存在分歧，自然也无法解释上海话为何只选择"拨"而非其他使役动词作被动介词的原因。我们发现19世纪中叶至20世纪中叶上海话文献"拨"的用法及使役动词类型较今上海话更为丰富，这为我们提供了"拨"语法化成项产生的"有效共时参照平面"(彭睿2009)。因此，我们拟从共时语法化角度考察"拨"各语法功能项之间的演变关系，并探讨上海话被动介词的词源选择问题。

### 5.2.1　使役动词的类型及用法

一百多年前上海话域外文献中，表示使令、致使、容许等意义的使役动词主要有"叫""告""教""让""放""拨""等"等，也见双音节词"拨等"和"拨拉"。下面具体介绍。

#### 5.2.1.1　"叫""告""教"

"叫"可表示使令、致使意义。表示使令义时，常指通过言语行为要求对方执行某个动作，而表示致使义时，意义较前者虚，用何种方式达到致使的目标已变模糊。如：

(39) a. 第個事体<sub>那件事情</sub>叫侬<sub>你</sub>做，侬倒拨拉别人做。(《语法》1868:156)

　　　b. 侬可以去叫相帮人<sub>用人</sub>来扫扫地否？(《上海话功课》1850:356)

(40) a. 叫我吃亏。(《语法》1868:127)

　　　b. 叫水勿要滚。(同上)

例(39)"叫"仍带有言语指示义，即通过言语命令或吩咐 $NP_2$ 执行某个动作行为；例(40)各句中主要表致使义，言语指令义已模糊，$NP_2$ 也不限于高生命度的指人名词，如例(40b)"水"，只是通过某种行为间接地使 $NP_2$ 的动作或状态变化得以发生。

"告"，早期文献中读 kao(罗马字记音，见于 1883 年《松江话词

汇集》)。"告"表使令义。如:

(41) a. 叫(告)两个人来拨菜子。(1883:252)

　　b. 等伊再勿用心末,告伊跪之咾画。(同上,314)

从例(41a)来看,应儒望(P. Rabouin 1883)认为"告"与"叫"可以换用,我们认为"告"可能就是下文的"教"。

"教"在文献中读音记作 kiao 和 kao,如例(42a)和例(42b),其中 kiao 多出现于较文雅的词中,如"请教 ts'ing-kiao"(《松江话词汇集》1883:317)、"男教友 Né-kiao-yeû"(《松江话词汇集》1883:139)等,很可能为文读音;而 kao,只见于通俗口语,如"教完之,自己心里去猜摩猜摩。kao wé-tse, ze ki sin li k'i ts'ai-mo-ts'ia-mo."(《松江话词汇集》1883:312),应为白读音。其白读音与上文"告"同音,"告"很可能为"教"的白读记音字。"教"的用法与"叫"相近,表示使令和致使。如:

(42) a. 开手拿云青咾洋绿,教伊放拉在盂钵里……K'ai-seu nao yun-ts'ing lao yang-lo, kiao I faong la yu-pé li, gné si k'i-lai.(《松江话词汇集》1883:302)

　　b. 先生教侬做啥,马上就做,勿要强头倔脑。sié-sang kao nong tsou sa, mô-zaong (laong) zieu tsou, vé yao ghiang deû ghieu nao.(同上,312)

　　c. 我教伊做。Ngoo kau yi tsoo. I caused him to do it. (《上海话教程》1907:40)

例(42a、42b)"教"表吩咐、命令义,例(42c)表致使义。《上海话教程》(1907:40)也指出,"教"与"叫"用法相同,只是"叫"读 kyau,调也不同。

**5.2.1.2　"让""放""等"**

使役动词"让"在早期文献中较常见,表容许义。如:

(43) a. 一头加,一头炒,勿要让伊成块。(《松江话词汇集》1883:218)

　　b. 让伊进来。(《中西译语妙法》1871:110)

　　c. 或者无没水末,只好让房子烧。(《练习》1910:84)

例(43)各句皆表容许义,即 NP₁ 允许 NP₂ 执行某个行为,"让"主要表自愿允许义,如例(43a、43b)句,也可表非自愿容许,如例(43c)句,极少见。

文献中置放义动词"放"也用作使役动词,表容许义。如:

(44) a. 马放伊到草地上去吃草。Let the horse loose in the grass field.(《语句集锦》1862:43)

b. 若使人多,早晨头牵末,来勿及,盖末要隔夜牵好拉,但不过要盖好,勿要放伊出气。(《松江话词汇集》1883:232)

c. 因为井水太阴,花容易死,后来只管要浇水,勿要放伊干脱。(同上,269)

d. Kuk-lau Ya-hwō fæh fong ye dzæn-wæ pæh nie-ts.格咾耶和华弗放伊传位拨儿子。(《上海土白入门》1855:51)

文献中"放"只表容许义,且多出现在否定祈使句或意愿句中。如例(44a)至例(44d),同时,句中 VP 大多为不及物动词或非自主动词,及物动词少见,如例(44d)。尽管据钱乃荣先生告知,例(44a)中"放"也可以理解为放任义动词,但从例(44a)仍可看到置放义的痕迹,"放"的概念结构所表现的事件参与者包括施事、客体、起点、终点(连金发2004)。例(44a)中"到草地上"为置放的终点,是"放"的概念结构的参与角色。不过,因后边有了 VP₂ 成分"去吃草",所以"伊"不仅是置放的客体,也是 VP₂ 的施事者,获得了兼语身份。可见,该结构中"放"所表示的空间位移的词汇意义淡化,已发展为表容许义的使役动词。在否定祈使句或意愿句中,空间位移义进一步消失,只剩下容许义。

"等"在兼语句中也可表容许义。如:

(45) a. 但是第条蛇拉旁边对伊(螃蟹)看之长远,忽然昂起之头咾朝前游过来,拿蟹个背、腹,绕之几转,蟹等蛇绕好之,伊就拉沙草上翻来覆去个勿停,蛇绕得愈紧末蟹翻得愈快,实盖能样式终有几个钟头,后来末蛇无没气力咾,只好挺直之僵脱拉沙地上勿动,难末蟹慢慢能爬到蛇个后面,用两只大钳断之蛇个尾巴,一头钳咾一头吃,大吃之

有一寸多。(《课文》1923,第 26 课)

b. Nan-mæh Ya-hwō hau-ta-w̆æ doong-c'e ye-la lau, pæh tæ-dih tuk-sung, tung E-suk-lih-niung tsoo bih-niung kuk dzok-kōk.难末耶和华好□□动气伊拉咾,拨对敌得胜,等以色列人做别人个属国。(《上海土白入门》1855:51)

例(45)中"(NP₁)＋等＋NP₂＋VP"结构中,"等"表示容许义,如(45a)"蟹等蛇绕好之"可替换为"蟹让蛇绕好之",从上下文来看,它表示"蟹"对"蛇"实施"绕"这一行为的自愿容许和任凭义,例(45b)"等"与前一分句中"拨"(表容许义)呼应,也表示容许义。

"等"在文献中还可以与表容许义的"拨"构成复合词使用。如(《中日会话集》1936:210):

(46) a. 拨等我看看。

b. 拨等我拣拣。

例(46)中"拨等"表示容许义,可见,早期上海话中"等"也作表容许义的使役动词,所以它可与表容许义的"拨"构成复合词使用。

### 5.2.1.3　"拨拉"

"拨"是上海话给予义动词、致使义动词,见§5.2.2。由"拨"和引介与事的介词"拉"构成的双音节词"拨拉"也用作使役义动词,可表致使、容许义。如(《语法》1868:127):

(47) a. 伊拨拉伊死。He has caused him to die.

b. 伊拨拉我吃亏者。He has caused me to suffer.

c. 啥人肯拨拉别人欺负呢。Who is willing to allow others to insult him?

d. 勿要拨拉别人哄骗侬。Don't allow others to deceive you.

例(47a、47b)表致使,例(47c、47d)表容许,艾约瑟(1868)将前者分析为 causative"致使",后者分析为 permissive"容许"。可见,早期文献中给予义动词"拨拉"用作使役义动词时可用来表致使和容许。王琳、李炜(2013),王琳(2013)认为琉球官话和南方方言中给予义动词演变为使役义动词时,不能表致使义,只能表容许。而我们发现早期上海话由"拨"构成的复合词可表致使义和容许义,与他们的观察有出入。

综合以上使役义动词及其用法来看,早期上海话"叫""教"("告")等表义较实在,主要表使令义和致使义,未见弱强度使役义动词用法;而"让""放""等"等则只用作弱强度使役义动词,表容许义;只有"拨"可表致使义和容许义。

### 5.2.2 被动标记"拨"的形成

结合前贤(江蓝生 2000,蒋绍愚 2003,洪波、赵茗 2005,张丽丽 2006 等)对官话"给"及使役义动词被动化研究的理论阐释,下面我们拟利用一百多年前上海话语料考察给予义动词"拨"或"拨拉"的语义、句法功能及演变的轨迹,一方面可以重新审视给予义动词被动化的语义和结构演变过程,一方面也可以为讨论上海话被动标记只选择"拨"而非使役动词提供相关线索。

一百多年前上海话西儒文献中,"拨"可作给予义动词、致使义动词、允让义动词和被动介词等。具体用法如下:

#### 5.2.2.1 给予义动词"拨"及其句法结构

"拨"作给予义动词,可构成双宾句、倒置双宾句、介宾补语式,还可构成套接式。如:

(48) a. 拨伊个这一幅画。(《上海话功课》1850:464)

　　b. 勿是白话,要拨银子侬。(同上,291)

　　c. 侬要拨馒头拉第那个人呢啥? 是要拨伊。(同上,298)

　　d. 侬肯拨啥饭拉我吃否? 肯个。(同上,296)

　　e. 垃拉在水里生个蛋,养出来末拨奶伊吃。(《油拉八国》1849:96)

　　f. 侬肯拨两钱我买牛奶否? 肯个。(《上海话功课》1850:337)

文献中"拨"字双宾式($V+O_i+O_d$)和倒置式($V+O_d+O_i$)其实并不常见,较常见的是介宾补语式,而更常见的是"句式 A"(蒋绍愚

2003)，即"S＋拨＋$O_d$（＋拨/拉）＋$O_i$＋$VP_2$"式，所表达的是：与者将其拥有对象转移于受者，从而促使受者实施 $VP_2$ 这一行为。与者和受者间的使役关系通过事物的给予成立，为给予使役句（杨凯荣2016）。该结构中 $VP_2$ 常以前面双及物结构中的 $O_i$（即间接宾语）为施事，如例（48d）至例（48f）等，也常以 $O_d$ 为受事，如例（48d、48e），仅个别另带受事宾语，如例（48f）"买牛奶"。以《上海话功课》（1850）为例，该书共 6 册 30 课合计 604 页，书中双宾式 2 例，倒置式3 例，介宾补语式 18 例，而"句式 A"则有 20 例，这类句式高频使用，成为给予义动词"拨"语法化的起点。

　　"句式 A"常因 $O_d$ 受语用影响而形成类似兼语结构，即"（$O_d$＋）S＋拨＋拉＋$NP_2$＋VP"式，句中"拨"既可以理解为给予义动词，也可以理解为使役义动词。如：

（49）a. 第个事体叫侬做，侬倒拨拉别人做。I called you to do this, and yet you have given it to someone else to do.(《语法》1868:156)

　　　b. 勿拘啥人，爱我个末，我爷班是爱伊个，我也爱伊个，而且现出自家拨伊看看拉。<sub>爱我的必蒙我父爱他，我也要爱他，并且要向他显现。</sub>（《约翰福音》1847，14:21）

　　　c. 写好之，拨拉我看。when you have written it, let me see it.(《语法》1868:132)

　　　d. 拨拉伊吃。（《上海话功课》1850:453）

　　例（49）中被拥有对象"$O_d$"受语用影响，常出现在"拨"前。如例（49a）"第个事件"作话题，艾约瑟将该句"拨拉"译为"give"，仍表给予义，不过，从"拨拉别人做"与"叫侬做"对应来看，很显然，"拨拉"已带有使役义；例（49b）"自家"作为"拨"的受事也在"拨"前，构成"受事＋拨＋施事＋VP"的兼语结构，甚至在当前语境所指明确的情况下"$O_d$（直接宾语/受事）"可以省略，如例（49c、49d）。这些句子中"拨"既可理解为给予动词，也可理解为容许义动词。如例（49c）艾约瑟译为let，同时，因受事省略也导致"拨拉"紧邻，凝固成双音节词"拨拉"。

#### 5.2.2.2　致使义动词"拨"及其句法结构

"致使义表达致事影响或导致被使者达成某种结果,这种影响是致事使役行为以外的行为造成的"(张赪 2013)。早期文献中,"拨"或"拨拉"既有施事操控性较强的致使用法,主语一般为高生命度的指人名词,如例(47a、47b)、例(50a、50b)指施事通过某种行为造成被致使者受到某种影响;也存在以事件或当事为主语的致使用法,这类用法中施事性较低,多表致事起因,"NP$_2$"为役事,而"VP$_2$"则为结果行为或状态,如例(51)。

(50) a. 拨拉我吃官司。Causing me to be the subject of a law-suit.(《语法》1868:127)

    b. 耶稣拨垃瞎子看,聋甏听,哑子会话,趷脚会走,死过拉个人拨伊活转来。Jesus caused the blind to see, the deaf to hear, the dumb to speak, the lame to walk, and the dead to rise again.(《语句集锦》1862:156)

(51) a. 第块地方是英吉利个产业,伊算最珍重做水战兵丁个营帐个,费用个洋钱,倒多拉,要拨伊做天底下坚固个炮台咩。(《油拉八国》1849:39)

    b. 纱纺得太大,拨拉锭壳要轧坏脱个。(《纺织》1925:222)

    c. 房子火煼个缘故,是有几样,有个是为之小囝咾女人勿当心火油灯,或者为之烧饭个勿当心火,拨火窜①开来咾烧脱房子。(《练习》1910:32)

    d. 船上个耆民姓谷,拉耶稣降下来,一千七百六十七咩一千七百十九年当中撑来撑去,拨我俚晓得子山姆脱活吹、所啥衣裳、搭子和分儿赖个海岛事体者。(《油拉八国》1849:102)

例(50)中施事为高生命度的指人名词,NP$_2$ 也多指人,VP$_2$ 则为及物动词,因施事的控制而导致被致使者 NP$_2$ 经历 VP$_2$ 的行为事

---

①　今作"蹿"。

件。例(51)中大多以事件而非具有施事性的有生对象为主语,为被致使者经历某种条件或状态的变化提供原因或引发者,NP₂ 也多为无生事物,对自身行为不具有操控性;"NP₂ + VP₂"的发生是因 NP₁ 造成的,即使 NP₂ 为有生对象,VP₂ 为感知动词,如例(51d),也不是 NP₂ 可以主动参与或控制的。

　　"拨"表致使义在以往讨论其被动化的过程中(刘丹青 2003a)鲜有提及,有学者认为南方方言给予义动词只表容许,不能表致使(王琳、李炜 2013,王琳 2013),而从早期上海话语料来看,例(50)、例(51)皆为典型的致使义动词用法。今上海话老派中仍保留了致使义动词用法,尽管例(47)、例(50)也常用表致使义的"叫"或"让"来代替(钱乃荣 2014b:354),但例(51)的用法仍十分自然。现今上海话中仍可以说"我拨伊拉饿杀脱为止"和"伊拉勿讲清爽真相,伊拉拨我吃亏哉"。①可见,"拨"表致使义应该是老上海话中本来就有的用法,而并非因为传教士受母语影响记录下来的。

　　从使役强度来看,致使义为中强度使役,按照语法化单向性原则,我们认为"拨"的致使义用法应该直接来自给予义动词。从语义看,通过"拨"施与的不再是某个具体事物或对象,而是某种行为或事件,即通过施与导致该行为或事件发生,就发展为致使义。从结构看,从给予使役式"S + 拨 + Oₐ( + 拨/拉) + Oᵢ + VP₂"发展为"S + 拨 + Oᵢ + VP₂",给予义虚化,使役义得到凸显。上文提及"赐"也经历了类似的语义演变。

### 5.2.2.3　容许义动词"拨"及其句法结构

　　"拨"更常见的是用作容许义使役动词。如:

(52) a. 作头司务也话,天惭不好,天惭,要大吃亏,因为伊要拨拢总匠人吃饭,勿好做生意,若是吃之三四日,就要多化洋钱拉。(《练习》1910:26)

　　b. 侬还话,拨我看看天爷,是那能个拉。你怎么说,将父显给我们看呢。

---

　　①　例句由钱乃荣先生提供,特此感谢!

（《约翰福音》1847，14：9）

> c. 看见一个大学生子拉吃香烟，后来伊拨我呼一口，我呼之末，就咳嗽咾，喉咙痛，难末我晓得上之伊个当哉。
>
> （《练习》1910：102）

例（52）"拨"表容许义，且皆为自愿允让或容许。句中"给予事物"的意义已淡化，即不再表示拥有物的转移，而表示对某物或对象的控制权的转移，如例（52b）"拨我看看天爷"，并非与者或施事可以将"天爷"转移给受者，而只是指对"看天爷"的控制权转移，从对"某物的拥有权"转移到"某事件的控制权"。这种从给予使役发展为容许使役的演变是通过隐喻实现的（姚玉敏 2015）。从结构看，给予使役结构"S＋拨＋O$_d$＋拨/拉＋O$_i$＋VP"因 O$_d$ 在语境中常隐去，构成"（S＋）拨/拨拉＋O$_i$＋VP"结构，该结构中"拨/拨拉"因隐喻的作用，给予义淡化，成为只表容许义的使役结构"（S＋）拨/拨拉＋NP$_2$＋VP"。

杨凯荣（2016）仅以《海上花列传》（实为苏州话）为语料，指出上海话"'拨'在肯定形式时除了表示给予使役外，并没有表述许可使役和放任使役的例句"，以此否定"拨"字"给予＞致使/允许＞被动标记"的语法化路径。从例（52）来看，早期上海话中"拨"在肯定句中是可以用作容许义使役的。"拨"从给予义演变到容许义也具备语义和结构条件。

表容许义的"拨"常出现在否定性的意愿句或祈使句中。如：

（53）a. 第桩事体我对侬话，但是勿要拨伊个人晓得。（《上海话教程》1907：31）

> b. 侬吃个物事终要园$_{藏}$拉冰箱里，或者用一只纱罩来罩好，勿要拨苍蝇咾蚂蚁进去。（《练习》1910：72）
>
> c. 斩刀薄花衣里向，勿要拨伊别样花衣落进去。（《纺织》1925：218）
>
> d. 侬园拉箱子里个衣裳应该常庄担出来晒晒，勿要拨伊霉脱。（同上，73）

e. 庭心里个阴沟末,常时要用水来冲,勿要拨伊塞没。
(《上海话练习》1910:71)

f. 因为王个权柄保护乡野人勿拨拉富贵个人欺个。(《油
拉八国》1849:10)

例(53a)至例(53f)皆为"拨"字否定性意愿句或祈使句。句中
"拨"皆表容许义,"勿要拨""勿拨"表示别让、别允许的意思,即言者
希望听者不要因为不小心而导致某种不期望发生的情况出现。如例
(53a)"我"希望"侬"不要因为不小心而让"伊个人晓得第桩事体",
VP 为表感知义的非自主动词。这类句子中的施事常常并不能阻止
或操控"NP$_2$＋VP"的发生,表达的是非自愿容许或允让义。这类非
自愿容许句中的 VP 一般为非自主动词或不及物动词,如例(53b)—
例(53e)。这类句子以"NP$_1$＋拨/拨拉＋NP$_2$＋VP"结构出现,其中
NP$_1$ 与"NP$_2$＋VP"之间的语义关系类型较多:NP$_1$ 可以是受事论元
类话题,如例(53a);语域式话题,如例(53b、53c);还可与 NP$_2$ 构成
同指关系,如例(53d、53e),兼语位置上用"伊"复指前面的话题,从
形式上保证"拨/拨拉"后的兼语。不管怎样,这些句子中"拨/拨拉"
的施事主语在句法上皆省略或隐含在语境中。也正如此,当 VP 为
及物动词时,如例(53f),由动词"欺"构成"NP$_1$＋拨拉＋NP$_2$＋VP"
结构,"拨拉"既可以表示非自愿容许,即"乡野人"对于"富贵人欺"来
说是非自愿的,或难以防范的,同时也可以理解为被动,即"乡野人不
被富贵人欺"。也就是说,当 VP 为及物动词时,结构中的 NP$_1$ 为
VP 的受事,NP$_2$ 仍为 VP 的施事,"拨拉"获得被动义,开始从非自愿
容许演变为被动介词。朴乡兰(2011)指出,表致使的单句或复句中
出现了三个论元,其中使动者和动词宾语间具有反身关系才能发展
为被动,而不需要经过受事前移、主语省略的句法操作过程。而从
"拨"字使役兼被动句来看,其形成仍少不了主语省略的句法操作。
"乡野人"虽然在语义上可以视为 VP 的受事宾语,似乎形成 NP$_1$ 与
NP$_3$ 的反身关系,但在句法上 NP$_3$ 并不需要出现,也无代词复指。
从例(53)各句句首的 NP$_1$ 来看,我们认为是话题化的作用使得"乡

野人"发生了前移。

　　表非自愿容许义的"拨/拨拉"句也可构成无主句或主语无法补出的使役句。如：

　　（54）a. 拨伊做唆我。I was deceited by him.（《语法》1868:126）

　　　　　b. 有一家人家，无人拉屋里，拨拉贼夜里向来偷之多化物事去，就是银叉唔银抄，搭之刀家生唔，台布、茶布唔啥。（《上海话练习》1910:17）

　　　　　c. 米间门锁之，勿要开拉唔拨别人偷之米去。（《松江话词汇集》1883:56）

　　例（54）中"拨"皆表非自愿容许义，"拨"前名词不出现或所指不明，而受事则出现在 VP 后宾语位置上。如例（54a）"我"、例（54b）"多化物事"、例（54c）"米"等。这类使役句也不受时体限制，如例（54a、54b）陈述已然事实，因此也可理解为遭受不利影响的被动句。如例（54a）艾约瑟直接对译为英语被动句。

　　从例（53）、例（54）来看，"拨/拨拉"前的主语不出现或无法补出是其发生被动化的句法条件。即施事主语在句法上的省略或不需要使得"拨/拨拉"后 $NP_2$ 受事者身份模糊，而只保留了结构"$NP_1$＋拨/拨拉＋$NP_{2施事者}$＋VP"，这样，"拨/拨拉"就可重新分析为被动介词。

### 5.2.2.4　被动介词"拨"及其句法结构

　　"拨"或"拨拉（垃）"在一百多年前文献中与今上海话一样用作唯一的被动介词。如：

　　（55）a. 老大唔大伙计拨垃大浪头罩没垃海里向。（《语句集锦》1862:21）

　　　　　b. 松江巴经拨垃长毛破脱哉。（同上,52）

　　　　　c. 一口网拨拉大鱼投碎哉。（同上,92）

　　　　　d. 本地人末，垃拉_在百年前，拨大吕宋人赶走出去个者_了。（《油拉八国》1849:103）

　　从例（55）来看，"拨/拨拉"构成"$NP_1$＋拨/拨拉＋$NP_2$＋VP"结构，其中 $NP_1$ 为受事，可以是有生名词，也可以是一般事物名词，

NP₂ 为施事,也可以是有生名词和一般事物名词,VP 为由及物动词构成的短语。这些句子中的"拨/拨拉"只能分析为被动介词。

从结构来看,容许义使役结构"NP₁(S+)＋拨/拨拉＋NP₂＋VP"与被动结构相似,只是容许义使役结构中可以出现"拨/拨拉"的施事 S,或者在语境中隐含着施事 S,如例(53)祈使句中的施事皆在当前语境中隐去。在这种情况下,"拨/拨拉"后 NP₂ 也从"施受事同辞"(江蓝生 2000)的兼语身份,如例(53f),简化为施事,"拨/拨拉"也就演变为被动介词了。

综上,"拨/拨拉"被动义确实是从非自愿容许义直接发展而来,但其被动化的语义过程应为"给予义＞致使义/容许义＞非自愿容许义＞被动义"。句法上因"(S施事/致事)＋拨/拨拉[+容许义]＋NP₂受事/施事＋VP"结构中的 S施事/致事常省略或隐去,而使得 NP₂受事/施事身份单一化,形成"拨/拨拉[+容许义]＋NP₂施事＋VP",再加上 VP 中受事受话题化作用前移,构成"NP₁受事＋拨/拨拉[+容许义]＋NP₂施事＋VP","拨/拨拉"就可重新分析为被动介词。因此,在句法上经历了主语省略或隐去、受事前移的操作过程(蒋绍愚 1994,江蓝生 2000,蒋绍愚 2003),我们对上海话"拨/拨拉"的被动化观察并不支持 NP₁ 操控性降低而后发展为受事的非主语省略说(张丽丽 2006)。

### 5.2.3　被动标记选择"拨"的成因

共同语或北方话中"教、让、叫"可作使役动词,也可表被动,包括上海话在内的早期吴语中这些动词也都作使役动词,且"放""等"在一百多年前上海话中也可作使役动词。使役动词类型虽多,却为何仅给予义动词"拨"演变为被动介词呢?

对共同语使役动词演变为被动介词,前贤研究成果颇丰。"教"在东汉以后出现使役用法,唐朝时还可表示自愿和非自愿允让,至晚唐已发展为被动(冯春田 2000:617,蒋绍愚 2003,张丽丽 2006,张美兰 2006),"让"字表使役是"很晚近的事情"(江蓝生 2000),清朝后半叶才开始有非自愿允让用法,"可以和'被'字句相通的'让'字句要到民国以后才出现"(张丽丽 2006);"放"用作使役动词见于唐宋,元明以后逐渐消失(冯春田 2000:643),"叫"明代以后替代"教"才用作使役动词(江蓝生 2002)。由此可知,共同语或北方话中"教、让、叫"等演变为被动介词,语义上都经历了非自愿容许义阶段,从而具备了从使役演变为被动的语义条件。

而一百多年前上海话文献中使役动词"教、叫"只作使令、致使类动词,不表容许,"等"作容许义使役,但限于自愿容许,"让"也主要用作自愿容许,极少可理解为非自愿容许。只有"放"常出现在否定祈使或意愿句中,表自愿容许和非自愿容许,且以后者为主。我们统计了 8 种课本类文献,近 35 万字,从中可见一百多年前上海话使役动词的用法分布(见表 5-1)。

表 5-1 早期上海话文献中使役动词及其用法分布

| 文献时间 | 使役动词 | | | | | | | | |
|---|---|---|---|---|---|---|---|---|---|
| | 教 | | 叫 | | 让 | | 等 | 放 | |
| | 使令 | 致使 | 使令 | 致使 | 自愿容许 | 非自愿容许 | 自愿容许 | 自愿容许 | 非自愿容许 |
| 1850 年 | 0 | 0 | 23 | 1 | 5 | 0 | 0 | 0 | 0 |
| 1862 年 | 1 | 0 | 26 | 3 | 0 | 0 | 0 | 2 | 2 |
| 1871 年 | 0 | 0 | 8 | 0 | 2 | 0 | 0 | 1 | 0 |
| 1883 年 | 5 | 1 | 13 | 1 | 3 | 0 | 0 | 0 | 4 |
| 1907 年 | 4 | 1 | 38 | 0 | 5 | 0 | 0 | 0 | 1 |
| 1910 年 | 3 | 1 | 38 | 2 | 17 | 2 | 1 | 0 | 0 |
| 1925 年 | 0 | 0 | 4 | 0 | 4 | 0 | 0 | 0 | 0 |
| 1936 年 | 0 | 0 | 14 | 0 | 4 | 0 | 2 | 0 | 4 |
| 总计 | 13 | 3 | 164 | 7 | 40 | 2 | 3 | 3 | 11 |
| 百分比 | 81.3% | 18.7% | 95.9% | 4.0% | 95.2% | 4.7% | 100.0% | 21.4% | 78.5% |

文献来源:
《上海话功课》(1850)、《上海方言句集锦》(1862)、《中西译语妙法》(1871)、《松江话词汇集》(1883)、《上海话教程》(1907)、《上海话练习》(1910)、《纺织工场技术用上海语》(1925)、《中日会话集》(1936)

由表 5-1 可见,上海话早期文献中"叫、教"主要用作"使令义"使役,分别占比81.3%和95.9%,而虚化程度稍低的"致使义"使役动词分布都很低,仅3例;"让"用作"容许义"使役动词占95.2%,非容许义用法仅偶见,"等"仅3例,皆为"自愿容许义"使役动词,只有"放"用作非自愿使役动词达到78.5%。

明清北部吴语中使役动词用法与一百多年前上海话文献中的情况相似。石汝杰、宫田一郎指出"叫"有"让、吩咐"义,表使动。如(石汝杰、宫田一郎 2005:314):

(56) a. 今日春兰身上穿那件玄狐腿子的,是奚大老爷身上脱下来,现叫毛毛匠改小的。(《品花宝鉴》3回)

　　　 b. 果然肚里胀痛,登勒草地浪撒仔一大(读杜)堆屎,叫格只狗吃干净仔,难末再走。(《九尾狐》13回)

例(56)中"叫"皆用作使役强度高的动词,表示通过言语行为要求对方实施某个动作。

"教"表"让、令"。如(石汝杰、宫田一郎 2005:316):

(57) a. 教脸上红拂拂地,走去韦谏议门前旋一遭,回去说与大伯,只道说了,还未有回报。(《古今小说》33卷)

　　　 b. 又有豁湿了身上衣服的,都在下浦桥边搅挤教干。(《警世通言》23卷)

例(57)中"教"皆表示致使义,并不表允让义。

"让"在明清吴语中也主要表自愿容许义,常见的表达为"让里去希随他去吧"(石汝杰、宫田一郎 2005:512)。虽也见非自愿容许义用法,如例(43c)"只好让房子烧",但VP为非自主动词,所以也不能构成被动句。

"等"表使动,也皆表自愿容许。如(石汝杰、宫田一郎 2005:127):

(58) a. 月公道:"我徒弟自有,徒孙没有,等他做我徒孙罢。"就留在寺中。(《型世言》30回)

　　　 b. 如此说,相公请坐了,等我一头斟酒,一头说便了。(《党人碑》9出)

可见,一百多年前上海话及明清北部吴语中与官话同源的使役动词的语义特点有：使令类"叫""教"虚化程度较低，仍只能表使令和致使，而容许类"等""让"则主要表自愿容许义。使役动词作为基本词汇，在上海话乃至北部吴语中的语义发展远不如共同语或北方话。使役动词或给予义动词演变为被动介词要经过非自愿允让义阶段，但一百多年前上海话除"放"以外的各使役动词并未满足这一语义条件，因而未发展为被动介词。可见，是上海话和共同语或北方话在同一使役动词语义发展上的不平衡性导致其句法功能上的差异：上海话中它们不能用作被动介词，而共同语或北方话中则可以。

那么为何"放"虽以非自愿容许义为基本用法，却仍未发展为被动介词呢？结构一致和语义相宜是词语不同用法之间发生语法化的重要条件。从句法结构看，"放"作容许义使役动词时构成"（NP$_1$＋）（S＋）放＋NP$_2$＋VP"结构，表自愿容许义时该结构中 VP 可为及物动词，如例（44d），也可为不及物动词，如例（44a）。表非自愿容许义时，VP 则为不及物动词，如例（44b、44c）。可见，虽然非自愿容许义使役动词可以发展出被动义，但只有在 VP 为及物动词时，才能对前面的 NP$_1$ 具有支配或操控作用，但文献中并未发现非自愿容许义"放"字句中 VP 为及物动词。由此推测，"放"未发展为被动介词，是因其句法结构未能满足被动结构的要求。

此外，为何官话或共同语中使役动词"叫、让"等演变为被动介词的用法未能通过语言接触影响到上海话呢？原因是共同语中"让、叫"形成被动的用法较晚，或在明末清初甚至更晚（蒋绍愚、曹广顺2005:392，张丽丽2006，朴乡兰2011），而从早期吴语文献来看，"拨"当时已经是成熟的被动介词，不需要输入新的被动介词。同时，明末清初以来，官话仍主要借助文教系统对吴语加以影响，这种影响是非强势的，因而对语法系统的作用是有限的。所以"叫、让"的虚化用法也未通过语言接触渗入上海话。

综上，上海话未选择使役动词作被动标记，一方面是因为其语义或结构上不具备演变为被动标记的条件；另一方面是因为一百多年前上海话乃至明清北部吴语已经形成自己成熟的被动标记，故官话或共同语源自使役动词的被动标记"叫、让"等也无法渗入。因此,上海话选择源自给予义动词的被动标记,而官话主要选择源自使役动词的被动标记,是使役动词在上海话和官话中的词义发展不平衡造成的。

## 5.3  结  语

一百多年前西儒吴语文献中使役动词较多,有表义较实在的"叫""教"(如上海话、苏州话)、"呕"(如宁波话、金华话),表示使令和致使义;也有使役程度较弱的"让""放""等"(如苏州话、上海话),表容许义。不过,只有"拨"及其复合形式"拨拉"(如上海话)可表致使和容许,并在非自愿容许义基础上发展为被动介词。

早期文献中上海话"拨"的被动化过程表明:一方面,非自愿容许义是给予义动词演变出被动义的必要环节,因为非自愿容许本身就蕴含着不情愿遭受负面影响的意义;另一方面,从句法结构来看,从容许义使役动词结构演变为被动结构经历了施事 S 的省略、受事 $NP_1$ 话题化前移的操作过程,并非 S 演变为受事而后成为被动句的主语。

一百多年前西儒吴语和明清北部本土吴语文献皆表明:吴语选择源自给予义动词的被动标记,而官话更常选择源自使役动词的被动标记,是因为使役动词在吴语中虚化程度低,与官话中同类词的语义发展不平衡造成的。这一差异应该也是南方方言选择给予义动词源类被动标记而官话主要选择使役动词源类被动标记的主要原因。

# 第六章 表定指的"一十量名"结构

数量组合"一十量名"表定指,是指该词语所指对象为听说双方都能确定的对象,该对象可能存在于言谈现场,也可以是上文已提及或存在于双方共享的背景知识中,即为确定的某一对象。在西儒上海话课本类文献中,原文献若以沪英和沪法对应形式编排,表定指的"一十量名"对应定冠词与名词的组合,即英语"the十名"和法语"le/la十名"结构。

目前学界对"一十量名"结构的研究主要集中于表无定的用法,即所指对象不能确定或听话人不能确定。吕叔湘(1945)、范继淹(1985)、徐烈炯(Xu 1997)、陆烁、潘海华(2009)、张谊生(2009)、刘丹青(2002a,2016)先后对汉语中该结构表无定的用法进行了深入研究,吕叔湘(1990:157)、王力(1989)、方梅(2002)、唐翠菊(2002)、刘丹青(2017a:116—117)等指出汉语普通话中表虚量的"一量"还具有不定冠词的性质,Dryer(2013)也指出数词"一"也是世界语言中最常见的不定冠词形式。而石毓智(2004)利用张惠英(2002)所描写的汉语方言中"一"做指示词的现象,从认知角度探讨了自然数1语法化为有定性标记的过程,而后郑张尚芳(2004)否定了汉语方言中"1"作指示代词的现象。尽管如此,但钱乃荣(2003a:197—198)提及早期上海话文献中数词"一"在句首和受人称代词修饰时表定指的现象,并指出今仍用,不过,也省去"一"表定指。徐烈炯、刘丹青(2007:144)也指出"上海话里还有一种在普通话中不存在的特殊现象,即让典型的无定形式即'一个、一眼'开头的NNP在话题位置起有定作用"。

可见,尽管"一十量(名)"表无定是普遍现象,但也的确可表有定,不过,目前对这一较为特殊的现象并未有详细的描写和分析,对其句法语用特征、形成过程以及与量名定指之间的关系等问题,都未见相

关讨论。本节拟介绍 19 世纪下半叶至 20 世纪初期宁波话和上海话
文献中的"一十量名"表定指的现象,并讨论上海话表定指的成因。

## 6.1　早期宁波话"一十量名"结构与定指用法

19 世纪中叶至 20 世纪初宁波话课本中"一"读作[i?],罗马字记
作 ih,"一十量名"常表无定对象,即所指对象不能确定或听话人不
能确定,常在动词后作宾语,如例(1),也可出现在动词前,而动词前
"一十量名"除了周遍性成分外,如例(2a)在领属性人称代词后表周
遍,也仍可表无定,如例(2b、2c),同时也出现了表有定的,即表示该
词语所指对象为听说双方都能确定的对象,该对象可能存在于言谈
现场,也可能是上文已提及或者存在于双方共享的背景知识中。如
例(3)、例(4),而例(5)则对应指别词 that。

(1) a. Deo-tsao-ts hyiang-'ô yiu ih-veng nying-kô, k'æ ih-bæn
væn-tin, shü-vi yiu-tin dong- din;dæ ih-go lao-nyüing,
sang ih-go ng-ts, ming-z kyiao-leh Ah-mong. 头早仔乡
下有一份人家,开一爿饭店,须微有点铜钿,抬一个老孃,
生一个儿子,名字叫勒阿蒙。(《一杯酒》1852:1)

b. Yiu ih-nyih, Ah-môngtao kah-pih-'ông-li ky'i wæn ih-
peng shü.有一日,阿蒙到隔壁行里去还一本书。(同上)

(2) a. 其一家人都是顶伶俐个。The whole family are very
clever. Gyi ih-kô nying, tu z ting ling-li go.(《便览》
1910:60)

b. 一只调羹弗见兑。One of the spoons is missing. Ih-tsah
diao-kang feh kyin-de.(同上,25)

c. 一把椅子掇来。Bring a chair. Ih-pô ü-ts teh lœ.(同上,4)

(3) a. 一本书要俉时候做好? When will you have the book fin-
ished? Ih-peng shü, iao sô z-'eo tso hao?（同上,170)

b. 一件马褂做好兑。The coat is finished. Ih-gyin mô-kwô
tso-hao de.(同上,146)

  c. 一只船遇着风浪兑。The ship met with a storm. Ih-tsah
   jün nyün-djôh fong-lông de.（同上,146）

  d. 一个礼拜堂造好兑。The chapel is completed. Ih-go li-
   pa-dông zao-hao-de.（同上,146）

  e. 一枝桅拨一阵大风打断兑。The mast was broken in a
   squall. Ih-ts we peh ih-dzing do-fong tang-dön de.（同
   上,127）

（4）你一位大个令孙今年几岁？What age is your eldest grand-
  child? Ng ih-we do-go ling-seng kying-nyin kyi-shü?（同
  上,166）

（5）a. 一件事体我已经话好兑。I have already arranged about that
   matter. Ih-gyin z-t'i,ngô yi-kying wô ao de.（同上,147）

  b. 一票银子我付完兑。I have paid off that sum of money. Ih-
   p'iao nying-ts,ngô fu-wun de.（同上,147）

  例(3)、例(4)"一十量名"表定指,其中例(3)对应英语定冠词
the,表定指的"一十量名"结构只能位于句首,充当主语或话题,而例
(4)在《便览》(1910)中只发现了此例,"一位大个令孙"并非指其中某
个孙辈,不是表示"一个大令孙",而是指"那个大令孙",在领属性成
分后表定指,为说听双方都已知。例(5a、5b)中句首"一十量名"中
"一"还可对应英语远指代词 that,具有指别作用。

  "一十量名"表定指也见于早期西儒上海话文献,且因上海话课
本类文献较宁波话更为丰富,即语料总量更大,文献中所见表定指的
"一十量名"结构也丰富,因此下面以上海话西儒文献为语料,对这一
现象进行更详细地描写、分析和讨论。

## 6.2　早期上海话表定指的"一十量名"结构

  表定指的"一十量名"结构句法功能有限,一般只能出现在句首
话题或主语位置上,但它具有直指、回指、关联回指和认同指等指称
功能。

### 6.2.1　句法特征

19 世纪中叶至 20 世纪初上海话课本中表定指的"一十量名"结构可单独使用,也可充当领属结构的中心语,或受形容词、关系从句等限定,甚至用作修饰语。不过,不管是独用还是受限定的"一十量名"结构,一般只能出现在句首话题或主语的位置。

#### 6.2.1.1　独用

"一十量名"表定指独用,最常见,可分布于各句类,如表肯定或否定的陈述句、是非问或特指问、祈使句和感叹句等。不过,其句法位置受限。如:

（6）a. 一件马挂做好拉哉。Ih jen mo kwo tsoo hau la dzay. The jacket is made.(《语句集锦》1862:50)

b. 一只船遇着仔风浪哉。Ih tsah zay niǔ dzah ts fúng long tsay. The ship met with wind and waves.(同上,50)

c. 一口网拨拉大鱼投碎哉。Ih k'eu mong peh leh too teu say tsay. The net was broken by a large fish.(同上,92)

d. 一只睏帽勿看见者,替我床角落里去寻寻看。I tsa k'oen mao vé k'eu k'ié tsé; t'i ngou zaong ko-lo li k'I, zin-zin-k'eu. Le bonnet de nuit ne parait pas: cherchez-le moi à l'angle du lit.(《松江话词汇集》1883:112)

e. 一个外国人要去。The foreigner will go.(《上海话教程》1907:9)

f. 一条裤子,因为洋布个唥,着得勿长远就碎个。I-diao k'ou-tse, yn-wei yang pou- ke-lao, tsa-te vé-zang-yeu, zieu sé-ke. Le calecon ( la culotte ) étant en toile (coton) d'Europe, s'est déchiré après avoir été porté pendant peu de temps.(《松江话词汇集》1883:108)

（7）a. 一把刀伊担拉否? 勿担。(《上海话功课》1850:41)

b. 一个囝今年替伊种豆子,好否? I-ke neu, kien gné t'i I

tsong deu-tse, h'ao-va? L'enfant auquel on a cette année inoculé la variole，vatil bien? (《松江话词汇集》1883:153)

c. 一本书要啥辰光做好? Ih pung sû yau sa zung-kwong tsoo hau? When will you have the book finished? (《语句集锦》1862:160)

d. 一个书厨规几时做好? Ih kuh su dzu kway kie z tsoo hau? When will you have the bookcase finished? (同上,81)

(8) a. 一副铺盖,卷之咾担来。I-fou p'ou-kai kieu-tse lao tè-lai. Roulez le p'ou-kai et apportez-le.(同上,69)

b. 一个洋钱担到戥子上去称称看。I-ke yang-dié tè tao teng-tse laong k'I ts'eng-ts'eng-k'eu. Mettez la piastre sur la ba-lance pour la peser.(同上,90)

c. 一只小帽子,拿去晒一晒。I-tsa siao-mao-tse nao-k'I souo-I-souo. Prenez la calotte pour l'exposer au soleil.(同上,111)

(9) a. 一干画架子雕刻来细巧得极! Ih kun wo ka tz tēau k'uh lay se chau tuh juh. The picture frame is carved very finely and ingeniously.(《语句集锦》1862:108)

b. 一本书写得来明明白白! Ih pung sû sëa tuh lay ming ming bah bah. The book is written plainly and clearly.(同上,189)

c. 一块癣痒来! I-k'oei sié yang lai. La dartre démange fort.(《松江话词汇集》1883:155)

由例(6)—例(9)可见,表定指的"一十量名"在句类分布上不受限制,不过,它只能出现在 VP 前或句首,作话题和主语。从结构中核心名词所指对象的生命度来看,通常为非生物或一般事物名词等,不过,也不完全排斥生命度高的指人名词,如例(6e)"一个外国人"、例(7b)"一个团"。

### 6.2.1.2　作中心语

表定指的"一＋量名"也常受人称代词、名词性短语修饰,构成领属结构,也可以受区别词、形容词、关系从句等修饰。当它受这些成分修饰时,大多需带结构助词"个"。如:

(10) a. 我个一只鸟啥人担拉? 木匠担拉。(《上海话功课》1850:37)

b. 侬个一只猫垃拉那里? 垃拉楼上。(同上,1850:338)

c. 伊个一位娘娘贤惠得极! Ye kuh ih way niang niang yen way tuh juh. His wife is a very virtuous and sensible woman.(《语句集锦》1862:127)

d. 简个乡下人个一只袋侬担拉否? 袋末勿担,谷末担拉。(《上海话功课》1850:58)

(11) a. 侬一只表开准作拉否? Núng ih tsah pēau k‘ay tsung tsok la va? Have you wound up your watch? (《语句集锦》1862:103)

b. 我一幅画画来好否? 好个。(《上海话功课》1850:505)

(12) a. 我担来个一封信是侬个呢邻舍拉个? 也勿是我个,也勿是邻舍拉个,是阿哥个。(同上,27)

b. 水手担拉个一条裤子是啥人个? 是船主。(同上,53)

c. 大英国人担拉个两管枪是啥人个? 是伊自家个。(同上,58)

(13) a. 侬担拉个钮子是那哪里一粒? 是金个一粒。(同上,22)

b. 侬担拉个画是那哪里一幅? 是好个一幅。(同上,56)

c. 侬担拉个鞋子是那哪里一只? 是皮个一只。(同上,15)

(14) 厅堂上一个人,手里担之一个包裹咾坐拉做啥个? 卖碗料个,侬认得伊否? 官话:院子里坐着的那个拿着包袱的人,是干什么的? 他是个卖法兰的,你认得他么?(《官话指南》1900,第七章)(《土话指南》1908:21)

例(10)人称代词和指人名词与"一＋量名"构成领属关系,由结构助词"个"连接,不过,也见不用"个"的,如例(11)。例(12)"一＋量名"受关系从句修饰。例(10)至例(12)中"一＋量名"不能换成"一＋修饰语＋个＋量(名)"结构,并非为强调计量义的表不定指或类指的结构,而是表定指,所指对象为说听双方所已知或确定,表义与"修饰语＋这/那＋量(名)"接近,不过,只表有定,并不附加距离义。

例(13)"一＋量名"受区别词、性质形容词等修饰,常用于回答"哪里一＋量"的提问。陆丙甫、徐阳春(2003)指出普通话中"哪一本书你喜欢?"中"哪"作为疑问词是指别性的疑问词,它隐含着一个说话者、听话者双方都知道的有定集合,"哪"只是询问这个有定集合中的一个不定成员,属于"特指性的无定(specific indefinite)"(陆丙甫2003),而在特定范围内的多个中择一,所择的对象具有唯一性,并非强调数量意义,即不是"强义的一字"(吕叔湘1990:167)。答句中的"限定成分＋个＋一量"则表确指或唯一,如例(13a)表示"金的那粒"的意思。

例(14)中修饰语为表处所的介词短语,此例似乎为无定主语句,不过,从对应的官话来看,此处"一个人"也为定指。《土话指南》是《官话指南》的沪语对照本,下文例(15)后以下标形式列出对应的官话表达,官话"那个人"在上海土话中说成"一个人",因此我们也将它处理为定指。

除了受修饰之外,表定指的"一＋量名"还见到少量用例是作领属性定语用的。如:

(15) a. 一个表面碎脱哉,要配一个上。The glass of the watch is broken, get a new one put in.(《语句集锦》1862:102)

　　 b. 一个女人个囡有一只橘子。The woman's daughter has an orange.(《上海话教程》1907:4)

例(15a、15b)"一＋量名"作领属语,而"领属性定语具有强烈的定指性质,带有这类定语的名词性成分一般作定指理解"(陈平1987),从课本编写者的英文对照来看,也的确如此,作领属语的"一＋量名"皆用 the 对应。

综上可见,19 世纪中叶至 20 世纪初上海话表定指的"一＋量名"结构,可独用、可受限定成分修饰和充当领属性定语等,除了用于选择问的答句外,皆只能充当主语或话题,即使是作领属性定语,也出现在主语或话题成分中。

### 6.2.2　语用特征

Himmelmann(1996,2001)将定指性名词短语的指称分为情景用(situational use 或 deictic use,可译为"直指用")、示踪用(tracking use 或 anaphoric use,可译为"回指用")、关联—回指用(associative-anaphoric use 或 textual use,可译为"语篇用")、认同用(recognitional use)、大情景用法(larger situational use)。下面将这些指称功能分别称为"直指、回指、关联回指、认同指"(方梅 2002,陈玉洁 2010,盛益民 2021)等,并考察早期上海话表定指的"一+量名"的指称功能特征。

#### 6.2.2.1　直指

"一+量名"所指对象存在于言谈现场,或交际双方所述事件的情景之中。如:

(16) a. 一件短布衫,着之多日咾,要换下来净者。I-ghié teu-pou-sè, tsa-tse ta gné lao, yao wé-hao-lai zing-tsé. La chemise que je porte depuis bien des jours, il (me) faut la changer pour la (faire) laver.(《松江话词汇集》1883:107)

b. 今朝我蛮快活,因为一本书读完哉。Today I am very happy, because I have finished the book.(《上海话教程》1907:39)

c. 一只牛正停咾,要一个人去望车去拉里。I-tsa gneu tseng ding lao, yao I-ke gnen kʻi maong tsʻouo kʻi-la-li. Le bœuf s'arrete, il faut que quelqu'un aille le surveiller.(《松江话词汇集》1883:256)

例(16)中"一+量名"以新话题形式引进,所指对象存在于言谈现场或言谈双方正在讲述的情景中,"一+量名"结构用作直指。

#### 6.2.2.2　回指

"一＋量名"所指对象为上文已引入的一个言谈对象。"一＋量"用于回指性名词之前。如：

（17）a. 菊花叶子上，小心勿要累泥浆，菊花叶上有之泥浆末，叶子就要焦脱个。落脱之叶子末，一颗花就无样式者。

　　　　Ghio h'ouo yé-se laong, siao-sin vé yao lei gni-tsiang. Ghio-h'ouo yé laong yeu-tse gni-tsiang mé, yé-tse zieu yao tsiao-t'é-ke, lo-t'é-tse yé-tse mé, I-h'ou h'ou, zieu m yang-se-tsé. Il faut éviter avec soin de répandre du limon sur les feuilles des chrysanthèmes. Si l'on y répans du limon, les feuilles se dessèchent（sont brulées）, et les feuilles une fois tombées, tout le pied de fleur perd sa beauté（n'a plus de forme）.（同上,1883:269）

　　　b. 不过盼望拉开门个时候，恐怕可以趁机会逃出去唠，能彀侥幸逃生，故所以立拉洞口头，但等伊开门，后来听见有个声气喊唠话，芝蔴呀，快点开！一扇门自家就开者。卡新就用劲把力个跳出去，贴正撞拉强盗个身上。（《阿里排排逢盗记》1921:17）

例(17)中"一＋量名"用作回指上文提到过的某个对象，该对象以光杆名词形式出现在上文。如例(17a)"菊花"、例(17b)"门"等。从文献来看，"一＋量名"作回指用时也只限于回指名词或名词性成分，不能用于回指小句。

#### 6.2.2.3　关联回指

"一＋量名"所指对象在话语中首次出现，但通过上文所提供的相关信息推断出其所指。在有定冠词的语言里，常用定冠词表关联回指，而不能用指示词（Himmelmann 2001）。如：

（18）a. 今朝倒勿曾坍挠，神父客人齐蛮喜欢，话唠，今朝个中饭，常远勿曾有实盖能个出客者，并且烧得得法，滋味也好，不过一只羊腿烘来勿得法，硬来死，勿好吃。kien-

tsao tao vé-zeng t'è-tsong：zen-vou, k'a-gen, zi mè hi-
h'oé，wo lao kien-tsao-ke tsong-vè，zang-yeu vé zeng
yeu zé-kai-neng ke ts'é-k'a-tsé. Ping-ts'ié sao-te te-fè，
tse-mi a h'ao. Pé-kou I-tsa yang t'ei h'ong-lai vé te-fè，
ngang lai-si，vé h'ao k'ie. Aujourd'hui vous n'avez pas
perdu la face：PP. et étrangers sont tous fort
satisfaitis，et disent qu'on avait point de longtemps en
un diner si exquis. De plus les mets étaient bien pre-
pares，et le gout aussi était bon. Seulement le gigot de
mouton n'était pas bien roti：il était fort dur，et pas
bon à manger.(《松江话词汇集》1883：243)

b. 但是我个车子上个篷咾篷套全破脱者咾，断脱两根篷
骨，左边个钢板叶子敲碎，踏脚布落脱，车箱里摆拉个两
盏水月电灯个玻璃敲碎，揥门布咾垫子也拔拉过路个人
拾之去，一根车梗末，断脱，轮盘个铁箍全脱脱。轴梗
末，撞坏，一只靠手也坏脱者。(《练习》1910：196)

例(18)"一只羊腿""一根车梗""一只靠手"所指对象并未出现于
上文,但从上文所提供的相关信息推断,其所指并非无定,而是指的
是"今朝个中饭"中所食用的"羊腿","我个车子"上的"车梗"和"靠
手"。其中"一根车梗"后还使用了话题标记"末",也表明其所指信息
的已知性。

### 6.2.2.4　认同指

"一十量名"所指对象在上文或语境中并不存在,但存在于说听
双方共享的知识或经验中,因此,虽然"一十量名"常出现于起始话
轮,但对言谈双方来说,为已知对象。在有定冠词的语言中,通常使
用定冠词表认同指(Himmelmann 1996)。如：

(19) a. 一口书厨漆好拉蛮？ 侬去问问看。Ih k'eu su dzu ts'ih
hau la man，núng che mung mung k'ōn. Go and
enquire if they have painted the bookcase.(《语句集锦》

1862:160)

　　b. 一把茶壶是蛮白！The tea pot is very white.(《上海话
　　　教程》1907:9)

　　c. 一只狗是黑得极！The dog is very black.(同上)

　　例(19)句首"一＋量名"所引入的对象仅存在于说听双方所共享的特定经验中。表定指的"一＋量名"用作认同指在早期文献中较常见,如例(6)—例(9)中,句首位置上的"一＋量名"大多用作认同指,这一特点也仍保留在今上海话中,徐烈炯、刘丹青(2007:144)就指出"起有定作用的 NNP 的所指一般是不在谈话现场的","若说话人手中拿着话题所指的信时,不能用'一封信',而需要说成'(箓)封信'"。

### 6.2.3　表定指的成因

　　尽管判定某一数量名短语指称有定还是无定对象,会受到 NP 中限定性修饰成分的影响(范继淹 1985,白鸽 2014),但学界对"一＋量"和单个名词组成的 NP 表无定,认识较为一致,即使赵元任(1979)中提道"有一种强烈的趋势,主语所指的事物是有定的",NP 在主语位置上也仍表无定,多出现于叙述文语体中,以肯定句和陈述句居多(吕叔湘 1944,陈平 1987,Xu1997,唐翠菊 2002,王灿龙 2003,陆烁、潘海华 2009,王红旗 2015,刘丹青 2016)。但由上文可知,早期上海话"一＋量名"表定指不受语体和句类限制,尽管句法位置受限。那么早期上海话中"一＋量名"是如何实现从典型的无定形式发展为指称有定的呢?徐烈炯、刘丹青(2007:144)指出,上海话话题对无定词语的排斥方式包括无定形式"更容易起类指作用,且带话题标记句更常见"和"让典型的无定形式即'一个、一眼'开头的 NNP 在话题位置起有定作用"等,上海话中"句首 NNP 在判断句、评论句等非叙事性句子中多起类指作用;在描写句(叙事性句子)中多转化为有定作用"。即话题对无定词语的排斥导致典型的无定形式表定指。而从早期上海话文献来看,表定指并不限于叙事性句子,也不受句类限制,下面拟结合早期文献讨论"一＋量名"从无定到有定转变的可能过程。

### 6.2.3.1 "一十量名"与无定主语句

早期上海话文献中"一十量名"可在叙述文语体中作无定主语。主要有有生主语和无生主语两类。不管主语是有生还是无生,谓词多为不及物动词。如:

(20) a. 后来一个人走到伊头,看见之牌子就回转去,因为伊识字个咾,晓得牌子上个说话。(《练习》1910:95)

　　b. 第只鸟养之一个月,一只黑猫从窗口里进来,扒到鸟笼上,用脚来抓牢第只鸟咾弄杀之。(同上,20)

　　c. 有一日,一个瞎子搭之蹩脚个,坐拉大树底下。(同上,47)

　　d. 小菜场上一个行贩搭之一个买客拉相骂,我跑上去问伊拉做啥。(《课本》1923,127 课)

例(20)"一十量名"作有生无定主语句,句首常有表时间、处所的词语或者后接于其他分句,它们也都可以自由变换为"有"字存现句,这类无定主语句在文献中也远较"有"字句用得少。以《练习》(1910)、《课本》(1923)、《鹦笑楼语录》(1934)和《阿里排排逢盗记》(1921)为语料,其中《练习》主体部分由 155 个短篇构成,《课本》有 130 个短篇,《鹦笑楼语录》也有 53 篇,这些文章大多以故事形式讲解人生哲理、文化习俗以及上海的风土人情等,如"论病痛""论中国人求雨""论修坟""新年""感恩"等,《阿里排排逢盗记》(1921)则讲述了阿里排排及其女仆(毛及亚乃)与四十大盗的故事。四种文献共计 30 万字,"一十量名"作有生无定主语仅 7 例。

(21) a. 有尝时心境勿好,或者气恼,勿觉勿着个手要抖起来者……手就抖起来者,要想写日记,捏起笔来,一个字写勿落,一管笔只会跳开去,写之半日,写出来个字,自家也勿认得者。(《鹦笑楼语录》1934:121)

　　b. 毛及亚乃从从容容个样子答应话。请东家勿要着急。让我丫头慢慢之拿第个理由讲拨自侬听。自我什价能做法。贴正是要教东家一家门个性命唔，勿是要害东家。请东家来看呀，第个是啥物事耶？毛及亚乃拉话个时候，已经拿强盗头个衣裳解开之唔，一把小刀露出拉外面者。(《阿里排排逢盗记》1921:74)

例(21)为无生无定主语句，句中实际上已提及与"一十量名"所指对象相关的信息。如例(21a)中"捏起笔来"、例(21b)反问句"第个是啥物事耶"皆为下文中"一十量名"所指提供了相关信息，"一十量名"短语所在句子为"非始发句"，"一十量名"也具备"已知信息"的特征，不过，听者不能或无需依据该信息对其所指对象作出有定推断。即仍可理解为无定，尽管它与典型的无生无定或有生无定句已有明显区别，比如不能变换为"有"字存现句。

### 6.2.3.2　回指性"一十量名"与定指

当无生无定"一十量名"结构用于回指时，就构成了回指性定指，如上文例(17)。再如：

(22) a. 到之夜快，一众强盗回到石洞里来，看见有一群骡子拉石洞门前吃草，拉背上向全装大个箱子拉，晓得有变动者。一众强盗到之，一群骡子味，吓来跑开之。(《阿里排排逢盗记》1921:16)

b. 泰和栈里勿肯拨，对伊话，若使实在勿能够等箇六十包洋布末，只好担定头银子末退还，批单末烧脱，只算勿曾有箇件事体，沈先生勿肯应承唔话，如果是要退还定头银子末，还要赔还伊个赚头，泰和栈里勿肯赔伊个赚头。沈先生乃末就写之一张状纸，一张批单末，亦贴来连拉上之，担泰和来告之一状。(《土话指南》1908:50)官话：泰和栈不肯给，说是若实在不能等，那六十包洋布，只可把原给的定银退回去，把批单一烧，就算没这么件事了，沈掌柜的不答应，说是竟退定银不行，还得包赔赚利才行哪，泰和栈一定不肯认包赔赚利，这么着沈掌柜的就写了一张呈词，粘连那张批单，在县里把泰和告下来了。(《官话指南》1900)

例(22)"一十量名"所指对象皆在上文已出现，即只用来回指上文已出现的特定对象，"一十量名"后接话题标记"末"(或写作"味")，构成回指性定指。例(22b)在《官话指南》中用指量名结构"那张批单"对应《土话指南》中"一张批单"。

例(22)中"一＋量名"与例(21)一样,皆不能再变换为"有"字存现句,"一＋量名"出现在非始发句,表已知信息,稍有不同的是,它常后接话题标记"末",不再能作无定推断,即只能表有定。

据此,我们推测,在叙述文语体中,回指性的话语环境为无定形式"一＋量名"转化为有定提供了话语条件,即"一＋量名"从无生无定主语句或非典型的话题句发展到有定或典型的话题句,经过了一个重要的阶段,即"一＋量名"作回指之用。

那么为何会从无生无定主语句开始呢?徐烈炯、刘丹青(2007:144)指出:今上海话中"NNP能否表有定,看起来跟N的生命度有一定关系。大部分NP,包括指非生物、动物等的无定名词都很容易在话题位置起有定作用;只有指生命度最高的人的NP,难以转化为有定,句子要成立,应当去掉无定限制语,换成DNP、CNP或者干脆用光杆名词"。尽管早期上海话中"一＋量名"作定指时并不局限于非指人N,如上文例(6e)"一个外国人"、例(7b)"一个团",但更普遍的是非生物或动物等生命度低的名词。为何会选择无生"一＋量名"作为从无定转化为有定的对象呢?

这与早期上海话基本句法结构应有直接关系。早期上海话话题结构类型丰富,特别是受事话题化倾向强烈,即受事论元充当话题倾向强烈,而受事类话题绝大多数为无生名词或名词性短语。如:

(23) a. 第个物事我勿要买。Te kuk mez-z ngoo veh yau ma. I don't want to buy these things.(《语句集锦》1862:3)

　　 b. 衣裳折好垃衣厨里。e-zong tseh hau leh e dzû le. Fold up the clothes and put them in the wardrobe.(同上,8)

　　 c. 茶壶安垃茶几上。dzō woo eun leh dzō kie long. Put the tea pot on the tea poy.(同上,10)

　　 d. 俉荡垃铁有勿有? Na dong ok t'ih yeu veh yeu? Have you any smoothing irons at your place? (同上,89)

林素娥(2015a:25)以《官话指南》(1900)和《土话指南》(1908)为语料,统计两者受事话题结构,得出早期上海话受事话题化倾向较官话要强烈得多,而充当受事话题的 NP 中有生 N 占比仅 6.7％(仅8 例),而无生 N 则高达 93.3％,由此可知,早期上海话无生 N 类受事话题化倾向强烈。这种句法结构类型特征为无生无定"一＋量名"优先转化为有定提供了句法条件,且因无生 N 做受事的话题结构不受句类和语体限制,因此在回指性语境中获得定指义的"一＋量名"自然也很快扩散开来。

据此,我们推测表无定的"一＋量名"在回指性语境中获得有定义,且早期上海话基本句法结构即高频使用的受事话题结构为其形成并扩散提供了句法条件。

### 6.2.4　表定指的"一＋量名"与"量名"表定指

由上文可知,早期上海话中表定指的"一＋量名"可用于直指、回指、关联回指、认同指,而关联回指、认同指等指称功能在有定冠词的语言中,常用定冠词表达。早期文献中表定指的"一＋量名"结构中"一"具有定冠词的功能,而在今上海话乃至吴语中则通常用"量名"结构直接表定指,而"量词整体具有类似于定冠词的作用",特别是通用量词"个""已进一步虚化为专用的定冠词"(刘丹青 2002b)。那么表定指的"一＋量名"与表定指的"个＋量名"之间有何异同呢? 它与表定指的"量名"结构之间是否存在某种关系呢? 下面我们拟讨论这两个问题。

#### 6.2.4.1　表定指的"个"与"个＋量名"结构

"个"在早期文献中也写作"箇"或"故"等,钱乃荣(2014a)主要以《松江话词汇集》(1883)、《土话指南》(1908)为语料,指出早期上海话文献中"箇"表定指,所指不论远近,"箇＋量(名)"所指对象为说听双方已知或确定。如(转引自钱乃荣 2014a):

(24) a. 箇个人(cet homme),衣裳着来看勿得来。(《松江话词汇集》1883:50)

b. 箇样物事（cet objet），日上强呢贵？（同上，81）

c. 箇（cette）爿店，本钱勿小。（同上，81）

d. 箇只（cette）庙十分大，大极。拉箇搭个庙当中，第只算顶大。……有一层塔梯，弄脱之咾，勿好上去者。箇（cet）层梯，那能弄脱个呢。（《土话指南》1908：6）官话：这个庙很大，大的很，在这儿里算是第一个大庙。……有一层的塔梯，如今拿开了，不好上去了。那梯子为什么拿开了。（《官话指南》1900）

e. 俫到之箇面，对伊拉话，第个是自侬老爷新近外头转来，带拉个土产。（《土话指南》1908：131）官话：赶你到那儿就说，这是我们老爷新近打外头回来，带来的土物。（《官话指南》1900）

例（24）表明"箇"用作定指示词，不仅可以构成"箇量名"结构，也可构成处所指示词"箇面/搭"等，从指称功能来看，可用于直指，如例（24d）"箇只庙""箇搭"等；回指，如例（24d）"箇层梯"；认同指，如例（24e）等。从句法位置来看，不仅由"箇"构成的非基本形指示代词，如例（24e）"箇面"可作宾语，"箇＋量名"的句法位置实际上也并不局限于谓词前或句首话题和主语位置。如：

（25）a. 修行人听见，耶稣招徒弟、行洗礼，比之约翰又多。但是耶稣自家勿行洗礼，不过徒弟行拉。耶稣晓得故个事体，各户堂传开个。法利赛人听见他收门徒施洗比约翰还多。其实不是耶稣亲自施洗，乃是他的门徒施洗。他就离了犹太，又往加利利去了。（《约翰福音》1847，4：1—3）

b. 然后毛及亚乃从新又话："东家呀，自侬当第个是好人。自伊既然是好人味，为啥身边带之快口咾到人家吃饭呢，请东家仔细看看看，第个人是箇个油客人否？是箇个强盗头否？"（《阿里排排逢盗记》1921：74）

例（25a）中"故个事体"用于篇章回指，例（25b）"箇个油客人""箇个强盗头"用作认同指，出现在感知类动词和"是"后宾语位置上。

林素娥（2018b）指出包括早期上海话在内的吴语"箇"可以直接限定名词，构成"箇＋名"结构，该结构也具有直指、回指、认同指等语用功能，而晚清文献中"箇"作定指示词，其实只是沿袭了明清以来

"个"的用法。如§3.3中例(12)。

吴语"箇"不仅可以作定指示词,构成"箇量名"结构,同时也是基本形指示词,它可以构成表个体、数量、处所、方式或性状等非基本形指示代词。上文第三章已提及。

可见,"个"或"箇"构成的"箇＋量名"结构与"一＋量名"具有相同的语用功能,不过,表定指的"箇＋量名"结构较表定指的"一＋量名"更为活跃,不仅常出现于句首话题或主语位置,也可充当其他句法成分。

### 6.2.4.2　表定指的"量名"与"一＋量名"结构

尽管早期吴语文献中未见"量名"结构表定指,但今吴语"量名"结构可表定指。对此,前贤已有丰富的研究成果(王福堂1959,游汝杰1981,石汝杰、刘丹青1985,许宝华、汤珍珠1988,钱乃荣1997a),他们先后介绍了绍兴话、温州话、苏州话、上海话等方言中"量名"结构的定指用法。对其由来,学者大多认为其来源于"指示词＋量词"的省略式,如石汝杰、刘丹青(1985)指出苏州话量词定指用法是"搿＋量词"格式的弱化形式。而潘悟云、陶寰(1999:33)指出上海话中非焦点语义位置上的量名结构表定指有两种:一种为[＋定指,＋距离义],为省去近指词"个"而来;另一种为[＋定指]。分别如A、B组:

A. **本书** pən$^{53-55}$ sɿ$^{53}$;个**本书** gəʔ$^{13-11}$ pən$^{53-55}$ sɿ$^{53}$;

B. **本书** pən$^{53-33}$ sɿ$^{53}$;**块田** khue$^{35-33}$ di$^{13}$

A组中量词声调同指量短语中量词,重音在量词上,可与相应的远指量词短语对举,如:本书好,哀本勿灵 这本书好,那本不好;B组中量词声调中性化,重音在名词上,不能与相应的近指或远指量词短语对举,如:＊拿本书卖脱,个/哀本留辣海。无需区分距离意义时,只用读中性化调的量词表定指,这种量词用法类似英语的定冠词 the。方梅(2002)在讨论北京话指示词语法化为定冠词时,提及潘悟云、陶寰(1999)所注意到的两类定指性量名式,并认为两类定指性量名式皆源于"指＋量"中指示词的脱落,只是"虚化过程中共存的、虚化程度不同的两种情形而已"。当然这也是一种可能的解释,不过,虚化程度只是演变的结果,并非原因,原因也可能是它们本来就可能来源各异,所以导致其虚化程度及相应的功能表现不同。盛益民、陶寰、金春华(2016)将 A 组量名定指式称为准指示词型定指,B 组为准冠词型,以绍兴话为例,从读音、表义和句法语用等方面对 A 组和 B 组的量名定指式进行了全面比较,并指出 A 组(即准指示词型)源于"指量名"结构中指示词的省略,而 B 组(即准冠词型)的来源则"需另文讨论"。那么 B 组(即准冠词型)与表定指的"一＋量名"结构是否会存在演化关系呢? 即表定指的"一＋量名"脱落只表定指而非"强义的一字"就成了"量名"单独表定指? 下面我们尝试进行讨论。

在讨论吴语中表定指"量名"结构的由来时,不少学者从语感上都提及"一"的省略。王福堂指出绍兴话中量词定指用法与指示代词"葛""亨"和数词"一"省略的表意相当,如(王福堂 1959:117):

(26) a. 只狗介大辫! 这只狗那么大的!

　　　 b. 支笔还勿如我葛支好。 那支笔还不如我这支好。

　　　 c. 只鸟飞过来哉。 一只鸟飞过来了。

石汝杰、刘丹青(1985)详细描写了苏州话量词定指的各种句法表现,虽认为苏州话量词的定指用法是"辫＋量词"这一格式的弱化形式,但同时也指出量词的定指用法隐含着指别词"辫"和数词"一"在里头。而许宝华、汤珍珠(1988:407)则指出,当数词为"一"的数量词前边有人称代词或名词修饰时,"一"常省去不用,如:

(27) a. 伊双鞋子落脱最稀奇勒。

　　　 b. 我只脚痛煞勒。

例(27)中的量词还兼表指示,"伊双鞋子"＝"她那双鞋子","我只脚"＝"我这只脚"。不过,这里的指示并不附带距离义,即表定指。

钱乃荣(1997a:99)列举了今上海话"量名"定指用法。如:

(28) a. 叠书拿来!

　　　 b. 我双拖鞋坏脱了!

　　　 c. 我汏浴条毛巾勿见脱了。

　　　 d. 我专门用来画图块板阿里搭去了? 我专门用来画的那块板哪儿去了?

他指出例(28a)"叠书拿来!"中"叠[dəʔ₄₄]",不是"搿叠[gəʔ₁₁ dəʔ₂₃]"省了前字的"叠"[dəʔ₂₃],倒像"一叠[ʔiIʔ₃₃dəʔ₄₄]"省略了"一"。当前面有人称代词或其他成分时也可如此。如例(28b)—例(28d)。这也使得量词与前面的修饰语和后边的中心名词皆不能构成同一音步。

尽管以上学者并未区分"量名"结构表定指到底是属于准指示词型还是准冠词型,但都提及数词"一"与表定指的"量名"结构之间的关系。那么准冠词型"量名"定指与早期文献中"一＋量名"表定指到底有什么共同之处呢? 或者说,若前者由后者演变而来,那么它们在句法、语用和读音等方面有何依据呢?

从句法上来看,早期上海话文献中表定指"一＋量名"有独用和受限定两种句法位置,但不管是哪种,"一＋量名"对句法位置敏感,即主要充当句首话题或主语,也可作定语修饰其他名词性成分。这与今上海话,如例(28a)—例(28d)、绍兴话准冠词型"量名"定指的句法表现一致。如例(29)(盛益民等 2016):

(29) a. 只³³狗来亨吃水。那只狗在喝水。

　　b. 我(啯)本³³书 我的那本书

　　c. 蓝莹莹(啯)条³³裤 蓝蓝的那条裤子

　　d. 渠上外买(啯)件³³衣裳 他昨天买的那件衣服

　　e. 件³³衣裳啯扣都翻落咚哉。那件衣服的扣子都掉了。

其中"33"为准冠词型量名结构中量词变调或声调中性化的调值(盛益民等 2016),盛益民等(2016)还指出该类量名结构在绍兴话中可受人称代词、名词性短语、状态形容词、关系从句等修饰,独立使用时对句法结构的限制比较敏感,主要用于谓语之前,不能在谓词后充当宾语,也可以充当定语修饰其他名词性成分等。

从指称功能来看,早期上海话"一＋量名"可用于直指、回指、关联回指和认同指等,而据盛益民等(2016)指出,准冠词型量名定指也具有[－区别性]直指、回指、关联回指、认同指和大情景指等语用功能,特别是认同指,绍兴方言主要用准冠词型量名定指来表达。二者对比而言,早期上海话中表定指的"一＋量名"结构除了未见用作大情景指外，其他语用功能相同。特别是二者皆主要用作认同指，方梅(2002)就指出北京话指示词“这”在篇章中“认同用”的基础上进一步虚化为定冠词。也可以说，认同指或认同用是表定指的词或结构发展出定冠词功能的重要环节。而早期上海话“一＋量名”与今绍兴话“量名”主要用作认同指，也表明这些结构具有定冠词功能的可能。

在读音上，文献中“一＋量名”主要有两种记音形式，如例(6f)、例(7b)、例(8a)—例(8c)等“一量”构成同一音步，而其后的名词为一个独立的语音词，或如例(6a)—例(6d)“一＋量名”读音各自独立，不管是哪种形式，“一＋量名”中的名词与前边的“一量”皆不能构成同一音步。钱乃荣(1997a:99)也已指出句首位置上表定指的“量名”结构变调规则不同于“搿＋量名”，而与“一＋量名”相当，若受修饰，则量词与前面的修饰语和后边的中心名词皆不能构成同一音步。盛益民等(2016)指出绍兴话准冠词型“量名”式与表无定、类指的“一＋量名”读音相同，量词和名词各自是一个语音词。

因此，比较来看，早期上海话文献中“一＋量名”结构与今上海话、绍兴话中准冠词型量名定指结构之间一致性高。这种一致性为从“一＋量名”演变为“量名”提供了重要依据，不过，还得解释为何要脱落冠词性的“一”而只留下“量名”表定指呢？

我们推测这可能有两个原因。其一，“一”能够省略，与其表定指不表计量有关。吕叔湘(1990:170, 174—175)在讨论动词后的宾语，以及类似宾语的词语前其冠词里“一”省略的原则时，就指出：强义的“一”不省，冠词性的“一”才可以省。这是因为冠词的意义薄弱，发音也跟着轻微。“一”字在近代汉语里又是个单纯元音的字，前头没有辅音保护，轻音化起来是很容易消失的……而“一”字脱落了还有一个单位词，所以省略“一”字的现象，换一个看法，也可以说是单位词本身的冠词化。吕先生的分析很精辟地阐释了冠词性“一＋单位词”中“一”的省略现象。这其实也正好解释了早期上海话话题和主语位置上表定指的“一＋单位词”中“一”的脱落和量词冠词化的现象。即上海话中话题和主语位置上“一”为准定冠词，意义的虚化和语音的轻微使得"一"脱落,而脱落后,量词冠词化或准冠词化,承担定指的功能。其二,与句法位置有关。表定指的"一＋量名"或由其构成的各类结构皆只见于主语或话题位置,而汉语"有一种强烈的趋势,主语所指的事物是有定的,宾语所指的事物是无定的"(参见:赵元任1979:47),这一特征也已达成学界共识(Li & Thompson 1976,徐烈炯、刘丹青1998),也正如此,当"一＋量名"结构中表定指的"一"脱落也不会影响其定指义,相反"一"若继续保留,且只能表有定义,反而成为羡余成分,因此在语言经济原则的作用下,将语音形式弱读了的"一"[iʔ]省略也是很自然的了。

综上所述,我们认为今上海话乃至部分吴语中准冠词型的"量名"结构并非来自"个(或箇)＋量名"结构,因为"个＋量名"结构与"一＋量名"或准冠词型"量名"结构在句法功能上存在显著差异,而基于早期文献中"一＋量名"与准冠词型"量名"结构在句法、语用和读音上的一致性,我们推测,后者很可能由前者演变而来。而对于准指示词型"量名"结构,我们赞同学界的观点,支持其来自"箇＋量名"结构(即"斛＋量名")的说法。即我们认同上海话、绍兴话中"量名"结构表定指存在两种类型,即准指示词型和准冠词型(潘悟云、陶寰1999,盛益民等2016),可进一步证明两者来源不同,其中准冠词型来自表定指的"一＋量名"结构。

## 6.3　结　语

早期上海话文献中"一＋量名"表定指,与"指量名"结构兼表定指不同,并无指别义。文献中,它可以独用,充当主语和话题,虽然其句法位置受限,但可以出现于陈述、疑问、祈使、感叹等不同句类中。从句法结构来看,它还可受人称代词、名词性短语修饰构成领属关系,也可受形容词、关系从句等限定,或者用作领属性定语。

"一＋量名"在话题和主语位置上获得定指义,与其表回指的话语功能直接相关。当无生无定的主语用来回指上文已经提到的某一对象时,转化为无生有定的主语或话题。而早期上海话高频出现的

"受事话题＋VP"结构为这一转化提供了句法条件。

　　早期上海话表定指的"一＋量名"与今上海话、绍兴话准冠词型的"量名"式在句法、语用功能和读音上的一致性说明,后者是由前者脱落定冠词性的"一"后量词冠词化而来。

　　据此,我们认为,上海话、绍兴话等地的吴语中存在准指示词型和准冠词型两种量名定指式,两者来源不同,前者来自"指量名"结构中指示词的脱落(潘悟云、陶寰 1999,盛益民等 2016),而后者则来自表定指的"一＋量名"中准定冠词"一"的脱落,"一"脱落之后,量词或单位词承担定指义。

　　定冠词在人类语言中通常来自指示词,如英语 the 来自 that,和北京话口语中的"这"(方梅 2002)等,而数词"一"通常是不定冠词的主要来源,如现代汉语"一个"等(吕叔湘 1990:157,方梅 2002,刘丹青 2017a:116—117),而早期上海话中"一＋量名"中的"一"在主语或话题位置上却表定指,这显得十分特别。而这种特殊性与其基本句法类型特征有着密切关系,也可以说,虽然就世界语言来看,"一"用作定冠词或类定冠词不常见,但就上海话具有话题优先典型的句法类型特征来看,这并不奇怪。

# 第七章　动词(短语)带受事的词序类型

　　吴语为话题优先典型的汉语方言,特别是受事话题化倾向强,话题为句法成分。如钱乃荣(1997a:261)指出,在上海话中当动词后带体标记(包括经历体、完成体、起始体、继续体、存续体、完成进行体)、补语以及是非问的句子时,宾语往往前置于动词,使用 SOV 形式。徐烈炯、刘丹青(2007:216—217)、刘丹青(2003b:189)调查了 TV 和 VO 两类语序在中性问句、反意问句、特指问句、否定的陈述句、肯定的陈述句和肯定的祈使句中的分布后得出,否定陈述句和中性疑问句的话题化造成的 TV 占绝对优势(大大超过普通话中同类句子中 TV 型的比例)。同时他们也注意到受事的前置跟动词短语的复杂度有关。丁健(2014)指出吴语台州话动词的完成性对句中受事句法位置的影响最大。盛益民(2014)和盛益民、陶寰(2019)进一步指出,吴语(尤其是浙江吴语)主谓之间以饰谓副词为界,有两个不同的句法位置容纳广义受事成分,主语后饰谓副词前为句法话题,由语用话题语法化而来,该位置的存在不受谓语类别限制,出现在该位置上的 NP 只能是定指或类指成分,表达已知信息;饰谓副词和谓语动词之间为前置宾语的位置,是应动后限制的要求宾语提前的结果,该句法位置的存在只限于复杂性谓语,包括:(1)广义动结式(动结式、动趋式)及其构成的能性情态式;(2)动词＋持续体标记/经历体标记;(3)动词重叠式;(4)否定结构。该位置上的 NP 可以是定指或类指成分,也可以是不定指成分,可表达新信息。可见,目前对吴语语序类型研究多以小句为单位,既注重句类即小句的功能表现对句中 NP 的影响,也注重谓语结构类型对受事句法位置的影响。前置的话题虽受语用驱动,但已发展为句法话题,是小句的基本句法成分(徐烈炯、刘丹青 2007:216—217,盛益民 2014:250,盛益民、陶寰

2019等）。若为基本句法成分，不仅在小句层面所受语用因素的影响较小，而且也会出现在不受语用因素影响的短语层面。短语虽与句子同为一级语法单位，二者结构方式也有很大的一致性，以致不少学者对二者也不加区分（吕叔湘1982:9，丁声树1979:9），不过，张斌（2010:268）指出，短语与句子仍有本质的区别，句子具有表述性，每个句子都有特定的语调，前后都有停顿，而短语不具备表述性，没有特定的语调和停顿。也就是说，短语作为句子的备用单位，只有当带上特定的语调用于表达某种语用功能时才能实现为句子。因此，未进入句子的短语语用上是中性的或几乎不受语用因素的制约，若能从短语层面观察吴语语序特征，不仅可以揭示短语的结构特征，也可以加深对吴语小句语序类型的认识。而目前从短语层面探讨吴语句法特征的仅见游汝杰（2014）。他指出吴语在短语层面也存在"话题优先"特征，并用温州话列举了七种类型。如：表处置的提宾式、表"某事着做"的主谓式、表人体动作的短语、某部分不适的短语、表天气状况的短语、形容词＋程度副词、动词＋修饰性副词。不过，游文重点讨论逆序词与话题化的关系，并未详细讨论吴语短语的结构特征，因此，仍有必要对吴语的短语结构特征进行更具体的观察，为进一步观察其小句的语序类型提供线索。

　　宁波话小句语序的话题化倾向较上海话、苏州话等北部吴语更强烈，且具有SOV萌芽（刘丹青2003a:186，钱萌2007:174—178），西儒所记录的早期宁波话语序特征也如此（林素娥2015a:43），那么宁波话短语的词序特征是否也与小句词序一致呢？至今未有相关报道。这大概是因为以往对词序的研究多关注小句而不重视短语，并且自然语料多为句子和语段或篇章，而非短语。本章拟以《字语汇解》（1876）为语料来源，观察早期宁波话动词短语的词序特征，并以《英沪词典》（1913版）为上海话语料来源，对比观察早期宁波话和上海话动词短语词序特征的同异。对两种文献介绍可参阅本书§1.3.3.1。两部词典为本研究提供了丰富的平行语料，是进行短语结构对比分析的理想材料。尽管后者较前者晚出二十余载，但语法演变慢,尤其是词序结构的变迁十分缓慢,因此二者可视为同时期的文献用于开展对比考察。选取动词短语作为观察对象,这是因为动词短语的基本功能是充当谓语,动词短语中受事句法位置与小句的语序关系最为密切或最为一致。

# 7.1 早期宁波话动词(短语)带受事的词序类型

动词短语包括连动式、兼语式、主谓式、双及物式、动宾式、VR(R 为结果、趋向、状态、数量、可能补语等)、动词重叠(VV/V 一 V)式、状中式等结构,其中连动式、VR、动词重叠式、状中式等结构还可带受事,因此也包括它们带受事的结构。下面以这些结构为考察对象,观察一百多年前宁波话动词短语的词序特征。下文所引例句皆摘自《字语汇解》(1876),括注仅标出引文所在页码。

## 7.1.1 连动式带受事

词典《字语汇解》中连动式短语少见,带受事的仅见例(1)。从例(1)可见,连动结构前项谓词受事宾语也是可以前置的。

(1) Carry a child,siao-nying bao-leh tseo-tseo,小孩°抱得°走 走(64)

## 7.1.2 兼语式带役事

兼语式构成"NP$_1$+兼语动词+NP$_2$+VP$_2$"结构,其中"NP$_1$"常为致事,可以是人或事,发起或控制行动,一般具有施事者功能,NP$_2$为役事。在 19 世纪宁波话中兼语式十分常见,其中最常见的是表致使义的"俾°"、允让义"让°"、泛义动词"弄"等构成的兼语短语。如:

(2) Admit him,peh gyi tseo-tsing-læ,俾°其走进来/nyiang gyi tsing-læ,让°其进来(10) Mortify him,peh gyi t'æn-dæ, 俾°其坍台(301) Please him,peh gyi cong-i,俾°其中意/

s-teh gyi hwun-hyi,使得其欢喜（350）　　Sadden him, peh
gyi iu-meng,俾°其忧闷（407）　　Provoke him to laughter,
ying-zô gyi siao,引惹°其笑（371）　　Terrify him, long gyi
hah-sah,弄其吓煞/s-teh gyi ky'ih-hoh,使得其吃吓°
（476）　　Animate him, long gyi weh-ky'i-læ,弄其活起来
（20）　　Assist her to her chair, tông gyi zông gyiao,搀°其
上轿（29）　　Prevent him from coming, tsu-gyi-feh-læ,阻其
弗来（362）　　Offend him, peh gyi tsiao-kwa/kyin-kwa,俾
其招/见怪（319）　　Allude him to gamble, yiu gyi tu,诱其
赌（16）　　Hasten him, ts'e gyi kw'a,催其快（215）

（3）Air the room, vông-ts peh gyi t'eo-t'eo ky'i,房子俾°其透透
气（15）

以上短语中兼语大多为生命度高的指人代词,不过,"俾"字兼语
短语中,充当兼语的还可以是无生命的 NP,如例（3）,对兼语后的动
作并无任何控制力,这样的兼语常被前置,在原位上用第三身人称代
词单数形式复指。

### 7.1.3　主谓式

词典中主谓结构的动词短语,作主语的名词表身体部位或无生
命的对象,谓语为非自主动词,主语对动作无控制力。也就是说,主
谓之间并不存在施事与动作之间的语义关系。如:

（4）Lusting, yüoh-ho fah-dong,欲火发动（283）　　Nose bleed,
bih-deo c'ih-'ong,鼻°头°出红（312）　　Hang the head, deo
t'ang-loh,头垂°落（216）　　Expose the face, min-k'ong c'ih-lu-
lu,面孔出露露（162）　　hold up the hand, siu di-ky'i,手提起
（223）　　wink at, ngœn-k'œ ngœn-pi,眼开眼闭（531）

（5）waves dash upon, lông p'eh-zông-læ,浪泼上来（108）
Blaze up,ho-yin ts'ong-zông,火焰冲上（45）　　Take a door
off the hinges, meng-t'eh-loh,门脱落（221）　　Inject water,

shü zih-tsing-ky‘i,水°射进去°(246) The water leaked out, shü leo-c‘ih-de,水°漏出了°(268)

这类主谓式在官话或普通话中多为动宾式,作主语的名词被称为自动宾语(张斌2010:303),不过,早期宁波话中只能用主谓式表达。

### 7.1.4 双及物动词带受事

词典中双宾动词最常见的表达是构成带与事补语的结构,如例(6)。不过,指物宾语也可前置,如例(7),甚至指人的间接宾语若表周遍义时,也可前置。宾语前置后在原位用代词"其"复指,如例(7)、例(8)。

(6) Pass a dish to me, di beng-ts peh ngô,递盆子给°我(335) Give him his wages, fu kong-din peh-gyi,付工钱°给°其(519)

(7) Offer him a chair, ü-ts teh peh gyi,椅°子揭与°其(319) Proffer him a fan, sin-ts song gyi yüong-ih-yüong,扇子送其用一用(366) Give me a part, kwu-ts feng peh ngô,股子分给°我(333)

(8) Give them a dollar a piece, me nying coh gyi ih-kw‘e fæn-ping,每人°给°其一块番饼(22)

例(7)中指物的直接宾语大多受数量修饰,表不定指,不过,早期宁波话仍常被移到动词前,原位上用代词"其"复指。

### 7.1.5 光杆动词带受事

当动词为单音节或双音节的光杆形式,即不带补语或修饰成分时,仍常用动宾结构。如:

(9) Discharge cargo, ky‘i ho,起货/zông ho,上货(64) Rub on oil, k‘a-yiu,揩油(320) Catch a thief, k‘ô zeh,拿°贼°(66) Catch a fish, k‘ô ng,捕°鱼(66) Raise the head, dæ deo,抬头(379) To anoint, fu-yiu,傅油(21)

（10）Play chess，tsiah ziang-gyi，着象棋（350） Change a dollar，de fæn-ping，僦番饼（69） Put off a hat，coh mao-ts，除°帽子（375） Take off clothes，t'eh i-zông，脱衣裳°（318） Compose an essay，tso veng-tsông，做文章（86） Play tricks of hand，pin hyi-fah，变戏法（350） Pluck hen-feathers，bah kyi-mao，拔鸡毛（351） Pick over te，kœn dzô-yih，拣茶叶（345） Charge a price，t'ao kô-din，讨价钱（70） Change one's dress，wun i-zông，换衣裳（69） Wandering in delirium，kông nyih-wô/weng-wô，讲热话/混话（520）

（11）Ordain an elder，lih ih-go tsiang-lao，立一个°长老（325） Complain of one's difficulties，kông zi-go næn-c'ü，讲°自°个°难处（85） Shot a bird with a bow，zih ih-tsah tiao，射一只鸟（50） Build a house，ky'i ih-tsing oh，起一进屋（56） Tell an anecdote，kông ih-go kwu-z，讲一个故事（20） Impose a customs'tax，k'œ ih-ông se，开一项税（236） Ordain a law，shih-lih lih-fah，设°立律法（325） Put a room in order，siu-jih vông-ts，修葺°房间（375） Pledge a garment，ti-ah i-zông，抵押°衣裳°（351） Butcher people，sah-loh pah-sing，杀戮百姓（58）

（12）Blacken the character，ao-tsao shü p'eh，垩糟水泼（45） Bind that man，keh-go nying kw'eng-pông gyi，这°个°人°捆绑其（44） Forswear，vah-tsiu m-neh，罚咒没°有（188） No wind，fong m-neh，风没°有°（38） No decency，lin-c'ü m-neh de，廉耻没°有°了°（111）

当动词为单音节时，可与单音节名词或双音节名词、数量短语组成动宾式，双音节动词则多与双音节名词组成动宾式，不过，当充当受事的 NP 所指有定时，如例（12）可直接前置，被前置的甚至可以是生命度高的指人 NP，且可在原位用代词"其"复指，如"葛个人"在宾语位置用"其"复指;当否定某一对象的存在时,即否定动词"没°有°(m-neh)"带受事,常将所否定的对象前置。

### 7.1.6 动补结构带受事

#### 7.1.6.1 补语表结果

动结式短语若带受事,受事为代词、光杆名词或数量名短语,都存在多种词序类型。这些词序为"VPatR""PatVR 其"和"PatVR"。如:

(13) Exalt him,dæ-gyi kao,抬其高(157) Abase him,kông gyi loh,降其落(2) Hold him fast,cô gyi lao,摅°其牢(223) Tame it,iang gyi joh,养其熟(471) Boil it tender,ts gyi nen,煮°其软°(475) Fold it properly,tsih gyi hao,折其好(182) Throw him down(playfully),kô-gyi-tao,捉°其倒(480) Plane it smooth,bao gyi kwông,刨其光(349)

(14) Put the room in order,vông-ts tsiu-coh-hao,房子收°拾°好/vông-ts tsông-tsi hao,房子装饰°好(325) Screen the light,liang-kwông lah-djü gyi,亮光兰°住其(414) Extinguish the lamp,teng-tsæn long gyi u,灯盏弄其熄°(163) Blow out the candle,c'ü lah-coh u,吹°蜡烛熄°(47) Shut the mouth,cü-pô pi-ts,嘴巴闭了°(428) Season boards,pœn lông gyi sao,板晾其燥(415)

(15) Quench fire,ho long-u,火弄熄°(377) Arrange affair,z-kenen-ba hao,事干安排°好(26) Add coal,kô me-t'æn ts'eo,加°煤炭凑(9)

(16) Undermine a wall,ziang-kyiah gyüih-song,墙脚掘松(498) Engage a boat,jün t˙ao-loh-de,船讨落了°(149) Bring up a child,yiang siao nying do,养小孩°大(54) Close a letter,fong sing hao,封信好(78)

(17) Adjust the stones,keh-sing zah-deo iao tsing-teng hao,

这°些°石°头要整顿好(9) Alter this garment，keh-gyin
i-zông iao kæ-siao，这°件衣裳°要改小(17)

当受事为代词，只能采用"V 其 R"式；当受事为光杆名词，若表
定指和类指，则可以用"PatVR 其""PatV 其 R""VPatR""PatVR"等
不同结构，若表不定指，则存在"PatVR"和"VPatR"式；当受事为表
确指的指量名短语时，则只允许"PatVR"式。如表 7-1 所示。

表 7-1　早期宁波话(1876)动结式带受事的结构类型

| 受事类型 | | 动结式带受事的结构 | | | | |
|---|---|---|---|---|---|---|
| | | V 其 R | VPatR | PatV 其 R | PatVR 其 | PatVR |
| 代　词 | | + | — | — | — | — |
| 光杆 N | 定　指 | — | + | + | + | + |
| | 类　指 | — | — | — | — | + |
| | 不定指 | — | + | — | — | + |
| 指量 N | | — | — | — | — | — |

由表 7-1 可见，动结式带受事时，存在两大词序类型，其一是受
事在动结之间作宾语，除指量名短语外，皆可用"VOR"式，尤其是代
词作宾语，只能采用该结构；其二是受事前置型，以"PatVR"式为代
表，除了代词宾语外，受事为名词或名词性短语时都可用该结构。此
外，还存在这两种结构的杂糅式，当受事为表定指的光杆名词时，可
用"PatV 其 R"或"PatVR 其"式，以前者更为常见。

#### 7.1.6.2　补语表趋向

动趋式短语带受事时，词序类型也并存多种形式，有"VDPat"
"PatVD""VPatD""PatV 其 D"等。如：

(18) Bequeath property，yi-loh ts'æn-nyih，遗落产业(41)
　　　 beat down the price，tang-loh kô-din，打落价°钱°(38)

(19) Elicit his ideas，ying gyi-go i-s c'ih-læ，引其个°意思出来
　　　 (144)　 claim one's money，t'ao dong-din kyü-læ，讨铜钱°

归°来(75)　　Scoop up water, dao-shü-c˙ih, 掬水°出
(413)　　Infuse, tsing gyi tsih-shü c˙ih, 浸其汁水°出(245)

(20) Bring it here, do gyi læ, 拿其来(256)　　Drive him out,
ken gyi c˙ih, 赶其出(137)

(21) Suppress your anger, ô-wông ah-gyi-loh-ky˙i, 怒气°压°其
下°去(465)

(22) Pucker the mouth, cü-pô ts˙oh-long, 嘴巴缄拢(372)
Put out the hand, siu sing-c˙ih-læ, 手伸出来(375)
Prick up the ears, ng-tô jü-ky˙i-læ, 耳°朵竖起来(363)
Shed tears, ngæn-li beh-c˙ih, 眼泪流出(424)　　Loll the
tongue, zih-deo t˙a-c˙ih, 舌头伸°出(279)　　Prick up the
ears, ng-tô jü-ky˙i-læ, 耳朵竖起来(363)　　Shut the eyes,
ngœn-tsing pi-long, 眼睛闭拢(428)

(23) To rise in price, kô-din tsiang-zông, 价°钱°涨上(362)

(24) Squeeze out juice, tsih-shü tsô-c˙ih, 汁水°榨出(447)
Hew down a tree, jü tsoh-loh, 树斫落(220)　　Deprive of a
privilege, ih-tsông me-z siu-tsing, 一椿美物°收进(365)
Open a letter, sing ts˙ah-k˙æ, 信拆开(322)　　Open a
book, shü fæn-k˙æ-læ, 书翻开来(323)　　Root up, keng
bah-diao, 根拔出°(403)　　Discharge a debt, tsa-t˙eh-c˙ih,
债脱出(125)　　Lift a sedan, gyiao-ts sing-ky˙i-lœ, 轿子升
起来(417)　　Close a fan, sin-ts hao siu-long, 扇子好收拢
(168)　　Pull our a drawer, ts˙iu-teo yi-c˙ih-lœ, 抽头移出
来(136)

　　由例(18)至例(24)可见,早期宁波话动趋式谓词结构带受事可
用"VDO"和"VPatD"式,如例(18)、例(19)、例(20),当受事为名词
时也可构成"PatV 其 D"式,如例(21)"怒气压其下去",不过,名词类
受事更常用"PatVD"式,如例(22)至例(24)。从例(22)、例(23)来

看,动趋式带受事也常构成主谓式。

　　动趋式作动词所带宾语为非受事名词时,比如表处所时,仍以作宾语为基本词序,不过,也已出现前置用例。如:

(25) Evacuate,t'e-c'ih dzing,退出城(154)　Pass through a hole,dong-ngæn c'ün-ko-ky'i,洞眼°穿过去°(335)

**7.1.6.3　补语表可能**

由动结或动趋式构成的能性动补式带受事,尽管仍见"VO+能性补语"式,但已以前置为优势。如:

(26) Perfidious,t'oh-sing-feh-læ,托信弗来(341)　Can't draw one's breath,ih ky'i feh cün,嗄气弗转(52)

(27) Can't afford the expens,lih-liang tông-feh-djü,力量当弗住(12)　Gasp for breath,ky'i t'eo-feh-cün,气透弗转(196)　Can't spare the time,kong-fu bah-feh-c'ih,工夫拔弗出(442)　Can't distinguish right and wrong,z-fi bin-feh-c'ih-læ,是非辨弗出来(536)　Take good aim,mi-ao-deo k'ô-leh cing,苗头搒°得°准(15)　Fasten the door,meng kwæn-leh lao,门关得°牢(169)　Impervious,shü seng-feh-tsing,水°沁弗进(235)

**7.1.6.4　补语表数量**

词典中动词与数量补语构成的结构若带受事,较常见的是代词宾语类,常用"VO+补语"结构。如:

(28) Poke him,toh gyi ih-kyi,拨°其一记(353)　Give him a cuff,kwah gyi ih-kwông,掴°其一光(103)　Gave me a kick,t'ih-ngô ih-kyiah ko,踢我一脚过(261)

**7.1.6.5　补语表情态**

动词与情态补语组合若带受事,须将受事前置。如:

(29) Brisk beer,tsiu c'ong-leh kyih,酒冲得°急(55)　words are conclusive,shih-wô kông-leh loh-shing,说话讲得°落

榉(87)　Boil the egg soft, kyi-dæn iao ts-leh dông-wông-go,鸡蛋要煮得°荡黄°个°(48)　Late in developing wisdom(as a child), ts'ong-ming k'æ-leh dzi,聪明开得°迟(33)　Let the cat out of the bag, shih-wô kông-leh c'ih-kyiah-de,说话讲°得°出脚了(65)

### 7.1.6.6　补语表处所

处所补语构成的动补式,带受事时也常前置,如例(30),不过,词典中由处所补语构成的动补式并不常见,这是因为即使是表示动作所达到的终点位置也常被前置,充当谓词的状语。如例(31)。

(30) Congest of the heart, hyüih jü-long læ sing-li,血聚拢在°心里(90)　to breathe upon one's hands, ky'i hô læ siu-li,气呵°在°手里(53)

(31) Sit on the lap, kyiah-k'o-deo zông zo,脚踝头上坐°(265)　Dissolve in water, shü-li 'o-k'æ,水°里和开/yiang-k'æ,炀开(129)　Bake in the oven, lu-li p'ang,炉里烹°(327)　Search through the house, oh li-hyiang seo-kyin,屋里向搜检(415)　Dinner in water or immerse, shü-li tsing ih-tsing,水里浸一浸(123)　Carry in the bosom, gwa-li ts'ô-leh-ky'i,怀°里扠得°去(64)　Want to go to bed, iao min-zông-li ky'i-de,要眠床里去°了°(39)　Tap on the shoulder, kyin-kah-deo tah-ih-tah,肩胛上搭一搭(471)

### 7.1.7　动词重叠式带受事

动词重叠式主要有"V — V"、VV 和 VVR 式,当它们带受事时,主要有名词类受事前置式、代词宾语类以及这两者的杂糅式。如例(32)、例(36)受事前置,例(34)代词宾语类,例(33)、例(35)杂糅式。

(32) Place the hand upon, siu en ih-en,手按一按(348)　Raise the hat, mao-ts t'ing-ih-t'ing,帽子挺一挺(379)　warm

the wine，tsiu p'ao-ih-p'ao，酒泡一泡（521）　　Taste，sin ting-ih-ting，线订一订（36）

（33）Purge the bowels，du bi sia-gyi-ih-sia，肚皮泻°其一泻°（374）

（34）Rinse it，dông gyi ih dông，烫其一烫（401）　　Come and help me，læ pông ngô ih-pông，来帮我一帮（219）

（35）Air clothes in the sun，i-zông sa-sa gyi，衣裳°晒°晒其（15）　　Air in the shade，i-zông lông-lông gyi，衣裳°晾晾其（15）　　Blacken the store，ho-lu ts'ah gyi yiu kwông，火炉擦擦其有光（44）　　Boil the milk，na kweng-kweng gyi，奶°要°燉°滚（48）

（36）Toil water，shü teng-teng kweng，水°炖炖滚（48）　　Open a fan，sin-ts t'æn-t'æn-k'æ，扇子摊摊开（168）　　Set a watch，piao te-te cing/tsing，表对对准/正（421）

杂糅式主要见于"V 一 V"和 VV 式重叠式带受事，若为 VVR 式，则只有前置式。

### 7.1.8　状中式带受事

当受否定副词/助动词修饰的状中结构带受事时，受事也常前置。如：

（37）Must not waste（or soil）rice，væn m-nao tsao-t'ah，饭弗°可°糟蹋（400）　　Neglect trade/business，sang-i feh kwu-djoh，生意弗顾着°（308）　　No appetite，we-k'eo feh k'æ，胃口弗开（23）　　Should alter one character，ih-go z iao kæ，一个字要改（17）　　Equanimity，sing-seh feh-dong，声色弗动（152）

将《字语汇解》中各类结构及其带受事的词序类型进行统计，具体分布见表 7-2。

表 7-2　早期宁波话动词(短语)带受事的词序类型分布表[i]

| 动词(短语)类型 | | 动词(短语)带受事的词序类型 | | | |
|---|---|---|---|---|---|
| | | VO(X) | V 其 X | Pat V 其 X | Pat V(X) |
| 兼语结构 | | 3 | 99 | 1 | 0 |
| 主谓 | | 0 | 0 | 0 | 82 |
| 动宾 | | 959 | 0 | 0 | 16 |
| 双及物 | | 9 | 0 | 2 | 4 |
| 动结式 | | 26 | 47 | 3 | 110 |
| 动趋式 | | 63 | 6 | 2 | 72 |
| 能性动补式 | | 14 | 5 | 0 | 58 |
| 情态动补式 | | 0 | 0 | 0 | 19 |
| 数量动补式 | | 0 | 5 | 0 | 0 |
| 处所动补式 | | 0 | 1 | 0 | 5 |
| 重叠式 | V — V | 3 | 3 | 1 | 11 |
| | VV | 0 | 0 | 15 | 2 |
| | VVR | 0 | 0 | 0 | 4 |
| 状中 | | 27 | 2 | 0 | 33 |

i 连动式只见一例,未列入表中。

由表 7-2 可见,各类动词短语若带受事,主要构成四类结构或词序类型,其中分布最广的词序是受事前置类,除动词带数量补语类未见用例外,其他结构都采用,即使是兼语式也采用了受事前置与代词复指式的杂糅式,且有些结构只能使用该词序,如受否定副词修饰的动词短语、VVR、"V＋情态补语"等,而动结式、动趋式、动词带能性补语和处所补语、"V — V"式、状中式等虽然并存使用带受事宾语类词序,但皆以受事前置类为基本或优势类型,这些结构采用受事前置型的在文本中分布过半;VV 式多带"其"作宾语,而"其"的作用是复指前置的受事,因此,也可以说,VV 式实际上也以受事前置型词序为优势结构。只有光杆动词带宾语采用受事前置型的分布很低,其次是双及物式。

可见,从各类结构词序类型的分布来看,受事前置型与动宾词序为两种主要类型,而除少数结构外,如动宾和双及物式外,受事前置已成为动词短语的基本词序类型。

受事前置作为基本词序类型,前置的受事名词或名词性短语,不仅可以是指量名短语,也可以是不受指示代词或其他限定性成分修饰的光杆名词,这些光杆名词可以表定指、类指甚至不定指对象等。

## 7.2　早期上海话动词(短语)带受事的词序类型

下面以《英沪词典》(第二版,1913)为上海话语料来源,考察20世纪初期上海话动词短语词序类型。本小节所引例句皆出自《英沪词典》,例句后均括注所在页码。

### 7.2.1　动词(短语)带受事的词序类型

从《英沪词典》来看,上海话动词短语带受事时可用动宾式,也可用前置式,与宁波话一样,对动宾式和前置式的选择与动词短语的结构类型有关。比如兼语式只有"兼语动词＋兼语＋V"结构,动词带受事的肯定式只有动宾式,动词带情态补语时则只有受事前置式,而大多动词短语带受事则并存使用动宾式和前置式,不过,仍以动宾式为基本词序。下面拟逐一列举。

#### 7.2.1.1　兼语式带役事

词典中兼语短语只允许"$V_1$＋兼语＋$V_2$"的结构,兼语多为指人名词或代词,或其他生命度较高的对象。如例(38),尽管在其他文献中可见低生命的普通事物名词充当兼语,且可前置,在兼语位置用代词复指,构成"N(P)＋$V_1$＋伊$_{兼语}$＋$V_2$"结构,具体见下文§8.2,不过,短语层面未见类似前置结构。

(38) Assist him to the boat, tshan yi zaung zen,搀伊上船(30)
　　 provoke him to anger, za yi doong-chi,惹伊动气(365)　　to
　　 acquit him, ding yi m-dzoe,定伊无罪(7)　　Pasture, peh yi

chuh tshau,拨伊吃草(330)　 Hoax a person,peh nyung zaung-taung,拨人上当(222)　 to make a person laugh,peh bih-nyung siau,拨别人笑(268)

例(38)中构成兼语结构的动词可以是词汇义较实在的动词,也可以是使役动词"拨"。

#### 7.2.1.2　主谓式

主谓式中的主语一般为无生命的事物,大多为表自然现象或身体部位义的名词,动词则可以是光杆形式,也可以是动补结构,补语可以表趋向、结果等。如:

(39) Raise the price, ka-dien tsang,价钱涨(376)　 change in disposition, sing-dzing ke-pien,性情改变(78)　 waves dash upon, laung-deu tshoong zaung-le,浪头冲上来(123)　 to have one's wits about him, ngan-tsing iau tsang-khe,眼睛要张开(550)　 Incessant flowing of blood, hyeoh tsheh vehding,血出勿停(236)　 lowtide,dzau-s the-dzing,潮水退尽/dzau lauh-koen,潮落干(282)

#### 7.2.1.3　双及物动词带受事

双宾语动词带受事时,指物和指人的名词或名词性短语,词典中只见作动后宾语的。如:

(40) Offer him a chair, toeh ih-tsak iui-ts la yi,摁一只椅子拉伊(312)　 Lend me a pen, tsia ih-kwen(ts)pih la ngoo,借一管(支)笔拉我(270)　 Offer him, peh yi tshih-khwe yang-dien,拨伊七块洋钱(311)　 how much do you owe me, noong chien ngoo kyi-hau,侬欠我几化(320)

#### 7.2.1.4　光杆动词带受事

动词带光杆名词或者名词性短语作宾语,几乎是动词肯定式带受事的唯一词序类型。如:

(41) Abate the price, kan ka,减价(1)　 Build a wall,tshi ziang,砌墙(58)　 Adjust the hair, li deu-fah,理头发

(8)　Acquire money, dzan doong-dien,赚铜钱(6)　Tell an anecdote, kaung ih tsaung koo-z,讲一椿故事(19) Devise a way, siang ih-kuh fah-tsuh,想一个法则(137) Charge to my account, kyi ngoo-kuh tsang,记 我 个 帐①(5)　Alter this garment, ke di jien i-zaung,改第件 衣裳(16)　To do his bidding, ting yi kuh seh-wo,听伊 个说话(45)　Defeat his plans, phoo yi-kuh kyi-meu,破 伊个计谋(129)

例(41)不管名词为光杆形式,还是表不定指的数量名结构或表定指的 NP,皆说成动宾式。

若动词为否定式或否定动词,则出现动宾词序和受事前置式两种词序类型。如:

(42) Penniless, m-meh doong-dien,无没铜钱(335)　Unshel-tered, m-meh too-bi kuh dzang-hau,无没躲避个场化 (512)　Volunteer(free service), veh iau koong-dien z chuh-van,勿要工钱自吃饭(528)　Unattended, veh yeu doong-ben,勿有同伴(497)　Tearless, veh tseh ngan-li, 勿出眼泪(475)　Do not believe what you say, veh sing noong kuh seh-wo,勿信侬个说话(42)

(43) Undecided in purpose, tsu-i veh zung lih-ding,主意勿曾 立定(501)　Salary unpaid, sok-sieu veh-zung soong,束 脩勿曾送(509)　The climate does not agree, s-thoo veh vok,水土勿服(13)　Time don't yet appointed, nyih-ji veh zung ding,日期勿曾定(23)　Unadapted, tsoo-deu veh phe,做头勿配(496)

例(42)否定动词"无没"带受事,未发现受事前置例,不过,若带上语气词,则出现了前置用例,如"锋头无没哉(156)",由此可见,早

---

期上海话句子层面受事前置的倾向较短语层面更为明显。动词否定式带受事,也具有前置倾向,如例(43),较肯定式前置倾向强。

**7.2.1.5 动结式带受事**

当动词带上表结果、趋向、可能、情态、处所和数量等补语时,构成复杂动词结构,这些结构若带受事,除了情态补语和数量补语只选择一种词序外,其他结构皆存在受事作宾语和前置两种词序。

7.2.1.5.1 补语表结果

动结式带受事,该受事由光杆名词或是表确指的 NP 充当,都仍以作宾语为基本词序,如例(44),不过,光杆名词形式也可表确指或类指,可前置。如例(45)。

(44) Blow out the candle, tsh-iung lah-tsok,吹隐蜡烛(47)
Hamstring, tsan-doen kyak-kyung,斩断脚筋(214)
Hold him fast, tsa-lau yi,抓牢伊(223) Bring up(as a child), yang-doo siau-noen,养大小囝(56) Repair a garment, poo-hau i-zaung,补好衣裳(390) Infanticide, loong-sah sing siau-noen,弄杀新小囝(241) Sully his reputation, thah-le yi kuh ming-sang,搨累伊个名声(464) Uncoilthisrope,tsheu-khe di doen zung,抽开第团绳(499) Unyoke, nau-t'eh ak-deu,拿脱轭头(515) Baffle, phoo-theh kyi-tshak,破脱计策(35) Unharness, sia-theh mo sung-laung kuh ka-sang,卸脱马身上个家生(505) Iinvalid his will, fi-theh yi kuh yi-tsok,废脱伊个遗嘱(252)

(45) Set it(the chair)down level, jau-ts faung bing,轿子放平(77) Take off the cover, ke hyau-khe,盖撬开(116) Lost time, koong-foo fi-theh,工夫废脱/bak fi koong-foo,白废工夫(281)

动结式带受事,受事前置的用例并不多见,即便可前置如例(45),也可能并存动宾式说法。如"工夫废脱",也说"白废工夫"。不过,当这些动结式带受事若接上语气词,如"望头失脱哉(177)""衣裳脱光拉(500)""伊本书卖完哉(360)""脚骱蹩伤哉(448)"等,前置的倾向明显得多。

　　7.2.1.5.2　补语表趋向

　　当动趋结构带受事时,可构成"V＋$D_1$＋N＋$D_2$""V＋N＋$D_1$＋$D_2$""V＋$D_1$＋$D_2$＋N"和"N＋V＋$D_1$＋$D_2$"等结构,即受事充当宾语类和受事前置类。如:

　　(46) Put out the hand, sung-tsheh seu le,伸出手来(370)
　　　　　Uplift the hand, di-chi seu le,提起手来(515)　Uplift the eyes, hyau-chi ngan-tsing le,撬起眼睛来(515)　Open a book, hyau-khe su le,翻开书来(315)　Infuse, tsing-tsheh tseh le,浸出汁来(242)　Inject water, tang s tsing-chi,打水进去(243)　Drive him out, koen yi tsheh-chi,赶伊出去(151)　Contrive a thing, siang fah-tsuh tsheh-le,想法则出来(110)　Remit money to a distance, kyi nyung-ts tsheh-chi,寄银子出去(390)　Bring me a glass of water, nau ih-pe lang-s le,拿一杯冷水来(537)　To feel compassion, fah-tsheh e-lien sing,发出哀怜心(100)　To put up an awning, tshang chi thien-men,撑起天幔(34)　To hold up the dress, ling-chi i-zaung,拎起衣裳(223)　To hold up the hand, jung-chi seu,擎起手(223)

　　(47) Close a book, su tsauh-loong,书作拢(92)　Open a fan, sen-ts than khe-le,扇子摊开来(180)　Pull out a drawer, tsheu-teu tsheu tsheu le,抽斗抽出来(150)　Draw up the curtain, mung-lien la-zaung-chi, 门帘拉上去(150)　Raise the head, de-chi deu le,抬起头来/deu de-chi-le,头抬起来(376)

　　例(46)受事可以接在复合趋向词中间,也可以位于动词之后复合趋向词之间,甚至可以出现在整个动趋式后,尽管位置不同,但皆作宾语,不过,受事前置也较常见,如例(47),有些则受事作宾语和前置式皆允许,如"抬起头来"与"头抬起来"。

7.2.1.5.3　补语表可能

能性述补结构带受事,受事仍可在整个述补后作宾语,也可以插入动词和补语之间,其中否定性可能补语,受事前置倾向较明显。如:

(48) Take good aim，nau-tuh-ding tsung-deu,拿得定准头(14)　Can't spare the time,bah-veh-tsheh koong-foo,拔勿出工夫(444)　Color blind, bien-veh-tsheh ngan-suh,辨勿出颜色(97)　Can't depend on him, khau yi veh dzu,靠伊勿住(132)　Disdainful, khoen nyung veh chi,看人勿起(141)

(49) Unsteady hard for holding a pen, pih nyah-veh-wung,笔捏勿稳(512)　Can't afford the expense, fi-yoong tsheh-ve-chi,费用出勿起(11)　This oil will not burt, di kuh yeu tien-veh-dzak,第个油点勿着(60)　This door does not close, di sen mung kwan-veh-loong,第扇门关勿拢(92)　Indissoluble bands of wedlock, kyih-fah foo-tshi tshak-veh-khe,结发夫妻拆勿开(239)　Inexpiable, di-kuh dzoe zok-veh-tsen kuh,第个罪赎勿转个(241)

7.2.1.5.4　补语表情态

情态补语为动后由"得"和"来"连接的表示动作结果状态的补语,这类动补结构若带受事,只允许前置式。如:

(50) Backward late in developing, ts-suh khe tuh an,知识开得晚(35)　Soft boiled egg, dan zah-le daung-hwaung,蛋煤来糖荒(49)　The carvings are very fine, hwo-tsauh tiau-khuh le-tuh si,花作雕刻来得细(69)　Fasten the door, mung kwan-tuh lau,门关得牢(181)　This judgement is not just,di kuh phen-toen, toen le veh koong-dau,第个判断,

断来勿公道(258) A well chosen situation for a grave, yoeh-dau tien le hau,穴道点来好(435) Underrate the price, ka-dien koo-tuh jang,价钱估得强(501)

7.2.1.5.5 补语表数量

该类动补式若带受事,受事只允许作宾语,且位于动词和数量补语之间。如:

(51) To collar, kah eu-loong ih-po,夹喉咙一把(96) Gave me a kick, thih ngoo ih kyak,踢我一脚(261) Give him a hand,voo yi ih po,扶伊一把(214)

7.2.1.5.6 补语表处所

补语表示动作达到的终点,所构成动补结构带受事,早期文献中也存在动宾补式和受事前置式。如:

(52) Wish to insnare you, iau lauh noong la an-khang li,要落侬拉陷坑里(245) Oil the hair, thah yeu la deu-laung, 搨油拉头上(312) Plunge hand in water, chung seu la s li,揿手拉水里(348) Don't splash the wall, veh iau dzan s la ziang-laung,勿要甏水拉墙上(446)

(53) Breathe upon one's hand, chi hau la seu laung,气呵拉手上(54) Congestion of the heart, hyoeh dzui-loong la sing-li,血聚拢拉心里(106) Dip the pen in the ink, pih-deu tsan la muh-s li,笔头蘸拉墨水里(139) Hive bees, mih-foong seu-la doong-li,蜜蜂收拉桶里(222) Post a letter, sing faung-la jok-li,信放拉局里;sing-jok,信局(271)

**7.2.1.6 动词重叠式带受事**

动词重叠式主要有“V 一 V”、VV 和 VVR 式,其中“V 一 V”式多带代词性受事作宾语,而带受事时 VV 式可采用动宾式和前置式,VVR 式则只允许前置式。如:

(54) Give me a push, the ngoo ih-the,推我一推(369) To scare him, hak yi ih-hak,吓伊一吓(414)

（55）To chat，kaung-kaung an-wa，讲讲闲话(81)　　Oil it，nau di-kuh le meh-meh yeu，拿第个来抹抹油(312)　　Recover one's spirits，yang yang tsing-zung，养养精神(382)　　To salute，koong-koong seu，拱拱手(411)　　Air clothes in the sun，i-zaung so-so，衣裳晒晒(14)　　Air in the shade，i-zaung laung-laung，衣裳晾晾(14)

（56）To shuffle the card，ba tang-tang oo，牌打打和/牌擦擦和(67)　　Set a clock or watch，piau te-te tsung，表对对准(421)

**7.2.1.7　状中结构**

当动词受副词、助动词修饰且带受事，受事仍主要用作宾语，尽管也存在前置式。如：

（57）Either work or starve，pih-iau tsoo sang-weh，veh-zen meh，ngoo-sah，必要做生活，勿然末饿杀(316)　　I like this the best，ngoo tsoe hwen-hyi di-kuh，我最喜欢第个(43)　　Facetious，we wo siau-wo，会话笑话(178)　　Dedicate matter to deal with，z-thi nan loong，事体难弄(130)　　To close a fan，sen-ts hau tseh-loong，扇子好折拢(180)

若由否定副词与动词构成状中结构带受事，其前置倾向明显，如例(43)。上文已讨论到，兹不赘述。

由以上可见，早期上海话动词、动词短语若带受事，也有两种类型：其一是作动词宾语，构成"VO(X)"("X"表示其他成分)，充当宾语的受事可以是人称代词、光杆名词(包括表不定指、类指的)，还可以是表确指的指量或受限定语修饰的名词短语等；其二是受事前置类，前置的名词大多为表类指和定指义的光杆形式，未见表不定指的名词。从短语层面来看，动宾词序较受事前置更常见。

**7.2.2　词序类型统计分析**

20世纪初上海话动词短语带受事的词序时动宾式和前置式并存，二者在文献中的分布很不平衡，各结构采用动宾式和前置式的分布也不平衡。具体见表 7-3。

表 7-3　20 世纪初上海话动词(短语)带受事词序类型分布表

| 动词(短语)类型 | | 动词(短语)带受事词序类型 | |
| --- | --- | --- | --- |
| | | VO(X) | Pat V(X) |
| 兼语结构 | | 65 | 0 |
| 主谓 | | 0 | 20 |
| 光杆动词 | | 1 007 | 2 |
| 双及物 | | 18 | 0 |
| 动结式 | | 91 | 13 |
| 动趋式 | | 49 | 13 |
| 能性动补式 | | 25 | 16 |
| 情态动补式 | | 0 | 9 |
| 数量动补式 | | 4 | 0 |
| 处所动补式 | | 4 | 4 |
| 重叠式 | V — V | 2 | 0 |
| | VV | 9 | 2 |
| | VVR | 0 | 3 |
| 状中 | | 11 | 3 |

　　由表 7-3 可见,20 世纪初上海话中光杆动词、动词结构带受事
仍以动宾式为基本词序类型,特别是光杆动词带受事,动宾式的地位
十分稳固,统计 1 009 例,仅见 2 例受事前置式。各类动词结构中皆
出现了受事前置式,按照受事前置式分布比例高低来看,动词带情态
补语和 VVR 式只用前置式,紧接着是动词带处所补语和能性补语
的结构,而动词带结果补语和趋向补语的结构中受事前置式仍不常
见,占比近 20.0%。动词短语(即各类动补结构、状中结构、动词重叠
式等)带受事前置的倾向要较光杆动词带受事更强,而在各类动词短
语带受事的结构中,补语越复杂或越可以由重成分充当,如情态补
语,虽表结果,但常用助词"得""来"连接,补语可由短语充当,因此较

结果补语和可能补语更为复杂,成分往往更长,这样的动补式带受事,前置倾向也更强。同样,VVR 相比"V—V"和 VV 式,状态性增强,成分更复杂,带受事时,受事前置倾向也更强。因此动词性结构越复杂或者成分越长,带受事前置的倾向越强。

# 7.3　动词(短语)带受事词序特征比较

由§7.1 和§7.2 可见,宁波话和上海话动词短语带受事词序的类型有相似性,即并存着受事前置式和动宾式,但两种方言在这两种词序类型的优先选择上是否存在差异呢? 其表现又是否与两种方言在小句层面的语序类型差异相似呢? 刘丹青(2003b:186)、钱萌(2007:174—178)、林素娥(2015a:43)先后指出一百多年来宁波话较上海话小句语序类型有更强烈的话题化倾向。下面拟利用平行语料,即《字语汇解》(1876)和《英沪词典》(1913)观察早期宁波话、上海话动词短语带受事的词序类型差异。本小节列举例句时,按照英文、宁波话、上海话依次排列。例句后均括注所在页码。

早期宁波话较之上海话动词短语带受事的词序类型,其差异主要表现在对同一类型的选择倾向性不同上,而这种倾向性反映了二者词序类型典型度的差异。主要表现在以下两个方面。

## 7.3.1　宁波话 VOX 与上海话 VXO

19 世纪宁波话中 VOX 词序较常见,特别是 X 为结果补语时,而 20 世纪初上海话不用。

动结式,如例(58):

(58) Bring up a child　　　养小孩°大(54)　　　养大小囡(56)

　　　Judas betrayed Jesus　犹大卖耶稣掉(42)　犹太卖脱耶稣(43)

　　　Blow out the candle　 吹蜡烛熄°(47)　　　吹隐蜡烛(47)

　　　Add coal　　　　　　加°煤炭凑(9)　　　　加煤(7)

　　　Emulate him　　　　 赶其上(147)　　　　 追上伊(161)

　　　Disparage him　　　　讲其低(128)　　　　 讲张伊(143)

To extract qualities by steeping

浸其汁水出（245）

提汁（176）

兼语式,如例（59）：

（59）Disgrace him

俾°其倒霉/倒其楣（126）

坍伊个铳/羞辱伊（142）

Dismiss(as a congregation)

俾°其散开（127）

散会（142）

Wishes to insnare you

要你落其个°陷（248）

要落侬拉陷坑里（245）

由例（58）可见,宁波话动结式带受事的结构可表达为 VOR 式,而上海话不用,只能说成"V(R)O"式;例（59）宁波话兼语式也较上海话更常用,宁波话用兼语式,而上海话采用动宾式或动宾补式。由例（58）、例（59）来看,宁波话较上海话更倾向采用 VOX 式的致使结构,而上海话则更常用 VRO 或 VO 结构。

### 7.3.2　宁波话受事前置式与上海话动宾式

从词典语料对比来看,动词短语带受事在早期宁波话中前置倾向较上海话显著。如：

（60）主谓式：

Close the eyes　　眼睛闭/眜拢（78）　　闭眼睛（92）

Faded color　　颜色褪掉了°（81）　　退颜色（97）

Cramp of muscles　筋拘拢（100）　　抽筋（116）

（61）双及物式：

Offer him a chair

椅子掇与°其（319）

掇一只椅子拉伊（312）

Give them a dollar a piece

　　每人给°其一块番饼(22)

　　拨每人一块洋钱(22)

(62) 动结式：

　　Arrange affairs　　　事干安排好(26)　　　调排事体(26)

　　Abate the rigor of punishment

　　　刑罚减轻(3)

　　　减轻罪名(1)

　　Blow out the candle

　　　蜡烛吹熄°(61)

　　　吹隐蜡烛(65)

　　Firm decision　　　主意拿定了°(111)　　立定主意(126)

　　Open a letter　　　信拆开(322)　　　拆开信壳(315)

　　Alter this garment　　这°件衣裳°改小(17)　改第件衣裳(16)

(63) 动趋式：

　　Decree as the emperor

　　　旨意颁落来(112)

　　　发出旨意(127)

　　Brighten one's intelligence

　　　聪明开出来(54)

　　　开发知识(56)

　　Open a book　　　书翻开来(323)　　翻开书来(315)

　　Put out the hand　　手伸出来(375)　　伸出手来(370)

(64) 能性动补式：

　　Take good aim　　　苗头挲°得°准(15)　　拿得定准头(14)

　　Can't spare the time

　　　工夫拨弗出(442)

　　　拨勿出工夫(444)

So warm can't breathe

这°样°气透弗转(53)

热得透气勿转(54)

Gasp for breath　气透弗转(196)　　　烦难透气(200)

(65) 动词重叠式：

Boil the milk　奶要炖炖其(48)　　炖牛奶(40)

(66) 光杆动词：

Bind that man　这°个°人捆绑其(44)　缚牢伊(46)

No appetite　胃口弗开(23)　　　无没胃口(23)

(67) 状中式：

Lay stress on this sentence

这°句说话要重看(456)

着重第句说话(457)

由上可见,早期宁波话用 PatVX 式或"PatV(X)其"式,上海话则用 VXO 式。

根据以上《字语汇解》和《英沪词典》中对同一英文短语或词的翻译,我们整理出宁波话和上海话两种方言各类结构的分布,具体见表 7-4。

**表 7-4　早期宁波话和上海话动词(短语)带受事词序类型分布表**

| 动词(短语) | | 早期宁波话 | | | | 早期上海话 | | |
|---|---|---|---|---|---|---|---|---|
| | | V(X)O | VOX | | PatVX | V(X)O | VOX | PatVX |
| | | | 代词 | 名词 | | | | |
| 兼语式 | | 0.0% | 23 (100.0%) | 0.0% | 0.0% | 0.0% | 19 (100.0%) | 0.0% |
| 主谓式 | | 0.0% | 0.0% | 0.0% | 13 (100.0%) | 2 (22.2%) | 0.0% | 7 (77.8%) |
| 光杆动词 | 肯定 | 103 (93.6%) | 0.0% | 0.0% | 7 (6.4%) | 156 (98.7%) | 0.0% | 2 (1.3%) |
| | 否定 | 0.0% | 0.0% | 0.0% | 4 (100.0%) | 2 (22.2%) | 0.0% | 3 (77.8%) |

| 动词(短语) | 早期宁波话 | | | | 早期上海话 | | |
|---|---|---|---|---|---|---|---|
| | V(X)O | VOX | | PatVX | V(X)O | VOX | PatVX |
| | | 代词 | 名词 | | | | |
| 双及物式 | 3 (60.0%) | 0.0% | 0.0% | 2 (40.0%) | 5 (100.0%) | 0.0% | 0.0% |
| 动结式 | 4 (11.1%) | 3 (8.3%) | 1 (2.8%) | 28 (77.8%) | 22 (73.3%) | 0.0% | 8 (26.7%) |
| 动趋式 | 19 (27.9%) | 3 (4.4%) | 3 (4.4%) | 43 (63.3%) | 21 (46.6%) | 12 (26.7%) | 12 (26.7%) |
| 能性动补式 | 1 (4.8%) | 1 (4.8%) | 2 (9.5%) | 17 (80.9%) | 4 (25.0%) | 2 (12.5%) | 10 (62.5%) |
| 情态动补式 | 0.0% | 0.0% | 0.0% | 1 (100.0%) | 0.0% | 0.0% | 1 (100.0%) |
| 动词重叠式 | 2 (18.2%) | 2 (18.2%) | 0.0% | 7 (63.6%) | 0.0% | 0.0% | 2 (100.0%) |
| 状中式 | 0.0% | 0.0% | 0.0% | 14 (100.0%) | 5 (83.3%) | 0.0% | 1 (16.7%) |

　　由表 7-4 可知以下三点:(1)上海话与宁波话一样,光杆动词带受事宾语的肯定形式,采用动宾词序的仍占绝对优势,上海话中占比 98.7%,宁波话中动宾词序占比 93.6%,不过,宁波话受事宾语也表现出了前置倾向,占比超 6.4%,已非偶然现象;而否定形式,两种方言皆具有前置倾向,比较而言宁波话采用受事前置的倾向更明显些;(2)若为双宾动词带受事,宁波话则表现出更显著的前置倾向,指人或指物宾语前置占比 40.0%,而上海话并未出现前置结构;(3)上海话和宁波话在动结式、动趋式、能性动补式、状中式等复杂结构带受事的词序类型上,也同样存在较显著的差异:这些复杂动词短语带受事,宁波话基本上或全部用受事前置型,而上海话除能性动补式主要采用受事前置式外,大多仍以 VO 式为基本词序类型。

　　综上可见,无论是光杆动词还是复杂动词结构带受事,宁波话在整体上要较同时期上海话具有更显著的前置倾向。

　　不仅是受事前置,宁波话中表动作终点的介词短语也被前置于动词,充当修饰语,而上海话则仍在动后做补语。如:

　　(68) Dissolve in water

　　　　水里和开/水里炀开(129)

　　　　化拉水里(145)

　　　　Dinner in water or immerse

　　　　水里浸一浸(123)

　　　　浸拉水里(139)

　　可见,从动词短语来看,似乎宁波话在朝向动词居末的方向发展,不仅受事,连充当补语的介词短语也在前移。

　　被前置的受事不受指称义的限制,不管是定指的还是不定指的都可以,甚至表疑问的短语也必须前置。如:

　　(69) How long will it last?

　　　　多少工夫好用?(266)

　　　　好用几化工夫(266)

　　若将表定指或类指的受事 NP 看作话题,那么很显然早期宁波话短语层面自然应该有话题—动词(TV)的结构类型,同时,前置的受事也存在不定指或表未知信息的 NP,这类结构应视为 OV 式。它们都是早期宁波话动词短语带受事的词序类型。

　　早期上海话与宁波话动词短语之间的差异主要表现在 VO、OV 和 TV 这三类结构上,早期上海话 VO 较宁波话更突出,而宁波话较上海话 TV、OV 结构更典型。两者在动词短语层面的词序类型差异上与小句层面具有一致性。这也说明,宁波话和上海话中小句的话题优先特征虽然与语用有关联,但不再是一种语用现象,而是一种句法话题(盛益民、陶寰 2019),正因为它是句法话题,所以在短语层面也是一种基本的常见结构;同时宁波话和上海话(特别是前者)也具有 OV 词序,这种词序也非因特定的语用需要临时使用,而是句法演变的结果。

## 7.4　宁波话动词(短语)带受事语序类型演变浅议

19世纪下半叶宁波话词序类型与动词结构本身关系密切,若动词为光杆形式,与受事常构成VO词序,若为兼语式则采用VOX和"PatV其X"词序,若为动补式,也仍可用VOX式,不过,更常用的是PatVX式,同时"PatV其X"式也较常见。从结构来看,"PatV其X"是VOX式和PatVX式的杂糅式,即动宾式与受事前置式的混合。宁波话动词短语词序类型虽已可区分基本或优势类型,但仍表现出多样性,而这种多样性是其历时演变积淀的结果。也就是说,是其发展过程中不同阶段的产物投射在同一共时平面的表现,可为认识动词短语词序类型的演变提供线索。

宁波话动词短语中可构成VOX式的主要有兼语式、动补式、"V一V"等。宾语主要有两类:一类是名词,一类是代词。其中代词宾语类更为常见,凡能用VOX式的动词性结构可用代词作宾语,名词宾语类已不常见,且大多为光杆名词作宾语,如例(15)"蜡烛"、例(16)"煤炭"、例(17)"信",句法上受限较多。名词宾语类的常说成"PatV其X"式。

"PatV其X"式是受事前置且用代词复指的结果。从表义和结构来看,前置的N为V的受事,"其"则复指N,整个结构用于表致使义,即表示致使者通过动词V或间接或直接形成某种致使力,并作用于被致使者,使之发生某种变化或出现某种结果状态。结构中的役事往往是无生命或生命度低的对象,在表致使情景中并不具有控制力或控制力很弱。在结构上,尽管共时平面这些动词短语属于不同类型,不过不管"X"成分如何,所构成的"PatV其X"式带有递系或兼语结构特征,以"兼语动词/及物动词+其+非自主动词或形容词"为表层结构。这种表层结构与该结构深层表义互为体现。

从汉语史来看,当X为补语(R)时,受事可构成VPatR式。对于这一结构,有"隔开式"或分用式动补结构(梅祖麟1991,蒋绍愚1994:191, 2003, 2017:224)、分离型使役结构(桥本万太郎2008:

31—32)等说法,类似的还有太田辰夫(2003:195)、志村良治(1995:212—241)对"打汝口破"类 VOR 为使役句说、宋绍年(1994)、梁银峰(2001)的"新兼语式",刘子瑜(2008:35)的特殊连谓式"V$_t$＋O＋V$_i$"等。对 VPatR＞VRPat 的演变关系,学界的认识较一致。如志村良治(1995:212—241)论证了"打～破"式的使役句缩约化使成复合动词,梅祖麟(1991)、蒋绍愚(1994:191, 2003, 2017:224)等认为动结式与递系式之间有渊源关系;宋绍年(1994)也指出使动用法、新兼语式和结果补语式三者之间存在此消彼长关系。宋代,兼语式才逐渐交出了自己的领地,进而被结果补语式所同化。同化是通过兼语成分的后移完成的。如"打汝口破"变成"打破汝口",整个结构就成了结果补语式带宾语;施春宏(2004)虽认为隔开式与非隔开式都是特定时期表达相同功能的不同句法配置形式,二者之间并无发展序列上的因果关系,但也认为两者竞争的结果是隔开式最终归并到非隔开式中去。而从宁波话来看,VPatR 中受事并未出现大量后移,而表现为前移,不过,受事前移后在原位仍用"其"复指,仍保留了递系式的结构特征,形成"PatV 其 R"式。对于"PatV 其 R"式结构,我们将在第八章继续讨论。这一结构在今宁波话中仍常见,尽管与PatVX 式并存(张琼 2007:17)。"PatV 其 R"结构随着 R 虚化程度加深,句法上也要求与核心动词紧邻,起复指作用的"其"也将脱落,递系式结构特征消失,"PatV 其 R"式也随之并入 PatVR 式,尽管从宁波话来看,这一并入过程仍未完成。

　　而"VPat 一 V"式本为述补结构(范方莲 1964),表示受事在 V的作用下出现某种结果状态,表义上与 VPatR 相似。"VPat 一 V"进一步发展就是动词的形态重叠式 VV(范方莲 1964,刘丹青 2012c),VV 带受事在宁波话中只能前置,形成 PatVV 式或"PatVV其"式,前者为无标记的或基本的结构,后者常用于表祈使和意愿,从表义和语用来看,为有标记的结构。可见,从"VPat 一 V"式发展为PatVV 或"PatVV 其"式也再次表明宁波话受事前移后句法结构的演变过程为:VPatX＞PatV 其 X＞PatVX。

　　而这一演变过程的形成与 PatVX 式的类推作用密切相关。早期文献中 PatVX 已十分常用,是一种基本结构,由表 7-2 可知,在大多动词短语结构中其分布都已过半,作为一种优势或基本词序类型也自然会对 VOX 式的演变起一定的推动作用,使受事直接前移,发展为 PatVX 式,或经历杂糅式"PatV 其 X"阶段,最后随着补语语法化的发展,"其"脱落,并入 PatVX。

　　综上所述,我们推测宁波话动词短语词序所经历的演变过程可图示如下:

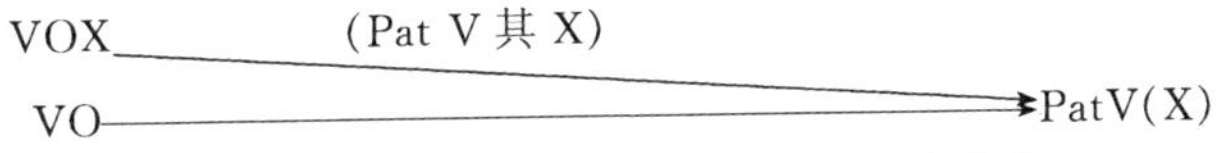

VOX＿＿＿＿＿＿＿＿＿(Pat V 其 X)

VO＿＿＿＿＿＿＿＿＿＿＿＿＿＿＿＿＿►PatV(X)

**图 7-1　宁波话动词短语带受事词序的演变**

　　由图 7-1 可知,宁波话中动词短语带受事虽演变趋势一致,即都朝着 PatV(X)式发展,不过,各结构演变的速度具有不平衡性。其中光杆动词带受事词序较稳定,发展最慢,19 世纪下半叶宁波话虽也出现受事前置词序,但更常见的是动宾词序;接着为双及物式,仍以带与事补语为基本词序类型;而非光杆动词短语带受事向着受事前置词序演变整体上快于光杆动词和双及物动词带受事,尽管其内部的演变速度不平衡。其中动趋式带名词或名词性短语作受事时采用 VOX 式占比 4.4％,较动结式、动词重叠式等采用动宾式的比例稍高,其演变速度也应慢于后两者;而同为状中式动词短语,若由否定副词做修饰成分构成 VP 带受事,则一律前置,而其他仍以采用动宾词序为主要类型。也就是说,动词结构类型越复杂,动后成分语法化程度越高,带受事前置的倾向也更强。

　　总的来看,一百多年来宁波话动词、动词短语带受事的词序类型仍处于演变进程中,尽管在大多数结构中受事前置的词序类型已胜出。

# 7.5　结　语

　　《字语汇解》(1876)、《英沪词典》(1913)为观察早期宁波话和上海话短语的结构及其词序提供了极好的材料。根据《字语汇解》,我们对 1 707 例动词短语进行了穷尽性分析得出,19 世纪下半叶宁波话动词、动词短语带受事基本词序的表现与动词形式有关,若动词为光杆形式,仍以 VO 为绝对优势的词序,尽管也出现少量受事前置型;若动词为非光杆形式,即为动词短语,带受事时,则以受事前置为基本词序,以"VO/其 X"式为次要类型。

19 世纪下半叶宁波话动词短语带受事的词序类型具有多样性,是其词序类型从 VO 向 PatVX 式演变不平衡性的表现。其中光杆动词带受事演变最缓慢,动词短语带受事虽然整体上较光杆动词快,但内部也存在不平衡性。其演变过程为:VO(X)＞PatV 其(X)＞PatV(X)。

20 世纪初上海话和 19 世纪下半叶宁波话动词短语词序类型的比较再次表明,即使是短语层面,宁波话 TV/OV 也强于上海话,而上海话 VO 倾向强于宁波话。这与二者在小句层面的语序类型差异相一致,说明话题和前置宾语都应该是宁波话和上海话小句的基本句法成分,并非只是为满足特定语用需要进行的结构调整。

# 第八章　虚指性代词句

19世纪宁波话和上海话文献中第三身代词单数形式,常用为复指性代词,其中宁波话写作"其 gyi",上海话为"伊"。如:

(1) a. **宁波话**:Keh t'in-zông-go nyih-deo, z jü zao gyi c'ih-læ? Jü peh gyi t'in-nyiang c'ih- ky'i, yia-tao z-'eo lôh-sæn? Yuih-liang teng sing-siu, z jü en-læ tin-zông, peh gyi fah-c'ih liang-kwông peh ah-lah hao k'en-kyin? Nyih-deo, yüih-liang, sing siu keh-sing, yiu soh-go nying we fông gyi ka lao-k'ao, s-teh ve tih-lôh-læ? 葛天上个日头,是谁造其出来? 谁拨其天亮出起,夜到时候落山? 月亮等星宿,是谁按来天上,拨其发出亮光拨阿拉好看见? 日头、月亮、星宿葛星,有啥个人会放其介牢靠,使得弗会跌落来?(《幼童初晓》1859:1)

b. **上海话**:夏当里个鲜小菜/货,勿要随便瞎挂,要吊拉风头里,顶好摆伊拉纱厨里。(《沪语便商》1892:12)

c. **上海话**:纱头勿要拨伊落脱。(同上,238)

例(1)中第三身代词"其""伊"用来复指前面的话题,与之构成复指关系的话题或 NP 可以是单数形式,也可以是复数形式,且不必是指人的 NP,例(1)用于复指指物 NP。可见,"其"已不受 NP 生命度和表数的限制,为"专用的复指代词(proform)"(徐烈炯、刘丹青2007:112)。以上复指代词"其""伊"可出现在行为动词和补语之间,也可在兼语句中作兼语。

此外,19世纪宁波话"其"和上海话"伊"还可出现在述补、动词重叠式等后。如:

(2) **宁波话**:a. 门锁拉其。Lock the doors. Meng so-leh gyi.(《便

览》1910:8)

        b. 倷手好去溰溰其。Wash your hands. Ng siu hao ky'i gyiang-gyiang gyi.(同上,1910:5)

(3)上海话:a. 小皮带放宽伊。(《纺织》1925:225)

        b. 个个学生子,神父应当赏赏伊。(《松江话词汇集》1883:315)

类似例(2)宁波话中"其"和例(3)上海话"伊"的用法,学界研究成果颇丰。对其分布、结构类型、句法语义语用特征及其成因皆已有较全面的介绍和讨论。刘丹青(1997)、潘悟云(1997)、徐烈炯、邵敬敏(1998)、陈泽平(1997)、李如龙(1997)、施其生(1997)、项梦冰(1997)、李新魁等(1995)、张双庆(1997)、麦耘(2003)、易亚新(2003)、黄晓雪(2011)、辛永芬(2011)、黄燕旋(2015)、汪化云(2017)等,先后指出苏州话、温州话、上海话、福州话、泉州话、汕头话、连城客家话、粤语、湖南常德话、安徽宿松话、河南浚县话、广东揭阳话、湖北黄孝话等方言中第三身代词用作复指甚至虚化程度更高的用法。徐烈炯(Xu 1999)和袁毓林、徐烈炯(2004)指出,三身代词复指句中的动词具有与"把"字句、祈使句和意愿句相同的语义特征或限制,即[+处置性,+完结性,+非现实性,+施动性]等,据此将它称为处置性代词,并指出三身代词这一用法具有跨方言的差异及原因,其形成则与回指名词性话题和动词性话题有关。汪化云(2017)讨论黄孝方言意向处置句源流时也持"他/渠"回指"话题"的观点。贝罗贝(Peyraube 1985,1996,1989)、易亚新(2003)、曹茜蕾(Chappell 2006)和石毓智、刘春卉(2008)等则认为,这类回指用法与古汉语"之"相似,据此得出它可能源于早期汉语或唐代汉语。

目前对"处置性代词句"大多止于描写和结合汉语史相似结构探讨其成因,仍未从方言语法史角度探讨话题—复指性代词句的句法语义特征。且从话题与代词之间的复指关系来看,除了"处置性代词句",该句式还应包括其他的话题—复指性代词句,如例(1)宁波话"其"字句和上海话"伊"字句。因此本章拟利用西儒宁波话和上海话文献,从方言语法史角度对"复指性代词句"作进一步探讨,包括"处置性代词句"和例(1)中的复指性结构,此外,因"其""伊"已出现虚化程度更高的用法,故标题中用虚指性代词句通称。

徐烈炯、刘丹青(2007:111—113)指出上海话复指性代词"伊"字句的整体使用频率相当高,成为上海话日常话语区别于普通话的一大特色。这种带有话题复指专用成分性质的"伊"则说明上海话话题结构的使用比普通话或北京话更加普遍,显示了上海话更明显的话题优先特点。话题倾向强,特别是受事论元类话题突出,这为复指代词的使用提供了更多机会。不过,盛益民、陶寰(2019)指出,话题显赫和动后限制是塑造整个吴语语序类型的两大重要因素。吴语中,除高度构式化的双宾结构、与格介宾结构等之外,V后只有一个独立的句法位置,一旦被补语、重叠形式等占据,就容不下宾语了。但为何在受事论元充当话题的句中,上海话等吴语会较普通话更常用复指性代词,而它占据的正是复杂谓语的宾语位置。因此,有必要进行方言的话题化与话题—复指性代词句的对比,观察两者间的关系,并进一步探讨除话题化因素之外影响话题—复指性代词句使用的相关因素。

本章拟介绍 19 世纪下半叶宁波话复指性代词"其"字句和上海话"伊"字句的使用情况,并进行对比分析,讨论影响复指性代词句使用的因素以及它们的发展趋势。

## 8.1　早期宁波话复指性代词"其"字句

从句法上看,按照复指性"其"的句法位置,主要有两大类:一类为"其"在谓语核心动词后,如例(1);一类为"其"在整个 VP 之后,如例(2),作处置介词宾语只是偶见。从谓语结构来看,句法结构类型与"其"的位置形成互补关系,仅个别结构"其"既可在 V 后也可在VP 后。下面具体介绍。

### 8.1.1　"其"在 VP 中 V 后

复指性代词"其"紧邻核心动词,按照核心动词的语义特征,句中动词主要有使役动词和动作动词,使役动词后带"其"构成兼语式,动作动词带"其"还常后接其他成分,包括补语、"一 V"等,或 V 前受状语修饰等。

### 8.1.1.1　使役动词后带"其"

后接复指性代词"其"作兼语的一般只限于表致使义的动词"拨",构成"TV 致使其 VP"的兼语式。话题和复指性代词"其"同指,即为被致使者或役事,而致使者或致事常为言谈对象,整个结构表示致事通过"致事使役行为以外的行为","影响或导致被使者达成某种结果行为或状态"(张赪 2013)。如:

（4）a. 房子俾°其透透气。Air the room. vông-ts peh gyi t'eo-t'eo ky'i.（《字语汇解》1876:15）

　　　b. 葛块地拨其白白废掉做啥个用场? 何必白占地土呢。（《路加福音》1853,13:7）

（5）a. 有权柄主顾,从其座位介捉下来;低微主顾,拨其升上去。他叫有权柄的失位,叫卑贱的升高。（《路加福音》1853,1:52）

　　　b. 主就回答其,是介话,假好人,安息日尔拉一般人谁弗解其个牛其个驴子从圈里,牵出拨其喫水呢? 主说:"假冒为善的人哪,难道你们各人在安息日不解开槽上的牛驴,牵去饮么。"（《路加福音》1853,13:15）

（6）要小心顾着小人,勿要拨其跌。Take good care of the baby, and do not let him fall down. Iao siao-sing kwu-dzoh siao-nying, feh-iao peh gyi tih.（《便览》1910:64）

例(4)至例(6)中"俾"或"拨"(二者只是写法不同)后兼语"其"皆与前面或上文的无生名词或有生名词构成复指关系。句中"拨"表致使义,为抽象使役动词,如例(4)、例(5),表示通过使役行为以外的行为导致某种状态或结果行为的出现,而例(6)用于否定祈使句,"拨"表允让义,虽非积极或正面影响,但表示"不禁不阻",吕叔湘(2014:93)称之为"中立性的致使"。当用于否定句,表示通过允让行为以外的行为防止或阻止被使者出现某种结果行为。

### 8.1.1.2　动作动词后带"其"

这类谓词结构可分为两大类：一类为动作动词后只带复指的"其"，构成"V 其"，不过，谓词常为连动结构或须受方式状语修饰；一类为带上"其"仍后接其他成分，构成"V 其 X"，"X"可以是各类补语、与"V"构成重叠式的"一 V"等。可以说，动作动词后带"其"的 VP 一般都要求是复杂谓语形式。如：

（7）a. 葛个布顶好，我也要去买其。This cloth is first-rate，I also will go and buy of him. Keh-go pu ting hao，ngô iao ky'i ma gyi.（《便览》1910:55）

　　 b. 葛星说话要紧，伍该留心听其。These words are important；you should pay attention to them. Keh-sing shih-wô iao-kying，ng kœ liu-sing t'ing gyi.（同上，63）

　　 c. 葛本书顶贵重，伍要小心用其。This book is very precious；you must be careful how you see it. Keh-peng shü ting kwe-dzong，ng iao siao-sing yüong gyi.（同上，55）

　　 d. 其介懒学，应该重重打其。You ought to whip him severely for having played truant in this way. Gyi ka lœh-·oh，ing-kœ djong-djong tang gyi.（同上，62）

例（7）VP 中核心动词后带"其"不再后接其他成分，不过，句中动词或为连动式，如例（7a）至例（7c），或受方式状语修饰，如例（7d）。其中例（7b）至例（7c）中"留心、小心"虽为连动式，但它们皆为表方式性的动词性词语，后边可以带上助词"个"，说成"留心个听"和"小心个用"，即连动结构中前项动词为后项动词动作的方式，而例（7d）"重重"也表行为的方式，这些方式中皆隐含了动作对役事所要达成的结果。如例（7b）"留心听"才能"听清楚"。

（8）a. 病人，你拉好医其好，大麻风，好弄其干净，死人，好活其转来，鬼，好赶其出，你拉是白白得来个，好白白赐拨人家。<small>医治病人，叫死人复活，叫长大麻风的洁净，把鬼赶出去。你们白白地得来，也要白白地舍去。</small>（《马太福音》1868，10:8）

b. 或者会结果子，若弗是介，后头夷好斫渠掉。<sub>以后若结果子便罢，</sub>
<sub>不然再把他砍了。</sub>(《路加福音》1853，13：9)

c. 葛个人话，我能够毁掉神明个殿，三日里头再砌其好。<sub>这个</sub>
<sub>人曾说："我能拆毁神的殿，三日内又建造起来。"</sub>(《马太福音》1868，26：61)

d. 一根伤损了个芦秆，其弗会断其开，还来的隐个蜡烛星，弗
会□[meŋ]其煨，直等到正直个道理得胜。<sub>压伤的芦苇他不折断，将残</sub>
<sub>的灯火他不吹灭。等他施行公理，叫公理得胜。</sub>(同上，12：20)

e. 灯盏弄其熄°。Extinguish the lamp. Teng-tsæn long gyi
u.(《字语汇解》1876：163)

f. 板晾其燥。Season boards. pæn lông gyi sao.(同上 1876：
415)

(9) a. 小人调觉兑，好抱其起来。The baby has wakened；you
may take him up. Siao-nying diao-kao-de，hao bao gyi
ky·i-lœ.(《便览》1910：82)

b. 怒°气°压其落去。Suppress your anger. ·Ô-wông ah-gyi-
loh-ky·i.(《字语汇解》1876：465)

(10) a. 肚皮泻其一泻。Purge the bowels. du-bi sia-gyi-ih-
sia.(同上，1876：374)

b. 阿蒙旁边立东，一眼<sub>一点儿</sub>弗响；马先生头拧转，看其一
看。(《一杯酒》1852：6)

例(8)"V 其"后所带结果补语，表示在 V 的影响下役事所达成
的结果或状态，这类谓语结构在话题—复指性"其"字句中最常见；例
(9)"V 其"后带趋向词做补语，表示在致使动作作用下役事所发生
的位移；例(10)采用"V 一 V"的重叠式，句中动词本身暗含"其"所复
指的 NP 的变化。

## 8.1.2　"其"在 VP 后

复指性"其"在整个 VP 后时，VP 最常见的结构为重叠式，其次
是述结式。如：

（11）a. 衣裳晒晒其。Air clothes in the sun. i-zông sa-sa gyi.（《字语汇解》1876:15）

b. 衣裳晾晾其。Air in the shade. i-zông lông-lông gyi.（同上,15）

c. 奶炖°炖°其。Boil the milk. na kweng-kweng gyi.（同上,48）

d. 倷手好去溰溰其。Wash your hands. Ng siu hao ky·i gyiang-gyiang gyi.（《便览》1910:5）

e. 摇篮好拐拐其。Rock the cradle. Yiao lœn hao kwa-kwa gyi.（同上,19）

f. 地板扫扫其。Sweep the floor. Di-pœn sao-sao gyi.（同上,113）

g. 客堂个自鸣钟停兑,倷去开开其。The clock in the parlor has stopped，you go and wind it. k·ah-dông-go z-ming-cong ding-de，ng ky·i k·œ-k·œ gyi.（同上,113）

VV 重叠式表示短时反复义,但暗含着对话题所指对象实施该动作后所要经历的变化或结果,这种变化或结果在句法上也允许出现在 VV 后,构成 VVR 式结构,不过,此时复指性的"其"不能再后接于 VVR,只能前移。如:

（12）蛮星东西都乱七八糟个,好把其整整好。These things are all in confusion. Arrange them all in order. Keh-sing tong-si tu lön-ts·ih-pah-tsao-go，hao pô gyi tsing-tsing hao.（同上,113）

例(12)从用词来看,"把"很显然借自官话,不过,结构上仍体现了宁波话句法特点,谓词采用 VVR 式结构,据此,我们认为这一结构为早期宁波话所用。祈使句或意愿句中 VVR 式结构中 R 表示 VV 所要达到的目标或结果。不过,处置式本身在宁波话中并不发达,因此 VP 前的"其"字复指式只是偶见,尽管例(12)也告诉我们,当谓词结构为 VVR 的复杂形式时,复指性代词"其"不再能后接于

VP,而前置的话,须用处置介词来标记。

"其"在 VP 后,VP 也可为述结式。如:

(13) a. 葛个厂笆好挨拉其。Prop up this fence. Keh go ts'iang-pô hao a leh gyi.(《便览》1910:16)

　　 b. 拕葛汁药吃拉其。Take this medicine. Do keh-tsih-yiah, ky'üoh-leh gyi.(同上,27)

　　 c. 门锁拉其。Lock the doors. Meng so-leh gyi.(同上,8)

(14) a. 亮光拦住其。Screen the light. Liang-kwông lah-djü gyi.(《字语汇解》1876:414)

　　 b. 葛拉我会差先知人、聪明人、读书人,到你拉个坞碎来,有星你拉会杀掉其,有星十字架钉其杀,有星来你拉聚会堂里鞭子打其,还有到处城里赶其走。所以我差遣先知和智慧人并文士,到你们这里来。有的你们要杀害,要钉十字架,有的你们要在会堂里鞭打,从这城追逼到那城。(《马太福音》1868,23:34)

　　 c. 若有寻着自性命主顾,反转会丧掉其,为了我丧掉自性命主顾,反转会寻着其。得着生命的,将要失丧生命,为我失丧生命的,将要得着生命。(同上,10:39)

从例(13)、例(14)来看,当动词补语表结果时,复指性的"其"可出现在 VR 之后,不过,构成 VR 的补语词项并不多。例(13)"拉"词义虚化程度高,表示动作的完结,"V 拉"结构中间不能插入"弗/得"构成可能式,"拉"作唯补词,也只能构成"V 拉其"。其他 VR 式带"其"时,虽也偶见构成"VR 其"式,如例(14a)至例(14b)"V 掉其",但更常见的是"V 其 R"式,如例(14b)中"钉其杀""赶其走"。即使是"V 掉"也以"V 其掉"结构更为常见,如例(8b)。据此可以说,述结式带复指性"其"做宾语在早期文献中仍不发达。

综上所述,宁波话复指性代词"其"出现的句法位置与谓语的结构类型有关。当"其"紧邻 V 时,谓语为使役结构、连动结构、AdvV 式、"V 趋"式、"V 一 V"式和 VR 式;当"其"出现在 VP 之后时,谓词结构为 VV 式及少数为 VR 式;当"其"在 VP 前时,谓词为 VVR 式。

具体见表 8-1。

**表 8-1　早期宁波话"其"的句法位置与 VP 结构类型分布表**

| 词序类型 | ①<br>使役结构 | ②<br>连动结构 | ③<br>AdvV | ④<br>VR | ⑤<br>V 趋 | ⑥<br>V 一 V | ⑦<br>VV | ⑧<br>VVR |
|---|---|---|---|---|---|---|---|---|
| V 其 | + | + | + | + | + | + | － | － |
| VP 其 | － | － | － | ＋唯补词少 | － | － | ＋ | － |
| Pre＋其＋VP | － | － | － | － | － | － | － | ＋ |

由表 8-1 可见,"其"紧邻动词时所出现的谓语结构类型最多,19 世纪下半叶宁波话仍以"V 其"结构最为常见,其次是"VP 其",在 VV 重叠式作谓语时只能用它,同时动后补语为唯补词时,也只能用"VP 其",而最少的是"Pre＋其＋VP"式,主要是因为早期宁波话处置式并不常见。

尽管"其"的句法位置和谓语结构类型之间存在互补分布关系,但这些话题—复指性"其"字句具有共同的语义特征,即表致使义,或间接致使,或直接致使。整个结构表达的是:致使者通过动词 V 或间接或直接形成某种致使力,并作用于被致使者,使之发生某种变化或出现某种结果状态。在复指性代词句中致使者往往为言谈对象和言者自己,为有生命的、有意识的主体,对 V 具有很强的控制力,而被致使者即被前置为话题且用"其"复指的成分,常为无生命或生命度低的对象,在致使情景中不具有控制力或控制力弱。在句法上致使者常不出现,而被致使者则话题化并在原位置上用代词复指。语用上,话题—复指性"其"字句大多用来表祈使或意愿,因此句法上隐去的致使者为第二人称代词,即听者。

在这些结构中,"拨"字致使句、"V＋其＋补"式、"V 其一 V"等句法结构模拟了致使情景中各语义要素之间的关系。即在"致使事件(causing event)"中通过某种动作作用或影响被致使者,从而引发"被使事件(caused event)"的出现,形成致使者—致使力—被致使者—致使结果的语义要素链,符合"次第扫描"(周红 2005:95)的认知规律。尽管"拨"字致使句表示的是抽象致使或间接致使,而"动十其十补"式或"V 其一 V"式则为直接致使(Comrie 1989:209),但两者皆是早期宁波话表致使的基本句法结构。而其他结构则因或多或少违背了"次第扫描"对致使义的组织方式,皆不常用。如"动补其"或"VV 其"式未能在结构上反映出致使语义要素的自然发生顺序,对语义要素进行了重新编排,违背了被致使者与致使结果之间的次序,在早期宁波话中只有当补语为唯补词时,才能成立,而 VV 式虽由动量补语"V 一 V"式发展而来,但已为动词的形态重叠式(范方莲1964,刘丹青 2012c);连动式和 AdvV 式,致使的结果被隐含,结构上未表达致使结果。这些结构皆未能完整地反映致使情景中各语义要素及其编排次序,在早期宁波话中皆非基本的或常用的致使表达。

　　19 世纪下半叶宁波话话题—复指性代词"其"字句的表意特征也决定了被"其"复指的话题只允许是被致使者或役事,若非役事,则不能构成话题—复指性"其"字句。文献中也未见构成役事以外的话题—复指性"其"字句。

　　而这些并存着的由"其"构成的表致使义的不同结构类型,是话题—复指性"其"字句在发展过程中历时积淀的结果。它对我们认识话题—复指性"其"字句的形成或发展演变过程有何启发? 我们将在§8.4 集中讨论。

## 8.2　早期上海话复指性代词"伊"字句

　　19 世纪上海话中用"伊"复指前置受事 NP 的句式,有兼语式、述补式谓语句、假设句、固定结构话题句、处置句等,其中较常见的是构成兼语式、述补式谓语句、假设句,处置句则不多见。

### 8.2.1　兼语式

　　兼语式中的兼语一身兼两职,既是兼语动词的受事或宾语,又作后一动作的施事或主语。早期上海话中该兼语可前移作受事话题,兼语位置上用第三身代词"伊"复指。不过,这类兼语不具有施事性。如：

(15) a. 小菜蒸来热点，勿要放伊冷脱！(《沪语便商》1892:12)

　　　b. 因为井水太阴，花容易死，后来只管要浇水，勿要放伊干脱。(《松江话词汇集》1883:268)

　　　c. 自来水龙头勿要让伊(正归/尽管)开拉，白放脱多化水。(《沪语便商》1892:14)

　　　d. 钟开歇拉末，勿要让伊停脱，勿要再去漩断伊个珐条。(同上，1892:19)

　　　e. 筷子当心勿要拨伊太满。(《纺织》1925:215)

　　　f. 接头勿要拨伊太粗太细太硬。(同上，217)

　　　g. 筒脚勿要拨伊多下来。(同上，238)

(16) a. 若使墙要伊牢末，必须砌个前头，浇三和土。(《松江话词汇集》1883:127)

　　　b. 怪勿得我睏到五更头，醒转来，觉着冷来，被头嫌伊太薄者。(《土话指南》1908:7)

例(15a)至例(15g)中分别由表容许义使役的"放、让、拨"构成兼语句，被容许的对象即兼语一般为无生名词，在句首作话题，使役动词后用第三身代词"伊"复指。句首 NP，具有[-自主性]，对兼语后的动作($V_2$)并无控制力，$V_2$ 也相应地为非自主动词或形容词。这类兼语句表示受事 NP 的一种非自主的动作或状态，这种动作或状态的出现，并非 NP 主动发出的，而是隐含在语境或话语现场的听话人(第二人称)的容许行为造成的。这类结构常见于否定祈使句，用于表劝阻式祈使，意在提醒听话人不要因为容许或任凭而导致某种不期望出现的结果或状态。句子施事主语为第二人称，常隐含在语境或话语现场。

例(16a)至例(16b)为肯定式兼语句，兼语 NP 也为无生名词，$V_2$ 表示 NP 的状态，"伊"用作复指，例(16a)"要"表使令义，例(16b)"嫌"表心理活动。句子主语可以是第二人称，意在建议性祈使，如例(16a)，也可以是第一人称，表示言者主观意愿或态度。

　　从"伊"字复指兼语式来看,句中前置为话题的兼语只限于无生名词或无自我控制力的对象,V₂ 只能为非自主动词或形容词,表示受事的一种状态。整个句式主要用于表祈使,施事常隐含在语境或言语现场,多为听话人,意在劝阻听话人通过致使行为使得受事 NP 避免达到某种结果状态。也可用于表意愿,施事为言者本人或第三人称,表示致使或希望受事达到某种结果状态。

### 8.2.2　述补式

　　述补结构中述语的受事 NP 作话题,补语可以表趋向、处所和结果,最常见的是结果补语。若表趋向,复指代词"伊"常用于述补结构之间,如例(17),若为结果补语(包括虚化程度更高的唯补词或实现体标记),"伊"则用在整个述补结构之后。如例(18a)至例(18h)、例(19a)至例(19b),见于肯定祈使句,也见于否定祈使句。

　　(17)个颗木头解伊开来。(《松江话词汇集》1883:125)

　　(18)a. 第块一个窗荡要砌没伊。(《语句集锦》1862:91)

　　　　　b. 刷帚浸湿子拉压阴伊。(《纺织》1925:190)

　　　　　c. 接头格一面用螺丝研牢伊。(同上,196)

　　　　　d. 小皮带放宽伊。(同上,225)

　　　　　e. 家家生生办齐伊,不可缺少。(《松江话词汇集》1883:308)

　　　　　f. 筒脚理好伊。(《纺织》1925:238)

　　　　　g. 第个腐肉要用各息的来消化脱伊。(《语句集锦》1862:118)

　　　　　h. 餘下来个,担到中国灶间里去用脱伊!(《松江话词汇集》1883:243)

　　(19)a. 花咾长首要摘脱点正头,花头咾勿多,正头也可以,勿要去摘脱伊!(《松江话词汇集》1883:267)

　　　　　b. 第个煤勿发火,我俚后首勿要作成伊。(《语句集锦》1862:108)

　　例(17)"伊"紧跟在动词后复指句首充当话题的 NP,这类结构不多见,更常见的是"伊"在整个动结式谓词后复指前面的受事类话题。如例(18a)至例(18h)、例(19a)至例(19b)。用来表祈使或意愿。肯定句中指要求达成或实现某种结果状态,否定句中用来劝阻或建议听话人实施某种行为避免某种结果状态的出现。

"NP+VP+伊"结构不仅常见于单句,也构成假设或条件分句,如例(20a—20d)、例(21a—21b)。

(20)a. 第只船修好伊拚①几时?(《语句集锦》1862:85)

　　b. 第个书钉好伊,每本要几钿?(同上,103)

　　c. 一扇招牌做好伊,要几钿?(同上,113)

　　d. 门前一朵墙滩脱哉,收作好伊要几钱?(同上,90)

(21)a. 第宅房子修理伊,要几化银子?(同上,72)

　　b. 刻字店里,每个字,刻伊要几钱?(同上,108)

例(20a)至例(20d)、(21a)至例(21b)为表假设的复句,代词复指句构成假设性分句,后一分句则用来询问为实现这一假定条件所要做的。假设性分句表示的是假设性的已知信息,因此假设性条件小句也是话题(Haiman 1978;王春辉 2012)。

也可构成"好"字述题句,整个结构用来表达"劝导他人取舍的祈使句"(江蓝生 2005)。如例(22a)至例(22b):

(22)a. 我看侬地个毛病,赶紧要撼好伊末好,勿然一歇好一歇邱,将成功之大毛病,要收作起来,烦难者,又要费铜钱又要费工夫。(《鹦笑楼语录》1935:104)

　　b. 地票存货,看(山势)(风头)好卖脱伊者,卖脱伊个好,倘使失之机会蹋②下去,栈租咯庄息,合上去加意吃亏者。(《沪语便商》1892:31)

例(22a)至例(22b)构成"NP,VP 伊个/末好"结构,该结构中"NP,VP 伊"以小句形式充当话题,"好"用来对话题部分进行主观

---

① 徐时仪先生据《朱子语类》等文献考证,此处"拚"通"办",表示"完成"的意思。感谢教正。

② "蹋",表落下之义。

评述,而"个/末"不仅起舒缓语气作用,同时也表明前后两部分句法关系较为松散,应为话题—评述结构,而非典型的主谓关系。

### 8.2.3　"拿"字处置式

虽处置式一直被当作"处置性代词句"的典型结构,但在早期上海话文献中,相比兼语式和受事话题类"伊"字句,不仅分布少且出现较晚,未见于 19 世纪下半叶文献,直到《中日会话集》(1936)才见到两例。也只用于祈使句。如:

(23) a. 拿被铺收作脱伊。(《中日会话集》1936:94)

　　　b. 拿碗盏收脱伊。(同上)

综上可见,一百多年前上海话复指性"伊"字句结构有三类,也可归入两大类,即按照"伊"的句法位置,分别为在 VP 中 V 后的和整个 VP 后的,从文本中使用频率来看,以"伊"在整个 VP 后起复指之用为主。

# 8.3　早期宁波话与上海话话题—复指性代词句比较

从 19 世纪宁波话话题—复指性"其"字句来看,其形成的句法动因很显然是役事前移且用"其"复指,可见,话题化为复指性"其"字句的出现提供了条件。那么话题化倾向越强,这类复指性"其"字句使用频率是否会越高?徐烈炯、刘丹青(1998)通过对比上海话和普通话发现,上海话话题倾向较普通话更典型,其话题—复指性"伊"字句使用更常见。就宁波话而言,话题化倾向与话题—复指性"其"字句是否也存在这样一种正比关系呢?若这种关系在宁波话中也成立,那么可以进一步认识该类复指性代词句的特征和成因。因此,本节我们拟利用平行语料对比观察一百多年前上海话和宁波话复指性代词句的使用情况,并讨论与话题化倾向之间的关系。

下文所用平行语料主要有《圣经》(选自《马太福音》)土白译本和双语词典两类。前者为宁波话《新约》(1868,罗马字本)、上海话《马太传福音书》(1870,罗马字本)和上海话《新约》(1913,汉字本),其中上海话选用了年代有别的两种译本,便于更好地观察它与宁波话的差异。后者为《字语汇解》(1876)和《英沪词典》(1913)这两种双语词典。尽管《英沪词典》较《字语汇解》晚出二十余载,但词序的变迁一般较为缓慢,因此下文仍视为平行语料;同时,考虑到这两种文献在年代上的差异,下文对比时,以第一类文献为主。

为便于理解和比较,平行语料的排列均先列出官话译文或双语词典中所列的英文示例。以第一类文献为例,官话译文下依文献时间先后列出三种方言文献,其中宁波话(1868)和上海话(1870)两种文献的例句,均由笔者将其从罗马字转写为汉字。需要说明的是,我们采用的《圣经》官话译文,选自官话和合本(1919),例句后括注了经文所在的具体章节。

从平行语料来看,宁波话和上海话话题—复指性"其"字句使用之异主要表现在两个方面:(1)宁波话用复指性代词"其"字句而上海话不用;(2)宁波话常用"V 其 R"式,上海话也用复指性代词句,但代词的句法位置不尽相同。

### 8.3.1　宁波话复指性代词句与上海话非复指性代词句

宁波话用"V 其 X"和"VR 其"的复指代词式表达时,上海话用非话题化的"V(R)O"式和话题—空位形式对应。如:

(24) a. 官话:我们为什么不能赶出那鬼呢。(《马太福音》1919,
　　　　17:19)

　　 b. 宁波话:阿拉咋会弗能够赶其出呢? (1868)

　　 c. 上海话:我伲赶弗过鬼末,为啥咾呢? (1870)

　　 d. 上海话:伲勿能赶脱第个鬼,是为啥呢。(1913)

(25) a. 英语:Extinguish the lamp.

　　 b. 宁波话:灯盏弄其熄°。Teng-tsæn long gyi u.(《字语汇
　　　　解》1876:163)

　　 c. 上海话:熄灯 sih tung.(《英沪词典》1913:176)

(26) a. 官话：求你去按手在她身上，她就必活了。(《马太福音》
　　　　1919，9：18)

　　　b. 宁波话：只有你来，手按其一按，会活其。(1868)

　　　c. 上海话：我的女囡，已经死哉，但是请侬来，放手拉伊身
　　　　上末，就可以活哉。(1871)

　　　d. 上海话：我个女囡，现在死拉哉，但是侬来放手拉伊身上
　　　　末，伊必要活哉。(1913)

(27) a. 官话：既然如此，夫妻不再是两个人，乃是一体的了，所
　　　　以神配合的，人不可分开。(《马太福音》1919，19：6)

　　　b. 宁波话：是介个<sub>这样的</sub>，其拉弗再算两个，只算一体，葛拉
　　　　神明所配拢个，人吙唦好分其开。(1868)

　　　c. 上海话：实盖末，夫妻弗是两个，是一个身体也。葛咾神
　　　　拼拢来个，人弗许拆开来个。(1870)

　　　d. 上海话：实盖末，伊拉勿再算两个，是一体也。所以上帝
　　　　所配拢拉个，人勿可以分开个。(1913)

(28) a. 官话：压伤的芦苇他不折断，将残的灯火他不吹灭。等
　　　　他施行公理，叫公理得胜。(《马太福音》1919，12：20)

　　　b. 宁波话：一根伤损了个芦秆，其弗会断其开，还来的<sub>正在</sub>隐个
　　　　蜡烛星，弗会□[men]其熄，直等到正直个道理得胜。(1868)

　　　c. 上海话：撩垮个芦头，伊弗弯断，点完快个蜡烛心，弗吹
　　　　隐，等到律例得胜。(1870)

　　　d. 上海话：受伤拉个芦头，伊勿弯断，点完快个灯火，伊勿
　　　　吹隐，等到伊使真道得胜。(1913)

(29) a. 英语：Raise the window.

　　　b. 宁波话：窗上拉其。(《字语汇解》1876：409)

　　　c. 上海话：担窗推上去。(《英沪词典》1913：412)

(30) a. 英语：Air clothes in the sun.

　　　b. 宁波话：衣裳晒晒其。(《字语汇解》1876：15)

　　　c. 上海话：衣裳晒晒。(《英沪词典》1913：14)

(31) a. 官话:莫想我来要废掉律法和先知,我来不是要废掉,乃
　　　是要成全。(《马太福音》1919,5:17)

　　b. 宁波话:咘唦忖我来,是要废掉律法等先知人说话,我
　　　来,弗是要废掉其,是要完全其。(1868)

　　c. 上海话:弗要想我来废脱律例咾预先话人个说,我来弗
　　　是废脱,是要成功个。(1870)

　　d. 上海话:㑚勿要想我来废脱律法,或是先知个书,我来勿
　　　是废脱,是要成功个。(1913)

(32) a. 官话:我实在告诉你们,凡你们在地上所捆绑的,在天上
　　　也要捆绑。凡你们在地上所释放的,在天上也要释放。
　　　(《马太福音》1919,18:18)

　　b. 宁波话:我真话向你拉道,万百来地下是你拉所缚住个,
　　　来天上也会缚住其,万百来地下是你拉所释放个,来天
　　　上也会释放其。(1868)

　　c. 上海话:我老实告诉㑚,㑚拉地上缚个,拉天上也要缚
　　　个,㑚拉地上放个,拉天上也要放个。(1870)

　　d. 上海话:我实在对㑚话:"凡系㑚拉地上缚个,拉天上也
　　　要缚个,凡系㑚拉地上放个,拉天上也要放个。"(1913)

(33) a. 官话:得着生命的,将要失丧生命;为我失丧生命的,将
　　　要得着生命。(《马太福音》1919,10:39)

　　b. 宁波话:若有寻着自性命主顾,反转会丧掉其,为了我丧
　　　掉自性命主顾,反转会寻着其。(1868)

　　c. 上海话:爱惜性命个末,必定要失脱仔个,然而为仔我咾
　　　失脱性命个末,必定保得全个。(1870)

　　d. 上海话:得着性命个末,要失脱个,为之我咾失脱性命个
　　　末,要得着个。(1913)

(34) a. 官话:你们听是要听见,却不明白,看是要看见,却不晓
　　　得。(《马太福音》1919,13:14)

　　b. 宁波话:你拉听是会听闻其,只是弗会晓得,看是会看见
　　　其,只是弗会明白。(1868)

  c. 上海话：倻听末听个，倒弗懂，看末看个，倒弗清爽。(1870)

  d. 上海话：倻听是听个，倒勿懂，看是看个，倒看勿见。(1913)

  例(24)—例(26)中，宁波话文献用"V 其 X"结构，上海话文献无论是 1870 年的还是 1913 年的译文皆与官话类似，采用动宾式表达，由此可见，宁波话役事话题化倾向更强，而前移的话题留下了空位，也就为复指性代词"其"提供了填平空位的机会；由例(27)、例(28)来看，上海话即使与宁波话一样使用了话题结构，宁波话使用"V 其 R"式，而上海话用空位形式，这也是二者复指性代词句使用不平衡的重要表现。当宁波话用"VV/R 其"结构时，上海话也存在两种对应形式，如例(29)上海话用"担"字处置式将役事前移，例(30)—例(34)上海话则只用空位形式，且例(31)—例(34)中上海话 1870 年译文和 1913 年译文尽管用词存在显著差异，但在这一结构中皆用空位形式。由以上比较可知，早期宁波话较官话和上海话具有更强的话题倾向，用代词"其"复指话题的倾向也更显著。

### 8.3.2　宁波话"V 其 R"与上海话"VR 伊"或"V 伊 X"

  由上文可知，早期宁波话"V 其 X"较"VP 其"更常见，而早期上海话文献中若补语表结果，如"看伊懂、敲伊碎"等早期不见用，而今可用(钱乃荣 2003a：290—292)。我们在早期上海话文献中也只见到"VR/V 伊"，如例(18)。因此，早期上海话只能用"VR 伊"与宁波话"V 其 R"对应。

  (35) a. 官话：当下，有人将一个被鬼附着，又瞎又哑的人，带到耶稣那里，耶稣就医治他，甚至那哑巴又能说话，又能看见。(《马太福音》1919，12：22)

    b. 宁波话：葛个时候有一个入魔个人，亦是瞎眼亦是哑子，带到耶稣坞埠来。耶稣就医其好，使得瞎眼会看，哑子会讲。(1868)

    c. 上海话：伊个辰光，有带来附鬼个人，眼睛也瞎个，嘴末也哑个，耶稣医治伊末，瞎子哑子，就能够看见咾会话哉。(1870)

d. *上海话：有人领一个鬼附拉个来，瞎眼咾又是哑嘴，耶稣
医好之伊，以致哑嘴会话咾能够看见哉。*（1913）

例（35）第三身代词复指上文指人 NP，其实是一种指称性用法，
与我们所讨论的复指用法有些区别，但仍可以看到宁波话和上海话
在表致使情景时，代词句法位置的不同。

早期上海话文献并非不用"V 伊 R"式，不过，只见于动词与趋
向、处所等补语之间。如例（17）"解伊开来"、例（1b）"摆伊拉纱厨
里"。此外，使役动词句中复指性代词"伊"作兼语仍较常见，如例
（15）、例（16）。

综上可知早期宁波话和上海话话题—复指性代词句使用的同
异：当 VX 为使役式、动趋式等时，两个方言皆可构成 VPronX 式；当
VX 为 VV 式时，皆只用 VVPron 式。不过，当 VX 为述结式时，上
海话则只采用 VRPron，宁波话则仍以 VPronR 为基本形式，只有当
表结果义的补语虚化程度高时，如为唯补词"拉"时，宁波话才允许
"VRPron"式，从复指性代词出现的句法位置来看，早期宁波话仍以
紧邻动词为基本的或主要位置，而上海话则以在整个 VP 结构之后
为主。从使用频率来看，早期宁波话较上海话更常用复指性代词式，
这不仅与宁波话较上海话话题化倾向更强有关，同时也与宁波话更
常用"V 其 R"式结构有关。

## 8.4　宁波话话题—复指性代词句使用动因与演变

从早期宁波话和上海话对比来看，宁波话复指性代词句较上海
话更为常用，与宁波话话题化倾向更强的句法特征相一致。不过，役
事被话题化之后从理论上来说；也可以不用代词复指，直接留下空
位，这也符合"动后限制原则"的要求。张敏（2011；Zhang 2012，
2015，2017）指出若动词后带上了其他成分，那么宾语往往会被挤
走，使得动词后仅含一个成分。"挤走"的方式多种多样，包括使用动
词拷贝式、宾语话题化、把宾语和另一个成分合并为一个成分、用处
置式使得宾语前置等。盛益民、陶寰（2019）就指出"动后限制原则"
也是塑造吴语语序类型的重要因素。不过，为何包括宁波话在内的

吴语在话题前移后仍用复指性代词来填平其留下的空位呢？而该复指性代词就占据宾语的位置，且谓语结构多为复杂形式，包括动词带各类补语结构、动词重叠式等。那么"动后限制原则"是否影响到宁波话"V 其 R"式的发展，又是如何影响的呢？

目前对复指性代词句的相关研究，主要集中于处置性代词句和与"V 其 R"式相关的 VOR 结构的研究两个方面。就处置性代词句来说，袁毓林、徐烈炯（2004）注意到上海话较之北京话处置句和被动句中动后带复指性代词更常用，并得出上海话较北京话处置介词和被动标记语法化程度低，与动词构成类似连谓结构，因此句中主要动词保留宾语的条件更宽松，即复指性代词作宾语是"动词保留宾语能力强"的表现。不过，从早期宁波话和上海话来看，处置句和被动句复指性代词并不多见，常见的是 VP 直接带复指性代词作宾语的情况，如例（25），"TVP 伊"为早期上海话最常见的代词复指式，该结构中 VP 一般为述结式或重叠式，因此"连谓式"不能解释早期宁波话和上海话"VP 其/伊"高频使用的动因，那么早期高频使用的动因又会与什么相关呢？而"动词保留宾语能力强"是否会对今上海话和宁波话复指性代词句适用呢？这需要我们从演变角度进一步观察。

就复指性代词"其"的句法语义性质来看，为表役事的兼语，是 V 的受事宾语，同时也是 $V_2$ 或 R 的当事。而对于汉语史中的 VOR 结构研究，成果颇丰。太田辰夫（2003:195）、桥本万太郎（2008:31—32）、梅祖麟（1991）、蒋绍愚（1994:191，2003，2017:224）、志村良治（1995:212—241）、宋绍年（1994）、梁银峰（2001）、施春宏（2004）等学者都已有深入的研究，尽管仍有不同看法。参见上文 §7.4。

汉语方言中的类似结构却缺乏深入讨论，大多只从结构上与古汉语"打头破"等相似角度出发，认为是一种存古现象。如蒋绍愚（2003）和蒋绍愚、曹广顺（2005）等认为，吴语 VOR 结构是六朝到唐宋之间的汉语语法面貌的一种保留。刘丹青（2011）和盛益民、朱佳蕾（2020）等持相同看法。仅石村广（2018）尝试从及物性角度解释南方方言中 VOR 使用的原因。他指出"南方方言中能否构成 VOR 语序的实质就是及物性程度的问题,即及物性越低,分离式语序越容易出现"。南方方言述补结构的及物性低,导致分离式语序更容易出现。不过,及物性的差异只是结果,原因仍未揭示。可见,由于对方言中类似宁波话"V 其 R"结构缺乏较具体讨论,故对其特征及性质、存古的动因都未深入讨论。就动因而言,蒋绍愚(2005a)指出:VOR 这种格式,在现代汉语北方话中是全部消失了,但在其他方言中还广泛使用。这种方言之间的差异,也很难从认知的角度来解释,只能说是因为不同方言的语言结构不同,发展速度不同。到底是什么样的结构因素使得演变速度会呈现出差异来呢? 该结构因素是不是也会影响到复指性代词句的常用与否呢? 如此看来,仍有必要具体讨论方言中包括"V 其 R"结构在内的 VOR 结构的特征,这不仅对认识方言句法结构特征有帮助,也可为汉语史相关研究提供线索。

下面将尝试探讨两个问题:一是探讨早期宁波话复指性代词句常用的句法动因;二是从宁波话复指性代词句的演变角度进一步探讨其使用的动因。

### 8.4.1　宁波话复指性代词句与递系式

复指性代词占据的句法位置是动后宾语,因此下面我们也尝试从谓语结构类型来讨论话题—复指性代词句使用的句法动因。

文献中可以看到宁波话复指性代词句谓词结构大致有 8 种,如§8.1.2 中,表 8-1 所列的①—⑧。这些谓词结构类型按照动后是否带其他成分,大体可以分为三类:①为使役式,动后须带兼语,兼语即为役事,话题化前移之后兼语位置仍须用复指性代词;②—③为一类,动后不带其他成分,不受动后限制原则制约,带受事时,受事占据宾语的倾向也很强烈,受事若话题化,也仍可能带复指性代词;④—⑧为一类,动后带其他成分,即各类补语和动词重叠式,受动后限制原则制约,在话题倾向强的方言中,带受事时可能前置,且不再需要复指性代词作宾语。也就是说,从动后带宾语的能力来看,这三类谓词结构中若受事话题化,其使用复指性代词作宾语的倾向会逐渐减弱。不过,早期宁波话中这些谓词结构皆可带复指性代词作宾语,似乎并未受到"动词带宾语能力"的影响。那么是什么因素在影响宁波话话题—复指性代词句的使用呢?

由表 8-1 可见,宁波话话题复指性代词句基本上仍采用"V 其 X"式,构成使役句、"V 其 R/D/一 V"等结构。其中"V 其 R/D/一 V"看似为动结、动趋和动词重叠式,但实际上其句法语义语用特征并未发展为动补式或重叠式,而与递系式更相似。下面以"V 其 R"式为例。

19 世纪下半叶宁波话中"V 其 R"式只是一种表致使义的句法结构。从语义上来看,由它构成的致使情景包括四个语义要素,这些要素按照次第扫描方式排开:致使者(听者或说话人自己)通过 V 形成致使力,作用于"其"复指的话题成分,并导致该役事或被致使者发生变化或出现某种结果状态。该结构中 R 表义实在,句法独立性强,而"VR 其"中 R 只限于语义虚化程度高的唯补词,句法独立性减弱,是典型的动结式。可见,两种结构中 R 的语义和句法特征反映了它们彼此结构上的不同。

今宁波话中"V 其 R"式仍为异常普遍使用的结构,且"V 其 R"还可在动后加"得"或"勒",构成"V 得其 R"结构。如例(36)至例(37),转引自范可育(1988)(括号内"得",为笔者所加):

(36) a. 绳(侬)缚(得)其牢。

　　　b. 衣裳(侬)晒(得)其燥。

　　　c. 吃格水(侬)要烧(得)其滚。

　　　d. 改变政策格道理,(侬)要讲(得)其透彻。

(37) a. 书(侬)要背(得)其滚糊烂熟,勿事要忘记。

　　　b. 侬去搭其讲,肉要烧(得)其骨头脱开来,拨阿爷吃格。

　　　c. 泡饭(侬)要烧(得)其火热达达滚,吃落去爽快。

　　　d. 肉,小王要烧(得)其塌塌烂,是界烧勿烂。

例(36a)至例(36d)、例(37a)至例(37d)复指性代词"其"后的成分为在 V 作用或影响下所要达到的状态或结果,可以是单音节或双音节形容词,也可以是结构更为复杂的短语,在句法上,V 后还可插入后附(enclitic)"得"或"勒",后附成分读轻声,"V 得/勒"后不可停顿,停顿只能在复指性代词"其"后,全句重音不在谓语上,只能落在"其"后的成分上,语义中心和信息焦点也皆在"其"后的形容词或短语上,而非 V 上。因此,该结构常用来凸显结果义或状态义。

"V 其 R"式句法语义语用等方面的表现与"VR 其"式很不一样。今宁波话并存着"VR 其"式,尽管"使用机会少"(范可育 1988)。"VR 其"式可允准进入的 R 只限于单音节或双音节形容词、非自主动词,且句子重音在 V 上,语义和信息中心也在 V 上,整个结构不具有凸显结果义的作用。如例(38)(引自:范可育 1988):

(38) a. 绳缚牢其,要缚其牢。

b. * 要缚其牢,绳缚牢其。

c. 绳缚其牢,要缚得其绷绷硬。

例(38a)、例(38b)表明,由"V 其 R""VR 其"构成的复句,后一分句用于表义上的追补,意在强调所要达成的结果,只能说成例(38a),即采用先"VR 其"后"V 其 R"的次序,这是因为"V 其 R"能凸显或强调希望或要求役事所要达成的结果。反之则不能成立,如例(38b)。若前一分句已采用了"V 其 R"式,那么后一分句仍须采用"V 其 R"式,如例(38c)句。

由上可见,宁波话"V 其 R"式若分析为组合式述补结构或谓语性补语(赵元任 1979:179—180),那么 R 的谓语特征仍较鲜明。如为句子重音、语义和信息焦点所在,可见,宁波话"V 其 R"式在句法、语义和语用等方面与兼语式或递系式更接近,仍未发展为成熟的或典型的动结式。

作为递系式,由役事充当的兼语前置为话题后,句法结构要求兼语位置不能为空位,因此,用弱读形式的第三身人称代词正满足了这一句法的强制性要求。同时,"兼语式中兼语地位不分明",若由人称

代词作兼语,"可以用轻声说,也可以不用轻声说"(赵元任 1979:
71)。而表复指的第三身代词读轻声,也符合兼语句中人称代词作兼
语的韵律特征。

因此较之官话和上海话来说,无论是 19 世纪下半叶宁波话还是
今宁波话更常用复指性代词句在语言结构上的原因,与"V 其 R"式
本身的结构不无关系。即因递系式结构的使用而使得复指性代词句
更常用。

从汉语史角度来看,尽管蒋绍愚(1994,1999a)认为 VOR 是一
种分用的动结式,但同时也肯定它与递系式(或兼语式)的历时渊源
关系。如蒋绍愚(1994)认为:"从历史来源看,说它们是一种递系(或
兼语式)也是对的,这就是'重新分析'。这一类分用的动结式正是由
表使役的递系结构经过'重新分析'而产生的。"从宁波话"V 其 R"式
结构的句法语义语用特征来看,它仍未完成重新分析,处于表使役的
递系式结构阶段。因此,它也为汉语史中递系式 VOR 结构的存在
提供了旁证。

### 8.4.2 "V 其 R"的演变与"动后限制原则"

19 世纪下半叶宁波话中"V 其 R"式至今仍为"异常普遍"的结构,
不过,"VR 其"式也已见用,尽管"使用机会少",且只限于 R 为单双音
节的形容词,不能为结构复杂的形容词或短语(范可育 1988)。张琼
(2007)也指出,当动结式谓语中受事为代词或数量组合时,仍有少数
VPatR 不能说成 VRPat,并认为两者之间存在演变关系,即从 VPatR
到 VRPat。若"V 其 R"演变为"VR 其",那么其演变的动因是什么?
"V 其 R"在演变过程中是否受到"动后限制原则"的制约呢?

从 19 世纪下半叶宁波话来看,"VR 其"结构只是零星出现,基
本形式仍为"V 其 R"式,且该结构更接近于递系式,今宁波话较之早
期可见到更多"VR 其"式,两者之间应存在演变关系。那么其演变
的动因是什么呢?

文献中"V 其 R"式常用,但同时期动结式也已广泛使用。如:

(39) a. 我指头割开兑。I have cut my finger. Ngô ts deo keh-k'œ de.(《便览》1910:7)

b. 我个抵针弄掉兑。My thimble is spoilt. Ngô go ti-tsing long-diao-de.(同上,21)

c. 葛星小小树好拔掉。Pull up these bushes. Keh-sing siao-siao jü hao bah diao.(同上,19)

d. 葛个蟑螂好弄杀。Kill that cockroach. Keh-go tsông-lông hao long-sah.(同上,26)

e. 葛个布燥兑,好扠进去。This cloth is dry, carry it in. Keh-go pu sao-de,hao do tsing ky'i.(同上,32)

从例(39)可见,动结式在19世纪下半叶文献中已十分成熟,带受事时,受事常话题化,不仅可用于表现实,也可表非现实的,相对于"V其R"式一般多用于表非现实语境来说,它是一种无标记的结构。因此,也可以说,"V其R"式演变为"VR其"受到VR结构的类推作用。

若"V其R"在VR结构的类推下,递系式结构特征消失,R独立性削弱,使得"VR其"结构渐增。但实际上,这类结构仍未成为宁波话基本的或常见的结构,不仅不及"V其R"常见,也不及"搭其VP"常见。如:

(40) a. 该眼东西吃/弄其掉。

b. 该眼东西搭其吃/弄掉。

c. 该眼东西吃/弄掉其。

就例(40),我们调查了五位发音合作人,根据语感,他们一致认为:例(40a)最常用,其次是例(40b),例(40c)常用度不及前两句。也有个别发音合作人觉得例(40c)不自然,也未曾听说过。其中例(40b)"搭"为处置介词。19世纪下半叶文献中处置介词则只是偶见,复指性代词做处置介词宾语句难得一见。今宁波话处置介词宾语句较为常用,反映了"V其R"式的演变动向。即从"V其R"演变为"搭其VR",使得"搭其VP"的使用机会大大增加,成为在VR类推下可以取代"V其R"的首选结构。张琼(2007:21,22,35)也指出今宁波话 VRPat 虽存在,但带受事能力十分有限,基本上不能是类指和有定的名词,且限于无定名词短语。而由"搭"所介引的受事句,充当受事的名词性短语不受指称限制。可见,"搭"字处置式较VRPat 式句法限制更少。这与我们调查到的"搭其 VR"较"VR 其"更为常用或更自然相一致。而"搭其 VP"结构的使用体现了"动后限制原则"的制约。

代词复指式处置式即代词复指出现在处置结构中,此类结构的发达,也与处置式和致使结构在语义和结构上的密切关联不无关系。对于汉语"把"字处置式的结构和表义的研究成果颇丰:"提宾"说(黎锦熙 1924;吕叔湘 1948)、表处置(王力 1944,1958,1990),宋玉柱(1979)认为"处置"是指"句中谓语动词所表示的动作对'把'字介绍的受动成分施加某种积极的影响,这影响往往使得该成分发生某种变化,产生某种结果或处于某种状态"。薛凤生(1989)认为处置式可以描写为"A 把 B+C",表示由于 A,B 变成 C 描述的状态,其中 B+C 是个合格陈述,是句子核心,而 A 是 B+C 的引发者,可不出现。张伯江(2000)则指出句式"A 把 BVC"表示:由 A 作为起因的针对选定对象 B 的、以 V 的方式进行的、使 B 实现了完全变化 C 的一种行为。郭锐、叶向阳(2001)和叶向阳(2004)根据 Talmy(1976)所提出的致使情景(causative situation)理论,认为"把"字处置式表达的是致使性语法意义。可见,从前贤所分析的处置式中各结构成分的语义关系来看,处置式的基本或核心义是表示施事对役事的作用并达成某种结果状态。这与代词复指式表义高度吻合。同时,在结构上,复指性代词常出现在处置介词"搭"后,句法位置与表致使义的兼语也相同。

据此推出,由于 VR 结构的类推作用和补语虚化程度加深,动词和其补语要求句法上靠近,使得"V 其 R"中"其"外移。外移之后有两种可供选择的位置:其一是在 VR 之后,其一是前移,受动后限制原则的制约,前移更有优势。这样,"搭其 VR"成为较"VR 其"更自然和常见的结构,且在结构上"搭其 VR"也具有优势,如 VR 还可以是扩展形式 VVR 结构。不过,尽管"搭其 VR"在二选一中已胜出,但这一选择过程还未完成或结束,因此仍可用"VR 其"。也正如此,不管是 19 世纪下半叶宁波话还是今宁波话,复指性代词句仍较官话或上海话更为常见。

### 8.4.3　"VV 其"的演变与"动后限制原则"

动词重叠 VV 式由动词加动量补语的"V 一 V"式发展而来(范方莲 1964;刘丹青 2012c),早期宁波话中"V 其一 V"与"VV 其"之间也存在这种演变关系,即从"V 其一 V"的句法组合发展为 VV 式重叠形态,"其"作为宾语后移,就演变为"VV 其"。

19 世纪下半叶文献中"V 其一 V"少量分布,"VV 其"为常见形式。即一百多年前从前者到后者之间的演变已基本完成。因"VV 其"的常用性,为了避免与动后限制原则冲突,外移或后移的"其"表复指时,表义已虚化,读音上也与前面的 VV 须连读为一个语音词。如(周志锋 2012:234):

(41) a. 马路勒走走其。

　　　b. 矮凳坐坐其。

　　　c. 饭吃好走走其,有利健康。

(42) a. 年糕炒炒其吃。

　　　b. 钞票算算其用。

例(41)"VV 其"句中 V 与前面的话题并不构成动作和受事或役事关系,甚至上文或语境中无话题成分,可见,句中"其"从复指受事或役事发展为复指语域式话题,甚至不用于复指,这些用法中"其"也须与 VV 读成同一语音词,失去其作为复指性代词的独立句法语义功能,发展为虚拟标记。例(42a)、例(42b)"VV 其"还可作状语表示动作行为的方式,句中"其"已完全虚化,句法上也常可省略(周志锋 2012:235)。

上海话"VV 伊"也具有类似的演变倾向。上海话"伊"从复指性代词发展为虚拟标记。如(金耀华 2016):

(43) a. 我板浪瞓瞓伊喏，腰也好勒。我板床上睡着，腰伤都见好。

　　b. 我学堂里（末）跑跑伊，事体就办好勒。我在学校里转一圈，事儿就办了。

　　c. 侬要勿一日到夜蹲辣楼浪向，下去走走伊。你别一天到晚在楼里待着，下去走走。

　　句中"VV 伊"中"伊"在读音上与 VV 结合，构成一个三音节的语音词，不再具有句法和语音上的独立性。

　　可见，"VV 其"虽在形式上违背了动后限制原则，但其发展趋势反映了动后限制原则对它的制约作用。因为"其/伊"在 VV 后演变为虚拟标记，其句法独立性消失，不能再看作是句法上的宾语，也就无所谓是对动后限制原则的违背了。

　　今宁波话"VR 其"，一般仍构成话题—复指性代词"其"字句，尽管"其"为虚指，但虚化程度不如"VV 其"结构中"其"，也不及上海话 VP 末"伊"。

　　朱佳蕾(2018)还注意到上海话 VP 末"伊"虚化程度更高的用法。如：

(44) a. 捋眼人，侬拿伊/伊拉解决脱伊。这些人，你把他/他们解决掉。（朱佳蕾 2018）

　　b. *我要拿伊拉赶伊出去。（徐烈炯、邵敬敏 1999:80）

　　例(44a)中上海话 VP 末"伊"既可以与先行的处置性代词"伊"共现，也可以与真正的复指性代词"伊拉"共现，但徐烈炯、邵敬敏(1999:80)指出复指性代词不能以代词为先行语，如例(44b)。这种出现在 VP 末的"伊"用作虚位标记，朱佳蕾(2018)认为它可以看作形态句法上的语缀。不过，五位宁波话发音合作人都否认"VR 其"具有类似例(44a)这样的用法。我们认为宁波话"VR 其"的发展较今上海话缓慢。这也符合早期文献中上海话"VR 伊"较宁波话"VR 其"更常见，以及今宁波话"VR 其"仍非常用结构的情况。由上海话"VR 伊"的演变推测，宁波话"VR 其"若进一步发展，也可能形成类似高度虚化的用法，与"VV 其"一样。

# 8.5　结语及余论

从 19 世纪下半叶宁波话来看,复指性代词"其"字句是役事话题化后用代词复指形成的句式。这种句式用来表致使义,其具体结构类型有:"拨"字使役句、V$_{方式}$ V$_2$ 的连动式、VOR 递系式以及"VR其"和"VV 其"式等。其中使役句、"V 其 R"递系式是基本结构类型,而"VR 其""VV 其"为次要结构。

一百多年前宁波话较同时期上海话更常使用复指性代词句,不仅与宁波话较上海话话题化倾向更强有关系,同时也与 19 世纪下半叶宁波话更常用"V 其 R"的递系式结构直接相关。而宁波话复指性代词句的发展动向表明,动后限制原则制约着"V 其 R"的演变,使它向着"VR 其"演变的速度缓慢,而向着"搭其 VR"演变则快得多,也使得一百多年前已发展为"VV 其"结构中的"其"虚化为虚拟标记。尽管宁波话造成复指性代词句更常用的结构因素"V 其 R"递系式已在演变中,但这一过程仍未结束,因此,19 世纪下半叶和今宁波话仍较官话或普通话更常用复指性代词句。

而上海话从早期文献来看,早已完成递系式到"VR 伊"结构的演变,较宁波话更快,不过,上海话中处置式和被动式中代词复指式的使用,仍反映了致使结构对代词复指式的要求。徐烈炯、刘丹青(2007:112—113)指出,上海话中代词复指式除了"VV/R 伊",处置式"拿"字句和被动句"拨"字句也常用代词复指式,且复指性代词常做"拿""拨"的宾语,如:

| 上海话 | 普通话 | |
|---|---|---|
| 老酒拿伊吃脱。 | 把酒喝了。 | ? 酒把它喝了。 |
| 迭眼$_{此}$肉丝拿伊炒脱。 | 把这些肉丝炒一下。 | ? 这些肉丝把它炒一下。 |
| 小王末,今朝拨伊钓着交关鱼。 | 小王啊,今天被他钓着不少鱼。 | 小王啊,今天钓着不少鱼。 |

处置式与致使结构的关系上文已讨论,上海话"拨"表致使、允

让,并发展为施事标记(刘丹青2003a,林素娥2017),今上海话"拨"字被动句高频使用复指性代词句即来自表致使义的"拨"字句。这是上海话处置句和被动句常用代词复指式的原因。

不过,上海话述补结构中补语为处所、趋向等时,仍可用VOR结构。如:

(45) a. 第只缸有一条碎路,因为摆水垃墙。(《语句集锦》1862:107)

　　　 b. 放我开来。(《语法》1868:175)(代词宾语,趋向补语)

由此可见,不管是宁波话还是上海话用递系式或兼语式表使成义或使役义都较普通话更为常见,这种结构在句法上要求代词而非空位形式复指话题。因此,上海话、宁波话较普通话使用话题复指性代词句更为常见。

VOR结构在其他吴语中也有分布。如嘉善话(傅国通2010a)、绍兴话(王福堂1959,陶寰1996,吴子慧2007,盛益民2014,盛益民、朱佳蕾2020)、嵊州话(钱曾怡1988)、东阳话(傅国通2010a)、武义话(傅国通2010b)、温州话(潘悟云1997,林依俐2018)等。"O"为话题复指性代词最为常见。如陶寰(1996)指出"绍兴话人称代词充当动结式的宾语,一般放在动词和补语之间;而如果宾语为非人称代词,则一般将其放在句首作话题,同时在动词、补语之间用一个照应的代词"。宾语也可以是其他成分,如无定"量(名)"和"数量(名)"结构等(盛益民、朱佳蕾2020)。盛益民、朱佳蕾(2020)还提到吴语内部使用VOR结构有较大的差异:如苏州话只有VRO结构,没有VOR结构;而上海话、温州话则是既可以接受VRO,也可以接受VOR,绍兴话老派则只有VOR结构。上文从历时角度对宁波话、上海话复指性代词句演变过程的推测及其动因的解释应该也适用于其他吴语。

此研究也有助于观察汉语方言中处置性代词句的特点和VOR的性质以及与VRO之间的关系。

袁毓林、徐烈炯(2004)指出,处置性代词只能回指受事性先行成

分,而不能回指处所、目标和由小句陈述的事件。因此,处置性代词
到底是不是照应代词便成了一个问题。如:

　　* 这座山顶,我们一定要爬到他。

　　这场比赛,我们一定要打赢他。

　　* 明天要开会,你可别忘了他。

　　明天要开会,你可别忘了这件事。

　　正如徐烈炯(Xu 1999)所指出的,如果"他"是填空性的回指代
词,那么它就应该能照应一切结构上合格的先行成分,而不应该对先
行成分的语义内容有所选择。从宁波话来看,"其"回指的只能是役
事,或被致使的对象。

　　对于 VOR 的性质学界仍有不同看法,如动结式(梅祖麟1991;
蒋绍愚 1994,1999a,2003)、使役式(太田辰夫 1958,志村良治
1984)、新兼语式(宋绍年 1994,吴福祥 1999,梁银峰 2001,牛顺心
2007)、特殊的连谓结构(刘子瑜 2002)等,这些观点并不矛盾,正好
反映了该结构的发展历程。从早期宁波话"V 其 R"来看,这一发展
历程是:表致使或使役的递系式经过 VR 结构的类推而发展为动结
式。正如蒋绍愚(1999a)所言,"这一类分用的动结式正是由表使役
的递系结构经过'重新分析'而产生的"。

　　宁波话"V 其 R"的演变过程,为 VOR 与 VRO 之间的演变关系
提供了例证。梅祖麟(1991)、蒋绍愚(1994,2003)等认为动结式与
递系式之间有渊源关系,不过,赵长才(2000)则认为隔开式产生于非
隔开式的动结式之后,通过宾语前移而形成。施春宏(2004)则认为
由于双动共宾结构"$V_1＋V_2$"中 $V_2$ 由他动词自动词化,或者自动词
的使动用法"引退",导致原来作为两个动词共有的受事在语义关系
上已不再是 $V_2$ 的受事,而只是 $V_1$ 的受事,同时变成 $V_2$ 的当事,即
从受事变成了动结式的役事。这种论元性质的改变使得句法配置发
生相应变化,采用 $V_1＋N_2＋V_2$ 结构,既能满足 $V_1$ 的受事位置要求,
又能满足 $V_2$ 的当事位置要求。隔开式的出现,只是在不同句法配
位方式可能性之间的一种选择。与非隔开式之间并无发展序列上的

因果关系,它们都是特定时期表达相同功能的不同句法配置形式,两者竞争的结果是隔开式最终归并到非隔开式中去,从而把 VOR 的出现作为 VRO 动结式正式形成的显在标志。从宁波话来看,"V 其R"与"VR 其",在表义上的差异表明两者不仅仅是句法配位方式的不同,尽管 VOR 确实表现出向着 VRO 发展的倾向,但 VOR 较VRO 语法化程度低,因此并不能用来证明 VRO 为动结式。

　　而志村良治(1984:231)指出,使成复合动词(即动结式)的来源之一是"打~破"式的使役句,过程为"从上古语的'止子路宿'(《论语·微子》)等使役式句,产生了'当打汝口破'(《幽明录》)……,把'打~破'合在一起,就使成复合动词化了。在使成复合动词的形成过程中,这些缩约化现象当然也参与了"。宋绍年(1994)也指出,"在使动用法和动词连用的基础之上,结果补语式就直接产生出来了……使动用法作为汉语中古老的较为模糊的表达方式最终要被淘汰……但是使动用法留下的空缺是否完全由结果补语式来填补,这在很长一段时期里是不确定的。在结果补语式产生的同时,与使动用法密切相关的另一种句法结构——兼语式也在发生变化,以便弥补使动用法留下的空缺。该句式即新兼语式,新兼语式中第一个动词不再仅仅限于'使、令'一类较抽象的动词,而可以是一般的动作动词了"。而使动用法、新兼语式和结果补语式三者之间存在此消彼长关系。即当使动用法在语言中逐渐缩小自己领地的时候,结果补语式和新兼语式作为两种新兴的结构去填补空白,不过,在上古后期和整个中古时期二者长期并存,直到宋代,兼语式才逐渐交出了自己的领地,进而被结果补语式同化。同化是通过兼语成分的后移完成的。如"打汝口破"变成"打破汝口",整个结构就成了结果补语式带宾语。从早期宁波话来看,"V 其 R"与"VR 其""搭其 VR"之间存在演变关系,即随着 R 虚化,其独立性或谓词性降低,要求靠近动词,"其"外移或后移,就实现了从"V 其 R>搭其 VR/VR 其",不过,这一演变仍处于进程中,并未完成。在"V 其 R>搭其 VR/VR 其"的演变过程中,早期宁波话已有成熟的或典型的 VR 式,它也是更常见的无标记的组合形式,这种典型的动结式吸引了"动词＋唯补词"带"其",并借助类推或"同化"作用,使得更多的"V 其 R"逐渐出现相应的"搭其VR/VR 其",只不过,受到动后限制原则的制约,"VR 其"式在与"搭其 VR"相竞中未能胜出。因此,早期宁波话的情况为宋绍年(1994)的分析提供了例证。

不少学者从第三身代词回指式与古汉语"之"字回指结构上的相似性角度指出,汉语方言中复指性代词句承继了古汉语代词回指式。这一观点大多以"把＋宾＋动＋它"为基本形式,认为其源于"动₁(把/将)＋宾₁＋动₂＋宾₂"(宾₁＝宾₂)的连动结构,宾₂代词化为"之",随着该连动结构发展为处置结构,就形成了"把介NV 之"的处置结构(祝敏彻 1957;贝罗贝 1985,1989,1996;俞光中、植田均1999;石毓智、刘春卉 2008)。虽然"动₁(把/将)＋宾₁＋动₂＋之"格式及由它形成把字句的方法在唐宋流行一段后便衰落(梅祖麟1990),但作为与书面形式"把＋宾＋动＋之"相对应的口语形式"把＋宾＋动＋它"在一些方言中得以保留,并且"它"随着"把"的虚化而产生结果义,虚化为助词,引起句法结构的变化,同时整个句式获得了新的表意功能(易亚新 2003)。

从结构来看,若以"把＋宾＋动＋它"为基本形式,认为"NP＋VP＋回指代词"是省略介词"把"而形成的(易亚新 2003),那么有三个问题很难解释:一是,从历史文献来看,先秦汉语中"受事(＋施事)＋动词＋之"类的受事主语句(即"话题—评论"式)已十分常见(蒋绍愚 2004,程丽霞 2006),它们远远早于形成于大约 7 世纪末或8 世纪初的处置式(王力 1958,祝敏彻 1957),因此,若因同为代词回指结构而用承继关系来解释的话,那么很显然应该先是"NP＋VP＋之"与现代方言中代词回指结构的承继性,而不应该是"把＋宾＋动＋它"。二是,从方言处置性代词句的共时表现来看,吴闽客等方言中往往受事前置句发达,而处置句并不发达。苏州话(刘丹青1997:2—3)、金华汤溪话(曹志耘 1997:40)、温州话(潘悟云 1997:59)、泉州话(李如龙 1997:121)、连城话(项梦冰 1997:178)等皆如此,从文献来看早期上海话中受事话题类"伊"字句要比"拿＋NP＋VP＋伊"结构常见得多,也验证了这一现象。据此可知,前者较后者更为基本,这从句法上也可以得到印证:刘丹青(1997:3)指出,苏州话"祈使性的'拿'字句,假如动词后有结果补语而没有其他宾语,常用代词'俚'复指受事成分,这个代词……在苏州话中用了更顺口,而'拿'字倒用不用无所谓"。张双庆(1997:252)指出:"用'佢'来复指受处置的对象,已表达出较强的处置意味,所以有些处置句的介词'将'也可以不出现,(但宾语不能提到动词前)同样具有处置意义。"可见,"VP＋复指代词"应该较相应的处置介词式更为稳定,无须借助处置介词也可表处置意义。作为一种更基本、更稳固的结构不应该只是省略处置介词后形成的。三是,从早期宁波话和上海话文献来看,"介代呼应型"处置句并不常见,反而是不用处置介词的复指性代词句十分常见,很显然复制性代词句并非由省略处置介词而来。

从历时来看,方言共时平面处置性代词句的不同结构是积累的结果,也就是说,它叠置了不同时期的结构。无论是从汉语句法结构发展的历时角度看,还是从方言处置性代词句各结构使用的实际情况来看,"VP＋复指代词"(包括宁波话 VPronR 式)和使用处置介词的类型都应该属于不同历史时期,前者要远远早于各类使用处置介词的代词回指型。下面以上海话为例。

早期上海话文献"拿"字处置式回指型出现较晚,见于 20 世纪30 年代。这与早期上海话处置式的发展较晚一致。

19 世纪中叶乃至下半叶,早期上海话主要用"担"字处置式。如艾约瑟《语法》(1853:198)就记载了"担"字处置式,且此时语法化程度并不高,仍保留了连动结构的句法特征。如例(46)。

(46) a. 担合天底下个事体来讲究明白。把全天下的事情说明白。

　　b. 担马来骑到海滩去。把马骑到海滩去。

例(46)中"担"带受事名词仍常出现于趋向动词"来"前,尽管"来"已虚化表目的,但仍表明它与"担"所构成的连动关系。即"担"的拿持义已虚化,重新分析为提宾标记,但连动式的句法结构仍保留着,成为结构滞后的表现。这也可以说明直到 19 世纪下半叶上海话处置结构虚化程度仍不高。在 24 本文献近 50 万字语料中,笔者不仅未见代词回指性"担"字处置句,"拿"字式也只在 20 世纪 30 年代文献中才搜集到。

从共时比较来看,即使是今上海话,其处置介词的语法化程度也仍不如北京话"把"。袁毓林、徐烈炯(2004)指出上海话介词"拿、拨"的语法化程度不如北京话"把、被"。它们或多或少还保留一定的实义性。许宝华、陶寰(1999)也指出吴语处置宾语只能表示被处置对象,不能担任当事者的角色。如普通话中"把个老王给病了",在吴语中不能采用处置句形式。

上海话处置式的不发达也说明了它形成较晚,至今仍处于发展之中。同样,使用处置介词的代词回指句也应该是较晚才有的一种结构。而与之对立的是受事话题句(又称"受事主语句",见:邵敬敏、徐烈炯 1998)特别丰富,而处置性受事话题句也较处置介词代词回指句要常见得多。不仅以"VP 伊"常见,也可以构成假设性复句或以小句形式充当语法成分,即做话题,且"VP 伊"的谓语可以是述补结构(结果补语、趋向补语和处所补语)、兼语结构,可见,处置性受事话题句相对来说,类型更丰富、功能也更活跃。而"拿"字处置式代词句不仅分布少,还常可以省略"拿"说成"VP 伊"。

从"VP＋复指代词"和处置介词型的方言分布来看,辛永芬(2011)注意到"单用代词复指来表示处置意义的格式在河南南部方言、吴语、客家话以及粤语中是更常用的句式"。处置性受事话题句不仅在上海话中,也在大多数使用处置性代词句的方言中为更基本的结构形式。

据此,我们认为,"VP＋复指代词"或处置性受事话题句是方言处置性代词句的基本形式,也是最初形式,而带处置介词代词回指结构则很可能是处置式形成后,因与处置性受事话题句表义一致,处置介词插入其中,形成叠床架屋的结构,这种结构也使得所表处置义往往较"VP＋复指代词"更为强烈。而插入的位置若在受事 NP 前,形

成"处置介词＋NP＋VP＋回指代词",若插入回指代词前,形成
"NP＋处置介词＋回指代词＋VP"和"NP＋处置介词＋回指代词＋
VP＋回指代词",有时为了强化处置意义,甚至可以同时在 NP 和回
指代词前插入处置介词,形成"处置介词＋NP＋处置介词＋回指代
词＋VP"式。分别如:

(47) a. 上海话:拿旧书旧报侪卖脱伊。(许宝华、汤珍珠 1988:482)

b. 泉州话:汝卵共伊食落去,面干留嘞。你把蛋吃了,线面留着。(李
如龙 1997:122)

c. 泉州话:桌着共伊擦伊燋。桌子要擦干它。(李如龙 1997:123)

d. 泉州话:着将牛共伊缚嘞树嘞,恰勿会去偷食五谷。得把牛
给拴在树上,才不会去偷吃庄稼。(同上)

无疑这些叠置结构较之"VP＋复指代词"都表达了更为强烈的
处置色彩。这也符合语言符号的象似性原理。

# 第九章　位移事件词化类型

　　Talmy(1985，1991，2000a，2000b)根据语言表达位移事件中的路径编码为动词还是附加语,将位移事件整合类型分为 V 型(Verb-framed)或以 V 型结构为主导的语言、S 型(Satellite-framed)或以 S 型结构为主导的语言。Slobin(1996a，1996b，2004，2006)则进一步从语言使用和篇章结构等角度提出考察 V/S 语言在路径、方式、背景、修辞风格等方面的语言使用倾向度,并通过数据统计和倾向对比来观察语言位移事件编码的类型倾向。在该理论框架下,汉语位移事件词化结构类型学研究成果颇丰。共时平面因对汉语位移事件表达结构的句法语义分析不同,对其词化类型存在不同看法。如:Talmy(1985，2000:108—109)、Matsumoto(2003)等认为汉语为卫星框架语言(即 S 型)或非典型的卫星框架语言(沈家煊 2003);戴浩一(Tai 2003)则指出汉语属于动词框架(即 V 型)为主、卫星框架为辅的语言;李福印(2017)统计分析典型位移运动事件的表达类型得出汉语为动词框架语言;Slobin(2004，2006)、Zlatev ＆ Yangklang(2004)和陈亮、郭建生(Chen ＆ Guo 2009)则认为汉语用连动式表位移事件,属于 E 型即均等框架型(Equipollently-framed language)或广义均等构架语言(阚哲华 2010);柯理思(2003，Lamarre 2008a，Lamarre 2008b)通过对位移事件的分类考察得出汉语位移事件词化类型具有"互补"性,为混合型或分裂型;Beavers ＆ Levin ＆ Tham(2010)认为共同语位移事件编码存在 V 型、S 型和 E 型框架等不同类型。虽前贤对汉语词化类型的归属仍持不同看法,但其研究充分表明共同语位移事件词化类型的多样性。历时角度,李风祥(Li 1993，1997)、贝罗贝(Peyraube 2006)、冯胜利(2000)、徐丹(Xu 2006)、史文磊(2010，2011a，2011b，2013)、史文磊、吴义诚(Shi ＆ Wu 2014)等先后考察了汉语位移事件词化类型从"V＞S"的演变及其制约机制,得出其演变机制有:汉语使动词的自动化、连动式的语法化、双音节韵律模式的推动、语义要素的分离、动趋范畴显赫扩张(史文磊 2011a, 2011b, 2014)等。可见,这些演变研究揭示了汉语位移事件词化类型演变机制的多样性或复杂性。

虽然目前的研究已注意到汉语位移事件词化类型及演变机制的多样性,且已涉及汉语位移事件内部词化类型演变及其机制的差异(Peyraube 2006;梁银峰 2007;魏兆惠 2005;史文磊 2010, 2014a;Yiu 2014;姚玉敏 2015),但仍侧重于从整体上考察其演变的倾向性,对词化类型多样性与演变机制之间的复杂关系仍缺乏足够的讨论。比如制约不同位移事件词化类型演变的机制是否相同? 相同的演变机制对不同位移事件或不同历史时期词化类型演变的制约作用是否一样? 我们相信,汉语位移事件词化类型演变机制不仅具有多样性,而更重要的是它们与位移事件之间具有非均衡的、非线性的复杂关系,正是这种关系导致汉语词化类型的多样性或复杂性。

此外,目前的研究大多关注共同语的词化类型及其演变,而开展汉语方言位移事件词化类型及其演变研究的并不多。柯理思(2003,Lamarre 2008a)提出了方言调查和比较研究对考察汉语位移词化类型发展的必要性。姚玉敏(Yiu 2014a, 2014b)考察了共同语、吴闽客粤等方言于 19 世纪末 20 世纪初和现今两个时期位移事件的词化类型及演变,得出它们在早期虽动词框架和卫星框架特征皆有,不过较现今用动词表路径的倾向更强,即动词框架型特征更多。姚玉敏(2015)对比粤语和官话一百多年来位移事件词化类型演变得出其共同倾向(即 V＞S)和差异(粤语较官话慢)等。姚玉敏(Yiu 2014b)还指出汉语方言位移事件词化类型特征与 VO 语序具有相关性。即强VO 语序,则 V 框架特征更突出,或从 V 演变为 S 框架型速度慢,弱VO 语序,则 S 框架型特征更突出,或从 V 框架型演变为 S 框架型更快。这种观察很具有启发性,不过,姚玉敏并未讨论为何 VO 词序的强弱会与汉语方言词化类型的转变相关? 比如,表达致移事件时,粤语因 VO 语序要求仍用趋向动词带位移体或处所宾语(Vnd＋O/L)的词序,而吴语 VO 语序弱,则 NP(位移体或处所宾语)出现动词后做宾语的倾向要弱些,那么这种倾向又是如何在位移事件表达中导致趋向词更易发展为方式或原因动词的卫星成分呢? 也就是说,若 VO 语序与位移事件词化类型具有相关性,那么到底是什么因素影响到这种相关性。

　　由此可见,汉语方言位移事件词化类型的研究不仅可以进一步揭开汉语位移事件词化类型的多样性,也将为讨论汉语位移事件词化类型演变的相关机制提供重要线索。本章拟以西儒文献为语料,考察一百多年前上海话、宁波话词化类型特征以及吴语内部位移事件词化类型的差异,并讨论影响词化类型的机制。

## 9.1　早期上海话位移事件词化类型

　　本节拟以早期上海话位移事件词化类型为研究对象,探讨其类型特征,并尝试讨论词化结构类型与演变机制间的复杂关系。选取上海话为考察对象,是因为当代上海话在句法上和共同语、粤语具有一系列类型上的差异(刘丹青 2001a, 2001b, 2003)。就位移事件来看,刘丹青(2003b:274—275)指出北部吴语不用“V＋趋向补语＋处所词”,而要表达为“V 到＋处所词”或“处所词＋来/去”等。姚玉敏(Yiu 2014:368, 369)在跨方言位移事件词化类型对比研究中指出现代吴语位移事件词化类型较普通话、客闽粤方言具有更多卫星框架特征。如现代吴语在无生自移和致移事件中皆只用方向补语表路径,而普通话、客闽粤方言则只在致移事件中用方向补语将路径具体化。不过,姚文所用吴语历史文献(苏州话文献两种,上海话文献两种)内容有限,且立足于跨方言比较,而并未对吴语位移事件表达类型做更具体的考察,那么到底吴语位移事件词化类型特征有哪些? 而我们选取早期上海话(指 19 世纪下半叶至 20 世纪初期)的原因有:一是“19 世纪后半期至 20 世纪 20 年代”是上海话形成的第一个时期(游汝杰 2004a),因此,此时上海话更接近其形成初期的面貌;

二是语言接触是语言或方言词化类型演变的因素之一(Slobin 2004，2006)，与今上海话相比，早期上海话所受共同语的影响远不及"推普"之后，这更便于我们从语言结构内部观察其位移事件词化类型特征及制约机制。

### 9.1.1　位移事件表达结构及词化类型

根据致移者的隐现，位移事件可分为他移(agentive)、非自主(non-agentive)和自主（self-agentive）三类(Talmy 1985，2000b：66)。他移也称为致移，非自主为无生自移，自主则为有生自移(Lamarre 2003，2008a，2008b；Yiu 2014；姚玉敏 2015)，这种分类可以更清晰地看到各类位移事件的表达结构及其分布，也便于开展共时比较、历时演变及其机制的讨论等。下文拟采用该分类法逐一描写并统计分析早期上海话位移事件表达结构及其词化类型特征。

早期上海话中，表路径的趋向词"上、下、出、进、转、起、开、拢、落、过、回、归"等，记为 $P_{nd}$，P 即 Path"路径"，nd 即 nondeictic"维向"；表指示的趋向词"来/去"，记为 $P_d$，d 即 deictic"指示"；由这两者构成的双音节复合词，则记为 $P_{nd}P_d$。在致移和自移事件中，它们的句法表现不同。

#### 9.1.1.1　致移事件表达结构及词化类型

早期上海话仍见单独用路径趋向词表致移，但更常见的是构成 $V_1P_{nd}P_d$($V_1$ 表示方式或原因)和 $V_1P_d$ 表致移，而 $P_{nd}P_d$ 和 $P_d$ 并非皆为补语，$V_1P_{nd}P_d$ 和 $V_1P_d$ 在早期上海话中为"同形异构"式。

##### 9.1.1.1.1　$P_{nd}$

表路径的趋向词单独带位移体表致移。如：

(1) a. 今朝要**上**茶叶来栈里。(《语句集锦》1862：25)

b. **上**完仔货**下**来，就要发力钱。(同上)

c. 啥辰光**下**货？(同上，24)

d. 破仔城**下**来就**出**安民告示。(同上，135)

例(1)中表路径的趋向词单独带位移体，表示致移，是该位移事件表达的核心,句义表达已完备,虽可分别理解为"装上""卸下""贴出"等 $V_1P_{nd}$ 的述补组合,但无须指明表方式的 $V_1$。

不过,从课本类语料来看,这种用法虽为口语自然表达形式,但已不常见,也不普遍,用于该类表达中的路径趋向词也已不多。若依照 Talmy(1985,2000a,2000b)提出的口语化、高频率和普遍性等标准,该类结构不再是判断上海话位移事件词化类型的依据,但从历时角度来看,作为残留形式,表明更早时期上海话致移事件直接用路径编码应更为自由。

### 9.1.1.1.2 $V_1+P_{nd}P_d/$ 到 $+L+P_d$

当与表方式的 $V_1$ 共现表致移事件时,早期上海话未见使用 $V_1P_{nd}$ 结构,而须用双音节复合词 $P_{nd}P_d$ 或"到 $+L+P_d$"结构。可构成:(A)" $V_1F+P_{nd}P_d/$ 到 $+L+P_d$"(F,即 figure,表图像,指位移体)、(B)" $V_1P_{nd}+F+P_d$"、(C)" $F+V_1P_{nd}P_d/$ 到 $+L+P_d$"等结构。它们的句法特点及在文献中的分布不同。下面逐一讨论。

(A) $V_1F+P_{nd}P_d/$ 到 $+L+P_d$

该类结构实际为"同形异构"式。其一为:" $V_1F+$ 哱 $+P_{nd}P_d/$ 到 $+L+P_d$",其中"哱"(也常写作"咾")为表顺承关系的连词。钱乃荣(2003a:338—342)指出"咾"在 19 世纪末的上海话会话书中,十分常见。可做连词、助词等。其中连词用法,可做并列连词、方式连动连词、连贯连词、因果连词、其他状语连词等。早期上海话文献中"咾"也仍活跃在 $V_1F$ 和" $P_{nd}P_d/$ 到 $+L+P_d$"之间,标记前后成分的连动关系,如例(2)。该结构中 $V_1$ 和 $P_{nd}P_d$ 或"到 $+L+P_d$"语法地位对等,尽管从语义角度来看, $V_1F$ 似乎可分析为方式状语, $P_{nd}P_d$ 和"到 $+L+P_d$"成为语义核心,但坚持句法标准,称之为"句法性连动式"(史文磊 2010:40),将有利于从历时角度看它与其他类似结构间的演变关系,故拟视该类结构为具有双核心的 E 型框架的代表。其二为:" $V_1F+P_{nd}P_d/$ 到 $+L+P_d$"结构,该结构自身又包含两类不同的句法语义关系。一类如例(3)句中" $P_{nd}P_d/$ 到 $+L+$ 来"的施事者为致移主体即句子主语,各句仍为连动结构,如例(3c)中并列谓词后接同一趋向词,很显然该趋向词与前面并列的 $V_1F$ 构成的是连动关系,称之为"短语性连动结构";一类如例(4)中"$P_{nd}P_d$／到＋L＋来"的施事为 $V_1$ 的受事,用来补充说明 $V_1$ 的结果,为趋向补语。

(2) a. 伊是担之褥子哞居去<sub>回去</sub>。(《上海话功课》1850:555)

　　　b. 乡下人背之袋哞到啥人场化去? 到伊爷墙头<sub>那儿</sub>去。(同上,265)

(3) a. 领之传杯弄盏个朋友出去。(《语法》1853:358)

　　　b. 破仔<sub>了</sub>城下来就出安民告示。(《语句集锦》1862:135)

　　　c. 有一日,伊骑之马咾领之狗出去收账。(《练习》1910:39)

　　　d. 点蜡烛火到上头来。(《语句集锦》1862:6)

(4) a. 侬为啥勿去牵伊起来? (《上海话功课》1850:567)

　　　b. 是我地间里向椅子多,可以拿两张过去。(《沪语便商》1892:12)

　　　c. 倒一碗茶出来。(《语句集锦》1862:10)

　　　d. 拼家生拢来。(《语法》1853:192—193)

　　　e. 掇一把椅子到上头来。(《语句集锦》1862:40)

　　例(3)、例(4)共享"动词＋O＋复合趋向词"结构。但学界对该类结构仍存在不同看法。范继淹(1963)、杨德峰(2005)在分析共同语中"动词＋O＋复合趋向词"结构时指出该结构实为连动句或兼语句,因它在句法上与典型的连动句或兼语句具有一系列平行性,并非动趋式的"宾语插入式",它沿袭了古汉语连动句和兼语句结构,句中复合趋向词仍为趋向动词。从早期上海话语料来看,很显然这类结构包含连动结构和述补结构两类,分别如例(3)、例(4),不宜一概视为连动或述补结构。而这种同形异构特征一方面证明连动结构经重新分析演化为述补结构,另一方面也说明原有结构在演变出新的句法语义关系之后,新旧句法语义关系仍可长期共存于同一结构。

　　19 世纪下半叶上海话还可见到"$V_1F＋P_{nd}$"的用法。如例(5)中"归"的施事仍为句子主语,构成连动结构。

（5）a. 替我洋货店里去，剪个尺一二寸花洋布归。（《松江话词汇集》1883:89）

　　b. 侬若使上海去末，替我带两管笔归。（同上,64）

从文献来看，单音节形式路径动词与 $V_1$ 构成双核心结构在路径动词双音化趋势下已是强弩之末，但也说明上海话中曾使用过"$V_1F+P_{nd}$"的连动结构。

由此可知，早期上海话中"$V_1F+P_{nd}P_d/到+L+P_d$"实际上包括两种词化类型，即：双核心的连动结构（E 型框架）和述补结构（S 型框架）。

（B）$V_1P_{nd}+F+P_d$

（B）式也见于早期上海话，艾约瑟《语法》(1853:175)对此就有记录。宾语可为名词或名词性短语，未见代词用法，若位移体为代词，常用（A）式；趋向词"出、起"最常见，其他趋向词更常用（A）式。该类结构中"$P_{nd}$"为补语，属于 S 型框架。如例（6）。

（6）a. 担出洋钱来。（《语法》1853:131）

　　b. 地格<sub>这个</sub>抬肩忒<sub>太</sub>小，搉起手来勿大便当/勿趁适意。（《便商》1892:20）

　　c. 地间房里向俪勿要带进壁虱来，我侬顶怕地样物事。（同上,18）

虽然该结构已见于百年前文献，但相对于（A）、（C）式来说，只是一种次要结构。

（C）$FV_1+P_{nd}P_d/到+L+P_d$

（C）式中位移体前置为话题或充当处置介词"担"或"拿"的宾语，这是早期上海话中表致移事件的最常见形式。特别是当位移体由光杆名词或表定指的名词性短语充当时，优先采用该结构。"$P_{nd}P_d/到+L+P_d$"只能分析为位移体 F 在 $V_1$ 作用下出现的位移路径，句法上充当 $V_1$ 的补语。如例（7）、例（8）等。

（7）a. 篷扯起来。（《沪语便商》1892:5）

　　b. 第种灯笼，勿但好看，而且可以穿拢来，成功另有一工

个<sub>的</sub>样式。(《练习》1910:112)

 c. 俚园拉箱子里个衣裳应该常庄担出来晒晒,勿要拨伊霉脱。(同上,73)

 d. 格末侬拿地格带转去,换之新鲜个来罢。(《沪语便商》1892:5)

 e. 拿客人房间里伊张八仙桌扛过去摆拉。(同上,12)

 f. 拿第个病人搭好拉个人分开来住。(《练习》1910:63)

 g. 第个物事相帮扛到外头去。(《语句集锦》1862:38)

(8) a. 衣裳净仔下来要用养蓝水漂一漂。(同上,42)

 b. 圣体龛子个钥匙,拿之出去。(《松江话词汇集》1883:166)

 c. 两只脚污之落去。(同上,99)

 d. 侬搭之出店司务,拿伊间房里向个零碎/粒屑物事先拿之出来,乃末都打扫干净之。(《便商》1892:6)

 e. 马鞍辔装好起来。(《语句集锦》1862:43)

例(8a)至例(8d)$V_1$ 后仍可带体标记,甚至仍可后接结果补语,如例(8e),这表明 $V_1$ 和 $P_{nd}P_d$ 原为连动结构,即 $V_1$ 得以实现或者实现某种结果之后再出现某种位移。位移体前移使得 $V_1$ 与 $P_{nd}P_d$ 之间的结构更紧凑,为演变为述补结构提供了句法条件,例(7)、例(8)皆只能分析为述补结构。不过,因结构形式演变滞后于意义演变(Hopper 1991)仍保留了例(8)的用法。

早期上海话话题化倾向强,特别是受事类话题十分常见(钱乃荣2014a,林素娥 2015a),这与"$FV_1 + P_{nd}P_d$/到$+L+P_d$"在早期上海话中的高频使用一致。

当位移路径表达为双音节形式的趋向词时,除了(A)、(B)、(C)三式,值得注意的是早期上海话课本中未见一例"$V_1P_{nd}P_d+F$"式。

我们统计了《上海话功课》(1850)、《语句集锦》(1862)、《松江话词汇集》(1883)、《土话指南》(1908)等四种课本,得出(A)、(B)和(C)三类结构在文本中的分布情况如表 9-1。

表 9-1 早期上海话课本中(A)、(B)和(C)等结构的分布

| 课　　本 | 结　　构 | | | 合　　计 |
|---|---|---|---|---|
| | (A) | (B) | (C) | |
| 《上海话功课》1850 | 25 | 0 | 12 | 37 |
| 《语句集锦》1862 | 12 | 1 | 31 | 44 |
| 《松江话词汇集》1883 | 18 | 7 | 46 | 71 |
| 《土话指南》1908 | 45 | 3 | 90 | 138 |
| 合　　计 | 100 | 11 | 179 | 290 |

由表 9-1 来看,很显然一百多年前,在这几种文献中,(C)式最常见,除《上海话功课》(1850)外,其他文献中,(C)式皆占比超过61.7%,为优势结构,其次是(A)式,而最少的为 B 式。从这三式的词化类型来看,(A)式为 E 框架和 S 框架共享结构,(B)和(C)式皆已属于 S 框架。从(A)式看来,早期上海话并未完成从 E 框架演变为 S 框架的过程,但从(B)式、(C)式来看,S 框架已成为早期上海话位移事件词化结构的主导类型。

9.1.1.1.3　$V_1 + P_d$

$P_d$ 常与表方式的动词 $V_1$ 组合表致移事件,与位移体共现时,可构成 "$V_1F + P_d$" 和 "$FV_1 + P_d$",不过,未见 "$V_1P_d + F$" 结构。

当采用 "$V_1F + P_d$" 时,"$P_d$" 也并非皆为指示位移方向的补语成分。如:

(9) a. 筒个人担之一百铜钱,领之庄上两个人咾去者。(《土话指南》1908:91)

　　b. 第个强盗听伊个求咾勿杀伊,倒抢之伊拢总屋里个物事咾去哉。(《练习》1910:217)

　　c. 侬可以脱<sub>替</sub>我买之笔哱来否? 可以个。(《上海话功课》1850:560)

例(9)"$V_1F$+去/来"结构,F 可以是有生或无生对象,"$V_1F$"与"去/来"之间用顺承连词"咾"连接,"去/来"表示实在的位移动作,由句子主语发出,该结构也为句法性连动结构,"去/来"为连动结构后

项谓词。

更常见的是不用"咾"连接的"$V_1 F + P_d$"结构。如:

(10) a. 有一家人家,无人拉屋里,拨拉贼夜里向来偷之多化物
　　　事去,就是银叉咾银抄,搭之刀家生咾,台布,茶布,咾
　　　啥。(《练习》1910:17)

　　b. 看见我要出动末,伊(狗)衔之嘴套来,要我搭伊套之咾
　　　领伊出去。(同上,54)

(11) a. 难末我叫用人拉面盆里拿点热水来。(同上,16)

　　b. 去换椅子来。(《松江话词汇集》1883:61)

　　c. 侬吃完之饭,挈地锭银子去换之铜钱来。(《沪语便商》
　　　1892:25)

　　d. 拿一个水壶来。(《松江话词汇集》1883:71)

　　e. 担琴棋书画来。(《语法》1853:189)

例(10)为陈述句,句中"来/去"指实际位移动作,仍为连动结构,
例(11)祈使句中,"来"指 F 在 $V_1$ 作用下的位移方向,即表示朝向说
话人,为 $V_1$ 的补语。可见,"$V_1 F + P_d$"结构在早期上海话中实际上
也包含了两种词化类型,即 E 型和 S 型。

位移体也可出现在"$V_1 +$ 来/去"结构之前,作话题或处置介词
宾语。如:

(12) a. 伊个都是左老爷个,侬明朝叫部车子替伊送之去罢。
　　　(《沪语便商》1892:31)

　　b. 常庄有得听见个,一个勿留心末,物事就偷之去哉。
　　　(《练习》1910:87)

　　c. 门布咾垫子也拨拉过路个人拾之去。(同上,196)

　　d. 侬替我拿伊盒子信纸拿来。(《沪语便商》1892:20)

　　e. 当手个勿拉屋里出去者,拿店里向一个伙计传之去者。
　　　(同上,3)

　　f. 就带之兵咾,担伊拉四五个人一齐捉之去,送到县里。
　　　(《练习》1910:233)

g. 伊要担原票拿去,庄上人担票子扣住之辄勿肯还伊。

(同上,232)

例(12)中"来/去"皆只表示位移体的运动方向,充当 $V_1$ 的补语,且该类结构分布句类已不受限制。

一百多年前上海话中"来/去"与 $V_1$ 组合表致移事件,仅以上两种词序,但两者在文献中的分布很不平衡,"$V_1F+来/去$"较"$FV_1+来/去$"使用广泛得多。

表9-2 早期上海话中"$V_1F+P_d$"与"$FV_1+P_d$"的分布

| 课 本 | 结 构 | | 合 计 |
|---|---|---|---|
| | $V_1F+P_d$ | $FV_1+P_d$ | |
| 《上海话功课》1850 | 36 | 10 | 46 |
| 《语句集锦》1862 | 24 | 2 | 26 |
| 《松江话词汇集》1883 | 24 | 21 | 45 |
| 《土话指南》1908 | 46 | 12 | 58 |
| 合 计 | 130 | 45 | 175 |

由表9-2可见,百年前早期上海话中位移体前移结构,在四种文献中合计占比达25.7%,为一种次要结构,"$V_1F+P_d$"在早期上海话文献中为优势结构,而该结构为E型和S型共享,其分布之高表明早期上海话位移事件词化类型的混合性。

以上为早期上海话表致移事件的三种结构模式,即:"$P_{nd}$""$V_1+P_{nd}P_d$/到$+L+P_d$""$V_1+P_d$"等。其中 $P_{nd}$ 虽为V型语言位移事件结构,但文献中已不常见,也不具有普遍性,而其他两种由位移体构成的结构是表达早期上海话致移事件的常见结构。它们与位移体所构成的结构中,"$V_1F+P_{nd}P_d$/到$+L+P_d$"和"$V_1F+P_d$"结构为同形异构式,存在句法性连动结构、短语性连动结构和述补结构等三种句法语义关系,这种共存现象从历时来看,体现了三者之间的演化关系,即从句法性连动结构经短语性连动结构发展为述补结构,它们的共存也表明早期上海话致移事件词化类型的混合性,即E型和S型混合；而"FV$_1$＋P$_{nd}$P$_d$"和"FV$_1$＋P$_d$"结构的发展，特别是前者的高频使用，表明早期上海话致移事件词化结构类型在向着 S 型发展。

19 世纪中叶至 20 世纪初上海话致移事件表达结构中缺少"V$_1$P$_{nd}$P$_d$＋F"和"V$_1$P$_d$＋F"结构，应该反映了话题化倾向对上海话致移事件表达的制约作用。

柯理思（2003，Lamarre 2008a，Lamarre 2008b）指出共同语中致移事件只能用［动词词根＋卫星］组合表达，有生自移事件则能用趋向动词和述趋式两种表达方式，无生位移则以［方式动词＋趋向补语］表达为常。根据这种"互补"体系，柯理思认为汉语位移事件词化类型属于混合型或分裂式（split system of conflation）。若从早期上海话致移事件来看，不仅不同结构之间存在词化类型的差异，即使是同一结构也并存着 E 型、S 型，可见其混合的程度之高，而这种同类位移事件词化类型的混合性或复杂性是其演变的真实写照，可以让我们看到其词化类型演变的进程和方向。

### 9.1.1.2　有生自移事件表达结构及词化类型

有生自移事件中位移体能自己决定或控制其位移行为。早期上海话中有生自移事件的表达结构有："P$_{nd}$""P$_{nd}$P$_d$""V$_1$P$_{nd}$"和"V$_1$P$_{nd}$P$_d$"等。

9.1.1.2.1　P$_{nd}$

早期上海话中 P$_{nd}$ 表自移事件，须构成"P$_{nd}$＋L"结构。如例（13），"进、上、回、到"等后带表终点的处所名词，"下、出"等后接表源点的处所名词。从文献来看，"进、出、到"最常见，其次是"上、下、转、回"，而"起、开、拢、归"等未见该用法。

（13）a. 俚晓得就要浇大雨，所以俚就跑到房子里去，进之房子勿多一歇，大雨就落下来哉。（《练习》1910:169）

　　b. 耶稣十二岁个辰光照仔＊守节个规矩咾上耶路撒冷。（《语句集锦》1862:151）

　　c. 兵马得胜回营。（同上，31）

　　d. 我巴勿得到花旗国去。（《上海话功课》1850:223）

　　e. 几点钟下船？(《语句集锦》1862:17)

　　f. 今朝要出门买湖丝。(同上,162)

虽然表路径趋向词仍可单独表有生自移事件,但从其组合功能和部分成员功能的缺失来看,它是一种次要的形式。即进入词汇双音节化阶段以后,它只是作为单音节阶段的残留形式而存在,尽管这种表达仍十分自然。仅"到＋L＋$P_d$"结构高频使用,这种相对固定的组合在音节形式上满足了双音节化的需要。

9.1.1.2.2　$P_{nd}P_d$

$P_{nd}P_d$单独表有生自移事件是早期上海话中的基本表达形式。如例(14):

(14) a. 侬现在可以去,但是就要转来。(《语句集锦》1862:55)

　　b. 难末种田人转去哉,伊个儿子去请伊个亲族来研麦。(《练习》1910:202)

　　c. 伊个娘进来看见伊皱之眉头,面孔有忧愁个样式,就问伊为啥实盖。(同上,156)

　　d. 老兄刻到,我还勿曾替老兄接风,明朝就拉聚丰园,请老兄过去谈谈。勿敢当,忒费心者,我常庄到此地来个,下转再过来,地两日贴正有眼事体,心领之罢。(《沪语便商》1892:35)

　　e. 拉伊个旁边有一个下流坯,就轻轻能上来偷脱手里个洋钱。(《练习》1910:79)

　　f. 我俚归来个时候也走过多化清水河。(同上,81)

　　g. 其余个末,叫伊拉全归去。(同上,234)

　　h. 朝晨起来要揩面。(《语句集锦》1862:13)

较之$P_d$,$P_{nd}P_d$做谓语满足了词汇双音化的要求,使用更普遍,不过,已见不到"拢/开＋来/去"表自移的用法了。

9.1.1.2.3　$V_1P_{nd}$/到＋L＋$P_d$

自移事件中路径趋向词也可在动词后做补语,并后接处所名词。不过,这类结构在早期上海话中不常见。如:

（15）a. 有一只蝙蝠是做中立，伊想不过要归拉<sub>给</sub>得胜个<sub>的</sub>一面。
后首看见野兽将要得胜咾，所以走进野兽淘里去。（《练
习》1910：230）

　　b. 难末议定当要立一个公所，题伊叫济良所。意思末，是
帮助第等女人跳出恶门咾做好人。（同上，36）

　　c. 我要走到轿过边去。（《语句集锦》1862：64）

仅《练习》（1910）中见到"$V_1$ 进/出"用例。柯理思（2003）指出共同
语中使用[V＋趋向动词＋处所起点]可能来自书面语。该结构在早期
上海话课本也只是偶见，很可能是借自官话。若表终点，则只用
"$V_1$ 到＋L＋$P_d$"，如例（15c），今上海话、苏州话等北部吴语也仍不用
"$V_1$＋趋向词＋L"结构（刘丹青 2001a，2001b，2003）。

9.1.1.2.4　$V_1P_{nd}P_d$

$V_1P_{nd}P_d$ 编码有生自移事件，较常见。如例（16）：

（16）a. 母鸟飞转来末，小鸟告诉伊咾求伊立刻搬场勿要等到明
朝恐怕忒晚。（《练习》1910：202）

　　b. 用末，无啥大用头。伊不过要围起来。伊所顶欢喜个，
就是要开出箱子来拿金子翻转碌转个看。（同上，208）

　　c. 兵丁四面埋伏仔咾杀拢来。（《语句集锦》1862：132）

　　d. 勿要走开来，恐怕有事体。（同上，40）

　　e. 扶梯上走起去。（《松江话词汇集》1883：58）

　　f. 伊拉马上跌之下来，滚到浜里去满头满面个烂泥，实盖
末，蛮体面个人，弄得来拨人笑杀。（《练习》1910：191）

　　g. 歇之一个时辰，姓朱个倒活之转来者咾，竭力喊救命。
（同上，162）

　　h. 等到第个忠厚人出来之末，伊拉缩之进去哉咾让伊去
歇。（同上，128）

从组合功能来看，它较 $P_{nd}P_d$ 更为自由。"开来""拢来""起去"在
早期上海话中已失去单独充当核心动词的功能，但能在该结构中表
自移，这也正表明该结构中 $P_{nd}P_d$ 为 $V_1$ 的补语成分，而非双核心的 E

框架结构。

文献所见早期上海话有生自移事件各类表达结构的分布见表 9-3。

**表 9-3　早期上海话有生自移事件编码类型分布[i]**

| 课　　本 | 结　　构 | | | 合　计 |
|---|---|---|---|---|
| | $P_{nd}$ | $P_{nd}P_d$ | $V_1P_{nd}P_d$ | |
| 《上海话功课》1850 | 2(6.1%) | 31(93.9%) | 0(0.0%) | 33 |
| 《语句集锦》1862 | 9(27.3%) | 13(39.4%) | 11(33.3%) | 33 |
| 《松江话词汇集》1883 | 5(14.3%) | 17(48.6%) | 13(37.1%) | 35 |
| 《土话指南》1908 | 18(9.5%) | 121(64.1%) | 50(26.4%) | 189 |
| 合　　计 | 34(11.8%) | 182(62.7%) | 74(25.5%) | 290 |

i 表 9-3 中所列四本文献中皆未见 $V_1P_{nd}$ 结构，$V_1P_d$ 也只是偶见。

由表 9-3 可知，早期文献中 $P_{nd}P_d$ 分布率最高，四本文献中分布率合计达 62.7%，而它与 $P_{nd}$ 合计达 74.5%，这表明早期上海话有生自移事件中路径仍常以编码为动词，特别是双音节的复合趋向动词。不过，$V_1P_{nd}P_d$ 组合功能的增强也表明了早期上海话有生自移事件词化类型也在朝着 S 框架发展。

### 9.1.1.3　无生自移事件表达结构及词化类型

该类位移事件中位移体为无生命体，不具有自我控制能力。一百多年前上海话常用"$V_1P_{nd}$/到＋L＋$P_d$"和 $V_1P_{nd}P_d$ 表达。如例(17)、例(18)：

(17) a. 第个货色涨上跌落，拿勿定个。(《语句集锦》1862：23)

　　 b. 免之第个毛病传开拉国度里咾多起来。(《练习》1910：63)

　　 c. 滚个咾，实介能茶叶完全余起拉上头个。(《松江话词汇集》1883：186)

　　 d. 船已经开到天津去。(《语句集锦》1862：52)

(18) a. 堘尘大大能飞起来。(《阿里排排逢盗记》1917：2)

　　 b. 难末皇帝大哭，眼睛里个眼泪水滴下来末，伊就用手来揩，眼泪也变之金子咾挂拉伊个面颊上。(《练习》1910：172)

　　 c. 因为伊个蹄是软个咾能够放开来，扑拉沙上勿跌倒。

（同上,247）

 d. 伊用两只指头放拉嘴里一吹,就有吹叫鞭能个声气发出来。（同上,46）

 e. 伊个声气洪隆洪隆吹过来。（同上,168）

 从文献来看,一百多年前上海话中无生自移事件中趋向词只充当补语,也就是说,无生位移体发生位移更倾向于陈明位移的原因,趋向词用来补充说明位移路径,具有更强的 S 型框架倾向。

 由以上三类位移事件的表达结构及其词化类型可知:它们表现出共同的倾向,即向着 S 型发展,但仍存在较明显的差异。其中无生自移事件 S 型框架倾向最强,其次是致移事件,再次是有生自移事件;反之亦然,有生自移事件 V 型框架倾向更显著,而致移事件仍可用 E 型框架,无生自移事件则 V 型框架倾向最弱。

 Slobin(2004, 2006)指出人类语言在表达方式的易及性(ease of processing)上存在显著度(salience of manner)的不同,人类语言位移事件的词化类型可视为一个连续统,词化类型相同的语言在表达方式的显著度上也可能有差别,同一语言的词化类型也会随着时间的推移沿着连续统演变。从早期上海话来看,位移事件各次类在共时平面上的差异实际上反映了它们动态的演变过程,即:沿着 V-E-S 型框架演变。从早期文献来看,致移事件中的同形异构式"$V_1F+P_{nd}P_d/P_d$"表明 E 型构架向 S 型演变,而单音节形式趋向词做路径动词则保留了更早的 V 型框架的结构。因此共存的多种结构及其词化类型实际上表现了上海话词化类型的历时演变进程。

## 9.1.2　早期上海话和官话位移事件词化类型比较

 下面拟以一百多年前的课本《官话指南》和《土话指南》①为语

---

 ① 对《官话指南》和《土话指南》的介绍可参看:六角恒广(1992:18—20)、张美兰(2016)和张美兰、战浩(2016)等,兹不赘述。本小节所用语料,因《土话指南》只译了《官话指南》前三卷,即应对须知、官商吐属、使令通话,故对比也只限于此三卷,并不包括第四卷(官话问答)。

料,统计分析同类位移事件不同表达结构在文献中的分布情况,并侧重考察官话和早期上海话同一位移事件的表达方式及词化类型的区别。旨在观察一百年前的两种方言在位移事件词化类型上的共性和各自特征,为讨论汉语位移事件词化类型的演变提供线索。

本小节的例句皆来自《官话指南》和《土话指南》,例句后括注两种文献中课文的序号。

### 9.1.2.1　致移事件表达结构比较

早期上海话和官话致移事件所用结构较一致,皆可用 $V_1$ 与 $P_{nd}P_d$ 或 $P_d$ 组合表达,两本文献均未见路径动词单独表致移。与位移体构成"$FV_1P_{nd}P_d$/到＋L＋$P_d/P_d$(F 充当话题或者处置介词宾语)""$V_1F＋P_{nd}P_d$/到＋L＋$P_d/P_d$""$V_1P_{nd}/P_d＋F$"以及"$V_1＋P_{nd}＋F＋P_d$"等。不过,同一结构在早期上海话和官话中分布很不一样,也就是说,即便是表达相同的内容,在两种方言文献中往往会选择不同的结构表达。我们先列出各类结构在两种文献中的分布情况,然后举例分析二者对不同结构的使用之异。

**表 9-4　《土话指南》《官话指南》致移事件表达结构的分布[i]**

| 课　本 | 结　　构 | | | 合　计 |
|---|---|---|---|---|
| | ①$FV_1＋P_{nd}P_d$/到＋L＋$P_d$ | ②$V_1F＋P_{nd}P_d$/到＋L＋$P_d$ | ③$V_1P_{nd}＋F＋P_d$ | |
| 《土话指南》 | 50:14 | 46:11 | 7 | 128 |
| 《官话指南》 | 86:21 | 10:4 | 21 | 142 |

| 课　本 | 结　　构 | | | | 合　计 |
|---|---|---|---|---|---|
| | ④$FV_1＋P_d$ | ⑤$V_1F＋P_d$ | ⑥$V_1P_d＋F$ | ⑦$V_1P_{nd}＋F$ | |
| 《土话指南》 | 14 | 38 | 1 | 0 | 53 |
| 《官话指南》 | 34 | 61 | 0 | 6 | 102 |

i 表格中分隔符"/"表示分隔两种结构及其分布。下同。

由表 9-4 可知,除了"$V_1P_{nd}＋F$"只见于官话,其他各结构在两种文献中皆用。早期上海话中,结构①、②在文本中的使用相当,皆为

主要结构,而结构③则不常见;早期官话中,结构①为优势结构,结构
③和②次之,但皆有分布。早期上海话在结构②、③的使用上,与早
期官话形成较显著的对比:上海话较官话更常用结构②,而上海话的
结构③很不活跃;官话则结构②很不活跃,对结构③的使用较之上海
话要多。从结构本身所体现的词化类型来看:②为连动结构和述补
结构共享,即 E 型和 S 型共存;①、③皆为述补结构,属于 S 型框架。
因此两种方言文献对结构②和①、③选择倾向不同,体现了两种方言
在致移事件词化类型程度上的差异。

　　据表 9-4,早期上海话中,结构⑤也是优势结构,结构④次之,早
期官话中,同此,在选择倾向上具有较明显的一致性。不过,从分布
比例来看,早期上海话对结构⑤的选择倾向较早期官话更显著一些。

　　9.1.2.1.1　对"$V_1F+P_{nd}P_d$"的选择之异

　　早期官话也偶见使用"$V_1F+P_{nd}P_d$",可构成连动结构,如例
(19)中的 a、b 句皆用于叙述,$V_1$ 后加"了",极少见到不加"了"的,
如例(22b)"贩货回去",这类 $V_1$ 后不加"了"的也未见用于祈使句。

　　(19) a. 这么着他就雇了一匹驴回来了。(《官商吐属》15 章)

　　　　　a′. 乃味伊叫之一只驴子咾转来。(《土话指南》)

　　　　　b. 瞧瞧他是送了多少回来。(《官商吐属》4 章)

　　而同时期上海话中这类连动结构常加上表顺承关系的连词
"咾"。如例(19a)对应的上海话说成例(19a′),且上海话用"$V_1F+$
$P_{nd}P_d$"结构,如例(20)—例(26)中的 a 句。官话则用其他结构,如例
(20)—例(26)中的 b 句。

　　(20) a. 担之银子咾转去个。(《土话指南》)

　　　　　b. 把银子拿回去了。(《官商吐属》33 章)

　　(21) a. 我拉天盛典当里估之货色咾转来。(《土话指南》)

　　　　　b. 我是到天盛当铺对货,去了才回来。(《官商吐属》20 章)

　　(22) a. 皮货卖完之后来,带银子转去呢,还是贩货色转去? 贩
　　　　　　货色转去。贩啥个货色转去?(《土话指南》)

　　　　　b. 您卖完了皮货,是带回银子去呀? 还是贩货回去呢? 是

贩货回去。都是贩回甚么货物去呢?(《官商吐属》2 章)

(23) a. 店家领伊进去。(《土话指南》)

　　　b. 店家可就把他带进来了。(《官商吐属》31 章)

(24) a. 后来再有什介①毛病,一定立刻赶侬出去。(《土话指南》)

　　　b. 后来再若有这些毛病,一定立刻得走出去。(《使令通话》15 章)

(25) a. 让我先转去,预备铜钱起来拨拉俫。(《土话指南》)

　　　b. 我先回家去,把钱给你们预备出来。(《官商吐属》26 章)

(26) a. 就担印子钱个折子出来拨拉官府看。(《土话指南》)

　　　b. 就把取印子钱的折子拿出来给官看了。(《官商吐属》35 章)

例(20)至例(22)中,上海话例句“$V_1F+P_{nd}P_d$”仍为句法性或短语性连动结构,官话则:或表达为述补结构,如例(20b);或用副词“才”连接前后分句,如例(21b);而例(22b)官话虽也说“贩货回去”,但从后边的“贩回什么货色去”来看,“贩货”得以使用,应是保留了书面语用法。可见,表述相同内容时,上海话倾向于将方式动词和路径表达为双核心成分,而官话相应表达中核心左倾,路径表达则为方式动词的卫星成分。例(23)—例(26)中的 a 句,上海话 $P_{nd}P_d$ 皆已重新分析为补语,为 $V_1$ 的卫星成分,但形式上仍保留了原来的连动结构,而对应的官话则采用处置介词提宾式,如例(23)—例(26)中的 b句,表义和结构上更符合 S 型框架的特征。

9.1.2.1.2　对“$V_1F+P_d$”的选择之异

早期上海话中“$V_1F+P_d$”为连动和述补式共享的优势结构,其使用上多于“$FV_1+P_d$”。早期官话也常用“$V_1F+P_d$”结构,特别是祈使句中,但未见表连动关系的,同时,早期官话也常用“把”字处置式,

---

　　① 文献中也常写作“实介”,用作表方式和程度指代词。可以参见上文第 154 页的讨论。

因此其"$V_1F+P_d$"结构的分布仍不及早期上海话。如:

(27) a. 乃味简多化强盗就担之箱子包袱、铜钱咾去者。(《土话
指南》)

b. 这么着那群贼就把箱子和包袱、现钱都拿了去了。(《官
商吐属》28 章)

(28) a. 格味侬去叫伊来。(《土话指南》)

b. 那么你把他叫来。(《使令通话》16 章)

(29) a. 担茶来。(《土话指南》)

b. 把茶拿来。(《使令通话》4 章)

例(27)—例(29)中的 a 句,上海话采用"$V_1F+P_d$"表致移,例
(27a)为句法性连动结构,例(27b)官话对应句中位移体前移,虽然
"拿""去"用不同体标记,句法上仍保留连动结构特征,与述补结构有
别,但语义上"去"用来指示"拿"的方向,可看作 $V_1$ 的卫星成分。例
(28a)上海话用兼语式、例(29a)用短语性连动式,对应地官话皆用处
置式,使得"来"紧邻致移动词,从句法语义上更易于重新分析为
$V_1$ 的补语成分,S 型语言特征更典型。

9.1.2.1.3 对"$V_1P_{nd}+F+P_d$"的选择之异

早期官话"$V_1P_{nd}+F+P_d$"较早期上海话要常见得多,该结构中
$P_{nd}$ 已为 $V_1$ 的补语。如:

(30) a. 忽然听见有几部车子来者,喊开门。开门进来,看见六
部镳车。(《土话指南》)

b. 忽然听见来了好几辆车,直叫店门。赶店门开开了,就
见赶进六辆镳车来。(《官商吐属》29 章)

(31) a. 拨个片子拉伊。(《土话指南》)

b. 给他拿出个片子去。(《使令通话》17 章)

(32) a. 搬伊一百两银子去,拨拉简个穷人。(《土话指南》)

b. 搬出他一百两银子来,给了那个穷人拿了走了。(《官商
吐属》31 章)

(33) a. 庄上个人,刚刚担戤子来。(《土话指南》)

　　　b. 那个钱铺的人，刚拿过一个践子来。(《官商吐属》
　　　　36 章)

（34）a. 拉搭等先生个相帮人，担衣裳出来。(《土话指南》)

　　　b. 在这儿竟等着您的跟班的，给我拿出衣裳来哪。(《官商
　　　　吐属》37 章)

　　例(30)—例(34)中的 b 句，官话皆用"$V_1P_{nd}+F+P_d$"表达，而上海话或不表达为致移事件，如例(30a)，或表达为双及物结构，如例(31a)，或用连动结构，如例(32a)和例(33a)，也可用"$V_1F+P_{nd}P_d$"的述补结构表达，如例(34a)。

　　由以上致移事件表达结构的对比来看，早期上海话和官话表致移事件时，前者较后者更常用"同形异构"式，即"$V_1F+P_{nd}P_d/P_d$"结构，而该结构仍保留了 E 型框架，而后者则更倾向于用"$FV_1+P_{nd}P_d/P_d$"或"$V_1P_{nd}+F+P_d$"结构，为更典型的 S 型框架语言。

### 9.1.2.2　有生自移事件表达结构比较

　　早期上海话和官话中自移事件也并存多种结构。主要有：①$P_{nd}$、②$P_{nd}P_d$ 和③$V_1P_{nd}P_d$ 等类型。$P_{nd}$ 常须后接处所名词，如上海话"出门""到之屋里"等，$P_{nd}P_d$ 和 $V_1P_{nd}P_d$ 为不及物结构，只有后接"到"时须带处所名词。各结构在《土话指南》和《官话指南》中的分布如表 9-5。

表 9-5　《土话指南》和《官话指南》中有生自移事件表达结构的分布

| 方言 | 结构 | | | | | | 合计 |
|---|---|---|---|---|---|---|---|
| | ① | | | ② | | ③ | |
| | $P_{nd}$+L | 到+L | $P_{nd}$/到+L+$P_d$ | $P_{nd}P_d$ | $P_{nd}$+到+L(+$P_d$) | $V_1P_{nd}P_d$/到+L+$P_d$ | |
| 上海话 | 21 | 44 | 11:80 | 149 | 9 | 10:12 | 336 |
| | 156 | | | 158 | | 22 | |
| 官话 | 9 | 8 | 0:75 | 185 | 9 | 7:0 | 293 |
| | 92 | | | 194 | | 7 | |

　　表 9-5 中，类型①和②以路径动词为核心，不管是在早期上海话

还是官话中，较之类型③，这两种类型占比合计超九成，为有生自移事件表达中的优势结构。类型③"$V_1P_{nd}P_d$"和"$V_1$ 到＋L＋$P_d$"中路径实现为补语成分，属于 S 型，但在两种方言中的分布都不多。从文献统计来看，早期上海话和官话有生自移事件词化结构类型表现一致，皆以 V 型为优势词化类型。下面略举数例，a 句皆为上海话，b句皆为对应的官话。

(35) a. 交卸之后来，就上新任呢？还是先要到省里去？先到省里去。(《土话指南》)

　　　b. 您交卸之后，是就上新任去呀？是还得先进省里去呢？是先得到省里去。(《官商吐属》5 章)

(36) a. 我想今夜头就出城者。(《土话指南》)

　　　b. 我就今儿晚上赶出城去。(《官商吐属》13 章)

(37) a. 勿要只怕外势去之哶，又发作者。(《土话指南》)

　　　b. 怕是你出到外边儿去，又重落了。(《应对须知》第 5 课)

(38) a. 担刀来撬开之棚门，跑到船里去。(《土话指南》)

　　　b. 拿刀把舱板砍开了，就进了舱里头去了。(《官商吐属》28 章)

(39) a. 早辰头天亮之，我踉起来，外势去看看，瓦上霜厚来交关，果然昨夜霜勿小。(《土话指南》)

　　　b. 早起天才亮，我起来出去走动，看见瓦上的霜厚的很，原来昨儿夜里有大霜。(《应对须知》第 25 课)

由例(35)、例(36)可见，早期上海话更倾向于直接用路径带处所名词表达，而官话则用"$P_{nd}L＋P_d$"结构，$P_d$补充前面的路径动词，也满足路径动词双音节化的需要。例(37)官话"到＋L＋去"作路径动词补语，上海话用指示动词作核心谓词。可见，两种方言皆用动词编码路径，不同的是，上海话保留了更多单音节路径动词编码有生自移的用法，而官话双音节化的倾向更明显。从例(38)、例(39)可见，上海话似乎更倾向将运动方式分离出来，而官话仍只用动词编码路径。但总的看来，早期上海话和官话自移事件中将方式分离出来的结构并不常见,且组合面也并不广,与"跑""爬""走"等动词组合的较多见。

柯理思(Lamarre 2008a, 2008b)统计电视剧中的对话和文本中自移事件表达类型,发现对话中普通话自移事件以 V 型框架表达为优势形式,而文本中则 V 型、S 型表达形式各占一半。而《土话指南》《官话指南》记录了一百多年前上海话和官话地道的口语,因此本节对自移事件表达类型的统计也表明一百多年前上海话和官话口语中有生自移事件也具有较典型的 V 型框架语言特征。

### 9.1.2.3 无生自移事件表达结构对比

一百多年前上海话和官话无生自移事件表达结构十分一致,最常见的是 $V_1 P_{nd} P_d$,即方式与路径分离,路径成分充当方式动词补语。如:

(40) a. 眼泪就落之下来者。(《土话指南》)

b. 可就掉下眼泪来了。(《官商吐属》31 章)

(41) a. 箇三间屋有一间凉棚侪破拉者,凉棚架亦落之下来。(《土话指南》)

b. 那三间有一间棚都破了,棚架子也掉下来了。(《使令通话》14 章)

(42) a. 侬小心,墙上个坭侪落下来者。(《土话指南》)

b. 你留神,看墙上的土掉下来。(《使令通话》9 章)

史文磊(2011b)指出"落""掉"等类动词最初融合了[运动]和[路径],后来路径找到专门的词形记录,如趋向词。早期官话和上海话中它们都只能采用与趋向词分离的述补结构表达了。

由三类位移事件表达结构及其词化类型的对比可得,早期上海话和官话在自移事件表达结构及其词化类型上的共同点有:有生自移以 V 型框架为主导类型,无生自移则以 S 型框架为主导类型,而在致移事件的结构表达及词化类型上,两者皆表现出了较显著的 S 型框架倾向。不同的是,早期上海话更常用" $V_1 F + P_{nd} P_d / P_d$ ",该结构在上海话中是句法性连动、短语性连动和述补结构三种句法语义关系并存,而官话则更常用典型的 S 型框架结构,即在向 S 型发展中早期上海话致移事件词化类型演变应较官话慢。

### 9.1.3　从早期上海话看汉语位移事件词化类型演变机制

　　利用汉语共同语历史文献探讨汉语位移事件"V＞S"的演变及其机制已经取得颇多成果(Li 1993，1997；Peyraube 2006；冯胜利 2000；Xu 2006；史文磊 2010，2011a，2011b，2014a；Shi ＆ Wu 2014)。这种讨论大多集中于从整体上观察汉语词化类型演变的机制,而实际上汉语共时平面词化类型的多样性应与其演变机制作用的复杂性或非线性制约作用直接相关,因此有必要就演变机制的作用作更具体的讨论。

　　实际上不少学者都注意到了位移事件内部即致移、自移事件之间词化类型演变的诱因或演变速度不同。如史文磊(2014a:54)指出,他移事件中位移体的话题化或承上文省略,使得 $V_2$ 致移性和动词性减弱,触发动趋结构的产生。而就自移事件来说,贝罗贝(Peyraube 2006)、梁银峰(2007)、魏兆惠(2005)、史文磊(2014a:52)等皆指出位移体 NP 后移是句法性连动式向动趋结构转化的诱因之一。就致移与自移之间的演变差异,史文磊(2011b,2014a:98)也指出他移事件中"$V_1$＋指示"较自移事件中"去"更易补语化,而后类推至自移事件。不过,史文磊(2011b,2014a)和史文磊、吴义诚(Shi ＆ Wu 2014)在统计汉语史各时段动词结构的分布时并未区分他移和自移。姚玉敏(Yiu 2014,2015)在跨方言位移事件词化类型的对比中,不仅看到致移事件、无生自移事件、有生自移事件三者演变速度的差异,同时也指出使动用法消亡之说只能解释致移事件从"趋向动词"到"伴随动词＋趋向补语"的转变,而不牵涉使动义的有生自移和无生位移事件采用述补结构是双音节化作用的结果。

　　我们注意到不管是早期上海话还是官话,致移事件、有生自移和无生自移事件之间实际上存在位移事件词化类型上的差异,形成这种差异应该不仅仅是演变速度的问题,而更可能关系到其演变机制的不同或者相同演变机制对不同位移事件词化类型演变的影响有别。因此,仍有必要对演变及其作用机制做更具体的考察,这也有助于更清晰地认识汉语位移事件词化类型的特征。下面我们结合早期上海话位移事件词化类型的表现和前贤对共同语词化类型发展的研究成果展开讨论,以期对演变机制与位移事件词化类型演变的复杂关系有进一步的认识。

### 9.1.3.1　致移事件的演变及其机制

梁银峰(2007:15)指出,汉魏时期"V₁＋去"带受事宾语时,常用"NP₁＋V₁＋NP₂＋去"结构表达,不过,也开始出现 NP₂ 前移为话题的格式"NP₂＋NP₁＋V₁＋去",史文磊(2011b,2014a:98)也赞同 NP₂ 的话题化对"去"语法化的推动作用。史文磊(2011b,2014a:157)还指出表路径的指向词"来/去"从上古到中古逐渐在核心动词后发展为表指向信息的补语成分。其中表他移的格式变化为(石毓智:2003):V＋O＞V 来/去＋O(援＋O＞拿来＋O、捐＋O＞除去＋O)。即从汉语史文献来看,他移事件中位移体因话题化作用而前移,"来/去"语法化为补语,且从上古到中古,"因指向信息从隐含于语境转为由显性形式标记"(史文磊 2011b,2014a:157),使得"来/去"在"V＋来/去＋O"结构中进一步明确其语义句法功能。而从共同语来看,陆俭明(2002)指出当可控位移动词带受事时,陈述句中不仅可构成"V＋来/去＋O"结构,也仍用"V＋O＋来/去"结构,且在祈使句中只允许后一结构。因此若从语境来看,"V＋O＋来/去"仍为基本结构。而从早期上海话来看,致移事件中近乎不见"V₁＋来/去＋O"结构,甚至"NP₂＋NP₁＋V₁＋去"的话题化结构也远不如"V₁F＋来/去"结构的分布,如表 9-2,早期上海话四种课本文献中皆以"V₁F＋来/去"为绝对优势结构,而"FV₁＋来/去"为次要结构。因此,若述补结构在"FV₁＋来/去"这类非普遍性的结构中先形成,再类推到更常见的基本结构,可想而知其阻力之大。

而早期上海话中仍存在句法性连动结构"V₁F＋咾/哶＋去",如例(9a)和例(9b),尽管其分布远不如结构更为紧凑或固定的"V₁F＋去"结构。它作为一种残存形式,应是述趋式语法化的最早结构。即随着结构的固定化,连词脱落,结构关系更加紧凑,表路径的指示词语义不仅指向致移者,还可同时指向位移者,如例(10a)和例(10b),"去"的施事可以为致移主体,也可以是位移体,若为前者,则仍为连动结构,若为后者,则语义重心左倾,"去"仅表示运动的方向,经重新分析为 $V_1$ 的补语。据此,我们相信早期上海话"$V_1$F+来/去"结构本身在未发生 F 前移的情况下,已开始"来/去"的语法化。

那么"$V_1$F+来/去"从连动结构演变为述补结构的动因又是什么呢? 我们从例(10b)、例(11a)至例(11e)对比来看,例(10b)"来"在陈述句中仍可理解为致移体实施的位移动作,例(11a)至例(11e)皆为祈使句,"来"只能表 $V_1$ 朝向言者运动的方向。这种最小对立表明,祈使句应该是该连动结构发生语法化的语用环境。相比陈述句,祈使句并非对客观事件的描述,而只是要求或命令位移体朝向或离开言者的方向,"主观指向性强,而运动性弱,自然就更容易虚化"(史文磊 2014a:183),而从早期上海话来看,"来"和"去"在该结构中语法化的速度也不同。"来"更常用,其语法化也先于"去"。例(11a)至例(11e)皆为"来"作补语,而相应的"去"在同时期更多保留于陈述句中,充当连动结构后项谓词,如例(9a 和 9b)和例(10a)。

魏培泉(2003:81)、何乐士(2005:49—50)、魏兆惠(2005)、史文磊(2011b,2014a:180—185)等指出,从汉末开始,句法性连动式"$V_{方式}$+$V_{路径}$"向词法性动趋式语法化,到南北朝时基本完成,进入唐代已经相当成熟了。现代汉语则只用动趋式或动结式表达。不过,从早期上海话来看,句法性连动结构和短语性连动结构仍保留于表致移事件的"$V_1$F+来/去"中,而从例(5a)和例(5b)来看,短语性连动结构可能也构成过"$V_1$F+$P_{nd}$",尽管较之"$V_1$F+来/去"结构,它在一百多年前已几乎消失。其消失的原因,与词汇双音节化不无关系。蒋绍愚(1999a,1999b)、刘承惠(1999)、魏培泉(2003)、徐丹(2006)等先后指出中古以来汉语语音格局发生演变,音节结构简化、声母清浊对立消失,导致双音化和使动词自动化。据此可知,应双音节化的要求,单音节路径动词只能与表指示的"来/去"构成复合形式,进而构成表致移事件的"$V_1F+P_{nd}P_d$"结构,该结构中 $P_{nd}P_d$ 仍可做动词表位移路径,如例(2a—2b)、例(3a—3d),句中 $P_{nd}P_d$ 仍为连动结构后项。也就是说,双音节化并未直接导致表路径的趋向动词演变为 $V_1$ 的补语成分,$P_{nd}P_d$ 语法化为补语是连动结构语法化为动趋式的结果。据此看来,尽管双音节化确实可能为汉语词化类型演变的重要机制(Xu 2006:146—188),不过,从早期上海话来看,致移事件中连动结构语法化为动趋式似乎较表路径趋向词本身的双音化对词化类型的演变更为直接或重要。

当然在"$V_1F+P_d$"和"$V_1F+P_{nd}P_d$"从连动式演变为述补结构的同时,F 前移为话题或处置介词宾语的结构也在使用,结构中的 $P_d$ 和 $P_{nd}P_d$ 皆只能指位移体的运动方向或路径,作 $V_1$ 的补语,尤其是"$FV_1+P_{nd}P_d$"的高频使用,对"$V_1F+P_{nd}P_d$"语法化为述补结构应该也起着相应的类推作用。

据此,我们相信,从早期上海话来看,表致移事件的"$V_1F+P_d$"和"$V_1F+P_{nd}P_d$"演变为述补结构,是从连动结构语法化而来,而位移体话题化或介宾化在其语法化为述补结构的过程中只起着间接的推动作用。

"$V_1F+P_{nd}P_d$"或"$V_1F+P_d$"语法化为述补结构也可以解释早期上海话中某些结构的缺失。史文磊(2011b)指出上古汉语表他移事件的综合型结构发展至中古也逐渐被分析型结构取代,其演变例示为:V 路径 NP>V$_1$ 方式 V 路径 NP>把 NPV$_1$ 方式 V 路径 NP。而从早期上海话语料来看,表致移事件的结构主要由"$V_1+F+V_2$"连动结构演变而来,因此并未出现"V$_1$ 方式 V 路径+指示 NP""V$_1$ 方式 V 指示 NP"结构,但这不影响位移体前移为话题或处置介词宾语,且位移体前移无疑也加速了其语法化进程。

### 9.1.3.2　自移事件的演变及其机制

与早期上海话和官话在表致移事件时存在差别不同的是,早期上海话语料及与官话对比表明,早期上海话和官话表自移事件的结构或词化类型更为接近,有生自移事件中仍以 V 型框架(以 $P_{nd}P_d$ 为代表)为主导类型,而无生自移事件则以 S 型(以 $V_1 P_{nd} P_d$ 为代表)为主导类型。

贝罗贝(Peyraybe 2006:128)、梁银峰(2007)、魏兆惠(2005)、史文磊(2014a:51—52)等认为自移事件动趋结构产生的重要触发因素是位移体从动前后置于宾语,其演变格式为:$NP_{动体} + V_1 + V_2 \rightarrow V_1 + V_2 + NP_{动体}$。自唐以后越来越多的核心动词后开始带出补语(来/去),表达指向信息。其演变例示为(史文磊 2011b):V>V+来/去(如:出>出来/去,入>进来/去);V+O>V+O+来/去(如:"之、适、如、至"+O>到+O+来/去,"奔/走至"+O>跑到+O+来/去)。不过,路径动词带上指示词"来/去"与"$V_{方式}$+来/去"述补式的词化类型存在区别。前者词汇化为表路径的复合趋向动词,早期上海话四种文献中也皆为基本形式,仍属于 V 型框架,只有"$V_1$+来/去"或"$V_1 + P_{nd} P_d$"属于 S 型框架,而它们在早期上海话自移事件的分布中仍只是次要类型,远不及路径动词单独做谓语表自移常见。从早期上海话来看,"来/去"补语化虽然使得 S 型框架形成,但就自移事件词化类型来看,并未使得早期上海话甚至官话发展为以 S 型框架为主导的语言。

双音节的复合趋向词表自移事件时,位移体所指有定,早期上海话常居于句首,如例(14a—14h),句中各趋向词仍为动词;若位移体所指无定,则常构成"有+$NP + P_{nd} P_d / P_d$"式,如例(43a),同样该句中"进来"仍为表路径的动词,对应官话如例(43b)中"进来"也为表路径的动词。而"$V_1 + P_{nd} / P_d$"不管 NP 在前还是在后,如例(15a)至例(15c)、例(44a)至例(44b)皆属于 S 型框架;而"$V_1 + P_{nd} P_d$"结构表自移时,位移体有定,只能作主语,如例(16a)至例(16h),若无定,如例(45a)则插入表路径和指示的趋向词之间,未见 NP 在宾语位置。不管是句首还是句中,皆属于 S 型框架。如:

(43) a. 等之勿多歇,又有一个人进来。(《土话指南》)

　　 b. 赶待了不大的工夫儿,又进来了一个人。(《官商吐属》36 章)

（44）a. 忽然有只野猪獥跑来。（《土话指南》）

　　　b. 忽然跑来了個野猪。（《官商吐属》15 章）

（45）a. 咕咚一声，跳进一个人来。（《土话指南》）

　　　b. 咕咚的一声，跳进一個人来。（《官商吐属》25 章）

可见，无论是从文本统计来看，还是从位移体的句法位置来看，早期上海话有生自移事件的词化类型主要与 $P_{nd}P_d$ 的使用直接相关。无论是位移体居于句首还是句中，若只用 $P_{nd}P_d$ 作谓语，则为 V 型框架，若为"$V_1 + P_{nd}P_d/P_d$"作谓语，则为 S 型框架。而从分布来看，有生自移事件表达中，"$V_1 + P_{nd}P_d/P_d$"作谓语的分布远不及"$P_{nd}P_d$"单独作谓语。早期官话与上海话两者在 V 型和 S 型结构的分布上也十分接近，即皆以 V 型为主导类型。

不过，较之有生自移事件，早期上海话和官话无生自移事件更常用 S 型框架结构。如例（17a）至例（17d）用"$V_1 + P_{nd} + 到 + L + P_d$"式，例（18a）至例（18e）、例（40）至例（42）皆用"$V_1 + P_{nd}P_d$"式。为何无生自移事件更倾向用 S 型框架表达呢？

史文磊（2011b）指出语义要素分离是汉语位移事件词化类型转变的机制之一，即从上古到中古汉语位移事件词化结构中经历了［运动］要素分离，分离出来的［运动］要素由 $V_1$ 表达，［路径］要素则由语法化为补语的 $V_2$ 表达。从早期上海话语料来看，显然有生自移和无生自移都已经历了这一分离过程，皆可用"$V_1 + P_{nd}P_d/P_d$"式来表达，为何无生自移更倾向选择这一结构表达呢？比较有生自移和无生自移事件的语义要素，或许可以提供一些线索。表路径的趋向词一般常用于位移体能自我决定和控制自己的移动，而无生自移事件中主体对位移并无自我控制能力（Lamarre 2003），因此在语义和句法上更要求将造成位移路径的原因或方式陈明出来，形成述趋式。这应该是无生自移事件较有生自移事件更常使用"$V_1 + P_{nd}P_d/P_d$"式的语义原因。

由以上可知，早期上海话因词汇双音节化的影响而使得单音节形式的 $P_{nd}$ 表致移和自移成为一种不具有普遍性也并不常见的次要形式,特别是表无生自移和致移时,分布极少,只作为残存形式存在;[运动]与[路径]要素分离,运动动词用表方式或原因的 $V_1$,而路径用趋向成分或复合趋向词表达,使得"$V_1+P_{nd}P_d/P_d$"结构的语义关系更加明晰,表明早期上海话已具有较显著的 S 型框架特征;连动结构语法化为动趋式也具有较明显的趋势,如"$V_1F+P_{nd}P_d/P_d$"等结构更常见的句法语义关系已是动趋式。这些共同表明早期上海话在这些机制的作用下词化类型从 V 型或 E 型向着 S 型框架演变。

不过,比较而言,早期上海话语料也表明,连动结构动趋化是致移事件向着 S 型演变的主要机制。从"$V_1F+P_{nd}P_d/P_d$"结构来看,其语法化过程并非因双音节化,而是因各成分间句法语义关系的演变而形成动趋式,同时,位移体的话题化或因处置结构的发展而充当介词宾语,从结构和语义上使得动趋式之间的述补关系更为明确。

而有生自移事件中虽然单音节路径动词已因双音节化少用,但双音节化形成的路径动词 $P_{nd}P_d$ 在早期上海话和官话中都十分常用,它虽由上古汉语连动结构演变而来,但已词汇化,单独表位移事件时,应视为路径动词,而非述补结构,同时,早期上海话中也用"$P_{nd}$到$+L+P_d$"的述补结构,但核心动词依然是 $P_{nd}$,因此也仍可看作 V 框架结构。双音节化对自移事件的词化类型演变似乎存在双向影响,也就是说并非皆有利于其向 S 型发展。

无生自移事件词化类型较致移事件和有生自移事件具有更明显的 S 型倾向,其原因与位移体自身无位移控制能力有关。为了更清晰地描述该类位移事件的过程,在语义和结构上都需要将导致位移的原因或方式表达出来。

### 9.1.4　小结

早期上海话课本类文献为我们展示了一百多年前上海话位移事件的各类表达结构及其词化类型的基本面貌。从词化类型来看,尽管各类位移事件词化类型都具有 S 型框架特征,但倾向性存在明显差异。S 型倾向最显著的是无生自移事件,其次是致移事件,而有生自移事件 V 型倾向最强。

　　基于同内容课本文献《官话指南》和《土话指南》的对比也表明，早期上海话和官话自移事件词化类型更相似，而致移事件中上海话演变较官话慢，保留更多 E 型框架特征。这种共性和差异一方面表明两者可能经历了相对一致的演变途径，另一方面也表明上海话演变较官话要慢。

　　从一百多年前上海话和官话词化类型的演变机制来看，我们认为双音节化和语义要素分离是更早历史阶段汉语词化类型向 S 型转变的重要机制，而在一百多年前上海话和官话中，双音节化虽也导致单音节路径动词在自移事件的表达中减少，但 $P_{nd}P_d$ 的广泛使用也表明双音节化对稳定路径动词表有生自移事件起着推动作用，据此推测，它对汉语词化类型演变的影响并不是线性的，在不同历史时期或者不同演变阶段其作用的表现也不完全一样；无生自移事件词化类型演变除了受到语义要素分离机制的影响，应该还受到其他语义关系的制约，即需要陈述无自我控制力的主体产生某种位移的方式或原因；而连动结构语法化为动趋式和位移体前移是使得致移事件向 S 型发展的关键因素，一百多年前的上海话和官话文献也表明，连动结构动趋化的速度呈现方言差异，正是这种差异使得两者在致移事件的词化类型上也稍有不同。总的来看，正是因为各类位移事件受不同机制制约，相同机制对不同位移事件或不同方言中同一位移事件的作用也不同，使得方言位移事件的词化类型呈现多样性并形成彼此之间的差异。

　　不过，这种多样性又表现出很强的规律性。三类位移事件朝着 S 型框架演变，有生自移事件最慢，其次是致移事件，而最快的是无生自移事件。这种演变差异验证了语义认知对位移事件词化类型的深层制约。柯理思（2003）考察现代汉语词化类型的"互补体系"（complementary system of conflation）时指出，"汉语的这种'分工'状况可能不是偶然的，也许反映人一般的认知机制：位移的主体如果缺乏自己移动的意志和能力，特别是作为受动者（patient）的时候，可能会促使说话者把位移方式或原因也表达出来"。早期上海话三类位移事件的词化类型特征也验证了这一推测:有生自移事件中位移主体即为施事者,自我控制能力最强,可直接实施某个运动路径,"路径信息优先表达,方式信息只有在必须时才提及"(Slobin 2004),早期上海话有生自移事件就体现了这一特点,其 S 型框架结构只有在需要特别指明方式时才使用;无生自移事件因位移体无自我控制力而更为强烈地要求提供方式或原因信息;致移事件中位移体可以是人或物,当所指为有生命的对象,早期上海话优先选择"$V_1F+P_{nd}P_d/P_d$"结构,该结构中 F 仍具有兼语的句法特点,若为无生对象且表定指,则优先充当话题或处置介词宾语,使得"$V_1P_{nd}P_d/P_d$"构成更典型的 S 型框架结构。

## 9.2　早期宁波话位移事件词化类型

　　本小节拟以一百多年前的宁波话为研究对象,考察其位移事件表达的模式及词化类型特征,并将它与同时期官话、上海话进行对比,进一步明确宁波话位移事件词化类型特征,在此基础上,尝试从演变机制角度探讨方言词化类型差异的原因。

　　我们选取宁波话位移事件进行专题考察的理由:一是,因其基本句法类型上的特征。徐烈炯、刘丹青(1998)和刘丹青(2001a,2001b,2003a)先后得出吴语为较普通话更典型的话题优先汉语方言,特别是浙江沿海吴语中 TV 结构进一步泛化,话题的常用性和强制性较苏沪吴语更显著,且常常排斥 VO 语序,具有 OV 语序萌芽的倾向。也就是说,较之苏沪吴语,宁波话、温州话等江浙吴语的 VO 语序特征更弱。林素娥(2015a)以早期宁波话、上海话文献为语料,得出早期宁波话的话题优先特征较上海话更典型,且已出现较典型的 OV 语序。那么位移事件词化模式所表现的类型特征是否会与这种基本句法(话题优先典型)特征具有相关性呢?我们将在下文讨论。二是,在姚玉敏(Yiu 2014a,2014b)跨方言位移事件词化类型的比较中,其文只引用了上海话和苏州话尤其是前者的语料,即以上海话为代表的吴语位移事件词化类型,那么宁波话是否与上海话一样呢?下面拟对比二者位移事件词化模式及类型特征,这既可以更清晰地看到一百多年前宁波话位移事件的词化类型特征,也可管窥吴语位移事件词化类型的内部差异及其成因。

### 9.2.1　位移事件表达结构及词化类型

一百多年前宁波话中表路径趋向词有"上、落、出、进、转、起、开、拢、过、回、归"等,表指示趋向词有"来/去",由它们构成的双音节复合词,如"上来、上去、落来、落去、出来、出去、进来、进去、转来、转去、起来、开来、开去、拢来、拢去、归来、归去"等,除了"起去",其他双音节复合趋向词皆见于一百多年前的宁波话文献。在致移和自移事件中,它们用作动词还是动后补语成分编码路径成为考察其词化类型的重要依据。

下面我们拟按照他移(agentive)、非自主(non-agentive)和自主(self-agentive)三分法,逐一梳理并讨论一百多年前宁波话中各类位移事件的表达结构及相应的词化类型特征。

#### 9.2.1.1　致移事件表达结构及词化类型

一百多年前宁波话致移事件表达中,趋向词虽见"上、下"后带宾语的用法,如例(46),但它们皆不表趋向义,不宜再看作趋向词,例(46a)至例(46b)"上"表示装载义,例(46c)"下货"则为述宾结构的动词,表示"卸货"的意思。"下"在早期宁波话中不用作趋向词,表"下"义的趋向词为"落",如例(46b)"落来"。

(46) a. 今日要上茶叶来栈里。You must store the tea in the godowns today.(《便览》1910:131)

　　 b. 上完之货落来就要发力钱。After the goods are stored, we will then pay the coolie hire.(同上)

　　 c. 僚个时候下货? What time will you unload? (同上)

可以说,早期宁波话趋向词已不再独用表致移路径,只能作为补语成分表路径。构成的结构主要有"$V_1 P_{nd}$""$V_1 P_d$"和"$V_1 P_{nd} P_d$"。当带上位移体时,位移体主要有两个位置:一是位于动词和补语之间;

二是在整个述补结构之前,可构成"$V_1FP_{nd}$""$V_1FP_d$""$V_1FP_{nd}P_d$"
"$V_1P_{nd}FP_d$""$FV_1P_{nd}$""$FV_1P_d$"和"$FV_1P_{nd}P_d$"等结构,不过这些结构
成立的句法条件和分布频率并不一样。下面逐一介绍。

9.2.1.1.1　　$V_1P_{nd}$

简单趋向词在表原因动词后作为卫星成分表路径时,与位移体
共现,位移体常见的位置是在整个谓词前,若位移体由代词充当时,
常位于原因动词和简单趋向词之间。如:

(47) a. 勿要笔燥掉,应该把笔套管套上。You should put the cap
on the pen, and not allow it get dry.(《便览》1910:83)

b. 我草鞋脱出兑。My sandal is coming off.(同上,19)

c. 松江已经拔长毛破进兑。Sung-kông has been taken by
the rebels.(同上,148)

d. 葛个巴拉巴就是为拉城里造反杀人个案件,挐落牢监
个。Who for a certain sedition made in the city, and
for murder, was cast into prison.(路加 23:19,《便览》
1910:193)

e. 我将葛件事干告诉倍,倍勿要扬开。I will tell you this
affair, but you must not spread it abroad.(同上,79)

(48) a. 曹操惊倒来地上,近身服侍个人来救其出。(同上,224)

b. 就呕两边手下个人,拿其落牢监。(同上,216)

c. Tʻông-wông kyʻi-ping tsing-vah gyi, ken-gyi-cʻih. 汤王
起兵征伐渠,赶渠出。(《土话初学》1868:37)

d. 我已经求你个门徒赶葛个鬼出。(《路加福音》1853, 9:40)

在文献中也见到少数位移体置于整个述补结构后的。如:

(49) a. Gyi-lah dô-kô tsing-læ, ziu ken-cʻih Li-z-dzing. 渠拉大
家进来,就赶出李自成。(《土话初学》1868:45)

b. 华佗呕其挖大蒜汁三升喝之,吐出一梗蛇。(《便览》
1910:212)

c. 拨出其所带的着个的宝剑。(同上,210)

　　d. 先涨出碗盏，走到街里去也弗迟。There will be time enough to wash up the dished before you go on the street.(同上,103)

　　根据我们对《便览》(1910)、《土话初学》(1868)的统计,这三种结构合计 35 例,其中位移体居于 $V_1P_{nd}$ 前为 23 例,占比达 65.7％,前移的位移体具有话题属性。句法上 F 大多由光杆名词和指量名短语充当,分别如例(47a)至例(47c)和例(47d)至例(47e)。光杆名词倾向于表类指,不过,从例(47a)至例(47c)可见,句中光杆名词所指对象存在言谈现场或为说听双方共享知识或背景中,与例(47d)至例(47e)指量名所指一样,皆表确指或有定,属于已知信息,符合话题的语义语用特征。这些话题成分与 $V_1P_{nd}$ 构成致移事件表达中的 TV 结构。此外还有 $V_1P_{nd}F$ 和 $V_1FP_{nd}$ 结构,前者 7 例,约占 20.0％,后者 5 例,约占 14.0％。其中 $V_1FP_{nd}$ 结构从形式上类似递系式或兼语式,不过,$V_1$ 非兼语动词,$P_{nd}$ 在早期宁波话中也不再独用为趋向动词,尽管语义上与 F 构成主谓关系,但这类结构只能分析为述补式。虽然三类结构皆见用,但从趋向词所出现的词项来看,"出"出现的频率最高,特别是构成后两种词序,如例(48)、例(49),而其他趋向词少用。这也从一个方面反映了早期宁波话中 $V_1P_{nd}F$ 和 $V_1FP_{nd}$ 结构并不活跃的局面。

　　9.2.1.1.2　　$V_1P_d$

　　表原因动词与表指示的趋向词"来/去"组合带位移体时,主要有 $V_1FP_d$ 和 $FV_1P_d$ 两种结构,未见位于整个谓词之后的。其中 $V_1FP_d$ 实际上为连动式和述补式共享,即为同形异构式。如:

(50) a. 好抱我个片子去请其。You may take my card and go and invite him.(《便览》1910:47)

　　 b. 贼偷拉我个衣裳去兑。A thief stole away my clothes.(同上,44)

　　 c. 好抱亮来! Bring a light.(同上,2)

(51) a. 小人抱来放来你个胸管头里。Take the child and carry it in your bosom.(同上,120)

　　b. 葛个抲拉去！Take this away.(同上,2)

　　例(50a)仍为连动结构,"去"的施事主语为致移主体,也就是"抲"的施事者,"去"表示离开义,实在的位移动作,例(50b)"去"可理解为施事主语的实际位移,为连动结构,也可以理解为背向说话者的方向,为述趋式;例(50c)中"来"则只能表示朝向说话人的方向,补充说明"抱",作补语。$FV_1P_d$中$V_1P_d$为述补结构,如例(51)。从文献统计来看,$V_1FP_d$结构较为常用,两种文献中共33例,占比61.1%,而$FV_1P_d$21例,仅占比38.9%。$V_1FP_d$分布比例高,是否说明连动式常用来表致移事件呢？实际上,独立的连动式非常少见。如例(52)。大多连动式如例(50a),合计12例,占到$V_1FP_d$结构总数的三成多,而这类结构中的$P_d$已开始语法化为表目的助词。如例(53)。

　　(52) 抲茶来廊屋里。Bring tea.(《便览》1910:107)

　　(53) a. 抲一眼柴来生火。Bring a little wood and kindle the fire.(同上,46)

　　　　 b. 抲点黑水来刷火炉。Take some black-lead and clean this grate.(同上,111)

　　　　 c. 我口渴泡点茶来吃。I am thirsty, prepare a little tea for me to drink.(同上,122)

　　例(53a)至例(53c)中"来"的前后皆可停顿,若"来"后停顿,如例(53a、53b)仍可理解为由$V_1FP_d$与$V_2$构成的连动式,其中$V_1FP_d$中$P_d$已经可以分析为趋向补语,作$V_1$的卫星成分,也属于S框架型;若"来"前停顿,则包含了目的义,读轻声,可重新分析为表目的的助词。如例(53c)句中"来"很显然"实际上已是助词,像英语里不定式动词前的to"(赵元任1979:172),从原文献中英语对译来看也确实如此。可见,虽然$V_1FP_d$在结构上保留了连动式,但实际上可分析为E框架型的连动结构并不多。也就是说,尽管$V_1FP_d$分布率较高,但并不能说明早期宁波话中致移事件表达中仍以E型框架型为基本形式。

　　9.2.1.1.3　$V_1P_{nd}P_d$

　　复合趋向词作为动词卫星成分表致移事件时,与位移体共现,有三种词序,分别是"$FV_1P_{nd}P_d$""$V_1P_{nd}FP_d$"和"$V_1FP_{nd}P_d$"。如:

(54) a. 楼上吭啲座位,倍把蒽两把椅子搭上去! There are no seats upstairs; take up these two chairs.(《便览》1910:83)

b. 把蒽块牛肉等我拕落来! Take down that piece of beef for me.(同上)

c. 好把蒽个盘拕落去! You may take away this plate.(同上)

d. 把蒽一节书抄出来! Write out this verse.(同上)

e. 把羊腿挂起来! Hang up that leg of mutton.(《便览》1910:81)

(55) a. 挖出心来拨其吃之,也讨弗出好来。If I should tear out my heart and give him to eat, I could not please.(同上,104)

b. 靛青缸里拕弗出白布来。You cannot get white cloth out of an indigo dye pot.(同上,104)

(56) a. 泻一碗茶出来! Pour out a cup of tea.(同上,117)

b. 小人调觉兑,好抱其起来。The baby has wakened, you may take him up.(同上,82)

c. 许多官救其转来。(同上,203)

d. 倍要压我落来,我要压倍落去。You want to put me down, and I want to put you down.(同上,84)

e. 小人要上炕,倍好抱其拉上来。The child wants to get on the k'ang, pull him up.(同上,83)

从分布来看,$FV_1P_{nd}P_d$ 最多,两种文献中共 41 例,约占三者总数的 67.2%,其次是 $V_1FP_{nd}P_d$,有 14 例,约占 22.9%,最少的是 $V_1P_{nd}FP_d$,仅 6 例,约占 9.8%。三种结构中 $P_{nd}P_d$ 皆用作 $V_1$ 的补语成分。从各结构的分布率来看,该类与 $V_1P_{nd}$ 一样,皆以 F 居于谓词前为基本词序,即使仍可将 F 置于动词和趋向词之间,但趋向词只用作补语。

§9.2.1.1.1—§9.2.1.1.3,两节中七种结构,六种为典型的述补结构,即趋向词用作卫星成分编码路径,属于 S 框架型结构,仅 $V_1FP_d$ 结构似乎更像连动式,不过,真正的连动式已为数不多,大多已发展为 S 框架结构,一百多年前宁波话致移事件应该已属于较典型的 S 框架型语言了。

### 9.2.1.2　有生自移事件表达结构及词化类型

早期宁波话中有生自移事件的表达结构较为丰富,主要有:"$P_{nd}$""$P_{nd}$/到 $LP_d$""$P_{nd}P_d$""$V_1P_{nd}$""$V_1$(＋到)$LP_d$""$V_1P_d$"和"$V_1P_{nd}P_d$"等。这些结构可分为两大类:一类是趋向动词编码路径类,一类是趋向词作补语编码路径。下面对这两大类举例分析。

#### 9.2.1.2.1　趋向动词编码路径类

有生自移事件的表达中,早期宁波话简单趋向动词 $P_{nd}$ 或复合趋向动词 $P_{nd}P_d$ 可直接编码路径。不过,前者的成立须满足一定的句法条件,后者较为自由。

早期宁波话中 $P_{nd}$ 表自移事件,须构成 $P_{nd}L$ 结构。如:

(57) a. 阿拉上岸买点货色。We shall go on shore to buy some goods.(《便览》1910:126)

　　b. 东家已经落船兑。The master has already gone on board.(同上,148)

　　c. 我搭你聚队进城。I will go with you into the city.(同上,158)

　　d. 孔夫子话爹娘在,弗好出远门。Confucius says that whilst the parents are alive the sons ought not to go to distant places.(同上,165)

　　e. 过三四个礼拜我要归屋里。After three or four weeks I will return home.(同上,50)

从组合来看,搭配较为固定,与表处所的名词搭配大多构成双音节形式,具有词汇化倾向。

表指示的趋向词若要指明处所,用介词"到"引介,或者直接置于趋向词前。如：

(58) a. 吒㖸再到塘头来。Don't come here again.(《便览》
1910:15)

　　b. 呕一只渡船,我要到对江去。Call a ferry boat. I want
to pass over to the other side of the river.(同上,124)

　　c. 我想扬子江上头去。I am thinking of going up the
Yangtsze.(同上,136)

趋向词用作动词编码路径更常见的是复合式。如：

(59) a. 倍来下头等一等,我上去等倍问问看。Wait in the rear
till I go in and inquire for you.(《便览》1910:90)

　　b. 出来之,门锁锁好。When you go out, lock the door.(同
上,112)

　　c. 倍屋里去看看要紧早点归来。When you go home for a
visit, be sure and come back early.(同上,90)

　　d. 你现在可以去,但是就要转来。You can go now, but
you must return immediately.(同上,152)

当带处所时,处所词也可在路径和指示趋向词之间。如：

(60) a. 其上船去兑。He has gone on board.(《便览》1910:12)

　　b. 东家出门去买货去兑。The master has gone out of
town to buy goods.(同上,132)

### 9.2.1.2.2　趋向词作补语编码路径类

早期宁波话中趋向词用作方式动词的补语成分,编码路径十分
自由,也更普遍。有"$V_1P_{nd}(L)$""$V_1P_{nd}/$到$LP_d$""$V_1P_d$"和"$V_1P_{nd}P_d$"
等结构。如：

(61) a. 东家刚刚走出。The master has just gone out.(《便览》
1910:159)

　　b. 请你明朝早一眼爬起,我有一件事干托倍。Will you
please get up a little earlier tomorrow? I have some
business to entrust to you.(同上,81)

    c. 我有一个顶闹热个故事，倷坐担落，我讲拨倷听。I know a very interesting story, sit down and I will tell it to you.(同上,74)

    d. 蒀两样好和担拢。Mix these two togcther.(同上,26)

例(61c、61d)中"担"见于祈使句中连接"$V_1$"与趋向补语,起着舒缓命令或祈使语气的作用,并无实际意义。

若需要说明处所,处所词后接于趋向词,如例(62a)至例(62d),或用表终点的介词"到"引介。如例(63a、63b)。

(62) a. 你终弗能够走出牢监。Thou shalt by no means come out thence.(《便览》1910:182)

    b. 耶稣看见蒀许多人就走上山登,坐落,门徒走拢来。And seeing the multitudes, he went up into a mountain, and when he was set, his disciples came into him.(同上,180)

    c. 但是你祷告时候该走进自己个房里,门关之,求求你个天父。But thou, when thou prayest, enter into thy closet, and when thou hast shuy thy door, pray to thy Father.(同上,187)

    d. 你拉断不能够走进天国里去。ye shall in no case enter into the kingdom of heaven.(同上,181)

(63) a. 蒀只狗弗晓得跑到阿里去兑。I wonder where that dog has run to.(《便览》1910:77)

    b. 我要走到桥蒀边去。I shall walk to the other side of the bridge.(同上,159)

$V_1P_{nd}L$ 结构只见于《圣经》宁波土白译文,该结构很可能受到《圣经》官话译本的影响,并非地道的宁波土白,用"到"引介处所的结构为宁波话地道的口语形式。

表指示的趋向词在方式动词后表位移方向时,常用完成体标记"拉"连接。如:

(64) a. 张先生个牲口跑拉去兑。Mr. Chang's animal ran away
　　　 (or, had run away).(《便览》1910:44)

　　 b. 其已经搬拉去兑。He has already moved away.(同上)

　　 c. 孙姿已经奔拉去告诉其个阿娘。Shing-tsi has(or had) al-
　　　 ready run off to tell his mother.(同上,45)

　　"拉"为早期宁波话表完成义体标记。"拉"用来连接 $V_1$ 与趋向
补语时,仍保留了实现义,不过,并不影响 $V_1$ 与趋向词之间的述补
关系,也没有增加新的意义。如例(64a)至例(64c)。

　　复合趋向词作方式动词补语成分表路径,在句法上更自由,也更
常见。如:

(65) a. 介好天家,倷该走出去,走走散散心。In such pleasant
　　　 weather as this, You ought to go out for exercise and
　　　 recreation.(《便览》1910:89)

　　 b. 泥水姜司务从屋上跌落来,跌伤拉一只手骨。Chiang,
　　　 the mason, fell off the house and broke one of his
　　　 arms.(同上,100)

　　 c. 到之半路就走转来。Having gone half the way, he
　　　 then returned.(同上,147)

　　 d. 许多文官等武官快快来救其,屯半个时辰,方才醒转来。
　　　 (同上,204)

　　 e. 走担拢来! Come here.(同上,1)

　　以上各类表有生自移事件的结构类型在两种文献中的分布情况
见表 9-6。

　　　　　表 9-6　早期宁波话中有生自移事件表达结构分布表

| 词化模式 | 结　　　构 | 分布数量及比例 | 总计及比例 |
|---|---|---|---|
| 趋向动词编码路径 | $P_{nd}$ | 7(5.5%) | 60(47.2%) |
|  | $P_{nd}LP_d$/到$+LP_d$ | 4:27(24.4%) |  |
|  | $P_{nd}P_d$ | 22(17.3%) |  |

| 词化模式 | 结　　　　构 | 分布数量及比例 | 总计及比例 |
|---|---|---|---|
| 趋向补语编码路径 | $V_1P_{nd}$ | 12(9.4%) | 67(52.8%) |
| | $V_1P_{nd}LP_d/V_1$ 到 $LP_d$ | 8:6(11.0%) | |
| | $V_1P_d$ | 3(2.3%) | |
| | $V_1P_{nd}P_d$ | 38(29.9%) | |

　　由表 9-6 可知,早期宁波话自移事件表达中最常见的是 $V_1P_{nd}P_d$ (占比达 29.9%),其次是 $P_{nd}LP_d$ 和"(到＋)$LP_d$"(二者共占 24.4%)。从整体上来看,趋向词作方式动词卫星成分编码路径已经胜出。

### 9.2.1.3　无生自移事件表达结构及词化类型

　　一百多年前宁波话中无生自移事件不再能单独用趋向动词表路径,须用述趋式表达,结构类型也更统一。仅 $V_1P_{nd}$ 和 $V_1P_{nd}P_d$ 两种。如:

（66）a. 我手套跌落兑。I have dropped my glove.(《便览》1910:21)

　　　b. 价钱弗曾讲落。The price is not settled.(同上,134)

　　　c. 可恨有一本青囊书,弗曾传落来世界上。(同上,218)

（67）a. Yüing li-hyiang yiu ih-kwu ky'i pao-c'ih-læ we fah-kwông, ziu-z Sin-din. 云里向有一股气爆出来会发光,就是闪电。(《土话初学》1868:35)

　　　b. Yüih-liang c'ih-go z-'eo, hæ-li-go shü keng-leh gyi tsi-ang-zông-læ; yüih-liang lôh-sæn-go z-'eo, keng-leh gyi t'e-lôh-ky'i. Keh ziu-z kyiao-leh Dziao-shü. 月亮出个时候,海里个水跟勒其涨上来,月亮落山个时候,跟勒其退落去。葛就是叫勒潮水。(同上,36)

　　　c. 华佗用一把刀割开,一只黄黄个麻雀飞拉起兑。(《便览》1910:214)

　　　d. 有多少样数货色从上海载出去。(同上,139)

　　e. Gyi-go z-'eo Cong-koh-go di-ka t'e-k'æ-ky'i. 渠个时候
　　中国个地界推开去。(《土话初学》1868:41)

　　从分布来看,$V_1P_{nd}$仅见 6 例,且都以"落"为补语,而 $V_1P_{nd}P_d$ 有
23 例,作补语的复合趋向词也较多。可见,早期宁波话无生自移事
件已属于典型的 S 框架了。

　　从早期文献中三类位移事件表达的结构来看,宁波话中无生自
移事件只能用动词的卫星成分表位移,属于典型的 S 框架;其次是表
致移事件,除了"$V_1FP_d$"结构仍残留 E 型框架外,其他结构皆为典型
的 S 型框架;也可以说,这两类位移事件皆已发展为典型的 S 型框架
了,仅有生自移事件仍可用趋向动词编码路径,不过,从句法自由度
和使用频率来看,述趋式也已为优势表达,即 S 型框架已胜出。据此
看来,早期宁波话位移事件的词化类型具有混合性,但 S 型框架特征
更突出。

### 9.2.2　早期宁波话与上海话、官话位移事件词化类型比较

　　一百多年前宁波话位移事件词化类型具有混合性,今普通话亦
如此,柯理思(2003)指出汉语表示致使位移时必须用述趋式,有生自
移事件能用趋向动词和述趋式两种表达方式,无生自移事件则常用
述趋式。那么一百多年前宁波话与官话或其他方言位移事件词化类
型有什么不同呢? 特征因比较而显,所以下面我们尝试对比一百多
年前宁波话、上海话和官话表达同内容位移事件的结构,进一步明确
宁波话位移事件的词化类型特征,并讨论词化类型演变的机制或制
约因素。

　　《圣经》方言译本,"为不同方言的共时比较提供了宝贵资料。方
言共时比较的前提,是必须有用不同方言记录下来的内容或项目一
致的资料。方言《圣经》是非常理想的资料,真可以说是天造地
设……排比这些资料就可以研究各历史时期方言的异同,特别是词
汇和语法方面的异同。如此理想的资料,舍方言《圣经》别无可求"
(游汝杰 2002:35, 36),故笔者拟利用《路加传福音书》的宁波话、上

海话和官话译本考察同一位移事件的表达结构,并结合统计和对比分析,进一步观察早期宁波话位移事件词化类型特征,笔者选取《路加传福音书》的原因是,该卷书是《新约》四福音书中篇幅最长、字数最多、故事性最强的传记。

### 9.2.2.1　有生自移事件表达结构比较

一百多年前宁波话有生自移事件较同时期官话、上海话更倾向使用述补结构表达,即官话和上海话直接用趋向动词编码路径,而早期宁波话则以方式动词出现为常,趋向词更常用作卫星成分来编码位移路径。主要有两种情况:一是官话或上海话中用简单趋向词带处所词,早期宁波话则用方式动词与表路径趋向词的组合表达;二是官话和上海话用复合趋向词表达,早期宁波话也用述趋式。以下例句皆选自《路加传福音书》。如:

(68) a. Yiæ-su teng gyi-lah dô-kô tseo-lôh sæn. 耶稣等其拉大家走落山。(《路加福音》1853,6:17,宁波话)

　　 b. 耶稣和他们下了山。(官话,1919)

　　 c. 耶稣同伊拉下山。(上海话,1913)

(69) a. We-leh nying to, ts'eng-feh-c'ih dæ gyi-tsing ky'i-go fông-fah, ziu tseo-zông oh-teng. 为勒人多,忖弗出抬佢进去个方法,就走上屋登。(《路加福音》1853,5:19,宁波话)

　　 b. 却因人多,寻不出法子抬进去,就上了房顶。(官话,1919)

　　 c. 为之人多,勿能抬进去,就上屋。(上海话,1913)

(70) a. Ing-we ng môńg-môńg ngô-go sing-hyiang ih-tseo-tsing ngô ng-to-li. 因为你问问我个声响一走进我耳朵里。(《路加福音》1853,1:44,宁波话)

　　 b. 因为你问安的声音一入我耳。(官话,1919)

　　 c. 因为侬请安个声气,一进我耳朵。(上海话,1913)

(71) a. I tsi-s-go kwe-kyü, ts'iu-ts'in ts'iu-djôh gyi tseo-tsing

Cü-go sing-din-li, ky'i tin-hyiang.依祭司个规矩,抽签抽着其走进主个圣殿里,去点香。(《路加福音》1853,1∶9,宁波话)

b. 照祭司的规矩掣签,得进主殿烧香。(官话,1919)

c. 依照祭司个规矩,拔之签,得着到主个殿里去烧香。(上海话,1913)

(72) a. Yiæ-su nyin-tæn-cün teng gyi lah wô. 耶稣逆担转等其拉话。(《路加福音》1853,23∶28,宁波话)

b. 耶稣转身对她们说。(官话,1919)

c. 耶稣旋转身来对伊拉话。(上海话,1913)

(73) a. Ying-ping tseo-læ, do ts'u peh gyi kyüoh. 营兵走来,挖醋拨其吃。(《路加福音》1853,23∶36,宁波话)

b. 兵丁也戏弄他,上前拿醋送给他喝。(官话,1919)

c. 兵丁也戏弄伊,来拿醋拨拉伊。(上海话,1913)

例(68a)至(73a),早期宁波话用 $V_1 P_{nd}$ 或 $V_1 P_d$ 表达,而官话则直接用简单趋向动词编码路径,如例(68b)至(73b),上海话与官话更一致,如例(68c)至(70c)和例(73c)直接用简单趋向词表路径,仅例(71c)采用"到 $LP_d$"结构,例(72c)采用述补式,与宁波话相似。

(74) a. Wa-yiu kyü dzong hyü-to nying sing zong tseo-c'ih, hyiang-hyiang eo-ky'i-læ, wô, Ng z Jing-ming-go Ng-ts Kyi-toh. 还有鬼从许多人身上走出,响响呕起来,话:"你是神明个儿子基督。"(《路加福音》1853,4∶41,宁波话)

b. 又有鬼从好些人身上出来,喊着说:"你是神的儿子。"(官话,1919)

c. 又有鬼从多化人身体里出来,喊咾话:"侬是上帝个儿子。"(上海话,1913)

(75) a. t'in-s tseo-tsing, teng gyi wô, teh-djôh eng-we-go nyü-nying, kong-hyi! 天使走进,等其话:"得着恩惠个女人,恭喜!"(《路加福音》1853,1∶28,宁波话)

  b. 天使进去,对她说:"蒙大恩的女子,我问你安。"(官话,1919)

  c. 天使进去对伊话:"受大恩典个小姐呀,请安。"(上海话,1913)

(76) a. teng wô, Bô-kẏi-læ tseo, 'ah-li ih-yiang yüong-yi? 等话:"爬起来走,阿里<sub>哪里</sub>一样容易?"(《路加福音》1853,5:23,宁波话)

  b. 或说:"你起来行走,哪一样容易呢?"(官话,1919)

  c. 还是话:"起来走,哪里一样容易?"(上海话,1913)

(77) a. kyi-kying tseo-ċih-læ-de, feh we teng gyi-lah kông. 既经走出来兑,弗会等渠拉讲。(《路加福音》1853,1:22,宁波话)

  b. 及至他出来,不能和他们说话。(官话,1919)

  c. 伊出来之末,勿能对伊拉白话。(上海话,1913)

  例(74a)至(77a)早期宁波话用 $V_1P_{nd}$ 和 $V_1P_{nd}P_d$ 结构表达,而对应的官话和上海话则直接用复合趋向动词编码路径,如(74b)至(77b)、(74c)至(77c)。

  下面我们对《路加福音》的宁波话、官话和上海话的译本中有生自移事件的表达结构进行统计,见表9-7。

表 9-7　早期宁波话、官话和上海话有生自移事件表达结构分布表

| 方　言 | 有生自移事件表达结构 | | | | | | |
|---|---|---|---|---|---|---|---|
| | 趋向动词编码路径 | | | 趋向补语编码路径 | | | |
| | $P_{nd}$ | $P_{nd}$／到＋L＋$P_d$ | $P_{nd}P_d$ | $V_1P_{nd}$ | $V_1P_{nd}$／到＋L＋$P_d$ | $V_1P_d$ | $V_1P_{nd}P_d$ |
| 宁波话 | 7 | 12 | 16 | 63 | 20 | 2 | 69 |
| | 35(18.5%) | | | 154(81.4%) | | | |
| 官　话 | 47 | 23 | 104 | 11 | 4 | 1 | 7 |
| | 174(88.3%) | | | 23(11.6%) | | | |
| 上海话 | 32 | 21 | 106 | 7 | 1 | 2 | 18 |
| | 159(85.0%) | | | 28(14.9%) | | | |

由表 9-7 可知,早期宁波话中有生自移事件表达结构采用趋向补语,即方式动词卫星成分编码路径已为基本形式,占比 81.4%,而同时期官话、上海话用趋向动词编码路径的倾向仍占有绝对优势,皆占比超过八成。这与早期宁波话形成较鲜明的对比。若从《路加福音》译本来看,早期宁波话有生自移事件表达结构很显然已属于较典型的 S 型框架了,尽管仍有约 18.5% 用趋向动词编码路径。

#### 9.2.2.2 致移事件表达结构比较

由 §9.2.1.1 可知,早期宁波话致移事件表达结构多达七种,其中仅"$V_1FP_d$"还可分析为连动式和述补式共享型,其他皆只能分析为述趋式。《路加福音》译本语料表明早期宁波话致移事件的表达结构中,即使是 $V_1FP_d$ 结构也不及官话和上海话常见,或者不表达为"$V_1FP_d$"结构,如例(78)至例(80),官话和上海话采用 $V_1FP_d$ 结构,宁波话则不用;或者因位移体前移倾向更强而采取更典型的述趋式谓词结构,如例(81)、例(82),官话和上海话仍用 $V_1FP_d$ 结构,而宁波话用处置介词提宾式,使得原因动词和趋向词在结构上形成更典型的述补式,充当谓语。如:

(78) a. 拿一个银钱来给我看。(《路加福音》1919,20:24,官话)

　　 b. 拿一块银钱来拨我看。(上海话,1913)

　　 c. Do ih-kw'e fæn-ping peh ngô k'en. 挖一块番饼拨我看。(宁波话,1853)

(79) a. 就领一个小孩子来,叫他站在自己旁边。(《路加福音》1919,9:47,官话)

　　 b. 捧一个小囝来,立拉伊旁边。(上海话,1913)

　　 c. ling-leh ih-go siao-nying, peh gyi lih-læ zi-go sing-pin. 领勒一个小人,拨其立来自个身边。(宁波话,1853)

(80) a. 便去另带了七个比自己更恶的鬼来,都进去住在那里。(《路加福音》1919,11:26,官话)

　　 b. 就去另外合七个比之自家更恶个鬼一淘进去住拉。(上海话,1913)

c. yi eo-leh tsʻih-go kyü pi gyi zi wa ôh go, tseo-tsing keh-deo kyʻi deng-lôh. 亦呕勒七个鬼比其自还恶个,走进葛头去庵落。(宁波话,1853)

(81) a. 带耶稣去的时候。(《路加福音》1919,23:26,官话)

　　b. 拉耶稣去个时候。(上海话,1913)

　　c. Gyi-lah pô Yiæ-su tʻo-leh kyʻi z-ʻeo.其拉把耶稣拖勒去时候。(宁波话,1853)

(82) a. 有人夺你的东西去,不用再要回来。(《路加福音》1919, 6:30,官话)

　　b. 拿侬物事去个,勿要讨还。(上海话,1913)

　　c. Pô ng-go tong-si deh-leh-kyʻi cü-kwu, m-nao tʻao-gyi-wæn. 把我个东西夺勒去主顾,呒恼讨其还。(宁波话,1853)

　　一百多年前官话或上海话用方式动词和趋向词构成连动结构来表达致移事件,而宁波话中趋向词并不能在连动式中单独充当 V₂,如例(83c)、例(84c)中趋向词只能与其他方式动词构成述补结构做 V₂。

(83) a. 进了圣殿,正遇见耶稣的父母抱着孩子进来。(《路加福音》1919, 2:27,官话)

　　b. 进之殿,耶稣个爷娘抱之小团进来。(上海话,1913)

　　c. Tseo-tsing sing-din-li kyʻi, tsing hao Yiæ su tia-nyiang bao-leh na-hwun tseo-tsing-læ.走进圣殿里去,正好耶稣爹娘抱勒奶欢走进来。(宁波话,1853)

(84) a. 那人……起来,拿着他所躺卧的褥子回家去。(《路加福音》1919, 5:25,官话)

　　b. 起来,拿之伊睏拉上个物事唥归去。(上海话,1913)

　　c. Bô-kyʻi, do-leh kwʻeng-go tong-si, tseo-kyü zi oh-li kyʻi.爬起,抲勒睏个东西,走归自屋里去。(宁波话,1853)

　　例(83a)、例(84a)官话和例(83b)、例(84b)上海话中趋向词作连动结构的 V₂,表位移路径。如例(83b)上海话用承接连词"唥"连接前后动作,该结构仍可看作句法性连动式,由趋向动词编码位移路径。而宁波话 $V_2$ 位置上用 $VP_{nd}P_d$ 或 $VP_{nd}$ ,应看作两个分句更合适,不宜再看作连动结构。

综上可见,致移事件表达中早期官话在连动结构中趋向词仍可作为动词编码路径,以致 Slobin(2004,2006),Zlatev & Yangklang (2004)、陈亮、郭建生(Chen & Guo 2009)等认为汉语位移事件词化类型属于 E 型即均等框架型(Equipollently-framed language)或广义均等构架语言(阚哲华 2010),早期上海话使用连动结构时仍保留连词,连动结构表致移事件似乎较官话演变更慢,然而早期宁波话中趋向词在表致移事件时用作动词编码路径的概率较官话和早期上海话都要低,如上所见,或者不表达为连动式,或者表达为述趋式了。

因无生自移事件表达结构在早期宁波话、官话中皆已不具有 E 或 V 型框架特征,即通常用述补结构表达,故不做比较。

由对比可知,不管是有生自移还是致移事件,早期宁波话较同时期官话和上海话,其趋向词用作动词补语编码路径的特征更显著,也就是说,早期宁波话位移事件的词化类型具有较同时期官话和上海话更显著的 S 框架特征。

### 9.2.3　宁波话位移事件词化类型特征的成因

早期宁波话位移事件词化类型特征以及与同时期官话、上海话词化类型之间的差异,说到底是由促成词化类型发展或演变的制约机制上的差异造成的,因此,方言位移事件词化类型典型性上的差异是探讨汉语位移事件词化演变机制的重要窗口。下面我们试图通过探讨早期宁波话具有更典型的 S 框架特征的成因,进一步讨论位移事件词化类型演变中的相关机制及其作用。

姚玉敏(Yiu 2014a,2014b)对比了吴语上海话、闽语福清、惠安、潮安和粤语位移事件表达结构中与 VO 词序有关的结构,主要包括有生自移和致移事件表达结构中的九种类型。具体见表 9-8。

### 表 9-8　位移事件表达结构中的 VO 词序

| 有生自移 | | 致移 | |
|---|---|---|---|
| 简单趋向词 | 复合趋向词 | 简单趋向词 | 复合趋向词 |
| ① $V_{nd}+L$ | | ⑥ $V_{nd}+O$ | |
| ② DirD+L | | | |
| ③ $V+C_{nd}+L$ | ⑤ $V+C_{nd}+C_d+L$ | ⑦ $V+C_{nd}+O$ | ⑨ $V+C_{nd}C_d+O$ |
| ④ $V+C_d+L$ | | ⑧ $V+C_d+O$ | |

　　姚玉敏(Yiu 2014a,2014b)指出,表 9-8 中的九种结构,吴语上海话仅允许⑦—⑨三种结构成立,较其他方言显示出最弱的 VO 语序特征。而上海话位移事件词化类型在从 V 框架演变为 S 框架中走得最快。从一百多年前宁波话来看,仅结构③、⑨见于文献,如例(49)和例(62),且这两种结构皆出现于由官话译成的土白中,有借用官话之嫌。也可以说,早期宁波话就位移事件表达结构来看,VO 语序特征较上海话更弱。而由§9.2.2 来看,早期宁波话较同时期上海话位移事件词化类型的 S 型特征更典型,进一步验证了姚玉敏(Yiu 2014a,2014b)所提出的 VO 语序特征与位移事件词化类型之间具有相关性的观点。不过,动宾语序的强弱为何会影响到位移事件词化类型的演变呢?姚玉敏(Yiu 2014a,2014b)未就动宾语序与词化类型之间的相关性做进一步解释。下面我们尝试利用早期宁波话及同时期上海话和官话语料进行讨论。

　　位移事件中典型的受事主要是致移事件中的位移体,致移主体即施动者通过致移动作($V_1$)导致位移体产生某种位移。因此,由位移体和谓词所构成的用来表达致移事件的各类结构是该语言或方言基本词序(VO)的具体表现。由§9.2.1.1 所述,一百多年前宁波话表致移事件的结构类型来看,充当受事的位移体在各类结构中以前置于述补结构为基本形式,前移的受事绝大多数用指量名和光杆名词充当,皆表确指对象,充当话题或处置介词宾语。《便览》(1910)和《土话初学》(1868)中致移事件结构的 TV 和 VO 分布情况见表 9-9。

**表 9-9　早期宁波话致移事件结构中 TV 和 VO 词序的分布ⁱ**

| 结　　构 | $V_1P_{nd}$ | | $V_1P_d$ | | $V_1P_{nd}P_d$ | |
|---|---|---|---|---|---|---|
| 带宾语词序 | TV 或 PreO | VO | TV 或 PreO | VO | TV 或 PreO | VO |
| 分　布 | 23(65.7%) | 12(34.3%) | 21(55.3%) | 17(44.7%) | 41(67.2%) | 20(32.8%) |

ⅰ 表中 $V_1P_d$ 不包括 $V_1FP_dV_2$ 结构。

由表 9-9 可见,以上三类结构带位移体时,话题结构和由处置介词介引的前置受事已成为一种基本结构,平均占比超六成,而 VO 语序,即使不排除借用官话的情况,在早期宁波话中也只是一种次要结构。从位移事件表达结构来看,早期宁波话 VO 语序弱是因为受事话题化倾向强。

从《路加福音》的译文来看,较之官话和上海话,致移事件的表达结构,宁波话用受事话题结构也更为常见。如:

(85) a. Ky'üoh-dzing-go ling-se siu-jih-long wa-yiu jih-nyi læn.吃剩个零碎收拾拢还有十二篮。(《路加福音》1853, 9:17,宁波话)

　　 b. 把剩下的零碎收拾起来,装满了十二篮子。(官话,1919)

　　 c. 收拾剩下个零碎。(上海话,1913)

(86) a. ziu hao teng keh-cü fong-jü wô, keng-deo bah-ky'i cong-leh hæ-li.就好等葛株桑树话:"根头拔起种勒海里。"(《路加福音》1853, 17:6,宁波话)

　　 b. 就是对这棵桑树说:"你要拔起根来,栽在海里……"(官话,1919)

　　 c. 就是吩咐第棵桑树:"连根拔起来咾种拉海里……"(上海话,1913)

例(85a)、例(86a)宁波话中位移体皆为说听双方已知对象,如例(86a)"根头"所指对象也由上文提及的"葛株桑树"可推知。可见,早期宁波话较同时期官话和上海话由位移体充当的受事有强烈的前置倾向。

受事前置倾向强突出表现在所指无定的受事成分也出现了前置。如：

(87) 一把椅子摄来。Bring a chair.(《便览》1910:4)

例(87)前置的受事"一把椅子"出现在孤立状态下,并无语境为之提供相关信息,对言谈者来说,也看不出有任何共享背景知识可以明确"一把椅子"所指的到底是哪一把,似乎也无须明确具体的所指对象,很显然这里的"一把椅子"只表无定对象,为受事宾语而非话题。在 VO 语言中其常规的句法位置应该在动词后作宾语,而在宁波话中出现前置,我们推测这很可能是受受事话题化结构的类推作用形成的,即在受事前置这种强烈的倾向下,表有定的受事优先选择动前位置,而表无定的受事在这种选择倾向的影响下也前移,出现真正的 OV 结构,不过,这样的句子在文献中并不多见。林素娥(2015a:42)以《便览》(1910:1—178)为语料,发现一百多年前宁波话中数量名短语充当前置宾语的仅 4 例,占比约 11.8%,大多仍为动后宾语,计 30 例,占比约 88.2%。

不管是 TV 还是 OV,从结构上来看,在致移事件中都因位移体前移使得表原因的动词与趋向词相邻,为趋向词重新分析为补语提供了句法条件,随着趋向词语义指向位移体而非致移体,就形成了[原因动词＋卫星成分]的框架,即用卫星成分编码位移体路径,随之发展为更典型的 S 型框架语言或方言。而就宁波话来看,很显然,TV 结构而非 OV 结构是致移事件表达的基本结构,从这一基本结构与宁波话位移事件的强 S 型框架特征的一致性来看,可以说,话题化是导致位移事件从 V 或 E 框架演变为 S 型框架的重要因素。

从汉语史来看,话题化也是汉语位移事件词化类型演变的因素之一。梁银峰(2007:15)指出,汉魏时期"$V_t$＋去"带受事宾语时,常用"$NP_1$＋$V_t$＋$NP_2$＋去"结构表达,不过,也开始出现"$NP_2$"前移为话题的格式"$NP_2$＋$NP_1$＋$V_t$＋去",史文磊(2011b, 2014a:54,

98)也赞同"NP₂"的话题化对"去"语法化的推动作用。即从汉语史研究成果来看,他移事件中位移体因话题化作用而前移,"来/去"语法化为补语,且从上古到中古,"因指向信息从隐含于语境转为由显性形式标记"(史文磊 2011b,2014a:157),使得"来/去"在"V＋来/去＋O"结构中进一步明确其语义句法功能。可见,一百多年前宁波话致移事件的强 S 型框架特征与强话题化倾向也再次验证了话题化对于汉语位移事件词化类型演变的重要作用。据此推测,话题化的强弱与位移事件词化类型具有相关性。

　　话题化倾向强使得一百多年前宁波话致移事件具有强 S 型框架特征,那么为何早期宁波话有生自移事件的词化类型较之同时期官话和上海话也会具有更强的 S 型框架特征呢? 贝罗贝(Peyraube 2006:128)、梁银峰(2007)、魏兆惠(2005)、史文磊(2014a:51—52)等认为自移事件动趋结构产生的重要触发因素是位移体从动词前后置于宾语,其演变格式为:NP_{动体}＋V₁＋V₂→V₁＋V₂＋NP_{动体}。自唐以后越来越多的核心动词后开始带补语(来/去),表达指向信息。其演变例示为(史文磊 2011b):V＞V＋来/去(如:"出＞出来/去""入＞进来/去");V＋O＞V＋O＋来/去(如:"之、适、如、至＋O"＞"到＋O＋来/去","奔/走至＋O"＞"跑到＋O＋来/去")。"当趋向动词V₂后出现了动体时,它就不再倾向于看成独立的句法实体,导致两个动词之间的句法边界被削弱,开始向一个句法成分整合。久而久之,V₂从主要谓语发展为次要谓语,转为 V₁ 的补语。其定型大约在中古后期"。史文磊(2014a:52)一方面同意"动体后移对动趋结构产生的触发作用",并构拟其演变过程为:

$$
\begin{array}{ccccc}
\text{NP}_{动体}＋\text{V}_1＋ & & \text{V}_1＋\text{V}_2＋ & \text{V}_1＋\text{V}_{补语}＋ & \text{NP}_{动体}＋\text{V}_1＋ \\
\text{V}_2＋(\text{NP}_{背景}) & \longrightarrow & (\text{NP}_{动体}) & \longrightarrow\;(\text{NP}_{动体}) & \longrightarrow\;\text{V}_{补语} \\
& \text{运动焦点化} & \text{V}_2\,\text{语法化} & \text{格式类推} &
\end{array}
$$

另一方面他也指出"从文献记载所显示的汉语来看,一直都是以 SVO 为主导语序。我们猜测,动体的后移很可能源于语用的需要。

譬如在叙述'忽然十字地烈(裂),涌出一人'的时候,'一人'后置并非任意为之,而是承接'忽然地裂'事件之突发,强调'涌出'在先、动体后现这样一个认知过程"。该文还认为"动体后移仅仅是 $V_2$ 语法化的诱因之一,语法化的促发因素还有其他来源,其过程也往往要经历相当长的时间才能完成"。

　　不过,对这一过程,我们认为仍有可商榷之处。首先,词或结构发生语法化的重要条件之一是高频使用,而动体后移很显然在古汉语甚至现代汉语及其方言中都只是一种次要结构,正如史文磊所言,只是带有特定语用色彩的结构,并非高频使用的结构,作为一种非高频使用的结构,即使触发了语法化,要类推到基本结构或高频结构中也是困难的,需要其他促发因素的可能性很大。其次,由"来/去"语法化为运动方向时,应双音化要求常与表路径的趋向词构成复合词,这些复合趋向词在汉语中仍可以作为动词编码路径,在自移事件中仍表现了 V 型语言的特征,只有表方式的动词后接表指示或到达的补语成分表明,汉语朝着 S 型语言演变。如在早期宁波话自移事件表达结构中,主要是"$V_{方式}$ ＋趋向补语",即"$V_1P_{nd}$""$V_1P_d$"和"$V_1P_{nd}P_d$"等结构。而这种动趋结构与致移事件表达中"$TV_1$ ＋趋向补语"的结构是一致的,这种相似性不能不让我们怀疑自移事件表达向着 S 型框架演变与致移事件中"$TV_1$＋趋向补语"结构的发展不无关系。也就是说,话题化导致致移事件表达从连动式发展为动趋式,而作为一种基本结构,具有类推性,即"$V_1$"从致移动词(也是及物动词)经由类推扩散到其他动词(方式动词,如走、爬、跳、飞等),这样,致移事件"V＋趋向补语"结构对自移事件表达中的"$V_1$＋趋向补语"的形成和发展起到推动作用,这就能解释为何早期宁波话话题化倾向强也会导致有生自移事件表达的强 S 型框架特征。冯胜利(2002)、贝罗贝(Peyraube 2006)、梁银峰(2007)、史文磊(2010,2011b,2014a,2015)和史文磊、吴义诚(Shi & Wu 2014)等先后指出"来/去"在表他移事件的连动结构中更容易补语化,而其语法化的句法环境就是"$NP_2＋NP_1＋V_t＋$去"。如(梁银峰 2007:52):

(88)舍中财物,贼尽持去。(《百喻经·奴守门喻》)

例(88)受事作话题,句中"去"可两解,一是表自主事件中动体的趋向运动,一是表句首话题的运动趋向,"去"与"持"紧密结合,逐渐被重新分析为趋向补语。在表致移的及物动词后重新分析为补语,随之类推至非及物动词。史文磊(2014a:113,2015)指出,中古以后,"来/去"在他移事件(即致移事件)中发生的语法化演变,促生了大量的附加语构架型结构,即路径信息由动词的附属成分编码。这也成为汉语从 V 型框架语言向 S 型框架语言演变的重要证据之一。

据此,我们认为话题化倾向与位移事件词化类型具有相关性。就官话、上海话和宁波话来看,一百多年前宁波话话题化倾向强,则位移事件 S 型框架特征也更典型,而官话和上海话话题化倾向较宁波话弱,则位移事件 S 型框架特征的典型性弱于早期宁波话。当然该相关性仍需要进行跨方言的对比研究来验证。而从演变机制来看,早期宁波话位移事件词化类型的强 S 框架型特征,也进一步验证了话题化在汉语位移事件词化类型从 V 框架型演变为 S 框架型中的重要作用。

### 9.2.4　小结

以西儒宁波话课本和《圣经》译文为语料,我们考察了一百多年前宁波话位移事件的表达结构及其类型特征。总体上来看,一百多年前宁波话位移事件词化类型属于混合型,既有 V 和 E 框架型特征,也有 S 框架型特征。如有生自移事件仍可用复合趋向动词直接编码位移路径,表致移事件的个别结构仍保留了连动式,趋向词可用作连动结构中的 V₂ 编码位移路径,不过,在表无生自移和绝大多数的致移事件的结构中,趋向词只能作为方式或原因动词的补语成分,即卫星成分编码路径,因此,一百多年前宁波话位移事件词化类型其实已经是一种较典型的 S 框架型语言了。

一百多年前宁波话位移事件表达结构与同时期官话、上海话的对比,也表明了一百多年前宁波话位移事件词化类型的 S 型框架倾向强烈,而这种强烈的 S 型框架倾向与宁波话话题化倾向强直接相关。就致移事件的表达结构来看,一百多年前宁波话位移体前移构成话题结构即 TV 式十分常见,也是一百多年前宁波话基本句法结构,而位移体的前移为连动式发展成述补式提供了句法条件,大大推进了汉语位移事件从 V 或 E 型框架演变为 S 型框架,且一百多年前宁波话致移事件中话题化倾向较同时期上海话、官话更强烈,因此其 S 型框架特征较官话和上海话也更突出。

　　据此可知,一百多年前宁波话位移事件词化类型特征进一步验证了话题化在汉语位移事件词化类型从 V 或 E 型框架向 S 型框架演变过程中的重要作用,也表明话题化与位移事件词化类型之间的相关性。当然这种相关性还有待进行跨方言比较研究的验证。

# 9.3　早期吴语位移事件词化类型比较

　　由 §9.2.2 可知,一百多年前宁波话和上海话位移事件词化类型存在较明显的差异,那么这种差异是否只存在于这两个方言间呢,还是反映了吴语内部位移事件词化类型的差异呢?同时,由 §9.2.3 得知话题化与 S 型框架之间具有相关性,这也有待在跨方言对比中进一步讨论,因此本小节拟选取吴语苏州话、上海话、宁波话、台州话、温州话等五地方言位移事件进行对比观察。笔者拟以《路加传福音书》的官话(1919 年版)、苏州话(1923 年版)、上海话(1913 年版)、宁波话(1853 年版)、台州话(1897 年版)和温州话(1894 年版)译本(下文例句皆出自这些文献,不再一一标明年代)为语料,逐一排比同一事件的各方言表达,观察它们表达结构的同异。当然作为译文,自然多少会受到原著或其他参照译本(主要是官话译本)的影响,如温州土白译文中借用官话处置标记"把",不过,仍反映了温州话的语序,因为用"把"字标记的成分为表定指的受事成分,而这类受事成分在温州话中也常只用于谓词前。为了避免因为成分或结构的偶然借用而造成的误差,本研究对位移事件表达结构及其词化类型的分析,不仅依据某些具体的事件或场景的语言表达,同时对《路加福音》中所有位移事件的表达结构进行统计分析,从概率上讨论位移事件词化类型的倾向性。

### 9.3.1　致移事件表达模式及内部差异

一百多年前吴语中已不见路径动词单独编码致移事件,表致移事件的模式主要有:[原因动词＋趋向动词]、[原因动词＋趋向补语]和只用原因动词表达,分别用符号表示为[$V_1+Vp_{nd/d/nd+d}$]、[$V_1+P_{nd/d/nd+d}$]和[$V_1$],其中以[$V_1+P_{nd/d/nd+d}$]模式最为常见,表达结构也因位移体的位置不同,存在不同的形式。下面逐一介绍。

#### 9.3.1.1　[$V_1+Vp_{nd/d/nd+d}$]模式

[$V_1+Vp_{nd/d/nd+d}$]模式,该模式中路径(即"$p_{nd/d/nd+d}$")仍为动词,记作"$Vp_{nd/d/nd+d}$",与表原因的 $V_1$ 构成连动式和兼语式。若为连动式,其中"$Vp_{nd/d/nd+d}$"的致移主体为句子主语或施事,若为兼语式,$V_1$ 为兼语动词,位移体是"$Vp_{nd/d/nd+d}$"的位移主体。如:

(89) a. 官话:起来,拿你的褥子回家去吧。(《路加福音》5:24)

　　　b. 苏州话:起来,拿倷个榻床到屋里去。

　　　c. 上海话:起来,拿之倷个床铺咾走。

　　　d. 宁波话:爬起来,抃勒铺板归屋里去。

　　　e. 台州话:停起,抃铺板,转屋里去。

　　　f. 温州话:爬起,担你个床走你屋里去。

(90) a. 官话:耶稣却打发他回去。(《路加福音》8:38)

　　　b. 苏州话:耶稣叫俚去。

　　　c. 上海话:耶稣倒叫伊去。

　　　d. 宁波话:耶稣呕佢去。

　　　e. 台州话:耶稣呕佢去。

　　　f. 温州话:耶稣叫佢走去。

(91) a. 官话:有一个管会堂的,名叫睚鲁,来俯伏在耶稣脚前,求耶稣到他家里去。(《路加福音》8:41)

　　　b. 苏州话:是管会堂个,来俯伏拉耶稣脚下,求耶稣到俚屋里去。

  c. 上海话:是管会堂个,来俯伏拉耶稣脚下,恳求耶稣到伊
   个屋里。

  d. 宁波话:有一个人叫勒睚鲁,是管聚会堂个,走来扑落耶
   稣个脚下,请佢到佢屋里去。

  e. 台州话:有一个人名字睚鲁,是管聚会堂,走来扑落耶稣
   脚前,求佢到佢屋里去。

  f. 温州话:有一个管会堂个人走来,名叫睚鲁,就扑落耶稣
   个脚边,求佢到佢屋里去。

  例(89)仍为连动式,结构中 $V_1$ 与"$Vp_{nd/d/nd+d}$"句法地位平等,也
正如此,两者之间在韵律上可以停顿,如例(89e)台州话,句法上可添
加并列连词,如例(89c)上海话用连词"咾"连接两个动作,形成句法
性连动式。连动式中"$Vp_{nd/d/nd+d}$"由句子主语实施,在只能采用
$[V_1＋P_{nd/d/nd+d}]$模式表达的方言中,趋向词就不能直接用来编码路径
了。如例(89f)温州话用"走＋L＋去"对译。不过,这类连动式中
"$V_1$"虽为造成"F"位移的原因,但"$V_1＋F$"与"＋$Vp_{nd/d/nd+d}$"之间并
不具有[先后]关系,前者只是后者的背景,为非典型的连动式,高增
霞(2003:31)称之为"典型的边缘连动式"。而从《路加福音》吴方言
点各个译本来看,并未发现典型的连动式用来表达致移事件。

  例(90)、例(91)为兼语式,句中兼语既为受事,也为位移主体,大
多用表指示的动词编码路径,如例(90b)至例(90e)。与连动式一样,
"$V_{指示}$"在温州话中得表达为[$V_{方式}＋P_{指示}$]的组合式,如例(90f)温州
话"走去"。

  不管是连动式还是兼语式,句中表运动原因的动词和表位移路
径的动词句法地位平等,属于双核心结构,体现了早期吴语致移事件
仍具有 E 型框架语言的特征。不过,较之[$V_1＋P_{nd/d/nd+d}$]模式,它是
一种次要形式。

### 9.3.1.2  [$V_1＋P_{nd/d/nd+d}$]模式

  该模式在五个方言点中皆为优势表达,因 F 位置不同,具体表

达为不同的结构,其类型有:Ⅰ.(F＋)V₁＋P_{nd/d/nd+d};Ⅱ.V₁＋F＋P_{nd/d/nd+d};Ⅲ.V₁＋P_{nd}＋F(＋P_d)。下面逐一介绍。

Ⅰ.(F＋)V₁＋P_{nd/d/nd+d}

该类结构中位移体常充当话题,或出现在上文语境中,或在上文已提供了相关信息,其所指皆为有定对象。如:

(92) a. 官话:就取下来用细麻布裹好。(《路加福音》23:53)

　　 b. 苏州话:就拿下来裹拉细麻布里之。

　　 c. 上海话:拿下来裹拉细麻布里之。

　　 d. 宁波话:就抠落来,用布裹好仔。

　　 e. 台州话:就抠落,用细麻布包好。

　　 f. 温州话:把佢放落,用细麻布包起。

(93) a. 官话:耶稣就上去,请他把船撑开。(《路加福音》5:3)

　　 b. 苏州话:耶稣上之西门个船,请俚撑开来。

　　 c. 上海话:耶稣上去请伊撑开来。

　　 d. 宁波话:耶稣跳落去,呕佢船撑开一眼。

　　 e. 台州话:耶稣落船,呕西门撑出丁。

　　 f. 温州话:耶稣就落一只船,是西门个,叫佢从岸里撑开。

(94) a. 官话:你们往对面村子里去,进去的时候,必看见一匹驴驹拴在那里……可以解开牵来。(《路加福音》19:30)

　　 b. 苏州话:唔笃到对面个镇上去,进去个时候,必要看见小驴子缚拉笃……解之牵得来。

　　 c. 上海话:俚到对面个村上去,进去个时候,必要看见缚拉个小驴子……解脱之咾牵来。

　　 d. 宁波话:你拉走到对面个乡村去,走进就会碰着一匹小驴子桩间……解之,牵勒来。

　　 e. 台州话:你许好到对面乡村去,走进就会碰着一条小驴系间……解告,牵来。

　　 f. 温州话:你大家到对面乡村去,走底个时候就会眙着一条小驴儿吊牢……把佢解爻牵来。

(95) a. 官话：两个女人一同推磨，要取去一个，撇下一个。(《路加福音》17：35)

　　 b. 苏州话：两个女眷一陶牵磨，一个收去，一个留住。

　　 c. 上海话：两个女人一同牵磨，一个收去，一个剩拉。

　　 d. 宁波话：有两个女人并排牵磨，一个会收上去，一个会剩落东。

　　 e. 台州话：有两个女人聚队磨磨，一个会收去，一个会剩告。

　　 f. 温州话：有两个女人相伴扼磨，一个会收去，一个会剩落。

(96) a. 官话：伸出手来。他把手一伸，手就复了原。(《路加福音》6：10)

　　 b. 苏州话：倷个手伸出来。俚伸出手来末，就全愈①哉。

　　 c. 上海话：侬个手伸出来。伊就伸之出来末，伊个手就全愈哉。

　　 d. 宁波话：你个手伸担出来。佢就伸出来，手就好兑。

　　 e. 台州话：你个手拢出，佢就拢出，手就好告。

　　 f. 温州话：你个手僦出，佢把手僦出，手就痊愈。

例(92)至例(96)吴语五个方言点致移事件表达中位移体皆充当话题，或承上文隐去，或直接放在谓词前。

Ⅱ. $V_1 + F + P_{nd/d/nd+d}$

该类结构中位移体 F 处于动词与趋向词之间，与连动式表层结构一样，不过，该结构中表路径或指示的趋向词不再充当句法核心，只是 $V_1$ 的补语成分。这类结构在早期吴语中较为常见，特别是当 F 由音节形式简短的代词充当时。如：

(97) a. 官话：又打发第三个仆人去，他们也打伤了他，把他推出去了。(《路加福音》20：12)

　　 b. 苏州话：又差第三个去，种田人也打伤之咾赶俚出去。

　　 c. 上海话：又差第三个用人去，种田人也打伤之伊咾赶伊

---

① 又写作"痊愈"，如例(96f)中，温州话文献的转写。

出去。

　　d. 宁波话:第三遭差人去,佢拉仍是介打打伤,赶佢出。

　　e. 台州话:第三套差人来,佢许仍旧拨佢打伤,赶佢出。

　　f. 温州话:第三遍差一个人去,佢大家打伤个个,又把佢赶
　　　出爻。

(98) a. 官话:于是把他推出葡萄园外杀了。(《路加福音》20:15)

　　b. 苏州话:就赶到园外头唗杀脱俚。

　　c. 上海话:就赶伊到园外头唗杀脱之。

　　d. 宁波话:赶佢出园外。

　　e. 台州话:就推佢出园外。

　　f. 温州话:就把佢赶出园外杀佢。

(99) a. 官话:耶稣站住,吩咐把他领过来。(《路加福音》18:40)

　　b. 苏州话:耶稣立定之,吩咐领俚来。

　　c. 上海话:耶稣立定之,分付领伊来。

　　d. 宁波话:耶稣立落,挡佢过来。

　　e. 台州话:耶稣徛牢,吩咐佢许带其来。

　　f. 温州话:耶稣徛搭,吩咐其大家领其来。

(100) a. 官话:你们中间谁有驴或有牛,在安息日掉在井里,不
　　　立时拉它上来呢?(《路加福音》14:5)

　　b. 苏州话:吓笃当中有牛唗驴子,跌拉井里,啥人拉安息
　　　日上,勿就拖俚起来吤。

　　c. 上海话:俬当中啥人有驴子或者牛,拉安息日上跌拉地
　　　潭里之,岂勿就拖伊起来个否?

　　d. 宁波话:你拉安息日若有一匹驴子,或者一头牛跌落
　　　地坑里,谁俫弗立刻去撩佢上来呢?

　　e. 台州话:你许若有驴或者牛跌落水井,就是安息日你许
　　　哪一个弗立刻去撩其上来?

　　f. 温州话:你大家当中乜人有驴儿或是牛遁落井里,弗会
　　　随手就是礼拜日把佢抱起呢?

(101) a. 官话:就把他送到希律那里去。(《路加福音》23:7)

　　　b. 苏州话:就解俚到希律场化去。

　　　c. 上海话:就解伊到希律墙头去。

　　　d. 宁波话:就送佢到希律屋荡去。

　　　e. 台州话:就送佢到希律所在。

　　　f. 温州话:就差佢到希律旁搭去。

　　例(97)至例(101)官话一般用处置介词将位移体前移,表原因的动词与表路径或指示信息的趋向词形成结构更为紧凑的述补式。吴语除温州话外,皆采用位移体居中结构,趋向词表达的是致移的结果,语义指向原因动词,句法上为动词的附属成分,与连动式或兼语式有明显不同。比如,趋向词与前面的 VP 之间不能添加连词,词序不可颠倒,韵律上也不能有停顿。因此,尽管该类结构在形式上与双核心的连动式相似,实际上已发展为 S 型框架结构。

　　尽管这类结构在吴语五个方言点都常用来表致移事件,不过,若位移体为名词性短语,且表有定信息时,苏沪吴语较浙江沿海吴语选择该结构的倾向性更强,而浙江沿海吴语采用次话题结构更常见。如:

(102) a. 官话:夺过他这一锭来,给那有十锭的。(《路加福音》19:24)

　　　b. 苏州话:夺俚个十两来拨拉有一百两个。

　　　c. 上海话:夺伊个一个磅来,拨拉有十磅个。

　　　d. 宁波话:佢蔼块银子,你拉抲佢上来,好拨蔼个有十块钿主顾。

　　　e. 台州话:佢个块银子抲来,拨有十块主子。

　　　f. 温州话:佢个粒银捉去,丐许个有十粒个。

(103) a. 官话:把那肥牛犊牵来宰了,我们可以吃喝快乐。(《路加福音》15:23)

　　　b. 苏州话:牵壮个小牛来杀,倷可以吃咾快活。

　　　c. 上海话:牵壮个小牛来杀,倷可以喫咾作乐。

　　　d. 宁波话:壮壮个小牛牵出来,杀之。

  e. 台州话:还有葛只壮个小牛,牵来杀告。

  f. 温州话:还有壮壮个牛儿捉来鲐爻。

(104) a. 官话:拿你的账写八十。(《路加福音》16:7)

  b. 苏州话:拿倷个账来,写八十。

  c. 上海话:擎侬个账来,写八十。

  d. 宁波话:你个票子㧅来,写八十石。

  e. 台州话:你个票子㧅来,写八十担。

  f. 温州话:你票担来写八十。

  从例(102)至例(104)可见,浙江沿海吴语较苏沪吴语使用话题结构的倾向强,即用结构Ⅰ更常见,尽管结构Ⅰ和Ⅱ都采用了[动词＋卫星]的组合模式,属于S型框架。

  Ⅲ. $V_1 + P_{nd} + F(+P_d)$

  该类结构中位移体作为受事居于宾语位置,"$V_1P_{nd}$"在结构上为更典型的述补式。如:

(105) a. 官话:第二天拿出二钱银子来,交给店主说……(《路加福音》10:35)

  b. 苏州话:明朝拿出二钱银子,拨东家咾说……

  c. 上海话:明朝擎出二钱银子,拨拉开客寓个人咾话……

  d. 宁波话:㧅出二钿银子交代屋主里人……

  e. 台州话:拿出二钿银子交拨店主……

  f. 温州话:担出两钿银丐客盖个主家……

(106) a. 官话:耶稣赶出一个叫人哑巴的鬼。(《路加福音》11:14)

  b. 苏州话:耶稣赶脱一个使人做哑子介鬼。

  c. 上海话:耶稣拉赶脱一个哑子个鬼。

  d. 宁波话:耶稣来间赶出一个鬼,是个哑鬼。

  e. 台州话:耶稣赶出一个鬼,是哑佬鬼。

  f. 温州话:耶稣赶出一个哑个鬼。

  该类结构中的F只限于无定对象,如例(107)、例(108)。若位移体表有定对象,苏沪吴语与浙江沿海吴语所用结构也存在差异。如:

(107) a. 官话：于是把书卷起来，交还执事，就坐下。(《路加福音》4:20)

　　　 b. 苏州话：耶稣卷拢之书，授拨管事个人咾坐之。

　　　 c. 上海话：耶稣卷拢之书，授拉管事个人咾坐之。

　　　 d. 宁波话：耶稣书收拢，交付办事人，就坐落。

　　　 e. 台州话：耶稣书卷告，交付办事人，就坐落。

　　　 f. 温州话：就把书合拢，丐还管事个人，就坐落。

例(107)中"书"特指在犹太人会堂里所用的经书，为有定对象，在苏沪吴语中仍可处于宾语位置上，而浙江沿海吴语皆前置，充当次话题。

若位移体为表身体部位义的名词时苏沪吴语使用"$V_1 + P_{nd} + F + P_d$"结构表达，而浙江沿海吴语得使用话题结构表达。如：

(108) a. 官话：耶稣举目看着门徒说……(《路加福音》6:20)

　　　 b. 苏州话：耶稣攃起眼睛来……

　　　 c. 上海话：耶稣攃起眼睛来……

　　　 d. 宁波话：耶稣眼睛抬担起，看门徒……

　　　 e. 台州话：耶稣仰起望门徒……

　　　 f. 温州话：耶稣眼睛抬起眙眙佢个门徒就讲……

(109) a. 官话：耶稣领他们到伯大尼的对面，就举手给他们祝福。(《路加福音》24:50)

　　　 b. 苏州话：耶稣领俚笃到伯大尼，举起手来祝福俚笃。

　　　 c. 上海话：耶稣领伊拉出去到伯大尼个对面，举起两只手来祝福伊拉。

　　　 d. 宁波话：耶稣领勒门徒走出到伯大尼，两只手点担起祝福拨佢拉。

　　　 e. 台州话：耶稣带领门徒走出到伯大尼，两只手点起祝福佢。

　　　 f. 温州话：耶稣把佢大家领出到伯大尼，手举起祝福佢大家。

例(108)、例(109)苏沪吴语用"$V_1$＋$P_{nd}$＋F＋$P_d$"结构,而浙江沿海吴语只用话题结构表达,也就是说,浙江沿海吴语不用"$V_1$＋$P_{nd}$＋F＋$P_d$"结构。

可见,尽管吴语五个方言点都用[动词＋卫星]的模式,但同一位移事件常会选择不一样的结构类型来表达,其中话题结构的选择倾向在浙江沿海吴语中较苏沪吴语更强,而苏沪吴语选择位移体居宾语位置的倾向则强于浙江沿海吴语。

### 9.3.1.3 [$V_1$]模式

早期上海话中也仍可见到只用 $V_1$(即表原因动词)表致移的结构,特别是苏沪吴语。也就是说,比较而言,用专门的词形来表达路径的倾向在苏沪吴语中不如浙江沿海吴语强烈。如:

(110) a. 官话:他是靠着鬼王别西卜赶鬼。(《路加福音》11:15)

　　　b. 苏州话:俚靠鬼王别西卜咾赶鬼。

　　　c. 上海话:伊是靠鬼王别西卜咾赶脱鬼个。

　　　d. 宁波话:佢是靠着鬼王别西卜赶出葛星鬼。

　　　e. 台州话:佢是靠着鬼王别西卜赶出鬼。

　　　f. 温州话:佢靠着鬼用别西卜赶鬼个。

(111) a. 官话:因为你们把知识的钥匙夺了去……(《路加福音》11:52)

　　　b. 苏州话:因为吓笃夺之知识个钥匙,自家勿进去。

　　　c. 上海话:因为俫夺之知识个钥匙,俫自家勿进去。

　　　d. 宁波话:因为知识个钥匙拨你夺勒去兑。

　　　e. 台州话:夺知识个钥匙,你许自己弗走进。

　　　f. 温州话:因为你大家把知识个锁匙揸去爻。

例(110)、例(111)苏沪吴语皆只用表原因的动词表致移,浙江沿海吴语用趋向补语将路径信息编码出来的倾向更明显,如例(110d、110e)、例(111d、111f)。

我们对《路加福音》各方言译本致移事件表达中动词结构模式的文本分布进行了统计,具体见表9-10。

表 9-10　早期吴语致移事件表达中动词结构分布表[i]

| 模式及结构 | | 方言译本 | | | | |
|---|---|---|---|---|---|---|
| | | 苏州话 | 上海话 | 宁波话 | 台州话 | 温州话 |
| 双核心模式 | | 16(12.3%) | 17(14.4%) | 17(13.8%) | 16(13.9%) | 15(13.1%) |
| [动词＋卫星]模式 | 结构 I | 28(21.5%) | 26(22.1%) | 70(56.9%) | 56(48.7%) | 70(61.4%) |
| | 结构 II | 40(30.8%) | 33(27.9%) | 17(13.8%) | 17(14.8%) | 12(10.5%) |
| | 结构 III | 8(6.2%) | 5(4.2%) | 11(8.9%) | 8(6.9%) | 11(9.7%) |
| 原因动词 | | 38(29.2%) | 37(31.4%) | 8(6.6%) | 18(15.7%) | 6(5.3%) |
| 合计 | | 130(100.0%) | 118(100.0%) | 123(100.0%) | 115(100.0%) | 114(100.0%) |

i表中[$V_1+V_{Pnd/d/nd}+d$]为双核心模式,包括连动式和兼语式;[$V_1+P_{nd/d/nd}+d$]为 [动词＋卫星]模式,包括 I—III 类结构,[$V_1$]模式中原因动词融合了路径,单独列为一类。

由表 9-10 可见,吴语五个方言点致移事件表达结构中的双核心模式分布都不足 15.0%,是一种次要类型;而[动词＋卫星]模式是基本形式,在苏沪吴语中分布比例过半,浙江沿海吴语中更是超过七成,尤其是宁波话和温州话。此外,早期吴语致移事件也可只用原因动词表达,且在苏沪吴语中占比较高,不过,原因动词在表致移事件时虽不用趋向词编码位移路径,但大多需要用结果成分来补充说明原因动词实施的结果。值得注意的是,原因动词模式与[动词＋卫星]模式似乎可构成对立互补关系,即若[动词＋卫星]模式分布比例高,那么单用原因动词表达的倾向就弱,如浙江沿海吴语,反之也成立,如苏沪吴语。

由上可见,早期吴语致移事件词化类型虽具有混合性,基本上属于 S 型,吴语内部,浙江沿海吴语的 S 型特征较苏沪吴语更为典型,主要表现在[动词＋卫星]模式表致移事件的倾向强烈,同时,也应[动词＋卫星]模式的要求,单独使用原因动词编码路径的分布比例也较低。

### 9.3.2　有生自移事件表达模式及内部差异

早期吴语有生自移事件表达结构主要有两大类:一类是路径动

词模式,即趋向动词编码路径类,包括单音节趋向动词和由[路径＋指示]构成的双音节复合趋向动词,这些结构也表明早期吴语有生自移事件仍具有 V 型框架语言特征;一类是趋向词作补语编码路径信息,即[方式动词＋卫星]模式,表明其 S 型框架语言特征。除此之外,也仍可见到融合了方式和路径的动词表达类。吴语内部有生自移事件表达在对这两种模式的选择上具有较显著的差异。

### 9.3.2.1　路径动词模式

早期吴语中单音节趋向词仍可后带表处所的宾语来表达自移路径。不过,从搭配来看,一般多为较固定的组合,有词汇化倾向。如:

(112) a. 官话:有一天耶稣和门徒上了船,对门徒说:"我们可以渡到湖那边去。"(《路加福音》8:22)

b. 苏州话:耶稣同门徒下之船,对俚笃说:"倷要摆渡到湖归<sub>那</sub>边去。"

c. 上海话:耶稣同门徒下之船,对伊拉话:"倷要到湖个对岸去。"

d. 宁波话:耶稣等佢门徒落船,等佢拉话:"阿拉且渡过湖蒗岸去。"

e. 台州话:耶稣搭门徒落船,搭佢许讲:"我许好过湖到对岸去。"

f. 温州话:耶稣伖门徒落船,就对佢大家讲:"你大家渡过到湖个对岸去。"

(113) a. 官话:耶稣上了岸,就有城里一个被鬼附着的人,迎面而来。(《路加福音》8:27)

b. 苏州话:耶稣上之岸,有一个城里个人碰着俚。

c. 上海话:耶稣离之船咾上之岸,揿着一个人从城里出来。

d. 宁波话:耶稣上岸,碰着一个人从城里走出来。

e. 台州话:耶稣上岸,碰着一个人,是城里出来。

f. 温州话:耶稣走上岸罢,有一个人从城底走出个碰着耶稣。

(114) a. 官话：耶稣带着彼得、约翰、雅各，上山去祷告。(《路加福音》9:28)

b. 苏州话：耶稣带之彼得、约翰、雅各，上山祈祷。

c. 上海话：耶稣带之彼得、约翰、雅各，一淘上山祈祷。

d. 宁波话：耶稣带勒彼得、约翰、雅各，走上山里去祷告。

e. 台州话：耶稣带彼得、约翰、雅各，走上山祷告。

f. 温州话：耶稣带彼得、约翰、雅各，走上山里祷告。

(115) a. 官话：那时……在城里的，应当出来，在乡下的，不要进城。(《路加福音》21:21)

b. 苏州话：个个时候……拉城里个人，应该出去，拉乡下个人，勿要进城。

c. 上海话：伊个时候……拉城里个人，应该出去，拉乡下个人，勿要进城。

d. 宁波话：葛个时候……来城中个主顾都该走出，来田畈里主顾吭哪走进去。

e. 台州话：葛时候……在城里主子应该走出，在乡下个弗可走进。

f. 温州话：许能界……在城底个应该走出，在乡下个弗应该走底里。

从例(113f)、例(114d)至例(114f)、例(115d)至例(115f)可见，即使是相对固定的搭配，如"上岸""上山""进城"等，在温州话、台州话和宁波话等浙江沿海吴语中也已不再单独用趋向动词表路径信息了，而须采用[方式动词＋卫星]的组合模式。

当由[路径＋指示]构成的双音节趋向词表路径信息时，在苏沪吴语和浙江沿海吴语中也存在编码模式的差异，尤其是温州话。如：

(116) a. 官话：他们就回去，预备了香料香膏。(《路加福音》23:56)

b. 苏州话：就转去，预备之香料咾香油。

c. 上海话：难末伊拉归去，预备之香料咾香油。

  d. 宁波话:就归去,把香料麻油备好仔。

  e. 台州话:就转去,备办香料香油。

  f. 温州话:就走转去,预备香料搭麻油。

(117) a. 官话:那托来的人回到百夫长家里……(《路加福音》7:10)

  b. 苏州话:差来个人归去……

  c. 上海话:差来个人归去……

  d. 宁波话:差去个主顾归到屋里……

  e. 台州话:差来主子转到屋里……

  f. 温州话:差来个人走转屋里去……

(118) a. 官话:但这女人从我进来的时候,就不住地用嘴亲我的脚。(《路加福音》7:45)

  b. 苏州话:独是俚从我进来个时候,亲我个脚勿歇。

  c. 上海话:独是伊从我进来个时候,亲我个脚勿停。

  d. 宁波话:从我走进来,嘴巴嗅我脚弗歇。

  e. 台州话:佢从我走进来,嘴唇唛我脚弗歇。

  f. 温州话:佢从我走进来个时候优我个脚亲嘴弗歇。

(119) a. 官话:他们就进去,只是不见主耶稣的身体。(《路加福音》24:3)

  b. 苏州话:进去,勿看见主耶稣个身体。

  c. 上海话:伊拉就进去,但是勿看见主耶稣个身体。

  d. 宁波话:走进去,吪呐看见主耶稣个尸首。

  e. 台州话:走进,弗望着主耶稣个尸首。

  f. 温州话:走底去,寻弗着主耶稣个身体。

(120) a. 官话:及至他出来。(《路加福音》1:22)

  b. 苏州话:实耿长远出来之。

  c. 上海话:伊出来之末。

  d. 宁波话:已经走出来兑。

  e. 台州话:佢走出弗能对佢许讲。

  f. 温州话:走出来,唔能优佢大家讲。

(121) a. 官话：耶稣赶出一个叫人哑巴的鬼。鬼出去了……
（《路加福音》11:14）

　　　b. 苏州话：耶稣赶脱一个使人做哑子介鬼。鬼出去之
末……

　　　c. 上海话：耶稣拉赶脱一个哑子个鬼。鬼出去之末……

　　　d. 宁波话：耶稣来间赶出一个鬼，是个哑鬼。鬼一走
出……

　　　e. 台州话：耶稣赶出一个鬼，是哑佬鬼。鬼出来……

　　　f. 温州话：耶稣赶出一个恶个鬼。鬼走出爻……

(122) a. 官话：使徒回来，将所作的事告诉耶稣。（《路加福音》
9:10）

　　　b. 苏州话：使徒转来，拿所做个事体来告诉耶稣。

　　　c. 上海话：使徒转来，掔所做个事体来告诉耶稣。

　　　d. 宁波话：使徒走转来，把佢拉样样做个事干话向耶
稣道。

　　　e. 台州话：使徒转来，所做事干都通知耶稣。

　　　f. 温州话：使徒走搭转，就把所做个事干讲丐耶稣听。

(123) a. 官话：人要从这边过到你们那边，是不能的，要从那边
过到我们这边，也是不能的。（《路加福音》16:26）

　　　b. 苏州话：要从此地到徠个搭，勿能彀个，从归搭到俚场
化，也勿能彀个。

　　　c. 上海话：要从第块到俹墻头，勿能彀个，从伊块到俹墻
头，也勿能彀个。

　　　d. 宁波话：若要走过你拉蒻边去，弗能够，来蒻边，若要走
过阿拉荡边来，也弗能够。

　　　e. 台州话：在以边若要走过你间边去，弗能够，在间边也
弗能走过以边来。

　　　f. 温州话：使得该里要走过你搭去弗能够，在旁搭要走过
你搭里个也弗能够。

由例(116)至例(123)可见,苏沪吴语复合趋向动词仍较自由地用来编码有生自移事件中的位移路径,而在浙江沿海吴语中受到限制,虽然例(116d、116e)、(117d、117e)中宁波话和台州话,以及例(121e)和例(122e)中台州话仍可直接用作动词编码路径,但浙江沿海吴语用[走＋趋向词]表达有生自移的倾向十分强烈,尤其是温州话。

[走＋趋向词]在浙江沿海吴语如宁波话、温州话等中,"走"表义已虚化,语义核心在趋向词上,不过,从句法来看,"走"与编码路径信息的趋向词构成的仍是述补结构,方式动词"走"仍为句法核心。如:

(124) a. 佢没有走进去。(佢走了,但是没有进去)

　　　b. 佢走没走进去?

　　　c. ? 佢走进去没走进去?

　　　d. ＊佢走进去没进去?

例(124a)[走＋趋向词]结构中趋向词在否定辖域之内,这种"吸引否定词"的能力也表明它的补语身份。例(124b)至例(124d)正反问句形式表明,是"走"而非"进去"为句法核心。

韵律上,"走"仍为重读,符合句法核心的韵律特征,而趋向词往往读轻声,构成前重后轻的韵律格式,表明其句法和语义功能上的弱化,即作"走"的补语。由此可见,[走＋趋向词]组合尽管在早期浙江沿海吴语中,"走"的词义已泛化,丢失具体的"方式"信息,而只表位移,但仍为整个句法结构即述趋组合的核心,"走"的语义句法特征也正说明浙江沿海吴语中[动词＋卫星]模式的发达。

#### 9.3.2.2 [V方式＋卫星]模式

虽然苏沪吴语有生自移事件采用动词编码路径的倾向似乎远比浙江沿海吴语强,但并不意味着苏沪吴语属于 V 型框架语言。[V方式＋卫星]也是苏沪吴语有生自移事件的表达模式之一。如:

(125) a. 官话:于是进前按着杠,抬的人就站住了。(《路加福音》7:14)

　　　b. 苏州话:就走上去,放手拉材單上,扛个人立定哉。

　　　c. 上海话:就走上去,按手拉扛尸首个架子上,扛个人立定哉。

　　d. 宁波话：就走拢去，手按勒抬个架子顶，抬个主顾就
　　　立落。

　　e. 台州话：就走来，手摸摸材杠，扛个主子就徛牢。

　　f. 温州话：就走到，手囥棺材个架上面，抬个人就徛搭。

(126) a. 官话：偶然有一个祭司，从这条路下来，看见他就从那
　　　边过去了。(《路加福音》10:31)

　　b. 苏州话：贴准有一个祭司，从个条路上下去看见之咾走
　　　过哉。

　　c. 上海话：有一个祭司，从第条路下去，看见之，拉伊边走
　　　过哉。

　　d. 宁波话：偶凑有一个祭司从葛搭路走落来，看见葛个
　　　人，就避过葛边块走。

　　e. 台州话：就有一个祭司从葛搭路走落，望着个人，就避
　　　过葛边走去。

　　f. 温州话：有一个祭司走落个条路，眤着佢，就走过旁
　　　搭过。

(127) a. 官话：内中有一个见自己已经好了，就回来大声归荣耀
　　　与神。(《路加福音》17:15)

　　b. 苏州话：内中一个，看见自家全愈哉，缩转来大之声音，
　　　归荣耀拉神。

　　c. 上海话：看见自家全愈之末，就缩转来。

　　d. 宁波话：佢拉中央一个人得知佢自个病好兑，倒走转，
　　　响响赞美神明。

　　e. 台州话：内中一个人，晓得自个病好告，走转，高声荣华
　　　上帝。

　　f. 温州话：当中有一个胎着自医好罢，就走转，大大个声
　　　音归荣华丐上帝。

由此可见，早期吴语有生自移事件不仅可采用动词编码路径信

息,也皆可以用[V<sub>方式</sub>＋卫星]模式表达。

　　早期吴语中也可见到将路径信息融于方式动词的表达形式。如:

(128) a. 官话:又俯伏在耶稣脚前感谢他。(《路加福音》17:16)

　　　 b. 苏州话:俯伏拉耶稣脚下咾谢谢。

　　　 c. 上海话:俯伏拉耶稣脚下咾谢谢伊。

　　　 d. 宁波话:扑倒佢个脚下,谢谢佢。

　　　 e. 台州话:扑落耶稣脚前,感谢佢。

　　　 f. 温州话:又扑落耶稣个脚边,感谢佢。

(129) a. 官话:耶稣周游各城各乡传道,宣讲神国的福音。(《路加福音》8:1)

　　　 b. 苏州话:耶稣走徧各城各镇。

　　　 c. 上海话:耶稣走徧各城各镇。

　　　 d. 宁波话:耶稣走过各城里。

　　　 e. 台州话:耶稣走过各城里各乡村。

　　　 f. 温州话:后来耶稣游过各城各乡村。

　　在仅用方式动词表达的结构中,仍可以观察到苏沪吴语与浙江沿海吴语间的差异。当苏沪吴语只用方式动词来表达位移方式和路径时,浙江沿海吴语则倾向将路径信息分离出来,用趋向词表达出来。如例(128e、128f)和例(129d)至例(129f)等。

　　以《路加福音》各方言译本为文本,对有生自移事件的动词结构模式进行统计如表9-11。

**表9-11　早期吴语有生自移事件表达中动词结构分布表**

| 动词结构 | 方言译本 | | | | |
|---|---|---|---|---|---|
| | 苏州话 | 上海话 | 宁波话 | 台州话 | 温州话 |
| [V<sub>方式</sub>＋<br>卫星] | 59(16.5%) | 61(16.9%) | 290(72.5%) | 230(62.2%) | 297(76.3%) |
| V<sub>方式</sub> | 33(9.3%) | 33(9.2%) | 11(2.8%) | 9(2.4%) | 9(2.4%) |
| V<sub>路径</sub> | 265(74.2%) | 267(73.9%) | 99(24.7%) | 131(35.4%) | 83(21.3%) |
| 合计 | 357(100.0%) | 361(100.0%) | 400(100.0%) | 370(100.0%) | 389(100.0%) |

　　由表 9-11 可见,苏沪吴语有生自移事件虽也采用[V$_{方式}$＋卫星]模式,不过占比不足 20.0％,如苏州话为 16.5％,上海话为 16.9％,而浙江沿海吴语采用该模式表达皆超过 50.0％,其中温州话更是高达 76.3％,可见该结构在浙江沿海吴语中的优势,也表明浙江沿海吴语有生自移事件词化结构类型基本上属于 S 型框架;而苏沪吴语只用方式动词或趋向动词编码有生自移事件的比例则远远高于浙江沿海吴语,尤其是用趋向动词直接编码路径,苏沪吴语占比平均达 74.0％,这也说明早期苏沪吴语有生自移事件仍以 V 型框架为主。

　　综上可知,早期吴语有生自移事件词化类型也具有混合性,为 V 型框架和 S 型框架的混合,而在吴语内部,苏沪吴语有生自移事件 V 型框架特征显著,而浙江沿海吴语则 S 型框架特征显著。也正因为浙江沿海吴语的 S 型框架特征突出,所以要求将方式动词和路径信息分别用不同词形表达出来,因此独用方式动词的比例也较苏沪吴语的分布比例低得多。

### 9.3.3　无生自移事件表达模式及内部差异

　　无生自移事件在早期吴语五个方言点中皆以[V$_{方式}$＋卫星]组合为基本表达结构,其中在浙江沿海吴语中该模式几乎已成唯一形式。如:

(130) a. 官话:要得财主桌子上掉下来的零碎充饥,并且狗来舔他的疮。(《路加福音》16∶21)

　　　b. 苏州话:要拿财主人台上落下来个粒屑来吃,并且有狗来舔俚个疮。

　　　c. 上海话:要拿财主人台上落下来个粒屑来吃,并且有狗来舔伊个疮。

　　　d. 宁波话:葛有佬个桌顶跌落个零碎东西,要想扪来吃,还有黄狗走来舔舔佢个疮。

　　　e. 台州话:个财主个桌上跌落个零碎要想扪来吃,有狗来舔佢个疮。

f. 温州话：要吃财主桌里遗落个零碎，并且狗也走来舔舔其个疮。

(131) a. 官话：他们就来把鱼装满了两只船，甚至船要沉下去。（《路加福音》5:7）

　　　b. 苏州话：装满之两只船，将要沉下去快。

　　　c. 上海话：装满之两只船，要沉下去快。

　　　d. 宁波话：两只船鱼都装满兑，差一眼要沉落去。

　　　e. 台州话：两只船鱼都填满，要沉落。

　　　f. 温州话：两只沃都装满，就要沉落。

(132) a. 官话：就有火与硫磺从天上降下来，把他们全都灭了。（《路加福音》17:29）

　　　b. 苏州话：从天上落火咾硫磺下来，减脱之拢总人。

　　　c. 上海话：从天上落火咾硫磺下来，减完之拢总人。

　　　d. 宁波话：火等硫磺从天落落来，人一切都灭掉兑。

　　　e. 台州话：火搭硫磺从天降落，人都灭告。

　　　f. 温州话：火种搭硫磺从天上降落，把佢大家通通沃灭爻。

　　例(130)至例(132)无生自移事件在吴语和官话中皆用[V方式十趋向词]结构表达，其中趋向词充当动词的补语，为卫星成分，表明无生自移事件在早期吴语中的词化类型属于 S 型框架。

　　不过，苏沪吴语仍见用路径动词单独表无生自移事件。如：

(133) a. 官话：有落在荆棘里的，荆棘一同生长。（《路加福音》8:7）

　　　b. 苏州话：有个落拉荆棘里，荆棘一淘生起来。

　　　c. 上海话：有个落拉荆棘里，荆棘一淘长起来。

　　　d. 宁波话：有星跌落刺蓬缝里，刺搭其大家刨出来。

　　　e. 台州话：有些跌落刺蓬中央，刺聚队长起。

　　　f. 温州话：还有俫遁落刺蓬当中，刺相伴抽起。

(134) a. 官话：你们中间谁有驴或有牛，在安息日掉在井里……

（《路加福音》14：5）

  b. 苏州话：吾笃当中有牛咾驴子，跌拉井里，啥人拉安息
   日上……

  c. 上海话：㑚当中啥人有驴子或者牛，拉安息日上跌拉地
   潭里之……

  d. 宁波话：你拉安息日若是有一匹驴子，或者一头牛跌落
   地坑里……

  e. 台州话：你许若有驴或者牛跌落水井，就是安息日……

  f. 温州话：你大家当中乜人有驴儿或是牛遁落井里……

  "落""跌"本来融合了方式和路径信息，苏沪吴语仍可单独用来
表无生自移事件，而浙江沿海吴语中采用方式和路径信息分离的方
式，表路径的功能主要落在趋向补语"落"上，如例（133d）至例
（133f）、例（134d）至例（134f）。

  《路加福音》各方言译本中无生自移事件的动词结构模式分布情
况见表 9-12。

表 9-12　早期吴语无生自移事件表达中动词结构分布表

| 动词结构 | 方言译本 | | | | |
|---|---|---|---|---|---|
| | 苏州话 | 上海话 | 宁波话 | 台州话 | 温州话 |
| V方式＋卫星 | 23(62.2%) | 21(60.0%) | 39(95.1%) | 37(92.5%) | 34(87.2%) |
| V方式 | 8(21.6%) | 8(22.9%) | 1(2.4%) | 1(2.5%) | 3(7.7%) |
| V路径 | 6(16.2%) | 6(17.1%) | 1(2.4%) | 2(5.0%) | 2(5.1%) |
| 合计 | 37(100.0%) | 35(100.0%) | 41(100.0%) | 40(100.0%) | 39(100.0%) |

  由表 9-12 可见，无生自移事件在各地吴语中皆以[V方式＋卫星]
为基本模式，特别是浙江沿海吴语，该模式的分布接近甚至高出
90.0%，近乎为唯一编码形式。不过，苏沪吴语中用方式或原因动词
和路径动词单独表无生自移事件仍占有一定比例。

### 9.3.4 位移事件词化类型差异的成因

综上可见,一百多年前吴语位移事件词化类型具有混合性,各类位移事件在吴语中皆不止一种表达模式,且吴语内部在同类位移事件词化类型上存在较明显的差异。如致移事件虽仍使用双核心模式,具有 E 型框架特征,但皆以[V方式/原因+卫星]为基本表达模式,表明一百多年前吴语致移事件词化类型皆以 S 型框架为主导的特点。不过,浙江沿海吴语较苏沪吴语的 S 型框架特征更突出;有生自移事件词化类型为 V 型和 S 型的混合,其中苏沪吴语仍以 V 型为主导,而浙江沿海吴语则以 S 型为主导;无生自移事件皆以 S 型为主导,但浙江沿海吴语体现出更典型的 S 型特征。以下我们将一百多年前吴语位移事件词化类型及其内部差异再以简表呈现如表 9-13。

**表 9-13 早期吴语位移事件词化类型**

| 方 言 | 位移事件词化类型 | | |
| --- | --- | --- | --- |
| | 致移事件 | 有生自移 | 无生自移 |
| 吴 语 | E 型+S 型 | V 型+S 型 | V 型+S 型 |
| 苏沪吴语 | S 型为主导 | V 型为主导 | S 型为主导 |
| 浙江沿海吴语 | S 型为典型 | S 型为主导 | S 型为典型 |

由表 9-13 可见,浙江沿海吴语较苏沪吴语在各类位移事件表达上 S 型框架更突出,即使是有生自移事件,苏沪吴语仍以 V 型为主导,但浙江沿海吴语也已发展为 S 型为主导的方言,特别是傀儡式方式动词"走"与趋向词构成的结构高频出现,甚至在温州话中几乎成为唯一的表达形式,反映了浙江沿海吴语位移事件作为 S 型框架语言的基本要求。

那么到底是什么原因导致浙江沿海吴语位移事件词化类型具有较苏沪吴语更典型的 S 型框架特征呢?而这种共时的差异是历时演变速度不同的表现,因此,若从历时来看,浙江沿海吴语,较之苏沪吴语,其位移事件在从 V 到 S 型的转变过程中为何会发展更快?影响其演变速度不平衡的因素是什么呢？考察其中原因可为探讨汉语词化类型的演变机制提供线索。

下面我们根据吴语内部位移事件词化类型及其差异进一步探讨位移事件词化类型演变的机制。

由§9.3.1 可知,虽然苏沪吴语和浙江沿海吴语致移事件皆以[动词＋卫星]模式表达为基本形式,不过,该模式具体表现为三种结构,其中之一是致移事件中的位移体作为受事前置于 VP 前,形成话题结构或者处置介词提宾式,而处置介词提宾式在早期吴语中除温州话译本中借用官话的“把”外,实际上并不常见,常见的形式是话题结构和次话题结构,这类结构在苏沪吴语文献中的分布远不如浙江沿海吴语。由表 9-10 可知,苏沪吴语中位移体充当受事宾语的比例(苏州话为 37.0％,上海话为 32.1％)要高于充当话题(苏州话为 21.5％,上海话为 22.1％),而浙江沿海吴语中位移体充当话题或处置介词宾语的比例(宁波话为 56.9％,台州话为 48.7％,温州话为 61.4％)远远高于充当宾语的(宁波话为 22.7％,台州话为 21.7％,温州话为 20.2％)。具体如例(104)至例(106)、例(109)至例(113),苏沪吴语与浙江沿海吴语对话题结构和 VO 结构的选择倾向存在较显著差异:浙江沿海吴语优先选择或只能选择话题结构表达,而苏沪吴语位移体充当受事宾语。致移事件表达中苏沪吴语和浙江沿海吴语对话题结构和 VO 结构选择倾向的不同,其实只是其基本词序类型差异的具体表现而已。浙江沿海吴语具有较苏沪吴语更强的话题化倾向,受事优先甚至强制性充当话题或次话题。林素娥(2015a)描写了一百多年前上海话课本和宁波话课本类文献中的各类话题结构,并基于统计分析得出宁波话较同时期上海话皆为话题优先典型的语言,话题结构丰富,使用频率高,尤其是受事话题化倾向强,而宁波话较之上海话 TV 结构分布率更高,不仅表有定的受事名词优先充当话题,甚至出现了典型的表不定指的 NP 也可以前置的现象。如:

(135) 一百块洋钱我已经收到兑。I have already received one hundred dollars.(《便览》1910:147)

　　例(135)中"一百块洋钱"不定指,与话题表定指或已知信息相矛盾,但在早期宁波话中也可以前置于 VP。

　　此外,疑问句中,表示焦点信息的疑问词也可前置。

　　(136) a. 倻阿里去? Where are you going? (《便览》1910:5)

　　　　　b. 我曷里一个好拒? Which shall I take? (同上:12)

　　例(136b)疑问代词为句中信息焦点,"在吴语中疑问代词宾语是最不能前置的","不宜充当话题"(刘丹青 2003a:185—187),但却仍前置于 VP。这类 VP 前的疑问词也与话题的已知性相违。

　　这类表不定指或未知信息的 NP 在早期宁波话中前置于 VP 与 TV 结构的类推有关。也就是说,是 TV 结构的类推导致宁波话中出现了真正的 OV 结构。

　　至今吴语内部基本句法类型仍存在差异。徐烈炯、刘丹青(1998)和刘丹青(2001b, 2003a)指出吴语为较普通话话题优先更典型的汉语方言,特别是浙江沿海吴语中 TV 结构进一步泛化,话题的常用性和强制性较苏沪吴语更显著,且常常排斥 VO 语序,具有 OV 语序萌芽的倾向。较之苏沪吴语,宁波话、温州话等浙江沿海吴语的 VO 语序特征更弱。

　　据此,我们认为浙江沿海吴语较苏沪吴语致移事件更常用话题结构,只是前者较后者话题优先更典型的句法类型的具体表现。而 TV 或者 OV 倾向强,从句法结构来看,会导致致移事件中充当受事的位移体前移,从而使得表原因或方式的动词与趋向词紧邻,这种线性结构更便于从连动式语法化为述补结构。当句法核心左倾,连动式中后项即趋向词语义指向位移体而非致移体或句子主语,[V$_{方式/原因}$＋V$_{趋向词}$]重新分析为[V$_{方式/原因}$＋P$_{趋向补语}$],就形成了更为典型的[V$_{方式/原因}$＋卫星]的模式。从苏沪吴语和浙江沿海吴语来看,话题化倾向越强,致移事件采取[V$_{方式/原因}$＋卫星]倾向越显著,反之也成立,由此可推知,话题化是导致位移事件从 V 或 E 型框架演变为 S 型框架的重要因素。

　　汉语史上话题化在位移事件词化类型演变中的作用也是如此。

梁银峰(2007:15)、史文磊(2011b，2014a:54，98)先后有详细的讨论，兹不赘述。由此可知，浙江沿海吴语和苏沪吴语话题化倾向与 S 框架型特征之间的相关性，也再次验证了话题化对汉语位移事件词化类型演变的重要作用。而浙江沿海吴语中有生自移事件较苏沪吴语采取［动词＋卫星］模式的倾向也要强得多，则为致移事件表达结构类推的结果，具体论述见§9.2.3。且因吴语内部话题化倾向的强弱不同，从致移事件到自移事件的类推作用也存在强弱的差异。苏沪吴语话题化倾向较浙江沿海吴语弱，［V$_{原因}$＋卫星］对自移事件的类推作用也弱于浙江沿海吴语，所以自移事件特别是有生自移事件表达仍大量采用路径动词来编码，并未见大量使用［V$_{方式}$＋卫星］结构，而浙江沿海吴语中话题化倾向强，［V$_{原因}$＋卫星］对自移事件的类推作用也较强，［V$_{方式}$＋卫星］结构也相应地大量用来表自移事件。

　　因此，基于汉语史位移事件词化类型演变的相关成果和早期吴语位移事件词化类型及其内部差异，我们得出：话题化倾向与位移事件 S 型框架的典型化程度或从 E/V 型框架向 S 型框架演变的快慢之间具有相关性。浙江沿海吴语话题化倾向强，各类位移事件 S 型框架特征突出或典型，苏沪吴语话题化倾向较浙江沿海吴语弱，位移事件特别是无生自移事件和致移事件虽皆以 S 型框架为主导，但不及浙江沿海吴语典型；若从演变来看，也可以说，浙江沿海吴语位移事件以较苏沪吴语更快的速度从 E/V 型框架演变为 S 型框架语言。

# 9.4　结　语

　　本章先后梳理了一百多年前上海话和宁波话三类位移事件(致移、有生自移、无生自移)的各类表达结构，并利用平行语料进一步探讨两种方言词化类型的特征，最后结合前贤关于汉语位移事件词化类型演变机制研究的成果，探究了上海话、宁波话位移事件词化类型形成的机制。在此基础上，笔者进一步以《路加福音》的五个方言译本为平行语料，考察了吴语位移事件词化类型的内部差异。笔者发现早期上海话、宁波话、苏州话、台州话、温州话等吴方言位移事件词化类型皆具有混合性,即为 E 或 V 型框架与 S 型框架的混合,不过,对于不同位移事件,吴语内部混合性的具体表现存在差异。就致移事件来说,苏沪和浙江沿海吴语虽皆混合了 E 型框架和 S 型框架,后者为更典型的 S 型框架;自移事件虽混合了 V 型框架和 S 型框架,但苏沪吴语有生自移事件以 V 型框架为主导,而浙江沿海吴语则以 S 型框架为主导;无生自移事件,二者皆以 S 型框架为主导,但浙江沿海吴语为更典型的 S 型框架方言。可见,吴语内部位移事件词化类型的差异主要体现在 S 型框架的典型度上,其中浙江沿海吴语较苏沪吴语位移事件的词化类型为更典型的 S 型框架。因此,从吴语内部位移事件表达模式所反映的词化类型来看,不仅不同位移事件的词化类型存在差异,同类位移事件在同一大方言区的不同方言点中也可能存在显著差异。

一百多年前吴语内部位移事件词化类型的差异,与其话题化倾向的强弱表现出相关性。从致移事件来看,浙江沿海吴语位移体充当话题或处置介词宾语的比例高于苏沪吴语,这反映了浙江沿海吴语和苏沪吴语在话题化倾向强弱上的不同。浙江沿海吴语话题化倾向强,致移事件更常用[动词＋卫星]模式表达,而苏沪吴语话题化倾向较浙江沿海吴语弱,致移事件采用[动词＋卫星]模式表达的比例也略低。话题化的强弱不仅与致移事件词化类型直接相关,也影响到自移事件词化类型的发展。致移事件表达模式[动词＋卫星]对自移事件具有类推作用,这也推进了自移事件从 V 型框架结构发展为 S 型框架结构,话题化倾向越强,向 S 型框架转变更快也更彻底,浙江沿海吴语自移事件表现出较苏沪吴语更典型的 S 型框架特征。当然导致浙江沿海吴语与苏沪吴语位移事件词化类型之别的机制应该还有其他原因,比如自移事件表达中有生自移和无生自移存在较显著的差异是因为缺乏自移能力的受事更需要明确位移的方式或原因(Lamarre 2003)。

由此可见,方言位移事件词化类型比较研究对考察汉语词化类型发展具有重要价值,不仅可以据此了解方言位移事件词化类型与共同语之间的异同,也可进一步探讨汉语词化类型的历时演变研究的机制。

# 第十章　结语及认识

## 10.1　内容回顾

　　自 21 世纪以来,西儒方言文献成为汉语方言史研究的重要语料来源,也揭开了方言史研究的重要一页。西儒吴语文献类型多样,语料总量大,虽文献语料性质有别,但整体上各文献所记录语料反映了当时吴语各方言点的语言面貌,为研究晚清以来吴语史尤其是语法史研究提供了无可替代的语料。前贤利用西儒吴语文献已取得诸多重要成果(见§1.1),也充分表明西儒吴语文献语料对吴语史研究的重要价值。

　　本书以西儒吴语文献语料为基础,以专题形式开展一百多年来吴语常用词和语法项及其演变的研究。所用吴语文献总计 78 种,超八成的文献(63 种)为西儒文献,少数为东洋学者文献(15 种),文献覆盖上海话、苏州话、宁波话、台州话、金华话和温州话等方言点,年代多集中于 19 世纪中期至 20 世纪上半叶。其中多种文献作为研究材料,或为本书首次使用,如《上海土白入门》(1855)、《蒙童训》(1857)、《幼童初晓》(1859)、《阿里排排逢盗记》(1921)等(详见§1.3.2)。本书对文献的采用,紧扣文献语料的特点和研究目标。对于文献丰富的方言点,如上海话,尽量多用语料更为地道的课本类、通俗读物或小说等类文献;为便于方言对比研究,充分利用三类平行语料,即同内容的课本、双语词典和《圣经》土白译本等。在研究方法上,为避免"随意引证"问题,克服对语言现象观察的随机性,笔者对这些文献进行了全文本查询,对每条记录进行逐一观察,在此基础上,根据语言项目的分布情况选择用例和进行统计分析,尽量做到对所考察语言项目的全面描写,在定量基础上开展定性讨论。本书利用文献时,尽可能避免传统文献研究中的问题,并结合文献语料的特点开展方言史研究。

在此基础上,本书利用西儒文献考察了 19 世纪中叶以来吴语"说"类动词的演变(第二章)、代词演变(三身人称代词词形和复数标记、指示代词"箇"与指示词系统,第三章)、否定词演变(上海话基本否定词、吴语"没有"类否定词,第四章)、使役、被动标记(第五章)、表定指的"一十量名"结构(第六章)、动词短语带受事的词序类型(第七章)、虚指性代词句(第八章)、位移事件词化类型(第九章)等内容。从研究内容来看,本书的研究并不具有系统性,词汇史和语法史研究也不均衡,且有些章节所考察的语法项受语料限制,或语法现象只出现在部分吴方言点,因此只就一两个吴方言点而非五个吴方言点展开研究,分别见第六章、第七章和第八章,尽管如此,各章所考察项皆为吴语史研究中的重要对象。位移事件词化类型(第九章)为本书首次探讨。其他各章节所考察的吴语语法项的共时研究成果较丰硕,但历时研究缺乏,如"说"类动词的演变(第二章)、否定词演变(第四章)、表定指的"一十量名"结构(第六章)、动词短语带受事的词序类型(第七章)、虚指性代词句(第八章)等;或历时研究有待深入,如代词演变(第三章),使役、被动标记(第五章)。下面简单回顾各章主要内容。

第二章以表一般说话义"说"类动词的演变为研究对象,利用西儒苏州话、上海话、宁波话、台州话、温州话等五地方言文献,整理出一百多年前"说"类动词"说""话""讲"在各方言中的分布与用法,得出吴语内部"说"类动词的分布差异。接着梳理西儒上海话课本中"话""讲"的分布情况,在词汇扩散理论视野下,从微观角度探讨了"话"被"讲"替代的过程。上海话"讲""话"更替的微观演变也说明,今吴语"说"类动词分布格局的形成是"讲"在吴语不同地域或方言中扩散不平衡形成的。影响"讲"扩散的因素主要为文教力量对官话推广力度的不同影响、商业与戏曲文化活动频繁程度不同等。吴语"讲"的空间分布差异和历时演变则表明它来自南系官话。这一研究

不仅从微观角度首次探讨了上海话"讲"替代"话"的动态演变过程,
也结合"说"类动词的用法以及在吴语中的空间分布差异,探讨了
"讲"由南系官话扩散至吴语的动因。本章对"说"类动词的讨论不仅
解释了今吴语"说"类动词分布格局的成因,也对汉语官话词汇史的
研究具有一定的价值。

　　第三章代词,即人称代词和指示代词。§3.1 至§3.2 首先梳理
了西儒吴语文献中苏州话、上海话、宁波话、台州话、金华话、温州话
三身人称代词及其复数,然后集中讨论了自 19 世纪中叶以来吴语三
身人称代词中的演变。如:苏州话、上海话等三身人称代词的演变;
最后结合文献探讨了南北部吴语人称代词复数标记的形成和更替演
变。如北部吴语"拉"的语法化过程,南部吴语金华话和温州话后起
的源于数量的标记替代早期形式。学界对吴语人称代词基本词形和
复数标记的共时研究成果丰硕,本书人称代词及其复数标记的历时
研究结论,进一步明确了吴语人称代词及其复数标记的演变过程。

　　§3.3 梳理了文献语料中"箇＋NP"的语用功能,据此得出"箇"
作定语指示词这一用法,是量词"个"发展为指示词、中性指示词和定
冠词的关键环节。§3.4 整理了 19 世纪吴语六个方言中的指示词系
统,根据"箇"在系统中的地位或功能表现,将吴语指示词系统分为不
同类型,并对比今吴语指示词系统,观察指示词"箇"与指示词系统演
变的互动关系,首次从互动角度观察了指示词"箇"对吴语指示词系
统的影响。本书对吴语指示词"箇"及其指示词系统的演变研究,不
仅可阐释吴语指示词系统特征的形成,所运用的互动角度也可用于
其他南方方言"箇"与指示词系统的关系研究中。

　　第四章基本否定词研究采取点面结合方式。首先对上海话基本
否定词开展历时演变观察(见§4.1),而后重点考察吴语中发生演变
的"没有(无)"类否定词(见§4.2)。§4.1 梳理了 19 世纪上海话文
献中三类否定词的各种形式,并考察了各类否定词的功能演变,得出
一百多年来上海话基本否定词格局调整的主要原因是"呒没"的语法
化,即由否定动词发展出否定副词的功能,并替代"勿曾"类。在此基

础上,选取了"没有(无)"类否定词作为历时考察的对象,整理其他早期吴语五个方言点的"没有(无)"类否定词,考察不同"没有(无)"类否定词之间的演变关系,得出"没有(无)"类否定词分为"无""无得""唔有 n-nau"三类。对比今方言中否定词,得出吴语各方言中"没有(无)"类否定词的不平衡发展情况。最后根据吴语"没有(无)"类否定词的演变及与"没有(未)"类间的替代关系,探讨否定词演变中不同功能之间的蕴涵关系。

第五章以使役、被动标记为对象,旨在讨论吴语被动标记不选择使役动词源类而选择给予动词类的原因。首先梳理了吴语五个方言文献中的使役、被动标记类型,得出自 19 世纪以来吴语各方言中都并存着多个使役动词,但被动标记只来源于给予义动词"拨"(苏州话、宁波话、台州话、上海话)、"得"(金华话)和"丐"(温州话)等。然后,利用 19 世纪中叶至 20 世纪上半叶上海话西儒文献,分析了上海话"拨"被动化的语义过程,并探究了其他使役动词未发展为被动标记的原因。本章首次结合被动标记形成的语法化过程讨论了吴语被动标记源于给予义动词而非使役动词的原因,也为解释南北方言中被动标记词源类型之异提供了新思路。

第六章考察宁波话和上海话中表定指的"一＋量名"结构。这一现象仅见于这两个方言点的方言文献中。首先列出了宁波话课本中出现的"一＋量名"结构用法以及表定指的用法,然后以上海话表定指的"一＋量名"结构为重点,介绍该结构的句法语用特征,并讨论表定指的成因,即由无生无定主语句或非典型的话题句用作回指时发展而来。最后讨论了表定指的"一＋量名"结构与今上海话中准冠词型"量名"间的渊源关系。根据二者句法、语用和语音上的一致性,提出准冠词型"量名"定指很可能来源于"一＋量名"结构,即省略在主语或话题位置上音节形式简短的表定指的"一"而来。"一＋量名"表定指在语言类型学中较为特殊,而这种特殊性可从上海话话题优先典型角度加以解释。

第七章研究动词短语带受事的词序类型也只限于宁波话和上海

话。吴语小句的语序类型是吴语句法研究的重点,但短语层面的词序研究缺乏。本章以英沪词典、英甬词典为语料开展动词短语带受事的词序类型研究。首先分别梳理了宁波话和上海话动词短语带受事的各种词序类型及其分布比率,接着借助平行语料对比考察了宁波话和上海话动词短语带受事的词序类型差异,最后从历时角度讨论了宁波话动词短语带受事词序类型的演变历程。通过本章的研究,我们得出动词短语层面,早期上海话 VO 较宁波话更突出,而宁波话较上海话 TV、OV 结构更典型,词序类型差异与小句层面具有一致性。

第八章对宁波话和上海话虚指性代词句进行了历时考察。首先对早期宁波话和上海话代词复指式的结构类型、语义特征进行了描写,然后采用平行语料对比分析了宁波话和上海话复指性代词句,得出早期宁波话较上海话更常用复指性代词句且多用"V 其 X"式,上海话常见的复指性代词句结构为"VX 其"。最后讨论了宁波话话题—复指性代词句的使用动因与演变。即复指性代词"其"字句是役事话题化后用代词复指形成的句式,其演变也遵循了动后限制原则的制约。本章从方言史角度历时考察虚指性代词句,为进一步认识汉语方言中处置性代词句、汉语史"VOR"的性质以及处置性代词句的历时发展提供了线索。

第九章在结构类型学视野下考察了吴语位移事件的词化类型,并对位移事件词化类型的演变机制进行了讨论。§9.1 利用上海话课本文献语料,考察了 19 世纪上海话三类位移事件(致移事件、有生自移和无生自移事件)表达模式及其词化类型,得出三类位移事件词化类型倾向的特征及彼此差异,且通过平行语料(《土话指南》和《官话指南》)得出,较同时期官话,在向 S 型发展中早期上海话致移事件词化类型演变较官话慢。这也表明连动结构语法化为动趋式较表路径趋向词本身的双音化对词化类型的演变更为直接或重要。§9.2 利用宁波话课本类文献语料考察了 19 世纪下半叶宁波话三类位移事件表达模式及其词化类型特征,然后采用平行语料对比同时期上海

话、官话,得出宁波话为三者中 S 型框架特征最突出的方言,并提出
话题化倾向与位移事件词化类型具有相关性。即话题化倾向越典
型,位移事件词化类型 S 型框架特征更典型,反之亦然。§9.3 则以
§9.2 所提出的观点为依据,采用《路加传福音书》苏州话、上海话、
宁波话、台州话、温州话等方言土白译本,定量和定性研究相结合,得
出苏沪吴语与浙江沿海吴语的 V 或 S 型典型度有别。致移事件,苏
沪吴语属 E 和 S 型混合,浙江沿海吴语为更典型的 S 型;自移事件
苏沪吴语有生自移事件以 V 型框架为主导,浙江沿海吴语以 S 型框
架为主导,无生自移事件,苏沪吴语和浙江沿海吴语皆以 S 型框架为
主导,浙江沿海吴语为更典型的 S 型框架方言。因此,再次证明了话
题化与位移事件词化类型间的相关性。

综上可见,本书从历时角度所考察的词汇和语法项不仅是吴语
史研究的重点,也是汉语方言尤其是东南方言词汇和语法史研究的
重要对象。因此,本书在历史比较语言学、语言类型学、语言接触视
角等理论框架下就吴语史研究所做出的努力和尝试,对推进吴语史
的研究,对东南方言类似词汇和语法现象的研究有一定的价值。

## 10.2　若干认识

通过对西儒吴语文献考察和吴语史研究,笔者谨此分享若干个
人的认识。

第一,西儒文献的利用,宜结合各类文献语料的特点进行。

(1) 西儒方言类通俗读物,往往通篇采用地道方言表达。比如
宁波话《路孝子》(1852)、《一杯酒》(1852)和上海话《阿里排排逢盗
记》(1921)等。此类文献不仅提供了土俗词汇,更从语用或篇章角度
为我们展示了方言词汇在实际语境中的使用情况,为考察词语句法、
语用等特征提供了绝好材料。

(2)《圣经》土白译本因受底本语言、翻译原则、参照译本等影
响,学界对其语料的语言学研究价值的认识仍未达成一致。根据本
书的研究,《圣经》土白译本作为平行语料,为吴语词汇和语法项目的

对比研究提供了极大的便利,且这些文献的语料总量庞大,即使剔除非方言成分后,依然可以作为词语或语法项目统计分析的有效样本。此外,《圣经》土白译本语料语体偏正式,为语体角度开展比较研究提供了难得的语料资源。

(3)双语词典,通常以英文或法文出条,方言对译,涵盖了词汇、短语以及小句等丰富的语料,是方言史研究和跨方言对比研究的绝佳材料,为研究者提供了跨语言视角下的方言数据。

(4)不少西儒文献以英文、法文、日文和方言对照编排,也为我们从跨语言角度观察方言特点提供了极为宝贵的资源和独特的视角。

第二,吴语词汇和语法史研究,宜重视常用词演变研究和语法系统的多角度考察。

(1)世纪交替之际,社会变化巨大,不仅导致词汇系统中一般词汇的嬗变,也引发了常用词的变迁。丰富的西儒文献和吴语本土文献为我们深入探究吴方言各点常用词的动态演变提供了有利条件和研究基础。

(2)语法史研究,我们不仅要关注某一词类内部成员的功能演变,而且有必要深入研究这种演变可能对整个语法子系统的发展产生影响,如此可推动方言语法史领域的纵深发展。

(3)西儒吴语文献和本土文献为我们描绘一个多世纪前南北吴语词汇和语法的异同提供了宝贵资料,这为我们进行吴语内部的比较研究创造了条件。因此,吴语内部的比较研究应当成为吴语史研究的重要课题。

(4)官话的渗透是导致吴语词汇和语法演变最主要的外部动因,西儒吴语文献和本土文献为我们深入探究南北官话对吴语发展史的影响提供了不可或缺的语料,这些资料不仅有助于我们更好地理解吴语的演变过程,同时也将丰富和深化官话词汇史的研究。

(5)吴语语法史尤其是句法研究需要不断吸收语言类型学的相关研究成果,以便以更开阔的视野探讨其特征及其语言学价值。

综上可见,西儒吴语文献为开展吴语词汇语法史以及吴语内部比较研究提供了十分便利的条件,以之为基础语料,并结合本土文献,全面深入地开展吴语词汇语法史研究是完全可行的。而在语言接触理论、历史语言学和语言类型学等视野下开展这一课题,也将挖掘吴语史研究中所蕴含的语言学价值。

# 参考文献

艾约瑟　2011　《上海方言口语语法》，钱乃荣、田佳佳译，北京：外语教学与研究出版社。

白　鸽　2014　"一＋量名"兼表定指与类指现象初探，《语言教学与研究》，第 4 期：61—69。

贝罗贝　1989　早期"把"字句的几个问题，《语文研究》第 1 期：1—9。

贝罗贝　李　明　2007　语义演变理论与语义演变和句法演变研究，沈阳、冯胜利主编《当代语言学理论和汉语研究》，北京：商务印书馆。

波多野太郎　1963　《中国方志所録方言匯编》，日本：横滨市立大学。

伯纳德·科姆里　1989　《语言共性和语言类型》，沈家煊译，北京：华夏出版社。

蔡　俊　2018　苏州土白《马可福音》中的介词，陈忠敏、陆道平主编《吴语研究》(第九辑)，上海：上海教育出版社。

曹广顺　1994　说助词"个"，《古汉语研究》第 4 期：28—32。

曹广顺　1995　《近代汉语助词》，北京：语文出版社。

曹茜蕾　贝罗贝　2007　近代早期闽南话分析型致使结构的历史探讨，《方言》第 1 期：52—59。

曹　耘　1987　金华汤溪方言的词法特点，《语言研究》第 1 期：85—101。

曹志耘　1988　金华方言的句法特点，《中国语文》第 4 期：281—285。

曹志耘　1996a　《金华方言词典》，南京：江苏教育出版社版。

曹志耘　1996b　金华汤溪方言的体，张双庆主编《动词的体》，香港中文大学中国文化研究所吴多泰中国语文研究中心。

曹志耘　1997　金华汤溪方言的动词谓语句，李如龙、张双庆主编《动词谓语句》，39—57，广州：暨南大学出版社。

曹志耘　2008　《汉语方言地图集》(词汇卷)，北京：商务印书馆。

曹志耘　秋谷裕幸　2000　《吴语处衢方言研究》，日本：好文出版。

曹志耘等　2016　《吴语婺州方言研究》,北京:商务印书馆。

晁　瑞　杨　柳　2012　《西游记》所见方言词语流行区域调查,《淮阴师范学院学报(哲学社会科学版)》第 2 期:227—234。

巢宗祺　1986　苏州方言中"勒笃"等的构成,《方言》第 4 期:283—286。

陈敏燕　孙宜志　陈昌仪　2003　江西境内赣方言指示代词的近指和远指,《中国语文》第 6 期:496—504。

陈　平　1987　释汉语中与名词性成分相关的四组概念,《中国语文》第 2 期:81—92。

陈　平　2004　汉语双项名词句与话题—陈述结构,《中国语文》第 6 期:493—507。

陈山青　施其生　2011　湖南汨罗方言的处置句,《方言》第 2 期:142—152。

陈源源　2009a　《何典》"易"字考,《中国语文》第 5 期:475—476。

陈源源　2009b　清末吴方言字研究——以《何典》《海上花列传》为中心,杭州:浙江大学博士学位论文。

陈源源　2013　《何典》方言字"刊、扰、畔"考论,《山东理工大学学报(社会科学版)》第 4 期:80—84。

陈源源　2014a　《何典》"孁"本字考,《安徽理工大学学报(社会科学版)》第 1 期:59—62。

陈源源　2014b　明清吴语"咿"类字的用法及来源,《温州大学学报(社会科学版)》第 6 期:94—99。

陈源源　2014c　吴语"垃圾"的语义来源,《语言研究》第 1 期:17—20。

陈源源　2016a　"垃圾"源流考,《南开语言学刊》第 1 期:66—72。

陈源源　2016b　吴语"壳张"词源辨正,《中国语文》第 1 期:118—121。

陈源源　2017　"闹忙"补正,《语言研究》第 3 期:96—100。

陈源源　2018　《汉语史视角下的明清吴语方言字研究》,杭州:浙江大学出版社。

陈源源　张　龙　2012　《六书故》所见宋代温州方言字例说,《广西民族师范学院学报》第 5 期:85—87。

陈玉洁　2007　量名结构与量词的定语标记功能,《中国语文》第 6 期:

516—530。

陈玉洁　2010　《汉语指示词的类型学研究》,北京:中国社会科学出版社。

陈玉洁　2011　《中性指示词与中指指示词》,《方言》第 2 期:172—181。

陈泽平　1997　福州话的动词谓语句,李如龙、张双庆主编《动词谓语句》,广州:暨南大学出版社。

陈泽平　2002　十九世纪的福州音系,《中国语文》第 3 期:431—440。

陈泽平　2003　十九世纪传教士研究福州方言的几种文献资料,《福建师范大学学报(哲学社会科学版)》第 2 期:34—38。

陈泽平　2008　福州土白语汇的语言年代学考察,《福建师范大学学报(哲学社会科学版)》第 4 期:105—109。

陈泽平　2010　《十九世纪以来的福州方言——传教士福州土白文献之语言学研究》,福州:福建人民出版社。

陈忠敏　1995　上海市区话语音一百年来的演变,梅祖麟等主编《吴语和闽语的比较研究》,上海:上海教育出版社。

陈忠敏　2016　吴语人称代词的范式、层次及音变,《汉语史学报》(第十六辑),上海:上海教育出版社。

陈忠敏　潘悟云　1999　论吴语的人称代词,李如龙、张双庆主编《代词》,广州:暨南大学出版社。

程丽霞　2006　左偏置结构频率统计与话题结构的显现,《外语教学与研究》第 2 期:101—107＋160。

褚半农　2005　《金瓶梅》中的上海方言研究,上海:上海古籍出版社。

褚半农　2008a　《明清文学中的吴语词研究》,上海:上海辞书出版社。

褚半农　2008b　明清吴语小说难词例解,《明清小说研究》第 1 期:300—310。

储泽祥　邓云华　2003　指示代词的类型和共性,《当代语言学》第 4 期:299—306。

崔山佳　2007　《宁波方言词语考释》,成都:巴蜀书社。

大西博子　2016　《土话指南》中的指示词——与《官话指南》的对应关系,陈忠敏主编《吴语研究》(第八辑),上海:上海教育出版社。

戴维思　1879　《新约全书略注》(第一卷,《马太福音》),上海:上海美华书馆。

戴耀晶　1999　赣语泰和方言的代词,李如龙、张双庆主编《代词》,广州:
　　　　暨南大学出版社。

戴昭铭　1999　天台话的几种语法现象,《方言》第 4 期:249—258。

戴昭铭　2000　历史音变和吴方言人称代词复数形式的来历,《中国语
　　　　文》第 3 期:247—256。

戴昭铭　2003　浙江天台方言的代词,《方言》第 4 期:314—323。

戴昭铭　2006　《天台方言研究》,北京:中华书局。

邓思颖　2018　粤语的"说"类动词,《中国语文》第 4 期:387—394。

邓兴锋　1992　明代官话基础方言新论,《南京社会科学》第 5 期:112—115。

丁　锋　2005　一百年来绍兴方言的语音演变,上海市语文学会和香港
　　　　中国语文学会合编《吴语研究:第三届国际吴方言学术研讨会论文
　　　　集》,上海:上海教育出版社。

丁　健　2011　台州方言的否定词与相关格式,游汝杰、丁治民等主编
　　　　《吴语研究:第六届国际吴方言学术研讨会论文集》,上海:上海教育
　　　　出版社。

丁　健　2014　可别度对受事次话题句的影响——以吴语台州话为例,
　　　　《中国语文》第 2 期:162—173。

丁声树　1979　《现代汉语语法讲话》,北京:商务印书馆。

董晓萍　1985　俗语辞书《土风录》,《浙江学刊》第 2 期:49—52。

范方莲　1964　试论所谓"动词重叠式",《中国语文》第 3 期:264—278。

范继淹　1963　动词和趋向性后置成分的结构分析,《中国语文》第 2 期:
　　　　136—160。

范继淹　1985　无定 NP 主语句,《中国语文》第 5 期:321—328。

范可育　1988　宁波话"绳(侬)缚其牢"格式,复旦大学中国语言文学研
　　　　究所吴语研究室编《吴语论丛》,上海:上海教育出版社。

方　梅　2002　指示词"这"和"那"在北京话中的语法化,《中国语文》第
　　　　4 期:343—356。

方　婷　2002　《金华土白〈约翰福音〉(1866)、〈马可福音〉(1898)研究》,
　　　　上海:复旦大学硕士学位论文。

方松熹　1993　《舟山方言研究》,北京:中国社会科学出版社。

[明]冯梦龙　2000　《山歌》,南京:江苏古籍出版社。

冯胜利　2000　汉语双音化的历史来源,《现代中国语研究》编委会编《现代中国语研究》第 1 期,京都:朋友书店。

冯胜利　2002　汉语动补结构来源的句法分析,《语言学论丛》(第二十六辑),北京:商务印书馆。

冯胜利　2010　论语体的机制及其语法属性,《中国语文》第 5 期:400—412。

冯春田　2000　《近代汉语语法研究》,济南:山东教育出版社。

傅国通　2008　浙江吴语的特征,《汉语史学报》(第七辑),上海:上海教育出版社。

傅国通　2010　《方言丛稿》,北京:中华书局。

格林伯格　1984　某些主要跟语序有关语法普遍现象,陆丙甫、陆致极译,《国外语言学》第 2 期:45—60。

高岛谦一　蒋绍愚　2004　《形式与意义——古代汉语语法论文集》,*Lincom Europa*。

[清]高静亭　2018[1810]　《正音撮要》,北京:北京大学出版社。

高云峰　1996　150 年来中古咸山摄舒声字在上海话中的语音变迁,《语言研究》第 2 期:52—61。

高增霞　2003　现代汉语连动式的语法化视角,北京:中国社会科学院研究生院博士学位论文。

宫田一郎　1983　《新约全书》(苏白—官话词语对照例解),大东文化大学中国语大辞典编纂室。

宫田一郎　1987　上海方言研究(2),《京都外国语大学研究论丛》第 XXX 号。

宫田一郎　许宝华　钱乃荣　1984　《上海语苏州语学习研究》,东京:光生馆。

古屋昭弘　1986　明刊説唱詞話 12 種と吴语,《日本中国文学研究》第 12 期:1—18。

古屋昭弘　1987　《梅花戒宝卷》と清末浙东の吴语,《开篇》第 3 卷,东京:好文出版社。

古屋昭弘　1998　明代知识人の言语生活——万历年间を中心に,神奈川大学中国语学科编《现代中国语学への视座》,东京:东方书店。

龟山正夫　1934　《鹦笑楼语录》,上海:上海北四川路内山书店。

郭　红　2008　《第一本宁波方言英汉词汇集——〈英华仙尼华四杂字文〉》,《或问》(日本),总第 15 期。

郭　红　2009　《上海土音字写法》与高第丕的方言拼音体系,《语文建设通讯》(香港)总第 93 期:32—41。

郭　锐　叶向阳　2001　致使的类型学和汉语的致使表达,第一届肯特岗国际汉语语言学圆桌会议论文,新加坡,8 月 16 日—18 日。

何九盈　2007　《汉语三论》,北京:语文出版社。

洪　波　龙海平　Bernd Heine　2018　新世纪以来语法化研究综观,《历史语言学研究》(第十一辑),北京:商务印书馆。

洪　波　赵　茗　2005　汉语给予动词的使役化及使役动词的被动介词化,沈家煊等主编《语法化与语法研究》(二),北京:商务印书馆。

胡　方　2001　试论百年来宁波方言声母系统的演变,《语言研究》第 3 期:65—68。

胡　方　2018　宁波方言的指示词,《方言》第 4 期:516—524。

胡明扬　1978　《上海话一百年来的若干变化》,《中国语文》第 3 期:199—205。

胡明扬　1981　三百五十年前苏州一带吴语一斑——《山歌》和《挂枝儿》所见的吴语,《语文研究》第 2 期:93—110。

胡婷婷　2017　苏慧廉温州方言圣经译本的语料性质研究——以《马太福音》(1894)为例,上海:华东师范大学硕士学位论文。

胡竹安　1988　《水浒全传》所见现代吴语词汇试析,复旦大学中国语言文学研究所吴语研究室编《吴语论丛》,上海:上海教育出版社。

黄伯荣　1996　《汉语方言语法类编》,青岛:青岛出版社。

黄锦章　2008　移动动词与上古汉语的类型学特征,《华东师范大学学报》第 1 期:103—108。

黄　敏　1984　《吴下方言考》略述,《辞书研究》第 1 期:139—144。

黄仕忠　2006　读早稻田大学整理本浙东宝卷三种札记,《开篇》第 25

卷,东京:好文出版。

黄晓东　2004　台州方言的代词,曹志耘主编《北京语言大学汉语语言学文萃:方言卷》,北京:北京语言大学出版社。

黄晓雪　2011　宿松方言中句末带"佫"的祈使句,《语言研究》第 2 期:64—69。

黄燕旋　2015　揭阳方言的复指型处置句,《语言研究集刊》(第三辑),上海:上海辞书出版社。

吉田惠　石汝杰　森贺一惠　1991　《说文通训定声》中苏州方言词语汇释,京都大学《均社论丛》17 号:57—76。

江蓝生　1998　后置词"行"考辨,《语文研究》年第 1 期:1—11。

江蓝生　2000　汉语使役与被动兼用探源,江蓝生《近代汉语探源》,北京:商务印书馆。

江蓝生　2002　时间词"时"和"後"的语法化,《中国语文》第 4 期:291—301＋381。

江蓝生　2005　"VP 的好"句式的两个来源——兼谈结构的语法化,《中国语文》第 5 期:387—400。

江蓝生　2012　汉语连—介词的来源及其语法化的路径和类型,《中国语文》第 4 期:291—308＋383。

姜恩枝　2011　西洋传教士资料所见近代上海方言的语音演变,上海:复旦大学博士学位论文。

姜淑珍　2018　《苍南吴语位移事件和路径表达的多功能研究》,北京:中国社会科学出版社。

姜淑珍　池昌海　2018　吴语"园"的多功能模式和语法化,《中国语文》第 2 期:150—158。

蒋绍愚　1993　关于近代汉语研究的几点想法,刘坚等主编《中国语文研究四十年纪念文集》,北京:北京语言学院出版社。

蒋绍愚　1994　《近代汉语研究概况》,北京:北京大学出版社。

蒋绍愚　1997　"把"字句略论——兼论功能扩展,《中国语文》第 4 期:298—304。

蒋绍愚　1999a　汉语动结式产生的时代,《国学研究》(第 6 卷),北京:北京大学出版社。

蒋绍愚 1999b 两次分类——再谈词汇系统及其变化,《中国语文》第5 期:323—330。

蒋绍愚 2002 "给"字句、"被"字句表被动的来源——兼谈语法化、类推和功能扩展,《语言学论丛》(第二十六辑),159—177,北京:商务印书馆。

蒋绍愚 2003 魏晋南北朝的"述宾补"式述补结构 《国学研究》第十二卷。又收于《汉语词汇语法史论文续集》,367—404,北京:商务印书馆。

蒋绍愚 2004 受事主语句的发展与使役句到被动句的演变,高岛谦一、蒋绍愚主编《形式与意义——古代汉语语法论文集》,*Lincom Europa*。

蒋绍愚 2005a 关于汉语史研究的几个问题,《汉语史学报》(第五辑),上海:上海教育出版社。

蒋绍愚 2005b 《近代汉语研究概要》,北京:北京大学出版社。

蒋绍愚 2011 受事主语句的发展与使役句到被动句的演变,《汉语史学报》(第十一辑),上海:上海教育出版社。

蒋绍愚 2017 《近代汉语研究概要》(修订本),北京:北京大学出版社。

蒋绍愚 曹广顺 2005 《近代汉语语法史研究综述》,北京:商务印书馆。

金立鑫 2017 《语言类型学探索》,北京:商务印书馆。

金立鑫 2018 语言类型学:传统、现代与当代,《高等日语教育》第 2 期。

金 龙 2022 从指示成分的句法不对称看台州方言指示系统的演变,《语言研究集刊》(第二十九辑),上海:上海辞书出版社。

金耀华 2016 从人称代词到虚拟标记——上海话"动词重叠式+伊"的语法化,《方言》第 4 期:420—424。

阚哲华 2010 汉语位移事件词汇化的语言类型探究,《当代语言学》第2 期:126—135。

柯理思 1995 客话《新约圣书》以及《客家社会生活对话》两书所见动词后置成分"倒"(上声),曹逢甫、蔡美慧主编《第一届台湾语言国际研讨会论文集》,台北:文鹤出版有限公司。

柯理思　2003　汉语空间位移事件的语言表达——兼论述趋式的几个问题,《现代中国语研究》编辑委员会编《现代中国语研究》第 5 期,京都:朋友书店。

柯理思　2006　论十九世纪客家话文献《启蒙浅学》中所见的趋向补语,"中研院"《语言暨语言学》7.2:261—295。

雷汉卿　2006　《何典》方俗词考释,雷汉卿《近代方俗词丛考》,成都:巴蜀书社。

黎锦熙　1992　《新著国语文法》,北京:商务印书馆。

黎新第　2003　明清官话语音及其基础方音的定性与检测,《语言科学》第 1 期:51—59。

李葆嘉　2003　《中国语言文化史》,南京:江苏教育出版社。

李福印　2017　典型位移运动事件表征中的路径要素,《外语教学》第 4 期:1—7。

李　荣　熊正辉　张振兴　2002　《现代汉语方言大词典》,南京:江苏教育出版社。

李如龙　1997　泉州方言的动词谓语句,李如龙、张双庆主编《动词谓语句》,广州:暨南大学出版社。

李如龙　2001　东南方言人称代词比较研究,李如龙《汉语方言的比较研究》,北京:商务印书馆。

李如龙　张双庆　1999　《代词》,广州:暨南大学出版社。

李　炜　2002　清中叶以来使役"给"的历时考察与分析,《中山大学学报(哲学社会科学)》,第 3 期:62—67。

李新德　2015　苏慧廉温州话圣经译本研究,《世界宗教研究》第 1 期:162—169。

李新魁　1987　吴语的形成和发展,《学术研究》第 5 期:122—127。

李新魁　黄家教　施其生　麦　耘　陈定方　1995　《广州方言研究》,广州:广东人民出版社。

李永祜　2008　《水浒传》语言的地域色彩与南北文化融合,《明清小说研究》第 2 期:82—91。

连金发　2004　台湾闽南语"放"的多重功能:探索语意和形式的关系,

《汉学研究》第 1 期:391—418。

梁银峰　2001　先秦汉语的新兼语式——兼论结果补语的起源,《中国语文》第 4 期:354—365。

梁银峰　2007　《汉语趋向动词的语法化》,上海:学林出版社。

梁银峰　2015　中古近代汉语指示词"箇(個、个)"的语义属性及其在现代汉语方言中的流变,《语言研究集刊》(第十四辑),上海:上海辞书出版社。

林素娥　2011　百年前上海话的几个句法特征——基于《官话指南》和《土话指南》的对比考察,游汝杰、丁治民等主编《吴语研究:第六届国际吴方言学术研讨会论文集》(第六辑),上海:上海教育出版社。

林素娥　2013　从近代西人文献看百年前吴语中四种顺行结构,《方言》第 1 期:36—45。

林素娥　2014a　从近代西人文献看十九世纪中叶以来吴语"有 VP"句的演变,《开篇》第 33 卷,东京:好文出版社。

林素娥　2014b　十九世纪以来吴语反复问句类型的演变,《语言研究集刊》(第十三辑):176—190。

林素娥　2015a　《一百多年来吴语句法类型演变研究——基于西儒吴方言文献的考察》,北京:中国社会科学出版社。

林素娥　2015b　一百多年前宁波话连—介词"等"的用法及成因,《语言科学》第 4 期:417—428。

林素娥　2017　一百多年前上海话的使役、被动标记,《语言学论丛》(第五十六辑),北京:商务印书馆。

林素娥　2018a　从近代西人文献看上海话否定词的演变,陈忠敏、陆道平主编《吴语研究:第九届国际吴方言学术研讨会论文集》,上海:上海教育出版社。

林素娥　2018b　早期吴语指示词"个"——兼议吴语中性指示词的来源,《方言》第 2 期:221—230。

林素娥　2019a　一百多年来吴语"没有(无)"类否定词的类型及演变,《开篇》第 37 卷,东京:好文出版社。

林素娥　2019b　早期宁波话位移事件词化类型,*Bulletin of Chinese*

*Linguistics*，10.2。

林素娥　2019c　早期上海话位移事件词化类型，*Language and Linguistics*，Vol.20，387—416。

林素娥　2020a　十九世纪以来吴语复数标记词源类型，陈忠敏、徐越主编《吴语研究:第十届国际吴方言学术研讨会论文集》，上海:上海教育出版社。

林素娥　2020b　早期吴语位移事件词化类型之比较——基于《路加传福音书》土白译本的考察，《语言科学》第 1 期:28—48。

林素娥　2021a　十九世纪中叶宁波话的句法类型特征——基于《路加传福音书》(1853)的考察，《宁波大学学报(人文科学版)》第 2 期:17—27。

林素娥　2021b　西洋传教士汉语方言文献的语言学研究综述，《辞书研究》第 1 期:90—110。

林素娥　2021c　早期宁波话动词和动词短语带受事的词序研究，《汉语史学报》(第二十三辑)，上海:上海教育出版社。

林素娥　2021d　早期吴语"说"类动词及其演变，《语言科学》第 2 期:164—182。

林素娥　2023　早期上海话中表定指的"一＋量名"结构，《方言》第 1 期:28—40。

林素娥　徐美红　2012　从近代西人文献看上海话"阿"字疑问句的消亡，《语文研究》第 4 期:59—62。

林素娥　郑　幸　2014　宁波话"还是"差比句，《方言》第 1 期:21—27。

林晓晓　2011a　《吴语路桥方言语音研究》，福建师范大学硕士学位论文。

林晓晓　2011b　吴语台州(路桥)方言词汇，《东方语言学》(第九辑)，上海:上海教育出版社。

林依俐　2018　温州方言受事成分句法位置及允准条件，上海:复旦大学硕士学位论文。

凌　培　1988　《敦煌变文集》所见吴方言词语选释，《湖州师专学报》第 4 期:113—118。

凌　培　钱嘉猷　1989　《二拍》中湖州方言词语汇释,《方言》第 4 期:
　　307—315。

刘承慧　2012　上古到中古"来"在构式中的演变, *Language and Linguistics* 13.2:247—287.

刘丹青　1997　苏州方言的动词谓语句,李如龙、张双庆主编《动词谓语
　　句》,广州:暨南大学出版社。

刘丹青　1999　吴江方言的代词系统及内部差异,李如龙、张双庆主编
　　《代词》,广州:暨南大学出版社。

刘丹青　2001a　汉语方言的语序类型比较,《现代中国语研究》第 2 期:
　　24—38。

刘丹青　2001b　吴语的句法类型特点,《方言》第 4 期:332—343。

刘丹青　2001c　语法化中的更新、强化与叠加,《语言研究》第 2 期:
　　71—81。

刘丹青　2002a　汉语类指成分的语义属性和句法属性,《中国语文》第
　　5 期:411—422。

刘丹青　2002b　上海方言否定词与否定式的文本统计分析,《语言学论
　　丛》(第二十六辑),北京:商务印书馆。

刘丹青　2003a　苏州话"勒 X"复合词,香港中国语文学会编《吴语研
　　究》,上海:上海教育出版社。

刘丹青　2003b　《语序类型学与介词理论》,北京:商务印书馆。

刘丹青　2004　方所题元的若干类型学参项,《中国语文研究》总第 9 期:
　　11—23。

刘丹青　2005a　汉语否定词形态句法类型的方言比较,(日本)《中国语
　　学》252 号:1—22。

刘丹青　2005b　语言类型学与汉语研究,刘丹青主编《语言学前沿与汉
　　语研究》,上海:上海教育出版社。

刘丹青　2009　语法化理论与汉语方言语法研究,《方言》第 2 期:
　　106—116。

刘丹青　2011　汉语史语法类型特点在现代方言中的存废,《语言教学与
　　研究》第 4 期:28—38。

刘丹青　2012a　汉语差比句和话题结构的同构性:显赫范畴的扩张力一例,《语言研究》第 4 期:1—12。

刘丹青　2012b　《名词性短语的类型学研究》,北京:商务印书馆。

刘丹青　2012c　原生重叠和次生重叠:重叠式历时来源的多样性,《方言》第 1 期:1—11。

刘丹青　2016　汉语中的非话题主语,《中国语文》第 3 期:259—275。

刘丹青　2017a　《语法调查研究手册》(第二版),上海:上海教育出版社。

刘丹青　2017b　《语言类型学》,上海:中西书局。

刘丹青　刘海燕　2005　崇明方言的指示词——繁复的系统及其背后的语言共性,《方言》第 2 期:97—108。

刘怀玉　1986　《西游记》中的淮安方言,《明清小说研究》第 1 期:169—190。

刘　坚　曹广顺　吴福祥　1995　论诱发汉语词汇语法化的若干因素,《中国语文》第 3 期:161—169。

刘永根　2000　指令度和使令类动词的再分类,《语文研究》第 2 期:8—13。

刘　云　2018　北京话被动标记“给”的来源及历时演变,《中国语文》第 4 期:395—407。

刘镇发　2006　温州方言在过去一世纪的元音推移,《语言研究》第 2 期:32—35。

刘子瑜　2002　《朱子语类》述补结构研究,北京:北京大学博士学位论文。

刘子瑜　2008　《朱子语类》述补结构研究,北京:商务印书馆。

柳士镇　1992　《魏晋南北朝历史语法》,南京:南京大学出版社。

六角恒广　1992　《日本中国语教育史研究》,王顺洪译,北京:北京语言学院出版社。

娄子匡　1929　《宁波歌谣》,国立中山大学语言历史研究所。

鲁国尧　1985　明代官话及其基础方言问题——读《利玛窦中国札记》,《南京大学学报:哲学人文科学》第 4 期:47—52。

鲁国尧　1989　《南村辍耕录》与元代吴方言,《中国语言学报》第 3 期,北京:商务印书馆。

鲁国尧 2007 研究明末清初官话基础方言的廿三年历程——"从字缝里看"到"从字面上看",《语言科学》第 2 期:3—22。

卢笑予 2017 从临海方言"以"看 tɕ—类近指词在吴语区的分布与演变,《中国语文》第 1 期:88—99。

卢笑予 2018 浙江临海古城方言的指示词系统,《方言》第 2 期:214—220。

陆丙甫 2005a 语序优势及其认知解释(上):论可别度对语序的普遍影响,《当代语言学》第 1 期:1—15。

陆丙甫 2005b 语序优势及其认知解释(下):论可别度对语序的普遍影响,《当代语言学》第 2 期:132—138。

陆丙甫 金立鑫 2015 《语言类型学教程》,北京:北京大学出版社。

陆丙甫 徐阳春 2003 汉语疑问词前移的语用限制——从"疑问焦点"谈起,《语言科学》第 6 期:3—11。

陆俭明 1986 周遍性主语及其他,《中国语文》第 3 期:161—167。

陆俭明 2002 动词后趋向补语和宾语的位置问题,《世界汉语教学》第 1 期:5—17。

陆镜光 2005 汉语方言中的指示叹词,《语言科学》第 6 期:88—95。

陆铭 2004 十九世纪末二十世纪初的宁波方言,上海:上海大学硕士学位论文。

陆烁 潘海华 2009 汉语无定主语的语义允准分析,《中国语文》第 6 期:528—537。

吕叔湘 1982 《汉语语法分析问题》,北京:商务印书馆。

吕叔湘 1984 "把"字用法的研究,原载《金陵、齐鲁、华西大学中国文化汇刊》(第八卷,1948 年),又吕叔湘《汉语语法论文集》(修订版),北京:商务印书馆。

吕叔湘 1985 《近代汉语指示词》,江蓝生补,上海:学林出版社。

吕叔湘 1990 "个"字的应用范围,附论单位词前"一"字的脱落,原载《金陵、齐鲁、华西大学中国文化汇刊》(第四卷,1944 年),又《吕叔湘文集》(第 2 卷),北京:商务印书馆。

吕叔湘 1999[1980] 《现代汉语八百词》(增订本),北京:商务印书馆。

吕叔湘　2014　《中国文法要略》,北京:商务印书馆。

罗常培　1933　西洋人研究中国方音的成绩及缺点——北京大学方音研究引论之二,《国语周刊》第 72 期。

罗杰瑞　1995　建阳方言否定词探源,《方言》第 1 期:31—32。

罗杰瑞　1995　《汉语概说》,张惠英译,北京:语文出版社。

罗杰瑞　2004　关于官话方言早期发展的一些想法,梅祖麟译,《方言》第 2 期:295—300。

马云霞　2008　《汉语路径动词的演变与位移事件的表达》,北京:中央民族大学出版社。

马之涛　屠洁群　2013　译注《宁波土话初学》(一),《开篇》第 32 卷,东京:好文出版。

马之涛　屠洁群　2014　译注《宁波土话初学》(二),《开篇》第 33 卷,东京:好文出版。

麦耘　1991　论近代汉语—m 韵尾消变的时限,《古汉语研究》第 4 期:21—24。

麦耘　2003　广州话以"佢"回指受事者的句式,詹伯慧、伍巍、甘于恩主编《第八届国际粤方言研讨会论文集》,北京:中国社会科学出版社。

麦耘　朱晓农　2012　南京方言不是明代官话的基础,《语言科学》第 4 期:337—358。

梅祖麟　1990　唐宋处置式的来源,《中国语文》第 3 期:191—206。

梅祖麟　1991　从汉代的"动、杀""动、死"来看动补结构的发展——兼论中古时期起词的施受关系的中立化,《语言学论丛》(第十六辑),北京:商务印书馆。

梅祖麟　2013　否定词"不""弗"在汉语方言里的分布及其演变,《方言》第 1 期:1—10。

孟庆惠　2005　《徽州方言》,合肥:安徽人民出版社。

内田庆市　1995　《沪语指南》的若干语助词,徐云扬编《吴语研究》,香港中文大学新亚书院。

聂建民　李琦　1994　《汉语方言研究文献目录》,南京:江苏教育出版社。

牛顺心 2007 动词上致使标记的产生及其对分析型致使结构的影响,《语言科学》第 3 期:50—66。

潘悟云 1985 吴语形成的历史背景,《温州师专学报》(社科版)第 4 期:36—41。

潘悟云 1986 吴语的语法、词汇特征,《温州师专学报》(社科版)第 3 期:19—25。

潘悟云 1997 温州方言的动词谓语句,李如龙、张双庆主编《动词谓语句》,广州:暨南大学出版社。

潘悟云 2002 汉语否定词考源——兼论虚词考本字的基本方法,《中国语文》第 4 期:302—309。

潘悟云 2010 汉语复数词尾考源,徐丹主编《量与复数的研究——中国境内语言的跨时空考察》,北京:商务印书馆。

潘悟云 陶寰 1999 吴语的指代词,李如龙、张双庆主编《代词》,25—67,广州:暨南大学出版社。

彭睿 2009 共时关系和历时轨迹的对应——以动态助词"过"的演变为例,《中国语文》第 3 期:212—225。

朴乡兰 2011 汉语"教/叫"字句从使役到被动的演变,《语言科学》第 6 期:593—601。

朴允河 1996 论艾约瑟(J. Edkins)的上海方音研究,台北:台湾师范大学硕士学位论文。

祁嘉耀 2018 十九世纪宁波吴语罗马字文献转写及翻译——以《一杯酒》《路孝子》为例,陈忠敏、陆道平主编《吴语研究:第九届国际吴方言学术研讨会论文集》,上海:上海教育出版社。

[清]钱德苍 2005 《缀白裘》,北京:中华书局。

钱萌 2007 宁波方言的语法,上海:上海大学硕士学位论文。

钱乃荣 1992 《当代吴语研究》,上海:上海教育出版社。

钱乃荣 1994 《肉蒲团》《绣榻野史》《浪史奇观》三书中的吴语,《语言研究》第 1 期:136—159。

钱乃荣 1997a 《上海话语法》,上海:上海人民出版社。

钱乃荣 1997b 吴语中的 NPS 句和 SOV 句,《语言研究》第 2 期:

81—93。

钱乃荣　1997c　吴语中的"来"和"来"字结构,《上海大学学报(社会科学版)》第 3 期:102—108。

钱乃荣　1998　吴语中的"个"和"介",《语言研究》第 2 期:78—89。

钱乃荣　1999　北部吴语的代词系统,李如龙、张双庆主编《代词》,广州:暨南大学出版社。

钱乃荣　2002　《北部吴语研究》,上海:上海大学出版社。

钱乃荣　2003a　《上海语言发展史》,上海:上海人民出版社。

钱乃荣　2003b　苏州方言动词"勒浪"的语法化,《中国语言学报》(第 11 期),北京:商务印书馆。

钱乃荣　2004a　上海方言中的虚拟句,《方言》第 2 期:97—110。

钱乃荣　2004b　一个语法层次演变的实例——上海方言 160 年中现在完成时态的消失过程,《中国语文》第 3 期:232—240。

钱乃荣　2006　英国传教士 J. Edkins 在吴语语言学上的重要贡献——《上海方言口语语法》评述,《语言研究集刊》(第三辑),上海:上海辞书出版社。

钱乃荣　2011a　SOV 完成体句和 SVO 完成体句在吴语中的接触结果,《中国语文》第 1 期:53—56。

钱乃荣　2011b　从语序类型看上海方言,游汝杰、丁治民、葛爱萍等主编《吴语研究:第六届国际吴方言学术研讨会论文集》,上海:上海教育出版社。

钱乃荣　2011c　从语言类型来看上海方言,《中国语言学集刊》第四卷第 2 期。

钱乃荣　2013　从十九世纪英国传教士上海方言著作中的五项音变看词汇扩散,《大江东去:王士元教授八十岁贺寿文集》,香港:香港城市大学出版社。

钱乃荣　2014a　上海方言定指指示词"簡个",《方言》第 1 期:14—20。

钱乃荣　2014b　《西方传教士上海方言著作研究:1847—1950 年的上海话》,上海:上海大学出版社。

钱文俊　1985　上海方言本字考,《上饶师范学院学报》第 2 期:42—47。

钱曾怡 1988 嵊县长乐话语法三则,复旦大学中国语言文学研究所吴语研究室《吴语论丛》,上海:上海教育出版社。

钱曾怡 2010 《汉语官话方言研究》,济南:齐鲁书社。

桥本万太郎 1979 现代吴语的类型学,《方言》第 3 期:196—200。

桥本万太郎 2008[1985] 《语言地理类型学》,余志鸿译,北京:世界图书出版公司。

任祖镛 1987 试论《西游记》中吴方言的由来,《思茅师专学报(综合版)》第 1 期:22—25。

阮咏梅 2013 《温岭方言研究》,北京:中国社会科学出版社。

阮咏梅 2015 台州方言百余年来的语音变化,《语言研究》第 2 期:72—77。

阮咏梅 2018a 百余年来台州方言的处置式、被动式、致使式语法标记,《语言研究》第 3 期:29—40。

阮咏梅 2018b 从传教士文献看台州方言百余年来的两种语序特征,《宁波大学学报(人文科学版)》第 5 期:15—21。

阮咏梅 2019a 百余年来台州方言指示代词的演变,未刊稿。

阮咏梅 2019b 《从西洋传教士文献看台州方言百余年来的演变》,北京:中国社会科学出版社。

三木夏华 2011 吴语文献资料概观,远藤光晓、朴在渊、竹越美奈子编《清代民国汉语研究》,首尔:学古房。

沈家煊 1994 "语法化"研究综观,《外语教学与研究》第 4 期:17—24。

沈家煊 1997 类型学中的标记模式,《外语教学与研究》第 1 期:1—10。

沈家煊 1999a 《不对称和标记理论》,南昌:江西教育出版社。

沈家煊 1999b 转指和转喻,《当代语言学》第 1 期:3—15。

沈家煊 2003 现代汉语"动补结构"的类型学考察,《世界汉语教学》第 3 期:17—23。

沈家煊 2004 语法研究的目标——预测还是解释?《中国语文》第 6 期:483—492。

沈克成 沈回 2009 《温州话词语考释》,宁波:宁波出版社。

沈伟 2014 《吴下方言考》研究,南京:南京师范大学硕士学位论文。

沈　园　2003　汉语中另一种"无定"主语,中国语文杂志社编《语法研究和探索》(十二),北京:商务印书馆。

沈　园　2005　《汉语光杆名词词组语义及语用特点研究》,上海:复旦大学出版社。

盛益民　2014　吴语人称代词复数标记来源的类型学考察,《语言学论丛》(第四十八辑),204—226,北京:商务印书馆。

盛益民　2015　汉语吴方言的"处所成分—指示词"演化圈——兼从语言类型学看指示词的词汇更新,*International Journal of Chinese Linguistic* 2:1, 121—147。

盛益民　2021　《吴语绍兴(柯桥)方言参考语法》,北京:商务印书馆。

盛益民　陶　寰　金春华　2016　准冠词型定指"量名"结构和准指示词型定指"量名"结构——从吴语绍兴方言看汉语方言定指"量名"结构的两种类型,《语言学论丛》(第五十三辑),北京:商务印书馆。

盛益民　毛　浩　2018　南部吴语人称代词复数标记来源类型新探——从浦江(虞宅)方言的人称代词谈起,《汉语史学报》(第十九辑),上海:上海教育出版社。

盛益民　陶　寰　2019　话题显赫和动后限制——塑造吴语受事前置的两大因素,《当代语言学》第 2 期:27—52。

盛益民　朱佳蕾　2020　浙江绍兴方言隔开式动补结构的句法表现与语义限制,《方言》第 3 期:311—320。

施春宏　2004　动结式形成过程中配位方式的演变,《中国语文》第 6 期:521—535＋575—576。

施春宏　2008　《汉语动结式的句法语义研究》,北京:北京语言大学出版社。

施其生　1997　汕头方言的动词谓语句,李如龙、张双庆主编《动词谓语句》,广州:暨南大学出版社。

施其生　2004　一百年前广州话的阴平调,《方言》第 1 期:34—46。

施其生　2009　《汕头话读本》所见潮州方言中性问句,《方言》第 2 期:126—133。

施文涛　1979　《宁波方言本字考》,《方言》第 3 期:161—170。

石村广 2018 汉语南方方言的动宾补语序——兼谈与壮侗语的语言接触问题,《语言研究集刊》(第二十辑),上海:上海辞书出版社。

石汝杰 1991 《笑府》中所见明末吴语,(日本)《中文研究集刊》3 号:53—72。

石汝杰 1995 明清小说和吴语的历史语法,《语言研究》第 2 期:177—185。

石汝杰 1996 《山歌》词语考释,《开篇》第 14 卷,东京:好文出版。

石汝杰 1999 苏州方言的代词系统,李如龙、张双庆主编《代词》,85—101,广州:暨南大学出版社。

石汝杰 2006 《明清吴语和现代方言研究》,上海:上海辞书出版社。

石汝杰 2007 明清时代北部吴语人称代词及相关问题,全国汉语方言学会第十四届学术年会暨汉语方言国际学术研讨会。

石汝杰 2011 艾约瑟《上海方言语法》同音字表,《熊本学园大学文学·言语学论集》(第 18 卷第 1 号),日本熊本市中央区大江 2 丁目 5 番 1 号。

石汝杰 2015 明清时代北部吴语人称代词及相关问题,《中国方言学报》第 5 期:4—30。

石汝杰 宫田一郎 2005 《明清吴语词典》,上海:上海辞书出版社。

石汝杰 刘丹青 1985 苏州方言量词的定指用法及其变调,《语言研究》第 1 期:160—166。

石汝杰 王一萍 2011 《土话指南》中的入声,游汝杰、丁治民、葛爱萍主编《吴语研究:第六届国际吴方言研究学术研讨会论文集》,上海:上海教育出版社。

石毓智 2002 量词、指示代词和结构助词的关系,《方言》第 2 期:117—126。

石毓智 2003 古今汉语动词概念化方式的变化及其对语法的影响,《汉语学习》第 4 期:1—8。

石毓智 2004 自然数"1"语法化为有定性标记的认知基础,《民族语文》第 1 期:10—19。

石毓智 李讷 2004 《汉语语法化的历程——形态句法发展的动因和机制》,北京:北京大学出版社。

石毓智　刘春卉　2008　汉语方言处置式的代词回指现象及其历史来源,《语文研究》第 3 期:52—55。

史文磊　2010　《汉语运动事件词化类型的历时考察》,南京:南京大学博士学位论文。

史文磊　2011a　汉语运动事件词化类型的历时转移,《中国语文》第 6 期:483—498。

史文磊　2011b　汉语运动事件要素词化模式的历时演变,《语言学论丛》(第四十三辑),北京:商务印书馆。

史文磊　2014a　《汉语运动事件词化类型的历时考察》,北京:商务印书馆。

史文磊　2014b　语言库藏显赫性之历时扩张及其效应——动趋式在汉语史上的发展,*International Journal of Chinese Linguistics* 1:293—324。

史文磊　2015　汉语运动事件指向表达的历时演变及相关问题,*Bulletin of Chinese Linguistics* 8:226—244。

宋绍年　1994　汉语结果补语式的起源再探讨,《古汉语研究》第 2 期:42—46。

宋玉柱　1979　处置新解,《天津师范大学学报》第 3 期:84—85。

孙宜志　2015　从张位《问奇集》看明代官话的基础方言,《杭州师范大学学报(社会科学版)》第 6 期:92—98。

太田辰夫　2003[1958,日文初版]　《中国语历史文法》,蒋绍愚、徐昌华译,北京:北京大学出版社。

汤珍珠　陈忠敏　吴新贤　1996　《宁波方言词典》引论,《方言》第 1 期:12—28。

汤珍珠　陈忠敏　吴新贤　1997　《宁波方言词典》,南京:江苏教育出版社。

唐翠菊　2002　话语中汉语名词短语的形式与意义及相关问题,北京:北京语言文化大学博士学位论文。

唐翠菊　2005　从及物性角度看汉语无定主语句,《语言教学与研究》第 3 期:9—16。

陶　寰　1996　《绍兴市志:第五册》(卷 43:方言),杭州:浙江人民出版社。

陶　寰　史濛辉　2016　吴语人称代词考源的原则——兼论吴语的"佢",《汉语史学报》(第十六辑),上海:上海教育出版社。

田佳佳　2004　艾约瑟《上海方言语法》(1868)研究,上海:上海大学硕士学位论文。

瓦　罗(Varo, Francisco)　2003[1703,西语原版]　《华语官话语法》,姚小平、马又清译,北京:外语教学与研究出版社。

汪化云　2008　汉语方言"箇类词"研究,"中研院"《历史语言研究所集刊》,79.3:517—541。

汪化云　2017　黄孝方言的意向处置句,*The Journal of Chinese Linguistics* vol.45.1:197—216。

汪　平　2011　《苏州方言研究》,北京:中华书局。

汪如东　2012　上海话"辣海"的语源及虚化特征的比较研究,东南大学学报(哲学社会科学版),第 4 期:83—89。

汪寿明　1983　《广韵》中几个吴方言词的初探,《语文论丛》总第 2 期:103—104。

汪维辉　2003　汉语"说"类词的历时演变与共时分布,《中国语文》第 4 期:329—342。

汪维辉　2018　《汉语核心词的历史与现状研究》,北京:商务印书馆。

王灿龙　2003　制约无定主语句使用的若干因素,《中国语文》杂志社编《语法研究和探索》(十二),北京:商务印书馆。

王春辉　2012　也论条件小句是话题,《当代语言学》第 2 期:155—167。

王福堂　1959　绍兴话记音,《语言学论丛》(第三辑),北京:商务印书馆。

王福堂　1993　《梅花戒宝卷》中的绍兴方言,《开篇》第 11 卷,东京:好文出版。

王福堂　2008　绍兴方言百年来的语音变化,上海市语文学会和香港中国语文学会合编《吴语研究:第四届国际吴方言学术研讨会论文集》,上海:上海教育出版社。

王洪君　2008　历史比较和语言接触理论与汉语方言的层次和分类研

究,沈阳、冯胜利主编《当代语言学理论和汉语研究》,北京:商务印书馆。

王洪君　2014　《历史语言学方法论与汉语方言音韵史个案研究》,北京:商务印书馆。

王红旗　2015　汉语主语、宾语的有定与无定,《语言学论丛》(第五十辑),北京:商务印书馆。

王　健　顾劲松　2006　涟水(南禄)话量词的特殊用法,《中国语文》第3 期:237—241。

王　健　2007　睢宁话中"个"的读音和用法,《方言》第 1 期:60—65。

王　均等　1984　《壮侗语族语言简志》,北京:民族出版社。

王　力　1980[1958]　《汉语史稿》,北京:中华书局。

王　力　1984[1944]　《王力文集》第一卷(中国语法理论),济南:山东教育出版社。

王　力　1989　《汉语语法史》,北京:商务印书馆。

王　力　1990　《王力文集》第十一卷(汉语语法史),济南:山东教育出版。

王　琳　2013　清中叶琉球官话课本使役与被动范畴的考察,《汉语学报》第 3 期:34—42。

王　琳　李　炜　2013　琉球官话课本的使役标记"叫""给"及其相关问题,《中国语文》第 2 期:155—164。

王士元　沈钟伟　1991　词汇扩散的动态描写,《语言研究》第 20 期:15—33。

王一萍　2014　19 世纪上海方言动词研究,熊本学园大学大学院国际文化研究科国际文化专科博士学位论文。

伟烈亚力(Alexander Wylie)　2011　《1867 年以前来华基督教传教士列传及著作目录》,倪文君译,桂林:广西师范大学出版社。

魏培泉　1990[2004]　《汉魏六朝称代词研究》,台北:"中研院"语言研究所。

魏培泉　2000　说中古汉语的使成结构,"中研院"《历史语言研究所集刊》71.4:807—856。

魏培泉　2003　上古汉语到中古汉语语法的重要发展,何大安主编《古今
　　　通塞:汉语的历史与发展》,台北:"中研院"语言研究所。

魏培泉　2004　《近代汉语能性动补结构中宾语的位置》,"中研院"《语言
　　　暨语言学》5.3:663—704。

魏兆惠　2005　论两汉时期趋向连动式向动趋式的发展,《语言研究》第
　　　1 期:109—112。

吴福祥　1999　试论现代汉语动补结构的来源,江蓝生、侯精一主编《汉
　　　语现状与历史的研究——首届汉语言学国际研讨会论文集》,北京:
　　　中国社会科学出版社。

吴福祥　2003a　关于语法化的单向性问题,《当代语言学》第 4 期:
　　　307—322。

吴福祥　2003b　汉语伴随介词语法化的类型学研究——兼论 SVO 型语
　　　言中伴随介词的两种演化模式,《中国语文》第 3 期:43—58。

吴福祥　2004　近年来语法化研究的进展,《外语教学与研究》第 1 期:
　　　18—24。

吴福祥　2005a　汉语历史语法研究的目标,《古汉语研究》第 2 期:2—14。

吴福祥　2005b　汉语语法化研究的当前课题,《语言科学》第 2 期:20—32。

吴福祥　2005c　汉语语法化演变的几个类型学特征,《中国语文》第 6 期:
　　　483—494。

吴福祥　2009　从"得"义动词到补语标记——东南亚语言的一种语法化
　　　区域,《中国语文》第 3 期:195—211。

吴福祥　2010　汉语方言里与趋向动词相关的几种语法化模式,《方言》
　　　第 2 期:97—113。

吴福祥　2020　汉语语法化研究的几点思考,《汉语学报》第 3 期:10—16。

吴福祥　张　定　2011　语义图模型:语言类型学的新视角,《当代语言
　　　学》第 4 期:336—350。

吴连生　1998　《吴方言词考》,上海:汉语大词典出版社。

吴义雄　2000　译名之争与早期的《圣经》中译,《近代史研究》第 2 期:
　　　205—222。

伍云姬　2000　湖南方言中代词与代词之间的音韵关系,伍云姬主编《湖

南方言的代词》,长沙:湖南师范大学出版社。

吴　瑶　2022　近百年来温州话与语序相关的句法演变研究,上海:上海
　　大学硕士学位论文。

吴子慧　2007　《吴越文化视野中的绍兴方言研究》,杭州:浙江大学出
　　版社。

项梦冰　1997　连城方言的动词谓语句,李如龙、张双庆主编《动词谓语
　　句》,广州:暨南大学出版社。

项梦冰　1999　清流方言的代词系统,李如龙、张双庆主编《代词》,广州:
　　暨南大学出版社。

谢自立　1988　苏州方言的代词,复旦大学中国语言文学研究所吴语研
　　究室编《吴语论丛》,上海:上海教育出版社。

辛永芬　2011　豫北浚县方言的代词复指型处置式,《中国语文》第 2 期:
　　164—168。

许宝华　宫田一郎　1999　《汉语方言大词典》,北京:中华书局。

许宝华　汤珍珠　1988　《上海市区方言志》,上海:上海教育出版社。

许宝华　陶　寰　1999　《吴语的处置句》,伍云姬主编《汉语方言共时与
　　历时语法研讨会论文集》,广州:暨南大学出版社。

许宝华　游汝杰　1988　方志所见上海方言初探,复旦大学中国语言文
　　学研究所吴语研究室编《吴语论丛》,上海:上海教育出版社。

徐　波　2004　舟山方言表指示义的“介”的用法与来源,《方言》第 4 期:
　　324—337。

徐春伟　王彦恺　2022　宁波话罗马字科普书《地球图》译注,第十一届
　　吴方言学术研讨会。

徐　丹　1988　浅谈这/那的不对称,《中国语文》第 2 期:128—130。

徐　丹　1992　北京话中的语法标记词“给”,《方言》第 1 期:54—60。

徐　丹　2003　“使”字句的演变——兼谈“使”字的语法化,吴福祥、洪波
　　主编《语法化与语法研究》,北京:商务印书馆。

徐　复　2012　《吴下方言考校议》,南京:凤凰出版社。

徐　复　唐　文　1981　方言词汇探源大有可为——读《吴下方言考》,
　　《江苏师院学报》第 2 期:17—19。

徐烈炯　刘丹青　1998　《话题的结构与功能》,上海:上海教育出版社。

徐烈炯　刘丹青　2007　《话题的结构与功能》(增订本),上海:上海教育出版社。

徐烈炯　刘丹青　2018　《话题的结构与功能》(增订本,"语言学经典文丛"),上海:上海教育出版社。

徐烈炯　邵敬敏　1998　《上海方言语法研究》,上海:华东师范大学出版社。

徐时仪　2005　玄应《众经音义》所释吴方言词考,上海市语文学会和香港中国语文学会合编《吴语研究:第三届国际吴方言学术研讨会论文集》,上海:上海教育出版社。

徐时仪　2008　吴方言词语考释四则,上海市语文学会和香港中国语文学会合编《吴语研究:第四届国际吴方言学术研讨会论文集》,上海:上海教育出版社。

徐时仪　2009　吴方言词语考释,《汉语史研究集刊》(第1期),成都:成都巴蜀书社。

徐时仪　2016　明清传教士与辞书编纂,《辞书研究》第1期:56—64。

徐通锵　1991a　百年来宁波音系的演变——附论音变规律的三种方式,《语言学论丛》(第十六辑),北京:商务印书馆。

徐通锵　1991b　《历史语言学》,北京:商务印书馆。

徐　奕　2010　晏玛太《中西译语妙法》所反映的19世纪上海话语音,上海市语文学会和香港中国语文学会合编《吴语研究:第五届国际吴方言学术研讨会论文集》,上海:上海教育出版社。

薛凤生　1991　方音重叠与普通话文白异读之形成,《纪念王力先生九十诞辰文集》编委会编《纪念王力先生九十诞辰文集》,济南:山东教育出版社。

薛凤生　1994[1989]　"把"字句和"被"字句的结构意义——真的表示"处置"和"被动"? 戴浩一、薛凤生主编《功能主义和汉语语法》,沈家煊译,北京:北京语言大学出版社。

杨德峰　2005　"时间顺序原则"与"动词＋复合趋向动词"带宾语形成的句式,《世界汉语教学》第3期:56—65。

杨福绵　1995　罗明坚、利玛窦《葡汉辞典》所记录的明代官话,《中国语言学报》第 5 期:35—81,北京:商务印书馆。

杨　洁　2014　从温州方言《新约》的词汇短语看影响苏慧廉的翻译因素,《圣经文学研究》第 1 期:114—123。

杨剑桥　1988　吴语"指示代词＋量词"的省略式,《中国语文》第 4 期:286—287。

杨剑桥　1997　《山歌》补注,《开篇》第 16 卷,东京:好文出版。

杨敬宇　2006　《清末粤方言语法及其发展研究》,广州:广东人民出版社。

杨凯荣　2016　论上海话的使役、被动标记,《华东师范大学学报》第 1 期:96—104。

叶向阳　2004　"把"字句的致使性解释,《世界汉语教学》第 2 期:25—39。

易亚新　2003　常德方言的"它"字句,《语言学论丛》(第二十八辑),北京:商务印书馆。

姚小平　2013　艾约瑟《上海方言词汇》略说,张西平、杨慧玲编《近代西方汉语研究论集》,北京:商务印书馆。

姚玉敏　2010　也谈早期粤语中的变调现象,《方言》第 1 期:18—29。

姚玉敏　2015　重构早期汉语方言语法——位移事件的类型,Bulletin of Chinese Linguistics 8:267—288。

姚玉敏　2019　粤语"得"只有义的产生,《方言》第 2 期:164—178。

游汝杰　1981　温州方言的语法特点及其历史渊源,《复旦学报(社会科学版)》第 1 期:107—123。

游汝杰　1982　论台语量词在汉语南方方言中的底层遗存,《民族语文》第 2 期:33—45。

游汝杰　1993　吴语里的反复问句,《中国语文》第 2 期:93—102。

游汝杰　1995　吴语里的人称代词,梅祖麟等主编《吴语和闽语的比较研究》,上海:上海教育出版社。

游汝杰　1996　杭州方言动词体的表达法,张双庆主编《动词的体》,香港中文大学中国文化研究所吴多泰中国语文研究中心出版。

游汝杰　1998a　西洋传教士著作所见上海话的塞音韵尾,《中国语文》第2期:108—112。

游汝杰　1998b　明成化本南戏《白兔记》中的吴语成分,《杭州师范学院学报》第5期:23—32。

游汝杰　2002　《西洋传教士汉语方言学著作书目考述》,哈尔滨:黑龙江教育出版社。

游汝杰　2003　《游汝杰自选集》,合肥:安徽教育出版社。

游汝杰　2004a　方言接触和上海话的形成,邹嘉彦、游汝杰主编《语言接触论集》,上海:上海教育出版社。

游汝杰　2004b　《汉语方言学教程》,上海:上海教育出版社。

游汝杰　2005a　吴语语法的历史层次叠置,《语言研究集刊》(第二辑),上海:上海辞书出版社。

游汝杰　2005b　吴语与粤语人称代词的比较研究,上海市语文学会和香港中国语文学会合编《吴语研究:第三届国际吴方言研讨会论文集》,上海:上海教育出版社。

游汝杰　2006　十九世纪中期上海话的后置处所词,《语言研究集刊》(第三辑),上海:上海教育出版社。

游汝杰　2013　《上海地区方言调查研究》(第五卷、第六卷),上海:复旦大学出版社。

游汝杰　2014　逆序词与吴语的话题优先倾向,《中国语言学报》(第十六期),北京:商务印书馆。

游汝杰　2018　《吴语方言学》,上海:上海教育出版社。

游汝杰　2021　《西洋传教士汉语方言学著作书目考述》(增订本),上海:上海教育出版社。

游汝杰　邹嘉彦　2009　《社会语言学教程》(第二版),上海:复旦大学出版社。

余霭芹　1995　粤语研究的当前课题,*Journal of Chinese Linguistics* 23(2):1—41。

余霭芹　1997　语法演变中的词汇——汉语语法的词汇扩散,黄家教等编《汉语方言论集》,陈世民译,北京:北京语言文化大学出版社。

余霭芹　2000　粤语方言的历史研究——读《麦仕治广州俗话〈书经〉解义》,《中国语文》第 6 期:497—507＋574。

俞光中　植田均　1999　《近代汉语语法研究》,上海:学林出版社。

袁　丹　2015　从传教士文献和现代方言冉论百年来宁波方言声母系统的演变,《东方语言学》(第十五辑),上海:上海教育出版社。

袁　丹　2018　从方式程度指示词到话题标记——吴语常熟方言"介"的功能及其演变,《语言科学》第 3 期:260—272。

袁　丹　胡婷婷　2019　十九世纪传教士方言课本《温州话入门》中虚词的官话成分,《语言研究集刊》(第二十三辑),上海:上海辞书出版社。

袁毓林　徐烈炯　2004　再议处置性代词句,黄正德主编《中国语言学论丛》(第三辑),北京:北京语言大学出版社。

远藤光晓　1984　《翻译老乞大·朴通事》里的汉语声调,《语言学论丛》(第十三辑),北京:商务印书馆。

曾晓渝　2013　明代南直隶辖区官话方言考察分析,《古汉语研究》第 4 期:40—50。

曾晓渝　2014　《西儒耳目资》音系非南京方言补证,《语言科学》第 4 期:423—429。

曾晓渝　2016　明代南京官话性质考释,《语言科学》第 2 期:178—187。

曾晓渝　陈　希　2017　云南官话的来源及历史层次,《中国语文》第 2 期:182—196。

张伯江　1991　关于动趋式带宾语的几种语序,《中国语文》第 3 期:183—191。

张　斌　2010　《现代汉语描写语法》,北京:商务印书馆。

张　赪　2013　宋代使役句的语义特征,《语文研究》第 3 期:12—20。

张　赪　2014　近代汉语使役句役事缺省现象研究——兼谈语言接触对结构形式和语义的不同影响,《中国语文》第 3 期:36—48。

张海红　李敏盈　林华勇　2019　粤方言语法化研究综观,《惠州学院学报》第 2 期:87—95。

张浩逊　1999　吴方言研究的新收获——读《吴方言词考》,《苏州大学学报(哲学社会科学版)》第 2 期:142。

张惠英　1992　《山歌》注(一),《开篇》第 10 卷,东京:好文出版。

张惠英　1993　《山歌》注(二),《开篇》第 11 卷,东京:好文出版。

张惠英　1995　复数人称代词词尾"家""们""俚",《中国语言学报》(第五期),北京:商务印书馆。

张惠英　2001　《汉语方言代词研究》,北京:语文出版社。

张惠英　2002　《汉藏系语言和汉语方言比较研究》,北京:语文出版社。

张惠英　2005　从吴语"一"可作指示词说起,上海市语文学会、香港中国语文学会合编《吴语研究:第三届国际吴方言研讨会论文集》,上海:上海教育出版社。

张惠英　2006　读《明清吴语词典》,《辞书研究》第 3 期:146—149。

张惠英　2016　简说吴语指代词"个、支、一"及其变体,《汉语史学报》(第十六辑),上海:上海教育出版社。

张家茂　1981　《三言》中苏州方言词语汇释,《方言》第 3 期:219—224。

张佳文　2009　《海上花列传》吴方言词语释证,上海:华东师范大学硕士学位论文。

张　坚　2018　潮州方言一百多年来核心词的演变,《励耘语言学刊》第 2 期:355—369。

张　琨　1985　论吴语方言,"中研院"《历史语言研究所集刊》56.2:215—260。

张丽丽　2006　汉语使役句表被动的语义发展,"中研院"《语言暨语言学》7.1:139—174。

张美兰　2006　近代汉语使役动词及其相关的句法、语义结构,《清华大学学报(哲学社会科学版)》第 2 期:96—105。

张美兰　2016　常用词的历时演变在共时层面的不平衡对应分布——以《官话指南》及其沪语粤语改写本为例,《清华大学学报(哲学社会科学版)》第 6 期:54—63。

张美兰　2017　《〈官话指南〉汇校与语言研究》(上、下),上海:上海教育出版社。

张美兰　战　浩　2016　从《官话指南》方言对译本看官话与沪语、粤语动词的异文表达,《合肥师范学院学报》第 4 期:1—7。

张　　敏　2002　上古、中古汉语及现代南方方言里的"存在—否定演化圈",Proceedings of International Symposium on the Historical Aspect of the Chinese Language: Commemorating the Centennial Birthday of the Late Professor Li Fang-Kuei, Vol II. pp.571—616. Edit by Anne Yue. University of Washington, Seattle。

张　　敏　2010　"语义地图模型":原理、操作及在汉语多功能语法形式研究中的运用,《语言学论丛》(第四十二辑),北京:商务印书馆。

张　　敏　2011　汉语方言双及物结构南北差异的成因:类型学研究引发的新问题,Bulletin of Chinese Linguistics 4.2:87—270。

张洪年　2006　早期粤语"个"的研究,何大安等编《山高水长:庆祝丁邦新先生七秩寿庆论文集》,台北:"中研院"语言研究所。

张　　琼　2007　宁波话动结式谓语句中主谓间的前置受事,上海:上海师范大学硕士学位论文。

张双庆　1999　香港粤语的代词,李如龙、张双庆主编《代词》,广州:暨南大学出版社。

张卫东　1991　论《西儒耳目资》的记音性质,《纪念王力先生九十诞辰文集》编委会编《纪念王力先生九十诞辰文集》,济南:山东教育出版社。

张卫东　1998　试论近代南方官话的形成及其地位,《深圳大学学报》第3期:73—78。

张　　雪　2015　清末温州方言音系研究——罗马字温州土白话《新约全书:四福音书和使徒行传》(1894)音系研究,福建师范大学硕士学位论义。

张谊生　2009　"一"和"该"在当代新闻语篇中的指称功用与照应方式——兼论"该"与"本"在语篇中的指称纠葛,《上海师范大学学报(哲学社会科学版)》第2期:81—90。

张永言　汪维辉　1995　关于汉语词汇史研究的一点思考,《中国语文》第6期:401—413。

赵长才　2000　汉语述补结构的历时研究,北京:中国社会科学院博士学位论文。

赵长才　2001　"打破烦恼碎"句式的结构特点及形成机制,《汉语史研究集刊》(第四辑),成都:巴蜀书社。

赵长才　2003　"打头破"类隔开式动补结构的产生和发展,《汉语史学报》(第四辑),上海:上海教育出版社。

赵葵欣　2016　汉语方言代词回指处置句的类型与差异,《福冈大学人文论丛》第 47 卷第 4 号:1481—1507。

赵日新　1999　说"个",《语言教学与研究》第 2 期:36—52 页。

赵晓阳　2012　汉语吴方言圣经译本考述,《宗教学研究》第 3 期:177—182。

赵元任　1926　北京、苏州、常州语助词的研究,《清华学报》3(2):865—917。

赵元任　1956　《现代吴语的研究》,北京:科学出版社。

赵元任　1979　《汉语口语语法》,吕叔湘译,北京:商务印书馆。

《浙江省教育志》编纂委员会　2004　《浙江省教育志》,杭州:浙江大学出版社。

郑伊红　2019　金华方言指示词研究,华东师范大学硕士学位论文。

郑　伟　2017　《吴语虚词及其语法化研究》,上海:上海教育出版社。

郑张尚芳　1995　温州方言近百年的语音变化,徐云扬主编《吴语研究》,香港中文大学新亚书院出版。

郑张尚芳　2004　关于"l"作指示代词的方言证据,《民族语文》第 5 期:49。

郑张尚芳　2008　《温州方言志》,北京:中华书局。

志村良治　1984　《中国中世语法史研究》,江蓝生、白维国译,北京:中华书局。

周　红　2005　《现代汉语致使范畴研究》,上海:复旦大学出版社。

周同春　1988　十九世纪的上海语音,复旦大学中国语言文学研究所吴语研究室编《吴语论丛》,上海:上海教育出版社。

周振鹤　游汝杰　1984　方言地理和历史行政地理的密切关系——以浙江方言分区为例,《复旦学报(社会科学版)》第 2 期:67—76。

周振鹤　游汝杰　1986　《方言与中国文化》,上海:上海人民出版社。

周志锋　2000　吴方言词语考辨,《宁波大学学报(人文社会科学版)》第 3 期:30—35。

周志锋　2006　明清吴语词汇的全景展示——评《明清吴语词典》,《辞书研究》第 3 期:137—145。

周志锋　2008　江苏教育版《宁波方言词典》词目用字问题,《方言》第 1 期:88—95。

周志锋　2012　《周志锋解说宁波话》,北京:语文出版社。

周志锋　2013　《明清吴语词典》释义探讨,《中国训诂学报》(第二辑),北京:商务印书馆。

朱德熙　1982　《语法讲义》,北京:商务印书馆。

朱冠明　2015　"之"的衰落及其对句法的影响,《语言科学》第 3 期:272—283。

朱佳蕾　2018　一种比处置代词更虚的代词用法:以上海话的第三人称代词"伊"为例,上海语文学会研讨会。

朱晓农　朱　琳　2005　评钱乃荣新著《上海语言发展史》,《汉语学报》第 4 期:92—94。

竹越美奈子　2005　广州话远指词"嗰"的历史演变,《中国语文研究》总第 20 期:19—24。

竹越美奈子　2006　粤语方言俗字"嗰"の历史,*KOTONOHA*,48:4—7。

竹越美奈子　2012　十九世纪の広东语(2)"个",*KOTONOHA*,15:4—8。

祝敏彻　1957　论初期处置式,《语言学论丛》(第一辑),北京:商务印书馆。

庄初升　刘镇发　2002　巴色会传教士与客家方言研究,《韶关学院学报》第 7 期:1—8。

氷野善寛　2010　《官话指南》の多様性—中国语教材から国语教材,东アジア文化交渉研究,第 3 号:237—259。


A Committee of Soochow Literary Association 1892 *A Syllabary of the Soochow Dialect*(《苏州方言同音字表》), Shanghai: American Presbyterian Mission Press.

Anne Yue-Hashmoto(余霭芹）　1993　The lexicon in syntactic change:

lexical diffusion in chinese syntax（语法演变中的词汇：汉语语法的词汇扩散），*Journal of Chinese linguistics* 21.2：213—254.

Anne Yue-Hashmoto（余霭芹） 2004 Materials for the diachronic study of the Yue dialects，石锋、沈钟伟编《乐在其中：王士元教授七十华诞庆祝文集》，天津：南开大学出版社。

Beavers, John & Levin, Beth & Tham, Shiao Wei 2010 The typology of motion expressions revisited, *Journal of Linguistics* 46.2：331—377.

Bisang, Walter 1992 Das verb im Chinesischen, Hmong, Vietnamesischen, Thai und Khmer. Tübingen Gunter Narr Verlag.

Casacchia Giorgio（卡萨齐） 1984 The lexicon of the suzhou dialect in the nineteenth century novel "Sing-song girls of Shanghai" (Part I). In：*Cahiers de linguistique - Asie orientale*, vol.13.1, 101—119.

Casacchia Giorgio（卡萨齐） 1984 The lexicon of the suzhou dialect in the nineteenth century novel "Sing-song Girls of shanghai" (Part II). In：*Cahiers de linguistique - Asie orientale*, vol.13.2, 241—263.

Casacchia Giorgio（卡萨齐） 1985 The lexicon of the suzhou dialect in the nineteenth century novel "Sing-song girls of Shanghai" (Part III). In：*Cahiers de linguistique-Asie orientale*, vol.141, 113—145.

Chappell, Hilary（曹茜蕾） 2006 From Eurocentrism to Sinocentrism：the Case of Disposal Constructions in Sinitic languages. In Felix Ameka, Alan Dench and Nicholas Evans (eds.), *Catching language*：*the standing challenge of grammar writing*, pp. 441—486. Berlin：Mouton de Gruyter.

Chappell, Hilary（曹茜蕾）& Lamarre, Christine（柯理思） 2005 *A Grammar and Lexicon of Hakka*, *Historical Materials from the Basel Mission Library*（《客家话的语法和词汇：瑞士巴色会馆所藏晚清文献》）. Paris：Centre de Recherches Linguistiques sur l'Asie Orientale, école des Hautes études en Sciences Socialesm.

Chao, YuenRen（赵元任） 1968 *A Grammar of Spoken Chinese*. Cambridge：Harvard University Press.

Chen, Liang(陈亮) and Guo, Jiansheng(郭建生) 2009 Motion Events in Chinese Novels：Evidence for an Equipollently-framed Language. *Journal of Pragmatics* 41.9：1749—1766.

Corbett, Greville G. 2000 *Number*, Cambridge：Cambridge University Press.

Croft, W., J. Barddal, W. Hollman, V. Sotirova, & C. Taoka 2010 Revising Talmy's Typological Classification of Complex Events. *Contrastive Construction Grammar*, ed. by H. Boas, pp.1—32. Amsterdam：John Benjamins.

Croft, William(威廉·克罗夫特) 2008 *Typology and Universals*(《语言类型学与普遍语法特征》第二版), 外语教学与研究出版社。

Diessel, Holger 1999 *Demonstratives：Form, Function and grammaticalization.* Amsterdam：John Benjamins Publishing Company.

Dixon, Robert M. W. 2000 A Typology of Causatives：Form, Syntax and Meaning. In *Changing Valency：Case Studies in Transitivity* ed. By Dixon, R. M. W. and Aikhenvald, Alexandra Y., pp.30—83. Cambridge：Cambridge University Press.

Dixon, Robert M. W. 2012 *Basic Linguistic Theory. Vol.3：Further grammatical topics.* Oxford：Oxford University Press.

Givón, Talmy 1975 Serial verbs and syntactic change：Niger-Congo. In *Word Order and Word order change*, ed. by Charles N. Li, 47—112. Austin and London：University of Texas Press.

Greenberg, Joseph. H.(格林伯格) 1963/1966 Some universals of grammar with particular reference to the order of meaningful elements, Universals of language, ed. by Joseph Greenberg, pp.73—113. Cambridge, MA：MIT Press.

Haiman, John 1978 Conditionals are topics, *Language*, Vol 54：564—589.

Hashimoto, Mantaro J.(桥本万太郎) 1988 The structure and typology of the Chinese Passive construction. *Passive and Voice*, ed. by Masayoshi Shibatani, pp.329—354. Amsterdam: John Benjamins.

Hawkins, John A. 1983 *Word Order Universals*. New York: Academic Press.

Hawkins, John A. 1994 *A Performance Theory of Order and Constituency*. Cambridge: Cambridge University Press.

Heine, Bernd(海涅) & Kuteva, Tania(库特夫) 2007 *world lexicon of grammaticalization.*(《语法化的世界词库》),北京:世界图书出版公司。

Himmelmann, N. P. 1996 Demonstratives in narrative discourse: A taxonomy of universal uses. In *Studies in Anaphora*, ed. by Barbara A. Fox, Amsterdam: John Benjamins Publishing Co.

Himmelmann, N.P. 2001 Articles. In *Language Typology and Language Universals: An international handbook* (Vol.1), ed. by Haspelmath et al. Berlin/New York: Walter de Gruyter, 831—841.

Hopper, P. J. 1991 On Some Principles of Grammaticalization. In *Approaches to Grammaticalization*, ed. by E. C. Traugott & B. Heine, pp.17—36. Amsterdam: John Benjamins.

Hopper, Paul J. & Elizabeth C. Traugott 1993 *Grammaticalization*. Cambridg: Cambridge University Press.

Hopper, Paul J. & Elizabeth C. Traugott 2003 Grammaticalization (second edition), Cambridge: Cambridge University Press.

Lamarre, Christine(柯理思) 2002 Early Hakka corpora held by the Basel Mission library: an introduction, *Cahiers de Linguistique Asie Orientale* 31.1:71—104.

Lamarre, Christine(柯理思) 2008a The Linguistic Categorization of Deictic Direction in Chinese—with reference to Japanese. *Space in languages of China: Cross-linguistic, synchronic and diachronic perspectives*, ed. by Dan Xu, pp.69—97. Dordrecht: Springer.

Lamarre, Christine(柯理思) 2008b 中国语の位置変化文とヴォイス, 生越直树、木村英树、鹰尾龙一编《ヴォイスの対照研究——东アジア诸语からの视点》,东京:くろしお出版。

Li, Charles N.(李纳)& Sandra A. Thompson(汤普生)　1976　Subject and Topic: A New Typology of Language, in *Subject and Topic*, ed. by C. Li, New York: Academic Press.

Li, Fengxiang(李风祥)　1993　*A Diachronic Study of V-V Compound in Chinese*. Ph. D. dissertation, State University of New York dissertation.

Li, Fengxiang(李风祥)　1997　Cross-linguistic Lexicalization Patterns: Diachronic Evidence from Verb-complement Compounds in Chinese. *Berlin*: *Sprachtypol*, *Univ. Forsch.* (*STUF*) 50(3):229—252.

Lin, Jingxia(林静夏)　2011　*The Encoding of Motion Events in Chinese*: *Multi-morpheme Motion Constructions*. Stanford University dissertation.

Lin, Jingxia(林静夏)　2015　The encoding of motion events in Chinese. *Oxford Handbook of Chinese Linguistics*, eds. by William S.-Y. Wang and Chao Fen Sun, pp.322—335. Oxford: Oxford University Press.

Lindsay J. Whaley(韦里)　2009　*Introduction to Typology-the Unity and Diversity of Language*(《类型学导论——语言的共性和差异》),北京:世界图书出版社。

Matsumoto, Y.　2003　Typologies of Lexicalization Patterns and Event Integration: Clarifications and Reformulations. *Empirical and Theoretical Investigations into Language*: *A Festschrift for Masaru Kajita*, ed. by Shuji Chiba et al. pp.403—418. Tokyo: Kaitakusha.

Matthew S. Dryer　2013　Indefinite Articles. In *The World Atlas of Language Structures Online*, ed. By Dryer, Matthew S. & Haspelmath, Martin, Leipzig: Max Planck Institute for Evolutionary Anthropology.

Mei, Tsu-Lin(梅祖麟)　2012　The causative *s- and nominalizing *-s in Old Chinese and related matters in Proto-Sino-Tibetan. *Language and Linguistics* 13.1:1—28.

Newman, John　1993　The Semantics of Giving in Mandarin. *Conceptualizations and Mental Processing in Language*. ed. by Richard

A. Geiger, Brygida Rudzka-Ostyn. 433—486. Berlin. New York: Mouton de Gruyter.

Peyraube, Alain(贝罗贝) 1985 Les Formes en ba en Chinois Vernaculaire Médiéval et Moderne, *Cahiers delinguistique-Asie Orientale* 14(2).

Peyraube, Alain(贝罗贝) 1988 Syntare diachronique du chinois: évolution des constructions datives du 14e siècle av. J.-C. au 18e siècle. Paris: Collège de France, Institut des Hautes Etudes Chinoises.

Peyraube, Alain(贝罗贝) 1996 Recent Issues in Chinese Historical Syntax. In *New Horizon in Chinese Linguistics*, C.-T. James Huang, and Y.-H. Audrey Li (eds.), pp. 161—214. Dordrecht: Kluwer Academic Publishers.

Peyraube, Alain(贝罗贝) 2006 Motion Events in Chinese: A Diachronic Study of Directional Complements. Space in Languages: Linguistic Systems and Cognitive Categories, eds. by M. Hickmann and S. Robert, pp.121—138. Amsterdam: John Benjamins.

Shi, Wenlei & Wu, Yicheng(史文磊,吴义诚) 2014 Which way to move: The evolution of motion expressions in Chinese. *Linguistics* 52(5):1237—1292.

Slobin, Dan I. 1991 Learning to Think for Speaking: Native Language, Cognition, and Rhetorical Style. *Pragmatics* 1.1:7—26.

Slobin, Dan I. 1996a From "thought and language" to "thinking for speaking". *Rethinking Linguistic Relativity*. ed. by J. Gumperz & S. Levinson, pp.70—96. Cambridge: Cambridge University Press.

Slobin, Dan I. 1996b Two Ways to Travel: Verbs of Motion in English and Spanish. *Grammatical Constructions: Their Form and Meaning*, ed. by M. Shibatani & S.A. Thompson, 195—219. Oxford: Oxford University Press.

Slobin, Dan I. 2000 Verbalized Events: A Dynamic Approach to Linguistic Relativity and Determinism. *Evidence for Linguistic Relativi-*

*ty*, eds. by S. Niemeier and R. Dirven, 107—138. Amsterdam/Phila-
delphia: John Benjamins.

Slobin, Dan I.　2004　The Many Ways to Search for a Frog: Linguistic
Typology and the Expression of Motion Events. *Relating Events in
Narrative: Typological and Contextual Perspectives.* eds. by S.
Strömqvist and L. Verhoeven, pp.219—257. Mahwah, NJ: Lawrence
Erlbaum Associates.

Slobin, Dan I.　2006　What Makes Manner of Motion Salient: Explora-
tions in Linguistic Typology, Discourse, and Cognition. *Space in Lan-
guages: Linguistic Systems and Cognitive Categories*, eds. by M.
Hickmann and S. Robert, pp.59—81. Philadelphia: John Benjamins.

Smith-Stark, Thomas Cedric　1974　The Plurality Split. *Chicago Lin-
guistic Society* 10.657—661.

Sun, Chaofen(孙朝奋)&. Talmy Givón　1985　On the so-called SOV
word order in Mandarin Chinese. *Language* 61:329—351.

Swadesh, M.(斯瓦迪西)　1971　*The origins and diversification of lan-
guage.* Chicago: Aldine-Atherton.

Tai, J.(戴浩一)　2003　Cognitive Relativism: Resultative Construction
in Chinese. *Language and Linguistics* 4(2):301—316.

Talmy, Leonard　1976　Semantic Causative Types. In M. Shibatani
(ed), *Syntax and Semantics: The Grammar of Causative Construc-
tions*, Vol.6:43—116. New York: Academic Press.

Talmy, Leonard　1985　Lexicalization Patterns: Semantic Structure in
Lexical Forms. *Language Typology and Syntactic Description*,
Vol.3: *Grammatical Categories and the Lexicon*, ed. by T. Shopen,
pp.57—149. Cambridge: Cambridge University Press.

Talmy, Leonard　1991　Path to Realization: A typology of event confla-
tion. *Proceedings of the 17th Annual Meeting of the Berkeley Lin-
guistics Society*, eds. by L. A. Sutton, C. Johnson, &. R. Shields,
pp.480—519. Berkeley, CA: Berkeley Linguistics Society.

Talmy, Leonard  2000a  *Toward a Cognitive Semantics*. Vol.1. Cambridge, MA: the MIT Press.

Talmy, Leonard  2000b  *Toward a Cognitive Semantics*. Vol.2. Cambridge, MA: the MIT Press.

Tao, Hongyin(陶红印)  1999  the grammar of demonstratives in Mandarin conversational discourse: a case study. *Journal of Chinese Linguistics*, Vol.27, No.1, pp.69—103.

Ushijima, Tokuji  1964  Kodai kango no sōhingo ni tsu ite(on double object constructions in Ancient Chinese), Chugodu gogaku, 1—6.

Wang, W. S-Y.(王士元)  1969  Competing Changes as a Cause of Residue, *Language*, 49.9—25.

Xu, Liejiong(徐烈炯)  1997  Limitations on Subjecthood of Numerically Quantified Noun Phrases. In Xu Liejiong ed. *Referential Properties of Chinese Noun Phrases*. Paris: Centre de Recherches Ling uistiques sur I Asie Orientale.

Xu, Liejiong(徐烈炯)  1999  A Special Use of the Third-Person Singular Pronoun, *Cahiers de Linguistque Asie Orientale*, Vol.28, 3—22.

Xu, Liejiong(徐烈炯)& D. T. Langendoen  1985  Topic Structures in Chinese, *Language*, 61:1—27.

Xu, Dan(徐丹)  2006  *Typological Change in Chinese Syntax*. Oxford: Oxford University Press.

Yang, Paul Fu-mien(杨福绵)  1981  *Chinese Dialectology: A Selected and Classified Bibliography*. Hong Kong: Chinese University Press.

Yiu, Carine Yuk-man(姚玉敏)  2013  Directional Verbs in Cantonese:A Typological and Historical Study, *Language and Linguistics* 14.3: 511—569.

Yiu, Carine Yuk-man(姚玉敏)  2014a  *The typology of Motion events: An empirical study of Chinese dialects*. Berlin: De Gruyter Mouton.

Yiu, Carine Yuk-man(姚玉敏)　2014b　Typology of Word Order in Chinese Dialects: Revisit the Classification of Min, *Language and Linguistics* 15(4):539—573.

Zhang, Min（张 敏）　2012　Postverbal Constraint as a Scalar Phenomenon: The Case of Modern Chinese Verb-Directional Constructions. (Paper presented at the International Symposium on Chinese Linguistics and Language Teaching, Hawaii, 29—30 May)

Zhang, Min(张敏)　2015　Post-verbal constraint across Chinese dialects-A case study, paper presented on the 23rd Annual Conference of the International Association of Chinese Linguistics (IACL), Seoul, 26—28 August.

Zhang, Min(张敏)　2017　The postverbal constraint and the better patterner shift in Chinese dialects, paper presented on the 25th Annual Meeting of the International Association of Chinese Linguistics (IACL 25), Budapest, 25—27 June.

Zlatev, J. & P. Yangklang　2004　A third way to travel: The place of Thai in motion-event typology. *Relating Events in Narrative: Typological and Contextual Perspectives*, eds. by. S. Strömqvist & L. Verhoeven, 159—190. Hillsdale, NJ: Lawrence Erlbaum.

**图书在版编目（CIP）数据**

1850年以来西儒吴语文献词汇和语法研究 / 林素娥著. — 上海：上海教育出版社，2024.10. —（吴语历史文献整理与研究丛书 / 石汝杰，盛益民主编）.
ISBN 978-7-5720-2907-3

Ⅰ. H173

中国国家版本馆CIP数据核字第2024697NF4号

责任编辑　廖宏艳
封面设计　郑　艺

吴语历史文献整理与研究丛书
石汝杰　盛益民　主编
**1850年以来西儒吴语文献词汇和语法研究**
**林素娥　著**

出版发行　上海教育出版社有限公司
官　　网　www.seph.com.cn
地　　址　上海市闵行区号景路159弄C座
邮　　编　201101
印　　刷　上海叶大印务发展有限公司
开　　本　890×1240　1/32　印张15.25　插页3
字　　数　410千字
版　　次　2024年10月第1版
印　　次　2024年10月第1次印刷
书　　号　ISBN 978-7-5720-2907-3/H·0089
定　　价　118.00 元

如发现质量问题，读者可向本社调换　电话：021-64373213